教 育 知 库

# 聚焦文本 读写融合

杨淑芬————

著

光明日报出版社

**图书在版编目（CIP）数据**

聚焦文本 读写融合 / 杨淑芬著 . -- 北京：光明
日报出版社，2021.12

ISBN 978－7－5194－6421－9

Ⅰ.①聚… Ⅱ.①杨… Ⅲ.①阅读课—中学—教学参
考资料②作文课—中学—教学参考资料 Ⅳ.
①G634.303

中国版本图书馆 CIP 数据核字（2021）第 271772 号

---

**聚焦文本 读写融合**
**JUJIAO WENBEN　DUXIE RONGHE**

| | | | |
|---|---|---|---|
| 著　者：杨淑芬 | | | |
| 责任编辑：宋　悦 | | 责任校对：郭嘉欣 | |
| 封面设计：中联华文 | | 责任印制：曹　净 | |

出版发行：光明日报出版社

地　　址：北京市西城区永安路 106 号，100050

电　　话：010-63169890（咨询），010-63131930（邮购）

传　　真：010－63131930

网　　址：http://book.gmw.cn

E - mail：gmrbcbs@gmw.cn

法律顾问：北京市兰台律师事务所龚柳方律师

印　　刷：三河市华东印刷有限公司

装　　订：三河市华东印刷有限公司

本书如有破损、缺页、装订错误，请与本社联系调换，电话：010－63131930

开　　本：170mm×240mm

字　　数：430 千字　　　　　　　　印　　张：24

版　　次：2022 年 4 月第 1 版　　　印　　次：2022 年 4 月第 1 次印刷

书　　号：ISBN 978－7－5194－6421－9

定　　价：95.00 元

# 潘新和教授推荐语

杨淑芬老师的书作《聚焦文本 读写融合》在语文教育理论与实践相结合上，在对读、写"融合"理念践履上，堪称表率。相较于语文界大量经验型随意性的"想当然"，她更注重洞察"所以然"。

基于"读以致写"目标，以课内外阅读为资源，"切问而近思"，丰沛学生的心灵；立足"融合"，精心设计实践策略、方法；以自身原创作品为模本，手把手地教学生如何最大限度地占有、利用、盘活内存。以期培元立本、授之以"渔"，可持续地提高学生的写作能力、写作素养。

该书作代表了语文教学应立足培育"言语生命"意识与动机，以人格、精神、心灵建构为本的正方向，其内容有普适性，便于操作、复制，极具推广价值。

**潘新和**：福建师范大学文学院教授。《语文世界》副主编。中国写作学会副会长，福建省写作学会会长，中国现代写作学研究会副会长。福建省教育厅基础教育课程改革实验专家组成员、学科指导组顾问。著有《中国现代写作教育史》《写作：指向自我实现的人生》《语文：表现与存在》等。

# 序言

# 从转化到融合，因立言而立德

在中学语文教育教学中，笔者常年致力于耕耘"一亩三分地"，即在阅读与写作之间寻求一条实现能量转换的实操路径。

## 一、从"读写转化"角度探索路径

2019 年 10 月，笔者的个人专著《群文阅读　写作转化——统编初中语文教材读写转化策略》出版。书作提出"读写转化"理论和策略，综述如下。

（一）提出"以写带读"的主张

如果要在读写之间寻求一条清晰的路径，"以读促写"仅为第一步，"多读多背"，可以厚实文化积淀，可以培植丰富语感，但学生只会涵泳背诵、体味文章并不一定能够读以致用、生成创造。所以笔者主张再走一步，经"以写带读"达成"读以悟写"。"带"是率领，是引导，是带动。"以写带读"，就是阅读主体在尊重文本基本解读的前提下，从写作需要的角度，用写作的眼光再度审视文本，经过"我阅读、我参与、我进入、我发现、我选择、我利用、我改造、我创造"的深度阅读，经过"初读、深读、破译、选择、剪裁、调整、置换、嫁接、运用"等系列操作，将阅读文本与当下的现实生活、与自我的生命状态全方位链接，将由此而生成的思想和情感用语言表达，经"以写带读"达成"读以悟写"。"以写带读、读以悟写"聚焦语言的建构与运用，同时培植起思维的发展与提升、审美的鉴赏与创造、文化的传承与理解。

（二）形成"读写转化"十二策略

"转"，即阅读文本"转"为备用素材，共六个策略：链接生活、借鉴笔法、引用精华、调整情境、拓展组合、群文延伸。提出六个策略的运用要符合六个原则：合时代、合地域、合身份、合生活、合情境、合主题；"化"，即备用素材"化"为写作内容，共六个策略：直接化用、穿梭化用、铺垫化用、拼

1

接化用、想象化用、背景化用。"十二策略"在读写之间架构起较为清晰的能量转换路径。

（三）呈现当代中学生生活画卷

书作立足教材，从统编版教材中整合"自然感悟、成长记忆、志趣情怀、社会人生、思想光芒"五大主题；在每一主题下聚合20个文本，其中，10个文本来自统编教材，10个文本来自高中语文教材、近年各地市中考阅读文本等，将五大主题之下的100个阅读文本，与中学生的现实生活全方位链接，模拟中学生角色下水创作，展示220个读写转化示例，同时呈现当代中学生的生活画卷。

## 二、从"读写融合"角度探索路径

2021年2月始，笔者在研究大量学情的基础上，笔耕三个多月完成《聚焦文本 读写融合》百余篇"下水作文"的创作，书作提出"读写融合"的理论和策略，综述如下。

（一）读写融合是"立德树人"背景下将"大我与小我"打通链接的一条路径

2017年《普通高中语文课程标准》出台，2020年再次修订。在教育以"立德树人"为核心任务的背景下，在新课标精神的观照之下，初高中的写作在主题确立、命题要求，选材入文方面都力图引导当代中学生立足自我又突破自我，关注时代，思考使命，胸怀抱负，端正三观，成就"大我"，体现"格局"。

尤其从2020年开始，新冠疫情从局部到全国，到全世界暴发，再到如今的防疫常规化，我们每一个个体生命都置身其中无可遁逃；科技强国之路上我们共睹中国"潜力"一次次被刷新，中国"深度"一次次被突破；2021年建党百年我们一次次重启红色记忆——当我们在各种征文启事或质量监测中，以写作的形式引导中学生去表达个体在这样的时代应该有怎样的思考与担当的时候，我们发现，学生写这样的"大主题"，常常简单粗暴地把作文写成长篇展示他人故事的"转述文"，或者笨拙别扭地把作文写成有海量信息的"组装文"。"大大的我"貌似有了，"小小的我"却悄然迷失。

这样的导向与现实逼着师生共同面对一个写作教与学的问题：大时代、大格局、大视野与年纪尚小、阅历尚少、见识尚浅的个体之间，如何找到链接点，并体现这个链接点？如果找不到、找不好这个链接点，我们的学生作文，是否会陷入新一轮的"假话、空话、套话、泛话、大话"，甚至"无话"？

笔者在充分掌握学情的基础上，在常年"下水作文"创作的实践中找到了一个角度、一条路径去打通"大我与小我"，就是"读写融合"。

1. 找到链接点

"大我与小我"的链接点就是"我"，无论写作主题多么"大"，"我"都必须在：我在看，我在听，我在问，我在想，我在读。如布鲁姆所倡导的存在式阅读："他们领悟这一思想并主动地、创造性地做出反应，他们学到的知识促进了自己的思考，于是他们脑子里就出现新问题、新思想和新观点。"阅读过程始终有"我在"，"小我"才更有可能通向"大我"。

2. 以"我在读"为起点

在一定的写作主题或议题之下，去搜索和选择文本，去聚焦和对话文本，以"我在读"为起点，去看、去听、去问、去想，最后通过表达去呈现情感渐染与认同的过程、思想深化与生成的过程、情境应用与创造的结果。由于呈现的这些过程与结果，都在既定的写作主题或议题之下生发，就有可能实现立足"小我"来完成"大主题或大叙事"。

3. 选择两类文本

首选课内文本。在多种主题或议题的观照之下反刍读、多维读、深度读；次选时事文本。在写作视角观照之下搜索与选择一切可以用于写作的文字、声音、视频等素材文本。

4. 深度融合读写

融合是读与写的深度融合。潘新和教授在《语文：表现与存在》中，就"为教写作而教阅读"，曾指出教法原则为：以写为本，为写择读，以写促读，由读悟写，读以致写。① 这个原则的每个环节与各个环节之间都彰显着读与写深度融合的关系。在我的"融合"观里，我践行为：以写作表达为目标，在一定的写作主题或议题之下，先以写为本，为写择读；再以写带读，由读悟写；最终读以致写，用"融合文"凝固读写成果。

融合是课内与课外的融合。择读的两类文本，一类立足教材立足课内，一类打开时代打开世界，课内与课外融合，聚焦与开放融合，才更有可能把"小我"与时代社会的链接打通。

融合是文本解读与文本读解的融合。陈日亮老师认为，解读是解开、解释、解剖所读的文本，以揭示文本的内涵；读解则是读了之后自己的理解、解决、阐说、发挥。在我的"融合"观里，读写融合的前提是基于文本、聚焦文本、尊重文本，在合乎文本合乎逻辑的解读之后，再进入"读解"环节，将阅读的

---

① 潘新和.语文：表现与存在（下）[M].福州：福建人民出版社，2017：1273.

理解与收获，作为思想、文化、情感、语言的资源呈现在服务某个特定主题或议题的写作情境里，通过一定的策略置换为文章的组成部分，成为文章水乳交融的有机元素。文本解读与文本读解的融合，成果就是创造"读写"作品。

融合是阅读文本与自我生命状态的融合。为写择读时的"择"、以写带读时的"带"，读以悟写的"悟"，读以致写的"致"，都需要阅读主体将自我的生命状态介入、投入与融入，由此而彰显"我"之读之思之悟之言，彰显"我"的生命存在。这一点，下文还会重点阐述将其融合于"立德"的意义。

（二）读写融合策略是达成"在阅读中立言、因立言而立德"的一条实操路径

1. "为写择读"八个策略，为达成"在阅读中立言"提供依据

在写作之前的"为写择读"环节，尤其是在特定的写作主题议题之下去反刍阅读课内文本之时，我们如何判定所读之文本与所写的主题议题是否相关？当学生作为读者，他们的"发现"的眼光是否可以通过教师的策略引导进行培植？

我从亲身实践之中，总结出了在文本与主题议题之间寻找联系、为写择读的八个策略。在操作中更是发现，在一定的主题议题观照之下去重新审视和深度阅读各类文本，尤其是课内文本，大多数情况下我们都可以从思想、情感、构思、语言等角度进行选择并提取到某种联系，为进入"读解"与"读写"环节提供依据。

"为写择读"八个策略是：转换角度发现关联、补出过程呈现关联、聚焦词句直接关联、调整情境间接关联、选取背景寻求关联、推理情境判断关联、比照情境正反关联、品味词句细化关联。

以上策略在书作的"读写融合策略总说"第一讲中会聚焦一个课内文本进行详细的解说。这样，"为写择读"的"择"，通过八个策略的操作得以在文本中寻找、捕捉、选择和提炼出与主题议题关联的部分，这部分"筛选"出来的文本，将在学生自我感觉、知觉、思维、情感、意志、价值观的全面参与中，经读解而生成新知、新思、新情、新意，结出"读写融合"的成果，成为"在阅读中立言"的依据。

2. "读写融合"十个策略，因融合而生长素养，因立言而指向立德

在"读写融合"的写作环节，如何将"读解"生成的具有思想、文化、情感、语言价值的内容置换为文章的组成部分？当学生成为作者时，他们的"融合读写"的能力是否可以通过教师的策略引导进行训练？

我在掌握与研究大量学情的基础上，不断地亲自下水写作做试验，总结提

炼出了"读写融合"的十个策略。这十个策略是：融合造句、追问推理、链接感悟、联结背景、换位体验、嫁接情境、选点对话、联想故事、内涵对接、扣词读解。

以上策略在书作的"读写融合策略总说"第二讲中会聚焦一个课内文本，以5篇"下水作文"为例进行详细的解说。全书的创作思路在聚焦体现时代生活特点的主题议题之下，围绕以上策略的示范操作而进行架构。综述如下：

（1）聚焦主题关联命题。精心设置体现"立德树人""三大文化""四个自信""八大核心价值观"的4个写作主题字：奋、魂、美、思，每个主题字之下各关联起6~8个2019年以来的中考或质检作文命题。

（2）为写择读聚合文本。在每一主题字之下，课内部分，从统编教材七年级到九年级"择"8篇契合主题的课文；课外部分，从时事与生活中"择"若干文本类、音频类、视频类等契合主题的素材；共聚合8组课内外文本进行"读解"。

（3）融合写作一文三题。一篇课文聚合一组课外素材（合称"一文"，下同），教师身份转换为中学生身份，模拟中学生角色进行读写融合示范写作；将每一组文本进入一个主题之下的三个不同命题之中，呈现不同的表达。一文三题集中在前三章，前3个主题字下各8组文本每组创作3篇"下水文"，计72篇。

（4）策略说明同中求异。每篇融合文之后附详细的策略说明，并对同一文本在三个不同命题中的不同表达进行对比。

（5）单章呈现情境任务。第四章主题字"思"之下，主要关联情境任务类写作命题，文体有书信体、发言稿、演讲稿、推介文、倡议书等。架构上，有"一文三题"，有"一题三文"，有"多题多文"等，计25篇。

（6）例文评析多版升格。第五章就6道作文命题，各选一篇待升格例文运用融合策略进行升格示范，分别呈现3~5个版本的升格文、融合文，计20篇。

以上是书作的整体架构。全书共择读50篇课内文本，共选择350个课外素材，总计400个文本；全书下水创作的融合文总计120篇。

我在反复的实践运用中发现，策略有较强的操作性，基本能够实现将"读解"成果融入文章、多数能够成为文章中最能彰显思想、情感和语言价值的有机组成部分。

融合策略的运用，除了打通读写路径，更重要的是可以产生两个深刻且深远的意义。

意义一：因融合而生长素养。

王宁指出："语文核心素养是学生在积极主动的语言实践活动中构建起来、

在真实的语言运用情境中表现出来的个体言语经验和言语品质。"①"为写择读"八策，"读写融合"十策，都致力于引导学生进行"积极主动的语言实践活动"，而融合策略的实践操作与综合运用，正是基于文本与写作主体的读解，在"真实的语言运用情境中"不断地进行语言的建构和创造，与此同时培植起思维的发展和提升、审美的鉴赏与创造、文化的传承与理解，生长起个体言语经验和言语品质。

石修银老师曾在《读解：指向深度阅读的个性阐释》中提出，情境语用型读解这一策略很多老师常引导使用，但大多只是置于语用题中作为专项训练，而非置于阅读课文后作为拓展演练，并未意识到依此实现课文的深化理解与拓展迁移的价值。这是需要改变的。②

书作在"需要改变"和"相对空白"的领域做了较为系统的探索和实践，并做了一定的改造：以写作需要带动"解读"，基于"解读"进一步"读解"，将"读解"成果凝固为"读写"作品。在这个流程中，阅读成果最终是作为思想和语言资源置于新的情境中演绎新的意义、呈现新的创造的，这个过程使学生的语文素养不断地得到涵养与生长。

意义二：因立言而指向立德。

立言，指的是将"为写择读"的阅读成果，作为思想和语言资源，进入各种写作情境中而凝固成写作成果，经由"我读、我思、我写"而达成"我立"。

进入阅读环节之前，写作的需求和指令是以"立德树人"为核心任务确立的主题或议题，这时候，为写择读的文本，必然承载着与"德"内涵相关的一切元素；而进入阅读环节之后，面对所"择"的阅读文本，无论是课内还是课外，无论是长篇还是片语，学生如果要进行深度阅读、心灵对话和理性思考，就要调动自我感觉、知觉、思维、情感、意志、价值观等，使它们全面介入。

于是这样的阅读就可能产生三个成果：第一，阅读文本与自我生命状态融合，促使学生将阅读的过程变成反观自身、体味自我的生命状态，反思自我的生命历程，逼近自我生命的本质的过程，同时变成读历史、读社会、读时代、读人生、读世界的过程。学生因此而汲取营养、拓宽视野、增长见识、修养德行，向"大我"靠近。第二，学生若将这个过程用语言表达出来，"读解"阶段的阅读成果就会直接凝结为写作成果。第三，学生若进一步将"读解"阶段的写作成果作为资源进入既定主题议题之下的写作环节，融入新的写作情境成

---

① 王宁. 语文核心素养与语文课程的特质［J］. 中学语文教学，2016，11（2）：4-8.
② 石修银. 读解：指向深度阅读的个性阐释［J］. 语文建设，2021（3）：29-33.

为有机元素，那么，这些经过学生心灵与思维内化的读解内容在行文中，就能成为其中彰显语言价值与思想价值的有机表达，文章就能更大程度地去"转述文"和"组装文"之弊，创作出有"我"之情、之思、之悟、之识、之见的文章。这样的文章就可以称得上"立言"，哪怕这里的"言"是小小的一家之"言"，因为"我"的存在，也足以"立"起。而"立言"的同时，也是在发展学生的语文学科核心素养，培植学生的时代精神、责任担当、高尚德操、健全人格与科学精神等，就可体现一定的"立德"之功能，就可望达成"在阅读中立言，因立言而立德"的目标。

### 三、从读写转化到读写融合的路径探索

从精神追求的层面看，读写转化与读写融合，都以人格、精神、心灵建构为本；都以写带读，读以悟写，涵养、应用并重；都在打造一条实现阅读与写作能量转换的实操路径；都力求将阅读文本与现实生活全方位链接；都聚焦语言的建构与运用，同时培植起思维的发展和提升、审美的鉴赏与创造、文化的传承与理解，都聚力于涵养与生长个体言语经验和言语品质。

从读写策略的运用上看，"读写转化"较为开放和灵活。无论阅读文本所表现的内容涉及何时、何地、何人、何景、何事、何理，都可通过调整与置换情境等策略与当下生活打通链接，达成每读必用，凡所可用，无所不用。所以"读写转化"书作里有片段的示例，也有完整的成篇，呈现主题的开放性、生活的丰富性、形式的自由度和表达的灵活度。

对比之下，"读写融合"具有以下不同特质。

1. 更聚焦主题聚焦文本

从"为写择读"八策来看，阅读文本是聚焦一定的主题或议题进行选择的，同一篇"下水作文"里如果综合运用了课内外文本，这些文本也是依据同一主题议题进行聚合的。

从"读写融合"十策来看，每篇"下水作文"都关联了某个具体的写作命题，这些命题是2019年以来的各地中考或质检命题。为使作文达到主题"集中明确"的要求，文本进入作文的特定情境后，是服务于表现具体主题的，是"戴着镣铐跳舞"的，在形式上也全部是完整的成篇。同时，"融合文"必须是在对文本进行合情合理的"解读"之后，再于新的写作情境里进行"读解"的。因此所有的策略运用，都指向聚焦文本而进行的对话、联想、思考、拓展和创造（为使策略示范更具体清晰，融合文篇幅多数长于考场作文字数要求）。

2. 建构范式并呈现变式

为使融合策略被师生更广泛地模仿和复制，120 篇"下水作文"中多数呈现以下两种范式：

（1）融合文=课内文本+时代素材组合+关联命题；

（2）融合文=中心点题句+段首点题句一与文本一+段首点题句二与文本二+段首点题句三与文本三+深化点题句。

为使融合策略被师生更广泛地操作和运用，这些范式又呈现变式。如一文三题，即同一课内文本进入三个不同作文命题三种不同作文情境后生成的表达变化；如一题三文，即三组完全不同的文本进入同一个作文命题同一个作文情境后生成的表达变化；再如多题多文呈现"多变"，以及呈现多个版本的升格文等。

3. 更具情境性与应用性

融合文精心设计课内外文本的聚合方式，力求通过文本聚合而生成时代感和情境感。例如：

《黄河颂》+2021 年元旦贺词——《有一种誓言》

《秋天的怀念》+"三牛"精神——《所见皆美好》

《孙权劝学》+春晚王一博《牛起来》舞蹈——《好时光，一起燃》

《送东阳马生序》+感动人物张桂梅——《一双手，一个璀璨人生》

《陋室铭》+第四季《经典咏流传》——《美丽的经典　生命的星光》

《植树的牧羊人》+《斗罗大陆》——《奋斗的故事与你续订一季》

《老山界》+毛泽东 127 周年诞辰——《安放于热土的灵魂》

《紫藤萝瀑布》+第六季《中国诗词大会》——《珍享生命的赐予》

《猫》+《老王》+《夜空中最亮的星》——《我祈祷拥有一双会流泪的眼睛》

《海燕》+百日誓师大会+建党百年 MV《少年》——《你高傲飞翔的样子，真美》

《愚公移山》+《觉醒年代》+《理想照耀中国》+天问一号+"丧文化"——《奔赴星辰大海，你我皆为英雄》

……

此外，有一定数量的融合文是贴近情境任务型命题作文而创作的，呈现"应用性"。

如写给自己的一封信、疫情时代的广播稿、在国旗下的讲话稿、主题班会上的发言稿、五四主题竞赛上的演讲稿、红色纪念馆的推介文、校园科技节上的倡议书等。

2019 年 10 月至 2021 年 5 月，我受邀以"读写融合"为题为多所学校开设了共 27 场讲座。每场讲座都是在研究该校学生写作学情的基础上为该校"量身定制"的。这些讲座受众大多为各校初三年段全体学生及初一、二年段部分学生，有时单场达 2600 人次；2021 年 4 月，我选取了 120 篇"下水作文"中的 8 篇，以每周一篇的形式经由南安市教师进修学校公众号推出。每场讲座和先期推出的"下水作文"，在一线师生中引起广泛关注与强烈反响，经由这样的前期浸染，可以说，"读写融合"的理念与策略已深扎一线，深入人心，正在彰显其价值。

我心中的愿景是：

一个语文老师，在学期初，讲讲"为写择读""融合策略"的那些例子；随着阅读教学进度，读读书作中的运用到所教课文的那些"下水文"，讲讲附在后面的策略说明；在作业与作文点评中，讲讲策略运用得失的"那些事儿"，"读写融合"从此有了清晰的路径。

某个学生，在学期初，学学"为写择读"和"融合策略"的"十八般武艺"；在学习课文与关注时事时，读读书中的例文示范；在作业与作文中，尝试用用那些策略，从此练就一双在所有文本中"淘宝"以致用的眼光，言语表达能力增强了，思维能力发展了，审美鉴赏力提升了，文化理解力开发了，人生的视野拓展了，精神的格局扩大了，从此因为语文温润了华年，温润了生命，此生受益。

# 目 录
## CONTENTS

# 第一章　主题字：奋

奋，中文常用字，本义为"鸟张开并振动翅膀"。鼓翼飞翔需要用力，由此而又派生出"振作、鼓劲、发扬、兴起、努力、奋斗"等引申义。"奋斗创造历史，实干成就未来。""幸福都是奋斗出来的。"历史的画卷在奋勇前进中舒展，在波澜壮阔的新时代大潮中，唯有奋勇拼搏才能永续辉煌。作为新时代的青少年，我们要继承和发扬革命先辈久久为功、奋发图强的精神，努力学习，立志成才，为实现自己的美好理想和中华民族伟大复兴的"中国梦"而奋斗。

要求：请以"奋"为主题进行写作。可以写你或你身边的人经过奋斗获得的成就；可以结合时事热点，写抗疫英雄逆向而行、奋不顾身的光辉事迹和全国人民众志成城、同舟共济的精神风貌；可以赞颂自力更生、艰苦奋斗的精神；也可以批判好逸恶劳、不思进取的人生观与消极态度……一切关于"奋"的材料都可以入文。既可以从正面描述，也可以从反面分析。（此题选自《读写》杂志 2020 年 5 月征稿启事）

## 第一讲　聚焦主题　关联命题

**一、聚焦主题**

首先提取表述主题的材料关键词并按意分层。

第一层：奋、奋斗（本义，引申义）；

第二层：创造历史、辉煌时代、成就未来（奋斗对历史、时代、未来的意义）；

第三层：新时代少年为梦想而奋斗。

再依据写作要求梳理可以入文的文本内容。

（1）写人：自己、身边人、抗疫英雄、国人。

（2）写事：个人奋斗有成、英雄抗疫奋不顾身、国人奋战疫情同舟共济。

（3）写理：赞艰苦奋斗、批不思进取。

再依据材料关键词拟题。如：

扣材料"奋斗创造历史，实干成就未来"拟《奋翅，向着远方》；扣材料"幸福都是奋斗出来的"拟《越奋斗，越幸福》；扣材料"唯有奋勇拼搏才能永续辉煌"拟《奋斗着，美丽着》《奋作不息，美丽无限》；扣材料"中国梦"，拟《奋起小小的翅膀，为着大大的梦想》等。

审读说明：

（1）从主题诠释和命题要求看，此题写作素材导向很明确，就是希望学生选择素材的视野，不仅仅定位在抒写个人为某一目标奋斗，而能够进一步拓展到把个人放在时代大背景下去思考自己或他人如何为一个高远的梦想而奋斗。

（2）如果写奋斗创造历史、辉煌时代、成就未来，写英雄逆行抗疫、国人奋战疫情，写"中国梦"或辨析事理，就要警惕，莫把这些"大题材"写成通篇表现他人故事的"转述文"，或海量信息的"组装文"；就要力求在"大大的时代"和"小小的我"之间找到链接的点。我们可以通过与主题相关的课内外文本的深度阅读，将文本置换为写作资源再进入作文，在一定程度上达成以上目标。

（3）聚焦"奋"的主题，还可以关联多个相关的具体命题，辨析它们的异同，这样，我们可以将阅读中选择和提取的文本打通，在多个命题之间切换和运用。

## 二、关联命题

与"奋"有关的文本可以关联以下作文命题。

1. 请以"致敬奋斗的时光"为题，写一篇文章。［2019 年江苏南通市中考题］

2. 朱德的母亲虽出身贫寒，却用一双手幸福了家庭，成就了儿子；植树的牧羊人虽失子丧妻，却用一双手战胜了孤独，美丽了荒溪；朱丽华虽双目失明，却靠一双手璀璨了人生，感动了中国；疫情防检者虽身处险境，却用一双双手构筑了一道坚实的防疫长城……

这一双双奋斗的手，改变命运，成就自己，造福社会，美丽世界。在你的生活中，是否也有过一双手，给过你温暖与触动？就此，请自拟题目写一篇不

少于600字的文章。[2020年四川内江中考题]

说明：

此命题材料关键词为"一双双奋斗的手，改变命运，成就自己，造福社会，美丽世界"，直接体现"奋"的主题。可聚焦"手"，结合奋斗的意义价值自拟题目。假设按材料的表述，从朱德的角度可拟《一双手，一个家》；从牧羊人的角度可拟《一双手，一个家园》；从朱丽华的角度可拟《一双手，一个璀璨人生》；从疫情防控者的角度可拟《一双手，一道长城》等；还可以依次拟《一双手，一份幸福》《一双手，一份美丽》《一双手，一份感动》《一双手，一份温暖》等。

3. "每一张迎春的笑脸，都藏着一段不为人知的努力和坚持"，这句话给你怎样的触动和思考？据此写一篇记叙文或议论文，题目自拟。[2020年四川眉山中考题]

说明：

命题材料中"迎春的笑脸"可理解为有所收获、有所成就、愿景实现、梦想成真等，与主题"奋斗、拼搏、自强不息"等直接相关；"不为人知"，可理解为"沉淀自己、积蓄力量"，描述的是"奋斗者"的状态。据此，可拟题《为了春天里的微笑》《没有一个冬天不可逾越》《心中有梦，脚下有路》《携一份孤独追梦》《凝视深渊，仰望高天》等。

4. 国家领导人说："业广惟勤。实现中国梦，创造全体人民更加美好的生活，任重而道远，需要我们每一个人继续付出辛勤劳动和艰苦努力。"所谓"业广惟勤"，说的是惟有勤劳工作才能事业有成。每一个人的学习、工作和生活都离不开勤奋，人世间的美好梦想只有通过辛勤的劳动才能实现。

以上文字给你什么联想和感悟？请以"业广惟勤"为题，写一篇记叙文或议论文。[2020年福建省南平市质检题]

说明：

此命题材料中"勤"的内涵指"辛勤劳动、艰苦努力、勤奋工作"，"勤"即"勤奋"之意；勤奋的目标是实现"业广"，实现"美好梦想"，和"奋"的主题关联。这样解读命题后，文本素材就可打通运用。

5. 当你开始穿越迷茫，找到方向，会发现路并不遥远；当你开始扬帆远航，奋力前行，会发现路并不遥远；当你开始有了向往，向往着远方，会发现路并不遥远……

以《路，并不遥远》为题写一篇记叙文或议论文。[2019年南安市秋季初三期中统考题]

说明：解题两步走。

第一步，全面提取关键词"穿越迷茫、找到方向、奋力前行、向往远方、路不遥远"等。

第二步，解读"潜台词"。

（1）路，可以是成长之路、亲情（友情）之路、求学之路、旅行之路、修身之路、心灵之路、梦想之路等。

（2）路为何"并不遥远"？有三个原因。"穿越迷茫"，有所突破，并调整和锁定方向；"扬帆远航"，有所行动，并沿既定方向前行；"向往远方"，有所追求，并坚持一步步靠近目标。这三个原因也可以理解为达成目标（梦想）而走过的路程：路远→方向+行动+坚持→路不远。行文可以侧重当中的一个或两个原因展开，也可以完整呈现探求道路的三个历程。

（3）扣"并不"二字，暗示行文中表现对路的探求时最好呈现一个"远→近"的过程。

在审题的基础上，假设将文章主题确定为"奋力前行梦想之路并不遥远"，文本素材就可打通运用。

6. 梦想，若耀眼的火炬，点燃我们奋斗的激情；像深邃的星空，激发我们奋进的壮志；似皎洁的皓月，照亮我们拼搏的征途……也许逐梦的岁月异常艰苦，逐梦的道路坎坷不平，但只要我们心底深藏梦想，追梦的脚步从未停止，梦想之花就一定会绚烂绽放。

请以"我从未停止追梦的脚步"为题目写一篇作文。[2019年湖北襄阳市中考题]

说明：

此命题材料的关键词有"梦想、奋斗、拼搏、逐梦"等，与"奋"主题相关，文本素材据此打通运用。

7. "逆战"即迎接战斗。人、家、国都应有迎难而上的勇气，刚毅不屈的意志，乐观昂扬的精神。请以"逆战"为题目，写一篇不少于600字的文章。[2019年山东德州市中考题]

说明：

此命题材料中，"逆"的意思是"迎接"，内涵指向"迎难""不屈""昂扬"，与"奋"的内涵可以关联相通。文本素材可据此打通运用，亦可关注疫情与后疫情时代，人、家、国"逆战"疫情的相关细节、故事、新闻等素材，选择入文运用。

8. 历练，就是经历世事，得到锻炼，练就意志与品质。历练的过程就是成长的过程，杜小康经历放鸭的孤独，让自己走向成熟；莫顿·亨特经过悬崖历险，领悟了人生哲理……亲爱的你，经受过哪些历练，获得了怎样的感悟呢？

请完成下面的作文。题目：历练。[2020 年重庆市中考题]

说明：

此命题材料中关键词有"经历""锻炼"和"成长"等，与"奋"主题相关，文本素材据此打通运用。

# 第二讲　例说"为写择读"八策

以教材七（上）第三单元《再塑生命的人》为例，解说如何聚焦一定的主题，从课内文本中检索、选择、定位有联系的文本，"为写择读"共八策。

本书第一章主题字是"奋"。假如要表现"奋"的主题，那么我们来检索、选择课文文段并尝试提取联系。

《再塑生命的人》主题包含的内容有：表现在莎莉文老师的教育下，"我"的灵魂被唤醒，再次拥有光明、希望、快乐和自由，赞莎莉文老师教育艺术，表达对莎莉文老师的感激之情。

从表现莎莉文老师的角度看，这个主题与"奋"似乎没有明显的关联；但若从"我"的角度看，文章描写"我"的灵魂被唤醒后再次拥有光明、希望、快乐和自由的这部分，中间有一个"努力学习语言"的过程，可以初步判定有一定关联。

再进一步深入文本，可以发现文章的语言就是从"我"的角度进行表达的，这就为我们提取文本中的语句进行素材转化提供了可能性。

**择读文段一：**

那一天，我学会了不少词，譬如"父亲"（father）、"母亲"（mother）、"妹妹"（sister）、"老师"（teacher）等。这些词使整个世界在我面前变得花团锦簇、美不胜收。记得那个美好的夜晚，我独自躺在床上，心中充满了喜悦，企盼着新的一天快些来到。啊！世界上还有比我更幸福的孩子吗？

为写择读，提取联系。

紧扣"奋"的主题说明和命题要求，此片段可提取四个联系点。

1. "我学会了不少词"，与主题说明中的"振作、鼓劲、兴起、努力、奋斗""奋发图强的精神"等内容有联系。

2. "还有比我更幸福的孩子吗",与主题说明中的"幸福都是奋斗出来的"有联系;"整个世界在我面前变得花团锦簇、美不胜收",与"自己的美好理想"有联系。

3. 作者海伦·凯勒的个人经历(在安妮·莎莉文老师的帮助下掌握了英、法、德等五国语言)和个人成就(美国盲聋女作家、教育家、慈善家、社会活动家)与主题说明中的"发扬奋发图强的精神,努力学习,立志成才"有联系。从"作家、教育家、慈善家、社会活动家"的角度看,海伦·凯勒不仅仅实现了个人的理想,也为国家、为社会做出了贡献,体现了奋斗的价值。从这一点看,和主题说明中的"为中华民族伟大复兴的中国梦而奋斗"也有联系,只要把这个联系调整为"为造福社会的梦想而奋斗"就可以。

4. 作者海伦·凯勒的个人经历和个人成就,与命题要求中的"可以写你或你身边的人经过奋斗获得的成就""可以赞颂自力更生、艰苦奋斗的精神;也可以批判好逸恶劳、不思进取的人生观与消极态度"有联系。

依据此例,我们可以梳理"为写择读、提取联系"的五个策略。

(1)转换角度发现关联。如从表现莎莉文老师的角度转换到从"我"如何再塑生命的角度,就可发现与"奋"的主题可能产生的关联。

(2)补出过程呈现关联。如在"我的灵魂被唤醒后"和"再次拥有光明、希望、快乐和自由"之间补出"通过努力学习"的过程呈现关联。

(3)聚焦词句直接关联。如示例1、2。

(4)调整情境间接关联。如示例3通过将"中国梦"调整为"造福社会的梦想"产生关联。

(5)选取背景寻求关联。如示例4选取作者的个人经历和成就与主题、命题关联的部分进行关联。

依此类推,还可以从课文全文中选择其他可以关联的语句并提取联系。

**择读文段二:**

井房的经历使我求知的欲望油然而生。啊!原来宇宙万物都各有名称,每个名称都能启发我新的思想。我开始以好奇的眼光看待每一样东西。回到屋里,碰到的东西似乎都有了生命。我想起了那个被我摔碎的布娃娃,摸索着来到炉子跟前,捡起碎片,想把它们拼凑起来,但怎么也拼不好。想起刚才的所作所为,我悔恨莫及,两眼浸满了泪水,这是生平第一次。

为写择读、提取联系。

1. 运用"聚焦词句直接关联",文中"求知的欲望""启发我新的思想"

"以好奇的眼光看待每一样东西"，与主题说明中的"振作、鼓劲、兴起""奋发"等内容有联系；当我们这样提取联系后会发现，"奋"的内涵可以很丰富，"奋"不仅仅指奋斗，也可包含"未知欲""好奇心"，我们可以把它当作"奋"的起点、"奋"的动因。

2. 是否可以尝试选取"我对摔碎布娃娃的所作所为悔恨莫及"这件事去提取联系？我们不妨去看看文本描写"摔碎布娃娃"的片段。

**择读文段三：**

我实在有些不耐烦了，抓起新布娃娃就往地上摔，把它摔碎了，心中觉得特别痛快。发这种脾气，我既不惭愧，也不悔恨，我对布娃娃并没有爱。在我的那个寂静而又黑暗的世界里，根本就不会有温柔和同情。

启动思考，是否有联系？如果有，联系点在哪里？

对盲聋哑的海伦·凯勒来说，那一天能够区分"杯"和"水"就是她的功课、她的学习内容、她的"奋斗目标"。因为分不清、学不来，老师跳过这个知识点接着讲布娃娃时，她就"不耐烦""发脾气"，那时的她心中"没有爱"。

这样一看，海伦·凯勒的这个学习状态是不是似曾相识？

虽然境遇不同，但此时的海伦·凯勒和我们一样，都是"学生"的身份。对于学生来说，为了某一个学习目标而奋斗，常有因"学不来"而"不耐烦""发脾气"的情况发生。

那么，联系点就找到了。这是"奋"的过程中遇到的"逆境"，是"奋"的反面状态，与"奋"的主题反面相关。

据此可以梳理出两个策略。

第6个策略：推理情境判断关联。推理情境，就是依据文本描述的情境，推出前因后果（如上文"悔恨的原因"），并联想生活中学生的相似情境（如学生"学习受挫发脾气"的情境），在此基础上做出是否有关联的合理判断（如与"奋"的主题反面相关的判断）。

第7个策略：比照情境正反关联。将文段描述的情境与现实情境、历史情境、某一故事情境等进行比照，找到相同点、相似点或相反点，与主题正反关联。

综上所述，为写择读，是在一定的主题观照之下对文本先进行筛选性阅读、再进行聚焦性阅读的再读过程；"提取联系"，是在既定的主题观照之下将文本与主题说明、命题要求进行比照、关联、调整、转换、整合的思维过程。

除了关联主题，还可以关联某个具体命题检索文本并提取联系。例如，选择关联的命题5《路，并不遥远》：

依据《路，并不遥远》的主题说明之关键词"穿越迷茫、找到方向、奋力前行、向往远方、路不遥远"，进入课文进行筛选性择读，有以下相关片段。

**择读文段四：**

下午的阳光穿透遮满阳台的金银花叶子，照射到我仰着的脸上。我的手指搓捻着花叶，抚弄着那些为迎接南方春天而绽开的花朵。我不知道未来将有什么奇迹发生，当时的我，经过数个星期的愤怒、苦恼，已经疲倦不堪了。

以直觉就可筛选，此段与关键词中的"迷茫"二字相关。运用"聚焦词句直接关联"之策，可进一步将关联点细化。

"阳光照射到我仰着的脸上"，品味此句可以读出，"仰着的脸"里写着迷茫，也写着对即将发生的不寻常的事的一丝期待和向往。与"迷茫"有联系。

"手指搓捻着花叶，抚弄着那些为迎接南方春天而绽开的花朵"，品味此句可以读出，"搓捻""抚弄"的动作是迷茫和忐忑、期待和向往复杂心情的外在表现。与关键词"迷茫""穿越""向往"都有联系。

"不知未来将有什么奇迹会发生""愤怒、苦恼、疲倦不堪"，品味此句可以读出，对未来的"不知"，以及"愤怒、苦恼、疲倦"的状态，都是"迷茫"二字的丰富而生动的写照。

说明：

以上示例，除了运用"聚焦词句直接关联"之策找到关联句，在寻找关联点之时，还要紧扣主题关键词，联系上下文深入品味句子的丰富内涵，再提取联系并进行细化。在"聚焦词句直接关联"基础上拓展运用的这个策略，梳理为第8策：品味词句细化关联。

**择读文段五：**

朋友，你可曾在茫茫大雾中航行过？在雾中神情紧张地驾驶着一条大船，小心翼翼地缓慢地向对岸驶去，你的心怦怦直跳，唯恐意外发生。在受教育之前，我正像大雾中的航船，既没有指南针也没有探测仪，无从知道海港已经临近……

为写择读，提取联系。

以直觉就可筛选，此段与关键词中的"迷茫"二字相关。运用"聚焦词句直接关联"和"品味词句细化关联"之策，将关联点细化。

"迷茫"在这里呈现为细腻的心理描写，其内涵细化为"大雾中的航船"的形象，细化为"在茫茫大雾中航行""在雾中神情紧张地驾驶""小心翼翼地缓慢地向对岸驶去""怦怦直跳，唯恐意外"的一系列状态。品味词句可以读出，"茫茫大雾"是背景，也映射内心的茫然；"紧张、小心、缓慢驾驶"是动作，也呈现穿越迷茫的艰难心路；"怦怦直跳，唯恐意外"是心理，也强化迷茫带来的恐慌；而"没有指南针也没有探测仪，无从知道海港已经临近"更是"迷茫"二字的最佳诠释。

**择读文段六：**

莎利文老师把我的一只手放在喷水口下，一股清凉的水在我手上流过。她在我的另一只手上拼写"water"——"水"，起先写得很慢，第二遍就写得快一些。我静静地站着，注意她手指的动作。突然间，我恍然大悟，有一种神奇的感觉在我脑中激荡，我一下子理解了语言文字的奥秘了，知道了"水"这个词就是指正在我手上流过的这种清凉而奇妙的东西。

水唤醒了我的灵魂，并给予我光明、希望、快乐和自由。

为写择读，提取联系。

以直觉就可筛选，此段与关键词中的"穿越迷茫、找到方向"相关。运用"聚焦词句直接关联"和"品味词句细化关联"之策，将关联点细化。

"穿越迷茫"细化为"恍然大悟""神奇的感觉在脑中激荡""一下子理解奥秘"的一系列描写。品味词句可以读出，"恍然"对应"神奇的感觉在脑中激荡"；"大悟"对应"一下子理解奥秘"，这正是对"穿越迷茫"和"豁然开朗""醍醐灌顶"等成语的生动诠释。

品味"水唤醒了我的灵魂，并给予我光明、希望、快乐和自由"一句可以读出，"唤醒"意味着"找到方向"，而当"光明、希望、快乐和自由"进入"灵魂"，心里就住着远方，路，就可以不再那么遥远。这与"心怀远方"，与命题"路，不再遥远"都直接关联。

综上所述，聚焦"奋"和《路，并不遥远》两个相关联的主题和命题，就《再塑生命的人》一文，共运用了八个策略进行文本检索和提取联系：一、转换角度发现关联；二、补出过程呈现关联；三、聚焦词句直接关联；四、调整情境间接关联；五、选取背景寻求关联；六、推理情境判断关联；七、比照情境正反关联；八、品味词句细化关联。

运用八个策略，一路检索下来，我们可以发现，整篇课文几乎全是"宝"。从这个例子，我们可以推想，一切文质兼美的阅读文本，无论课内课外，在一定的主题观照之下去重新审视和深度阅读，都可以提取为服务于某一主题和命题的备用资源。可以说，这个过程就是"淘宝"的过程。

# 第三讲 例说"读写融合"十策

同样以教材七(上)第三单元《再塑生命的人》为例，解说如何将课文中已经提取联系的文段，运用到服务于同一主题不同命题的作文中，成为作文的有机组成部分，实现读写的深度"融合"。共十策。

**文段一融合示例：**

聚焦"奋"的主题，关联自拟题《越奋斗，越幸福》。

## 越奋斗，越幸福

(1)"奋斗本身就是一种幸福"，我们听到国家领导人在春节团拜会上这样说。你是否会想，难道不是成功了才觉得幸福吗？为什么奋斗本身就是幸福？其实，奋斗一定与艰辛困苦同在，而在最后的成功达成之前，美丽、喜悦和幸福依然会相伴相生。

(2)就如海伦·凯勒。我们常把关注的重点放在她无声无光的世界，放在她超越极限达成"成就自己"和"造福社会"的梦想并体现奋斗的价值的这个"结果"，在我们的视线里，更多的是看见一个命运抗争者与理想奋斗者的艰辛。

(3)其实，奋斗者也可以是幸福者。

(4)你看，海伦·凯勒在回忆她生命再塑的历程时，是这样描述的：

(5)那一天，我学会了不少词，譬如"父亲"(father)、"母亲"(mother)、"妹妹"(sister)、"老师"(teacher)等。这些词使整个世界在我面前变得花团锦簇、美不胜收。记得那个美好的夜晚，我独自躺在床上，心中充满了喜悦，企盼着新的一天快些来到。啊！世界上还有比我更幸福的孩子吗？

(6)读文字，读心声，你是否读到海伦·凯勒在黑暗和沉寂的世界里突然找到一个"花团锦簇"的美丽新世界时的那份狂喜、期待与幸福？谁说她学习单词的过程只有难只有苦？谁说一个被命运压迫的人奋起反抗的过程只有挣扎和困顿？我们在这里读到的明明是满满的美丽、喜悦和幸福！

(7)能欣赏到最美风景的人，一定是那些驰而不息的奋斗者！

这个策略叫"融合造句"。用于造句的关键词有三类。一、主题关键词和命题关键词。含主题和命题表述材料的关键词和题目的关键词，这二者通常是统一的；二、素材关键词。包括所运用的阅读文本的关键词，也包括链接运用的课外素材的关键词；三、对象特征词。即能体现作文中所描述故事和表现对象的特征的词句。

融合造句，就是指将主题或命题关键词、与所要运用的素材关键词、与作文所表现的对象的特征词等结合在一起思考，融合在一起表达。

这里，以"越奋斗，越幸福"为核心词，将"奋斗"的主题关键词，"越奋斗，越幸福"的命题关键词、文段一素材的关键词"美好、喜悦、企盼、幸福"三者融合起来，将奋斗的过程与美好和幸福的体验联系起来思考，就得到关于奋斗价值的新的发现和感悟，如第（6）段。

融合造句时，可以是二类词融合，也可以是三类词融合，也可以多组素材融合，是"融合十策"中运用最多，最能体现在素材运用中建构语言意义的一种策略。

这时的阅读，是聚焦主题的阅读；这时的写作，是基于阅读的写作，这就使读写融合有了更为清晰的路径。

上文同时选择了两个课外素材融合写作：国家领导人"奋斗本身就是一种幸福"；人民日报：能欣赏到最美风景的人，一定是那些驰而不息的奋斗者。

**文段二融合示例：**

聚焦"奋"的主题，关联命题1《致敬奋斗的时光》。

### 致敬奋斗的时光

（1）海伦·凯勒先是说："井房的经历使我求知的欲望油然而生。"后又说："想起刚才的所作所为，我悔恨莫及，两眼浸满了泪水。"在海伦·凯勒求知的欲望被点燃的那一刻，为什么会流下"悔恨的泪水"？

（2）当她发现所碰之物"都有生命""都有名称"时，生命从此焕然一新，别有一番天地！于是，热情、希望、温暖、爱和幸福，种种美好的感觉流向心中。此时的海伦·凯勒，捡起摔了撕了的布娃娃的碎片，流向心中的会是什么感情呢？悔，悔不当初因为区分不开"杯"和"水"两个单词而拿布娃娃撒气；恨，恨自己心中曾经丢了那么重要的爱心和同情心；泪，为自己这一段从迷茫到顿悟、从绝望到希望、从痛苦到幸福的心路历程而泪流满面！

（3）高尔基有言：我们若要生活，就该为自己建造一种充满感受、思索和行动的时钟，用它来代替这个枯燥、单调，以愁闷来扼杀心灵，带有责备意味和冷冷地嘀嗒着的时间。

（4）让我们致敬这样的充满感受、思索和行动的奋斗时光，让我们尝试去拥有这样的美好时光。

这里运用三个策略："追问推理""链接感悟""融合造句"。

1. 追问推理

选取文段中表达情感、心理或思考变化的部分进行追问，再针对文本中句与句之间的逻辑联系进行推理，将推理的过程呈现与表达，使追问得以解答。如（1）段追问"为什么她会流下悔恨的泪水"，（2）段以推理去寻求合情合理的解答。

2. 链接感悟

由所运用的素材链接一个或一组相关联的素材，如（3）段高尔基的名言，为下文表达感悟提供拓展文本。

链接的素材，可以是名家作品、新闻等，也可以是言论、诗词、视频等，可以是正面的，也可以是反面的；可以是历史的，也可以是现实的素材。

3. 融合造句

提取链接素材的关键词（如"充满感受、思索和行动的时钟），与主题关键词"奋斗"，命题关键词"致敬时光"，融合在一起思考与表达，如（4）段。

**文段三融合示例：**

聚焦"奋"的主题，关联命题5《路，不再遥远》。

## 路，不再遥远

（1）盲聋哑的海伦·凯勒曾在学习区分"杯"和"水"这两个词时几近崩溃过。她写道：

（2）我实在有些不耐烦了，抓起新布娃娃就往地上摔，把它摔碎了，心中觉得特别痛快。发这种脾气，我既不惭愧，也不悔恨，我对布娃娃并没有爱。在我的那个寂静而又黑暗的世界里，根本就不会有温柔和同情。

（3）你可曾想过，当一个人做错事却"不惭愧，不悔恨"，心中"没有爱"，"根本就不会有温柔和同情"时，是一种怎样的心境？当一个人被命运捉弄到无处藏身所有挣扎都成徒劳时，心中没有悔没有恨更没有爱了，是不是意味着她陷入最深的暗夜到几近崩溃的绝境？是不是意味着她几乎要自我放弃了？

（4）然而我们知道后来的海伦·凯勒是美国盲聋女作家、教育家、慈善家、社会活动家，她把自己打造成一个强大到足以造福社会的人！

（5）于是，从这个我们定义为"成功"的结局往回追溯到她的这一段崩溃的经历，我突然发现，原来这时的海伦·凯勒遭遇的只是"学习语言"的极大困境，经历的原来是"顿悟前的黑暗"。

这里运用两个策略："换位体验""联结背景"。

1. 换位体验

设身处地，换位思考，想象和体验文本所描写的情境并表达出来，如第（3）段。"体验"，可以是侧重场景、情感和心理的置换、还原和想象；还可以是换位思考后感想的表达、见解的阐述、评价的发表，如第（5）段。这些想象和体验、发现和感悟，都要彰显所聚焦的主题、突出所关联的命题。

2. 联结背景

为加深对所运用的素材的理解、为突出内涵和彰显主题，可联系相关的背景再结合素材进行简述或展开思考。如第（4）段联系海伦·凯勒后来的成就再来反观当时的困境，使表达的感悟更深刻。这里的背景，可以是与文段相关的背景，也可以是历史背景，或当下的现实背景。

**文段四融合示例：**

聚焦"奋"的主题，关联命题3自拟题：《凝视深渊，仰望高天》。

### 凝视深渊，仰望高天

（1）当我们面对做不完的试卷、刷不完的试题，疲惫不堪，几近崩溃，"丧"到要认输的时候，不妨想想另一个人的学习困境，让自己的焦虑回归平静，再重新出发。

（2）这个人就是海伦·凯勒。

（3）在莎利文老师到来之前，海伦·凯勒经历过远比我们更深的迷惘和疲惫：她在回忆录中写道："当时的我，经过数个星期的愤怒、苦恼，已经疲倦不堪了。"

（4）透过文字，我们可以读到她在最深的暗夜和沉寂里有着最深的迷惘。

（5）然而字里行间，我们却又读到了暗夜里的一丝亮色：

（6）下午的阳光穿透遮满阳台的金银花叶子，照射到我仰着的脸上。我的手指搓捻着花叶，抚弄着那些为迎接南方春天而绽开的花朵。

（7）在这样的文字里，你是否发现，她在告诉我们即使面对未知的甚至令人绝望的未来，她也依然保有一份期待和向往？

（8）你看她对着阳光穿透的金银花叶子仰着脸，此时的她，有着一脸的迷茫，但对着穿透叶子的阳光，<u>你是否读到</u>她依然有所期待？

（9）你看她搓捻着和抚弄着花叶的手，那花叶是为迎接南方春天而绽开，那么她的残缺的生命呢？能为什么而绽开？那反复搓捻的下意识的动作之间，<u>你是否读到</u>她的迷茫和忐忑、期待和向往交织的复杂心情？你是否读到她对生命的意义依然有着深沉的探求？

（10）凝视命运的深渊，是愤怒、苦恼和疲倦不堪；

（11）仰望人生的高天，还有期待、向往和深沉的追求。

这里运用三个策略："选点对话""换位体验"和"内涵对接"。

1. 选点对话

选点，指选取文段中有某种关联的若干个点，或有情感、思想、语言价值的若干个点，如（7）—（9）段。选取的是文段中能体现"亮色"的词句，扣这些点与文本、与作者、与自己进行对话，并将对话过程表达。在表达"对话"的内容时，可以结合"换位体验"之策，表达想象与感悟。

2. 内涵对接

如（10）段。将素材第（3）段中"当时的我，经过数个星期的愤怒、苦恼，已经疲倦不堪了"句子的内涵，与题目"凝视深渊"的内涵相对接。

如（11）段。将（7）—（9）段文本读解中的关键词"期待、向往和深沉的追求"的内涵与"仰望高天"的内涵对接，表现主题并点题。


**文段五融合示例：**

聚焦"奋"的主题，关联命题5《路，并不遥远》。


### 路，并不遥远

（1）成长的道路上，我们总会遭遇那些迷茫无助的时刻。奋斗的苦，我并不害怕，但是为什么前行的路，总是道阻且长、遥遥无期？

（2）这个周末，不知做了几张试卷，除了三餐，时间似乎都在刷题中流走。当深夜来临，我做完今天发下来的所有试卷，疲惫不堪地想收拾休息时，发现居然还有两张昨天布置的明天要交的英语和数学试卷，各还有近一半的题没做！

（3）那一瞬间，我沮丧到几乎崩溃。

（4）而整个初二上学期，我常莫名地难过、愁闷，一道似乎永远解不开的数学题，一场不尽如人意的考试，一次被怼得无力反击的交谈，甚至一个对手的成功逆袭，都让我陷入深深的怀疑、自惭、迷茫和落寞中。难道，这就是传说中的"春春期"到来了？

（5）你可曾在茫茫大雾中航行过？在雾中神情紧张地驾驶着一条大船，小心翼翼地缓慢地向对岸驶去，<u>你的心怦怦直跳，唯恐碰撞到暗礁，又唯恐偏离了方向，又唯恐驶向的是似乎没有尽头的前方</u>……

（6）那段日子里，我的心境就是如此。

（7）也许这就是青春中的迷茫吧？迷茫，是站在大雾中的航船上，战战兢兢地握着方向盘时无所适从的慌乱；迷茫，是既没有指南针也没有探测仪，也无从知道海港是否已经临近时无所掌控的焦虑……前方，雾失楼台，月迷津渡，桃源望断无寻处，路，在哪里？我，何去何从？

这里运用了三个策略。"联想故事""嫁接情境""扣词读解"。

1. 联想故事

指由素材文段的内容联想相关的故事。可以是正面联想，也可以是反面联想；可以是自己的故事，也可以是他人的、身边人的故事；可以是历史故事，也可以是现实故事。如（2）—（4）段，由海伦·凯勒迷茫的心理描写片段联想到自己初二学习上陷入迷茫的故事。

2. 嫁接情境

指将文段某部分的内容从原文的语境中剥离出来，嫁接到作文的特定情境中，成为嵌入行文的自然的有机组成部分。根据新情境的表达需要，可以对原文有所增删或改造。

如第（5）段。将课文描写海伦·凯勒生命迷茫心理的片段从原文的语境中剥离出来，嫁接到"我"初二学习状态的情境中，表现青春期的迷茫。改造原文的"唯恐意外发生"为"唯恐碰撞到暗礁，又唯恐偏离了方向，又唯恐驶向的是似乎没有尽头的前方"，以表达学习上唯恐失败犯错、缺少自信的心理。

3. 扣词读解

指在既定的主题与命题之下，扣素材中的某个关键词，进行内涵上多层和深层读解阐释发挥，并将读解的过程表达。读解的方向是定向的，要聚焦主题依据命题。如第（7）段。扣"迷茫"一词，读出"不知怎么做的慌乱和不知在哪里的焦虑"两层内涵，表现青春的迷茫。

（以上选择与链接了一个课外素材：雾失楼台，月迷津渡，桃源望断无寻处）

据此，基于深度阅读与定向阅读的读写融合有十策：追问推理、链接感悟、融合造句、换位体验、联结背景、选点对话、内涵对接、联想故事、嫁接情境、扣词读解。

据此，从教学的角度，这样的尝试可以让我们拓展课堂阅读教学的内容，丰富与提升课堂阅读教学的价值。

# 第四讲　聚焦文本　读写融合

**1号文本：《再塑生命的人》+7个素材**

聚焦"奋"的主题，关联命题1《致敬奋斗的时光》；命题5《路，并不遥远》；命题3自拟题《走过去，前面是个天》

[7个素材]

1. 2021年新年贺词"征途漫漫，惟有奋斗"

2. 高尔基名言"建造时钟"

3. 白岩松演讲"我熬"

4. 电视剧《理想照耀中国》"希望的田野"歌词

5. 《夜空中最亮的星》

6. 《航拍中国》解说词

7. 《红楼梦》"香菱学诗"

**第1版**

## 致敬奋斗的时光

（1）在2021年的新年贺词里，我们曾读到过这句话："征途漫漫，惟有奋斗。我们通过奋斗，走过了万水千山。"是的，当我们回望自己奋斗过的万水千山，我们会从内心里致敬那些奋斗的时光。

（2）致敬奋斗的时光，那时光里必定流淌着"求知的欲望"。

（3）譬如海伦·凯勒。

（4）一个被剥夺了视觉和听觉的人。为什么还会燃起对世界的好奇心和求知欲？

（5）原来当她用仅有的触觉去探知世界、学习语言的时候，她生平第一次发现了"原来宇宙万物都各有名称，每个名称都能启发新的思想"，于是她开始以好奇的眼光看待每一样东西，她每次回到屋里，碰到的东西似乎都有了生命。这一发现让她从此开启了向世界无穷无尽的探索和求知的历程。

（6）致敬奋斗的时光，那时光里必定流淌过"辛酸的泪水"。

（7）譬如海伦·凯勒。

（8）在求知的欲望被点燃的那一刻，为什么她会流下"悔恨的泪水"？

（9）当她发现所碰之物"都有生命""都有名称"，生命从此焕然一新，别有一番天地！于是，热情、希望、温暖、爱和幸福，种种美好的感觉流向心中。此时的海伦·凯勒，捡起摔了撕了的布娃娃的碎片，流向心中的会是什么感情呢？悔，悔不当初因为区分不开"杯"和"水"两个单词而拿布娃娃撒气；恨，恨自己心中曾经丢了那么重要的爱心和同情心；泪，为自己这一段从迷茫到顿悟、从绝望到希望、从痛苦到幸福的心路历程而泪流满面！

（10）这个被命运狠狠捉弄、终日在无边的暗夜与沉寂里挣扎的人，终于看见了世界的花团锦簇和美不胜收，从此她生生把命运的暗寂时光过成了生命中的一寸寸美丽时光。

（11）高尔基有言：我们若要生活，就该为自己建造一种充满感受、思索和行动的时钟，用它来代替这个枯燥、单调、以愁闷来扼杀心灵，带有责备意味和冷冷地嘀嗒着的时间。

（12）让我们致敬这样的充满感受、思索和行动的奋斗时光，让我们尝试去拥有这样的美好时光，去打造属于自己的万水千山。

**策略说明：**

1. 链接感悟与融合造句

第（1）段。先链接新年贺词关于奋斗的语言素材，再将命题关键词"致敬奋斗的时光"与链接素材的关键词"奋斗、万水千山"融合造句，开篇点题。

第（11）段链接高尔基的名言，第（12）段提取链接素材的关键词（"充满感受、思索和行动的时钟），与主题关键词"奋斗"、命题关键词"致敬时光"，融合在一起思考与表达，深化点题。

2. 追问推理

第（4）段追问"为什么还会燃起对世界的好奇心和求知欲"，第（8）段追问"为什么她会流下'悔恨的泪水'"，然后，第（5）和（9）段分别以推理去寻求合情合理的解答，借此表达"奋斗时光"的艰辛和可敬。

请关注画线点题句；关注素材进入行文后的表达。

**第2版**

## 路，不再遥远

（1）曾在抖音上听过白岩松一个演讲的片段：当你现在遇到的这件挫折、

这件打击你认为足够巨大的时候，你要给自己一个信念："我熬"。一天，两天，三天，你会发现慢慢在淡化，伤口在痊愈。然后很多天之后你突然重新听到了鸟叫，重新看到了叶的绿，重新看到熙熙攘攘的生活的气息。哦，原来一切都过去了。

（2）这段话让我顿悟：熬，是治愈的良药。挫折是熬过去的，优秀是熬出来的，前路，是在慢慢的熬中，一步一步接近，不再遥远的。

（3）想到这里，就更敬服海伦·凯勒作为一个伟大的传奇一样的存在，特别令人感到亲切的是她在最深的崩溃和绝望中的那些"熬"的经历。我更愿意透过这一部分的文字去读懂一个伟大灵魂再塑的过程。

（4）那一天，她不是面对做不完的试卷和刷不完的习题而崩溃，而是盲聋哑的她实在无法区分"杯"和"水"这两个词而几近崩溃。她写道：

（5）我实在有些不耐烦了，抓起新布娃娃就往地上摔，把它摔碎了，心中觉得特别痛快。发这种脾气，我既不惭愧，也不悔恨，我对布娃娃并没有爱。在我的那个寂静而又黑暗的世界里，根本就不会有温柔和同情。

（6）对于海伦·凯勒来说，那一天能够区分"杯"和"水"这两个词就是她的功课，她的学习内容，她的"奋斗目标"。因为分不清、学不来，老师跳过这个知识点接着讲布娃娃时，她就"不耐烦""发脾气"，那时的她心中"没有爱"。

（7）令人心痛同时令人震撼的是那时的她"不惭愧，不悔恨"，心中"没有爱"，"根本就不会有温柔和同情"这句话。当一个人被命运捉弄到无处藏身所有挣扎都成徒劳时，心中没有悔没有恨更没有爱了，是不是意味着她陷入最深的暗夜到几近崩溃的绝境？是不是意味着她几乎要自我放弃了？前路，仿佛望不到头，当下的难，又怎么"熬"过去？

（8）然而我们知道，后来的海伦·凯勒是美国盲聋女作家、教育家、慈善家、社会活动家，她把自己打造成一个强大到足以造福社会的人。从这个我们定义为"成功"的结局往回追溯到她的这一段崩溃的经历，我突然发现，原来这时的海伦·凯勒遭遇的只是"学习语言"的极大困境，经历的只是"顿悟前的黑暗"，那一份"煎熬"，只要熬得过时间，只要熬得住坚持的信念，就一定有"听到了鸟叫，看到了叶的绿，看到熙熙攘攘的生活的气息"的那一天。果然，盲聋哑的海伦·凯勒，熬过了学习语言的难，终于用灵魂听到了、看到了人世间的气息。

（9）这一领悟是否令人振奋？我们过不去的也许只是一个一个的坎，可是当我们身陷其中时，往往被放大成了一个深渊！

（10）"没有理想，何必远方/勇敢是唯一的希望/即使已满身创伤"。如果可以，当我们奋斗的道路上遭遇"绝境"时，在发泄之后，在自己放逐之后，只要记得让自己在之后的日子收拾狼狈、疲惫和伤痕，继续保有仰望高天的勇气和心气，继续往前走，继续"熬"下去，也许那些令人绝望的此刻，就真的只是一个坎；也许前路，就真的不再遥远。

**策略说明：**

1. 链接感悟与融合造句

（1）段。链接抖音白岩松的演讲素材，将题目"路，不再遥远"化为具体可感的"熬"的过程。

（2）段。将链接素材的关键词"熬"，与题目关键词"路，不再遥远"融合造句，开篇点题。

（10）段。链接《理想照耀中国》第13集《希望的田野》歌词："没有理想，何必远方/勇敢是唯一的希望/即使已满身创伤"，从歌词中提取"远方、勇敢、创伤"，与海伦·凯勒的故事特征词，与题目"路，不再遥远"，与开篇关于"熬"的素材，四者融合思考造句，表达感悟，深化点题。

2. 换位体验

（4）—（7）段。

换位体验。扣素材中的"不耐烦、发脾气、没有爱"等词，设身处地，换位思考，想象和体验人物当时几近崩溃的处境，体现"熬"的过程。

3. 联结背景与融合造句

（8）段。先联系海伦·凯勒的背景，即她后来的成就来反观当时的困境；再将第一个链接素材的关键词"熬、听到鸟叫，看到叶的绿，看到熙熙攘攘的生活的气息"，与课文素材的关键词"学习语言的困境、顿悟前的黑暗"融合造句，表达对"熬"的感悟。

这是同一个素材运用于第二个命题。请关注两个版本中画线点题句的不同表达。

**第3版**

## 走过去，前面是个天

（1）奋斗的时光里最美好的时刻，是穿越迷茫的瞬间，是醍醐灌顶的瞬间，是豁然开朗的瞬间，这一瞬间叫作"顿悟"。走过了那一刻的顿悟之后，仿佛看见了夜空中最亮的星，眼前的世界从此换了人间，生命的状态从此与众不同。

（2）正如海伦·凯勒。在无光无声无言的世界里开启学习语言的征程，是那么艰难。她哭闹过、摔打过、挣扎过，甚至绝望过。但是有一天，她得到了顿悟。

（3）她在文章中写道：

（4）莎利文老师把我的一只手放在喷水口下，一股清凉的水在我手上流过。她在我的另一只手上拼写"water"——"水"，起先写得很慢，第二遍就写得快一些。

（5）我静静地站着，注意她手指的动作。突然间，我恍然大悟，有一种神奇的感觉在我脑中激荡，我一下子理解了语言文字的奥秘了，知道了'水'这个词就是指正在我手上流过的这种清凉而奇妙的东西。

（6）水唤醒了我的灵魂，并给予我光明、希望、快乐和自由。

（7）不知为何，读到这一段文字，我心中也升腾起美妙的快乐，就好像顿悟的人是我一样。

（8）因为我发现，原来顿悟的瞬间是如此奇妙。"顿"是一种"恍然"，是那"一下子"；"悟"是"大悟"，是理解到所学内容的奥秘，是"一种神奇的感觉在脑中激荡"；原来，"顿"和"悟"加起来，是一种沁人心脾的清凉和美妙的感觉。

（9）记得老师在课堂上讲过这种奇特而美妙的顿悟的瞬间。说的是《红楼梦》香菱学诗，先是虔诚拜林黛玉为师，再勤奋苦读大量好诗，再积极参加诗社活动，再主动要求尝试创作，然而写了好几首，老师都不认可。于是站着走着坐着睡着都殚精竭虑，苦思冥想，居然在梦里顿悟而得令人拍案叫好的诗。这样看来，顿悟的灵光从来都是关照那些全心全力孜孜以求的人，所谓"精诚所至，金石为开"，所谓"山重水复，柳暗花明"，从来都是上天赐予那些"追光者"们的美好时刻。

（10）走过去，前面是个天；走过去，前面是北中国的雪，南中国的风，姑苏城外的寒山寺和月满神州的二十四桥；走过去，前面是如海伦·凯勒眼中的光明、希望、快乐和自由！也许只有奋斗者才能经历一个个顿悟的瞬间，拥抱更广阔的天和地，再塑更丰富的生命与灵魂。

**策略说明：**

1. 融合造句

（1）段。将主题关键词"奋斗"、题目关键词"走过去，是个天"，与流行歌曲歌名《夜空中最亮的星》，与故事特征词"顿悟的瞬间"融合造句，开篇点题。

2. 扣词解读

（2）—（8）段。引用课文素材后，扣"顿悟"一词，结合素材中的关键词读解含义，表达"顿悟"带来的美好体验。

3. 链接感悟

（9）段。链接《红楼梦》香菱学诗的素材，得出"顿悟"的原因是"全心全力孜孜以求"的感悟。

4. 链接感悟与融合造句

（10）段。链接《航拍中国》解说词中的"北中国的雪，南中国的风，姑苏城外的寒山寺和月满神州的二十四桥"，与命题关键词"走过去，是个天"、与故事特征词"顿悟"，与素材关键词"再塑生命"四者融合思考，造排比句，深化点题。

这是同一素材运用于第三个命题。请关注画线点题句的不同表达。

**2 号文本：《植树的牧羊人》《桃花源记》+5 个素材**

［5 个素材］

1. 歌词《微光》：也许我是一道微光/却想要给你灿烂的光芒

2. 刘瑜：一个人就像一支队伍，对着自己的头脑和心灵招兵买马，不气馁，有召唤，爱自由

3. 汪国真：既然选择了远方，便只顾风雨兼程

4. 电视剧版《斗罗大陆》

5. 仓央嘉措《见与不见》

**一、择读文段**

（1）三年来（1910—1913），他一直这样，一个人种着树。他已经种下十万颗橡子。在这十万颗橡子中，有两万颗发了芽。而这两万棵树苗中，有将近一半，可能会被动物咬坏，或是因为其他原因死掉。剩下的一万棵树苗，会在这光秃秃的土地上扎根，长成大树。

（2）他 55 岁，叫艾力泽布菲……他说，这地方缺少树；没有树，就不会有生命，他决定，既然没有重要的事情做，就动手种树吧。

（3）战争（第一次世界大战爆发五年后）没有扰乱他的生活，他一直在种树。种橡树，种山毛榉，还种白桦树……这片树林分为三块，最大的一块，有11 千米宽。当我想到，眼前的一切，不是靠什么先进的技术，而是靠一个人的

双手和毅力造就的，我才明白，人类除了毁灭，还可以像上天一样创造。

（4）1945 年 6 月，老人 87 岁……一切都变了，连空气也不一样了，以前那种猛烈而干燥的风，变成了飘着香气的微风，高处传来流水般的声音，那是风穿过树林的响声。1913 年我来时见到的废墟上，建起了干净的农舍。看得出人们生活得幸福、舒适。树林留住了雨水和雪水，干涸已久的地里又冒出了泉水……那些废弃的村子一点点重建起来。从地价昂贵的城市搬到这里安家的人带来了青春和活力，还有探索新生活的勇气……一万多口人的幸福生活，都源于这位叫艾力泽布菲的老人。

### 二、提取联系

运用"聚焦词句直接关联"。

提取"三年来、五年后、1945 年、55 岁、87 岁"等时间词，从时间的长度体现牧羊人为了一个"荒园变成家园"的梦想数十年耕耘的过程；

提取"十万""两万""近一半""一万"等数字，从牧羊人付出的"多"与收获的"少"体现植树过程的艰辛；

提取"干燥的风"与"飘着香气的微风"，"废墟"与"农舍"，"干涸的地"与"源源不断的泉水"，体现从荒园变成田园的巨大变化和奇迹创造；

提取"没有树，就不会有生命，既然没有重要的事情做，就动手种树吧"，体现老人心中怀有"播种树木、播种生命"的朴素而伟大的梦想。

以上都与"奋"主题直接相关，并与命题《路，不再遥远》《致敬奋斗的时光》《我从未停止追梦的脚步》《美，眷顾奋作不息的人》《奋斗不息，美丽无限》《努力着，美丽着》等直接相关。

### 三、读写融合

聚焦"奋"的主题，关联命题 6《我从未停止追梦的脚步》，命题 2《一双手一个家园》；"奋"主题自拟题：《奋斗的故事和你续订一季》。

**第 1 版**

#### 我从未停止追梦的脚步

（1）你见过梦想之光绚烂璀璨的样子吗？我在《植树的牧羊人》里见到过，在让·乔诺的文章里，这朵梦想之花，开在曾经的荒园上——那里种着如海的橡树林、山毛榉林、枫树林、白桦树林，泉水在高处流响不绝，风穿树林的时刻，含着香气的微风阵阵飘过，飘过干净的农舍，飘过果实累累的农场，飘过"黄发垂髫，并怡然自乐"的往来人群幸福的笑脸。这一切令人心生疑问：那最初的梦想之路是如何开启的？

（2）梦想的脚步开始于那个叫作艾力泽布菲的牧羊人，他说："这里缺少树。没有树，就不会有生命，既然没有重要的事情做，就动手种树吧。"从此，一个"播种树木、播种生命"的朴素而伟大的梦想诞生了；从此，一个人，一双手，一个梦，一路走，从55岁到87岁，从未停止过追梦的脚步。

（3）我常想，当牧羊人在荒园上种下第一颗橡子时，他会想到靠他自己一个人，要将一片荒漠变成绿洲，这是怎样的痴心妄想，这条路的尽头又会多么遥不可及吗？

（4）我又想，当牧羊人种下第一颗橡子后，也许他只是觉得，既然已选择了扬帆起航，那么便奋力前行吧；既然已选择了远方，那么便只顾风雨兼程吧；于是，

（5）一个人身处战火燃烧的乱世，怎么办？没事，只要我不停下；

（6）一个人的双手那么孱弱，怎么办？没事，只要我不停下；

（7）一个人的星空那么孤独，怎么办？没事，我有明月清风和狗和我的树林相伴，所以，我不停下；

（8）一个人的造梦之路如此漫长，怎么办？没事，我有第一个一万棵树长成了，就会有第二个一万棵树长成，所以，我不停下。

（9）我终于想到了，当牧羊人种下第一颗橡子，其实种下的是一颗"要让荒地有生命"的初心，守住这样的初心，他开始有了向往，向往不知有多么遥远的未来，他亲手创造的一方绿洲会变成人间的天堂。为了这份向往，为了这个梦想，他从未停止过脚下的路。

（10）这条路，从1910年走到1945年，走了很长很长；

（11）这条路，从一片废墟走到一片森林，走得很远很远。

（12）这条路，一直走到创造生命奇迹的梦想化为不可思议的现实。当树林、泉水、飞鸟，还有一万多位村民都在这片土地上落地而存，我们看见了，梦想之光汇聚璀璨的样子：如耀眼的火炬，如深邃的星空，如皎洁的皓月。

（13）也许我是一道微光/却想要给你灿烂的光芒……就让我是一道微光/能让你拥有灿烂的锋芒/在寂寞的时分/无论飞向何方/我也会绽放/给你无限微光。因为追梦的脚步从未停止，一个人的梦想之光，最终汇聚成了一万多人的幸福之光，成了人间的希望之光。让我们看见、读懂并追随这样的脚步，去追逐属于我们自己的梦想。

**策略说明：**

1. 换位体验、链接感悟与融合造句

命题关键词：从未停止追梦的脚步、梦想之花绚烂绽放、耀眼的火炬、深邃的星空、皎洁的皓月、异常艰苦、坎坷不平、深藏梦想等；课文素材关键词：荒园变家园的描写、种树的动因、种树的过程等；链接课文《桃花源记》"黄发垂髫，并怡然自乐"。

如（1）段，将三类词融合，扣"梦想绽放的样子"，将选段中荒园变家园的描写句，通过设身处地地体验和想象，化为具体的画面；

如（3）—（9）段，扣"从未停止追梦的脚步"，将选段中种树过程的描写句，通过设身处地地体验和想象，化为具体的心理描写。其中，第（4）段链接汪国真诗句"既然选择了远方，便只顾风雨兼程"。

2. 链接感悟与融合造句

（12）（13）段。本文的作者拟定为一个中学生。那么作者的故事特征词就是：中学生追梦的脚步；将这个特征词与命题关键词、选段关键词、扣"希望之光"而链接的《微光》歌词，四者融合造句，表达不停止追梦的意义，第一层意义是：一个人的梦想之花，开成一万多人的幸福之花；第二层意义是：追随这样的脚步，不停下自己追梦的脚步。从而深化主题。

**第 2 版**

## 一双手，一个家园

（1）你见过一个人、一双手所创造的最美家园吗？我在《植树的牧羊人》里见到过，在让·乔诺的文章里，这个最美的家园，建在曾经的荒园上——那里种着如海的橡树林、山毛榉林、枫树林、白桦树林，泉水在高处流响不绝，风穿树林的时刻，含着香气的微风阵阵飘过，飘过干净的农舍，飘过果实累累的农场，飘过"黄发垂髫，并怡然自乐"的往来人群幸福的笑脸。我相信，这就是人间天堂最美的样子。

（2）这一双奋斗的手属于那个叫作艾力泽布菲的牧羊人，他说："这里缺少树。没有树，就不会有生命，既然没有重要的事情做，就动手种树吧"从此，一个"播种树木、播种生命"的朴素而伟大的梦想诞生了；从此，一个人，一双手，一个梦，一路走，从 55 岁到 87 岁，创造了一个人间乐园。

（3）我常想，当牧羊人在荒园上种下第一颗橡子时，他会想到靠他自己一个人，一双手，要将一片荒漠变成绿洲，这是怎样的痴心妄想，这条路的尽头又会多么遥不可及吗？

（4）我又想，当牧羊人双手种下第一颗橡子后，也许他只是觉得，既然已选择了扬帆起航，那么便奋力前行吧；既然已选择了远方，那么便只顾风雨兼程吧；于是，

（5）一个人身处战火燃烧的乱世，怎么办？没事，只要我不停下；

（6）一个人，一双手，那么孱弱，怎么办？没事，只要我不停下；

（7）一个人的星空那么孤独，怎么办？没事，我有明月清风和狗和我的树林相伴，所以，我不停下；

（8）一个人的造梦之路如此漫长，怎么办？没事，我有第一个一万棵树长成了，就会有第二个一万棵树长成，所以，我不停下。

（9）我终于想到了，当牧羊人双手种下第一颗橡子，其实种下的是一颗"要让荒地有生命"的初心，守住这样的初心，他开始有了向往，向往不知有多么遥远的未来，他亲手创造的一方绿洲会变成人间的天堂。为了这份向往，为了这个梦想，他从未放下手中的树，从未停止脚下的路。

（10）这双手，一天接着一天干，一年接着一年干，从1910年到1945年，筑梦的岁月好长好长；

（11）这条路，从一片废墟走成一片森林，筑梦的道路走得很远很远。

（12）终于，这双手，以尺寸之力积就了千秋之功；

（13）终于，这条路，一直走到创造生命奇迹的梦想化为不可思议的现实。当树林、泉水、飞鸟，还有一万多位村民都在这片土地上落地而存，我们看见了，一个人，一双手，一个人的荒园，最终成了一万多人的家园，造福了社会，美丽了人间。

（14）让我们看见、读懂并追随这样的脚步，让我们学会一个人就像一支队伍，常对着自己的头脑和心灵招兵买马，不气馁，有召唤；让我们用一双奋斗的手去改变命运、成就自己，去追逐属于我们自己的梦想。

**策略说明：**

这是同一素材运用于第二个命题。

1. 换位体验与融合造句

在第2个版本中，命题的关键词：一双奋斗的手，改变命运，成就自己，造福社会，美丽世界。据此而自拟的题目关键词有"一双手，一个家园"；选文关键词：荒园变家园的描写、种树的动因、种树的过程等。

如（1）段，将两种词融合，扣"一双手，一个家园"，将选段中荒园变家

园的描写句，通过设身处地地体验和想象，化为具体的画面；

如（3）—（9）段，扣"从未放下手中的树，从未停止脚下的路"，将选段中种树过程的描写句，通过设身处地地体验和想象，化为具体的心理描写。

2. 融合造句

本文的作者拟定为一个中学生。那么作者的故事特征词就是：中学生用双手改变命运，成就自己。将这个特征词与命题关键词、选文关键词三词融合造句，表达用双手奋斗的意义，第一层意义是：用一双手，让一个人的荒园，最终成了一万多人的家园；第二层意义是：追随这样的脚步，让自己用奋斗的双手追梦，从而深化主题。

请将画线句与第1版相对应的句子进行比较，理解如何扣不同的关键词去梳理、整合和运用，并在不同情境中建构语言的意义。

**第3版**

## 奋斗的故事和你续订一季

（1）2020年年末，春节已临近，其他学段的人早已放寒假，我们初三党还在苦斗。

（2）上下学路上，看到行道树下的串串红灯笼风中招摇，校门口层层叠叠的盆花缤纷绽放，再踏进空旷寂静了许多的教学楼，听到班主任苦口婆心地说：疫情还在，下学期开学晚，我们初三同学时间得抓紧了啊，时不我待啊——带着听话的表情，我的内心却不安分地躁动，什么试卷评讲啊听课啊作业啊，在我这里，恨不得立刻按下暂停键。

（3）熬了快一周，离真正放假倒计时72小时了，学习的任务还在不断加码。这个周末，不知做了几张试卷，除了三餐，时间似乎都在刷题中流走。晚上十点多，做完今天发下来的所有试卷，疲惫不堪地想收拾休息时，发现居然还有两张昨天发的明天要交的英语和语文试卷，各还有近一半的题没做！

（4）那一瞬间，我沮丧到几乎崩溃。我决定逃离，出了书房，控制住沮丧的表情，对老妈说：我忙完了，神经太紧张了，手机给我放松一下？用心安理得的表情拿到手机后，几乎是冲回房间，反锁门，一头栽躺床上，点开B站狂逛一路，这世界发生了什么？都在吐槽电视剧版《斗罗大陆》？我可是妥妥的"小飞侠"（肖战的粉丝），立即点了视频看。第一集将看完时，我却不安了起来。

（5）剧中唐三得知自己拥有的是"废武魂"，有天在父亲的启发下用紫金魔瞳看父亲如何把粗铁打成细针，父子间有段对话：

（6）唐三：原来每一锤都砸在同一地方，一点偏差都没有！

（7）父亲：这才是千锤百炼的真谛。力量汇聚一点，凡铁化成神兵。

（8）于是唐三天天运锤，气息灌注双手，磨泡出血也不停，直到打出一枚细钉。其实我不完整地读过原著，我知道，唐三用这样的精气神一路修炼精进，匡扶正义，最终成为海神修罗神。<u>我隐隐地不安，因为这一段学习的"加时季"里，我一直着一颗蠢蠢欲动的无处安放的心，我的锤打乏力地砸在中心点的附近，游离在考上重点高中的中心点之外，又如何打造出属于我的学习神器？</u>

（9）手机翻盖背面，艰难地起身，把近一周的状态捋了捋，突然苦笑：唐三目标集中千锤百炼而修成正果，这样的道理和"只要功夫深，铁杵磨成针"的道理不也是一样的吗？这样的道理早就有不同的人用不同的方式说过了千万遍了，不是吗？<u>就像语文课本里那个植树的牧羊人，三十多年的时间里，只做一件事：种树，不停地种树，一个人，一条路，一直走，无惧风雨，无惧战争，无惧岁月，终于把废墟化成森林，把荒原变成一万多人的家园，这千磨万击力量汇聚初心不改行动不辍的道理不也是一样的吗？不也早就学习过了吗？</u>

（10）很多道理很早就懂，只是这些道理叫不醒一个装睡的人，所以常常选择性无视或遗忘，我如此，我身边的一些初三党也是如此。其实，<u>你见或不见，道理都在那里——那个我们想到达的远方，正是脚下的此刻。我们正在走，只是不能按下暂停键，心智不能再游离，力量还要更汇聚，方向还要更集中。</u>作为初三党，奋斗的故事，还要和心中的梦想，再续订一季。

**策略说明：**

这是同一个素材运用于第三个命题。

1. 联想故事

（1）（2）段。从课文《植树的牧羊人》一个人坚持种树三十多年把废墟化成森林和家园的素材特点出发，联想一个初三生在寒假"加时季"里难以坚持和无法专注的故事，以"恨不得立刻按下学习的暂停键"，从反面铺垫。

2. 链接感悟与融合造句

（3）—（8）段。在合情合理（我实在读不下去书，看 B 站里都在吐嘈，我又是肖战的粉丝，于是看了一集电视）的前提下，推出观看电视剧版《斗罗大陆》的故事情节，链接剧情对白，表达对唐三凝心聚力才修成正果的感悟。

（8）段。将自拟的命题关键词"奋斗的故事、续订一季"，与故事的特征词"初三党、学习、加时季"，与链接的素材关键词"锤打、砸、偏差、力量汇聚、神兵"三者融合造句，表达自己对学习状态的反思。

3. 内涵对接

（9）段。将课文《植树的牧羊人》的中心内涵"牧羊人三十多年种树将废墟化成森林和家园、千磨万击力量汇聚初心不改行动不辍"与素材"唐三千锤百炼力量汇聚磨成细针"的内涵对接，表达"相同的道理以不同的方式说过千万遍而被叫不醒的人忽视"的感悟。

4. 融合造句

（10）段。将命题关键词"奋斗的故事、续订一季"，与故事特征词"初三党、奋斗"，与仓央嘉措诗句"你见与不见，……都在那里"，与素材关键词"力量汇聚、没有偏差"融合造句，深化点题。

**3 号文本：《走一步，再走一步》+4 个素材**

[4 个素材]

1. 荀子《劝学》：不积跬步，无以至千里；不积小流，无以成江海

2. 美国作家威尔·施瓦尔贝《为生命而阅读》：不会读书的人，只活了一次，会读书的人，活过一千次人生

3. 《星辰大海》歌词：我向你奔赴而来/你就是星辰大海/我眼中炽热的恒星/长夜里照我前行

4. 物理学"参照物"：从他物的角度观照自己的状态

**一、择读文段与提取联系**

**文段一：**

我往下看，却感到阵阵晕眩，一股无名的力量好像正在逼迫我掉下去。我紧贴在一块岩石上，感觉天旋地转。我绝对下不去，这太远，也太危险了。在悬崖的中途，我会逐渐感到虚弱、无力，然后松手，掉下去摔死。但是通向顶部的路看起来更糟——更高、更陡、更变化莫测，我肯定上不去。我听见有人在哭泣、呻吟，我想知道那是谁，最后才意识到那就是我。

时间在慢慢过去，影子在慢慢拉长，太阳已经没在西边低矮的树梢下，夜幕开始降临。周围一片寂静，我趴在岩石上，神情恍惚，害怕和疲劳已经让我麻木，一动也不动，甚至无法思考怎样下去，安全地回家。

（1）运用"比照情境正反关联"策略，提取文段中"天旋地转、太远太危险、虚弱无力、看起来更糟、哭泣呻吟、神情恍惚、害怕疲劳麻木"等词语，

与"奋"的主题关键词"振作、鼓劲、发扬、兴起、努力、奋斗"进行比照，是"颓"的体现，呈现反面关联；

（2）运用"推理情境判断关联"策略。文段描写的是莫顿·亨特在悬崖上想要下山下不来时的困顿和恐慌。当时的情况是，"到山脚"和"安全回家"的目的显得如此的困难和遥远，才会产生极度的疲劳和恐惧。这个情境与一个人要走一条坎坷和遥远的路，要追求一个难以实现的梦想，经历、感受、体验是相似的。所以，文段的描写也可视为表现一个人寻路或寻梦中的困顿和无助。


### 文段二：

"不，我不行！太远了，太困难了！我做不到！"我怒吼着。

"听我说，"爸爸继续说，"不要想有多远，有多困难，你需要想的是迈一小步。这个你能做到……"

突然间，我向下迈出了最后一步，然后踩到了底部凌乱的岩石，扑进了爸爸强壮的臂弯里，抽噎了一下，然后令人惊讶的是，我有了一种巨大的成就感和类似骄傲的感觉。

在我生命中有很多时刻，面对一个遥不可及的目标，或者一个令人畏惧的情境，当我感到惊慌失措时，我都能够应付——因为我回想起了很久以前悬崖上的那一课。我提醒自己不要看下面遥远的岩石，而是注意相对轻松、容易的第一小步，迈出一小步、再一小步，就这样体会每一步带来的成就感，直到达成了自己的目标。再回头看，就会对自己走过的这段漫漫长路感到惊讶和骄傲。

### 提取联系：

（1）运用"聚焦词句直接关联"，提取"我不行！太远了，太困难了！我做不到"，可以用来体现奋斗、寻梦道路上的自卑、惶恐、无助、困顿的心理，直接关联。

（2）同上策，提取"不要想有多远，有多困难，你需要想的是迈一小步。这个你能做到"一句，可以用来体现奋斗、寻梦道路上如何脚踏实地、付诸行动、循序渐进、厚积薄发、建构信念和坚定目标等内容，直接关联。

（3）同上策，提取"遥不可及的目标、令人畏惧的情境"与"奋"直接关联；提取"迈出一小步、再一小步""达成了自己的目标""惊讶和骄傲"，体现奋斗和实现梦想的过程，直接关联。


## 二、读写融合

聚焦"奋"的主题，关联命题5《路，并不遥远》；命题8《历练》；命题3

《心中有梦　脚下有路》。

## 第1版

### 路，并不遥远

（1）成长的路上，如果面对一个遥不可及的目标，或者一个令人畏惧的情境，当你感到惊慌失措时，请提醒自己不要看前方遥远的距离，而是注意相对轻松、容易的第一小步，迈出一小步、再一小步，再迈得稳当一点儿，就这样体会每一步带来的成就感，直到达成了自己的目标，这个时候就会发现，路，其实并不遥远。

（2）莫顿·亨特曾用悬崖上经历的那一课告诉我们：向着远方，你要学会一步一步地靠近。

（3）我们不妨走进他的那一课，一起去经历当一个人身陷令人畏惧的情境时是一种多么痛的经历？

（4）那一天，当伙伴们爬到崖顶绕道回家，留下他一个人在悬崖中途，夜色渐临，一人独自紧贴峭壁岩石，往上爬吧？"更高、更陡、更变化莫测"，往下退吧，"太远，太危险"，什么叫"叫天天不应，叫地地不灵"，说的就是这种境地吧？这一刻，对于一个八岁的素来"病弱"的孩子来说，是怎样的一种"迷茫无助"？

（5）"天旋地转、神情恍惚、疲劳麻木、无法思考"，莫顿·亨特的"迷茫无助"里，甚至有了恐惧和死亡的味道，怯弱和绝望，让回到山下的目标更加遥不可及。

（6）我们不妨走进他的那一课，再一起去经历当一个人绝地求生，战战兢兢、如履薄冰地迈出行动的第一步时，又是一个何等艰辛的开始？

（7）当时父亲看着惊慌失措的儿子，说了一句话："不要想有多远，有多困难，你需要想的是迈一小步。这个你能做到。"这句话，是怎么让莫顿·亨特穿过迷茫找到方向并迈出第一步的？

（8）第一，不要想有多远，有多困难。

（9）如果把目标定得太高大、太遥远，距离感、差距感、无力感、畏惧感、逃避感就可能到来，我们就可能望而却步。所以，梦想要有，但不一定一下子定得很大很远。

（10）第二，需要想的是迈一小步。

（11）不要想太多困难，不要想太多借口，不要想太多"不可能"，这些都没有意义。我们最需要想的是迈出第一步，最需要做的是迈出第一步，哪怕只是一小步，都是在向困难宣战，向自己宣战，向那个遥不可及的梦想宣战！

（12）第三，这个你能做到。

（13）一个"能"字，说的是信心和信念，说的是勇气和毅力。当我们发现，我们能迈出第一小步时，我们就对迈出第二小步有了信心，继而对无数个"一小步"有了信心，渐渐地，到达远方的信念支撑着我们坚持迈出"每一小步"。

（14）原来，正是这样的一句话，让莫顿·亨特穿过迷茫，从此人生的漫漫长路对他来说，都可以一步一步去靠近。也许，我们可以把"悬崖上的一课"化为自己成长的一课，告诉自己：人生路漫漫，可以一步步去靠岸。告诉自己：积跬步，而致千里；积小流，而成江海。前路，就不再遥远。

**策略说明：**

综合运用"融合造句""换位体验""扣词读解"等策略。

1. 融合造句

（1）段。直接提取课文《走一步，再走一步》的最后一段相关语句作为素材，与命题关键词"路，并不遥远"融合造句，开篇点题。

2. 换位体验

（2）—（5）段。扣"天旋地转、神情恍惚、疲劳麻木、无法思考"等词进行换位体验，表现达成目标的"遥不可及"。

3. 扣词读解

（6）—（13）段。将文中父亲说的话分成三个短语，一一进行内涵的读解，表现向目标一步步靠近的过程。

4. 融合造句与链接感悟

（14）段。将课文素材关键词"走一步，再走一步"，与链接的荀子《劝学》名句"不积跬步，无以至千里；不积小流，无以成江海"，与命题关键词"路，并不遥远"三者融合造句，深度点题。

综合运用以上策略，可以读解出关键词的丰富内涵，表达出进入文本后的丰富心灵体验，由此可见，将深度阅读化为写作表达后可以开拓写作素材的取之不尽的源泉。

**第 2 版**

# 历　练

（1）美国作家威尔·施瓦尔贝《为生命而阅读》的书作宣传词上写道：不

会读书的人只活了一次，会读书的人，活过一千次人生。是的，有一种精神的历练，是用来自灵魂深处的阅读，让我们的精神经历世事，获得丰盈的成长。

（2）在海量信息铺天盖地令人应接不暇的时代，我们也许读到过许多别人经过历练而获成功的故事。如果只是一掠而过，无论多么感天动地的故事，终将如船过了无痕。而能让我们在别人的故事里遇见自己的人生的，恐怕只有我们在阅读中曾经一起笑过、酸过、泪过、怕过、茫然过的那些故事。

（3）还记得莫顿·亨特在悬崖上经历的那一课吗？我不知道我的同学们在听完老师讲完这篇课文后还有没有再走进过"那一课"，而我重新回去过。

（4）走进去，让我们一起经历，当一个人身陷迷茫、无助和无望，是一种多么痛的经历？

（5）那一天，当伙伴们爬到崖顶绕道回家，留下他一个人在悬崖中途，夜色渐临，一人独自紧贴峭壁岩石，往上爬吧？"更高、更陡、更变化莫测"，往下退吧，"太远，太危险"，什么叫"叫天天不应，叫地地不灵"，说的就是这种境地吧？这一刻，对于一个八岁的素来"病弱"的孩子来说，是怎样的一种"迷茫无助"？

（6）"天旋地转、神情恍惚、疲劳麻木、无法思考"，莫顿·亨特的"迷茫无助"里，甚至有了恐惧和死亡的味道。

（7）是的，当我的灵魂与少年共悬崖一课过，我才能在他的故事里闻到恐惧和死亡的味道。由此我体验到对莫顿·亨特来说，他在八岁那年经历的是生命中最迷茫无助的时刻；我更深地体验到后来的他在父亲的帮助下穿过迷茫，战胜怯弱和绝望后的那份巨大的成就感。

（8）走进去，让我们一起经历，当一个人绝地求生、战战兢兢、如履薄冰地迈出的第一步，又是一个何等艰辛的开始？

（9）对莫顿·亨特来说，回到悬崖下，原本是遥不可及的、令人畏惧的目标，可他最终战胜"惊慌失措"成功"着陆"！只因为父亲的一句话："不要想有多远，有多困难，你需要想的是迈一小步。这个你能做到。"这句话，是怎么让莫顿·亨特穿过迷茫找到方向并迈出第一步的？

（10）第一，不要想有多远，有多困难。

（11）我们常把目标定得太高大、太遥远，于是距离感、差距感、无力感、畏惧感、逃避感就可能到来，我们就可能望而却步。所以，梦想要有，但不一定一下子定得很大很远。

（12）第二，你需要想的是迈一小步。

（13）这句话启发我们，不要想太多困难，不要想太多借口，不要想太多

"不可能"，这些都没有意义。我们最需要想的是迈出第一步，最需要做的是迈出第一步，哪怕只是一小步，都是在向困难宣战，向自己宣战，向那个遥不可及的梦想宣战！

（14）第三，这个你能做到。

（15）一个"能"字，说的是信心和信念，说的是勇气和毅力。当我们发现，我们能迈出第一小步时，我们就对迈出第二小步有了信心，继而对无数个"一小步"有了信心，渐渐地，到达远方的信念支撑着我们坚持迈出"每一小步"。原来，正是这样的一句话，让莫顿·亨特穿过迷茫，从此人生的漫漫长路对他来说，都可以一步一步去靠近。

（16）当我入情入境再次走进故事与少年再次同呼吸共悬崖一课后，我发现，我仿佛穿越时空，同样经历了那个少年惊心动魄的故事，于是"悬崖上的一课"也化为我成长的一课。

（17）别人的伤口和眼泪对于我们到底意味着什么？别人的故事是如何成为自己心中那扬起的长鞭驱使自己奋蹄前行的？一个人在漫漫的一生中，想要不迷失方向，就需要有参照物，从他物的角度观照自己的状态，如物理学科中所说的"参照物"。于是，我们常读着别人的故事，领悟着自己的人生；于是，有一种来自灵魂深处的阅读，能让我们的脑海经历潮起潮落、山高水长，让我们的精神世界不断得到历练，走向丰富和成熟。

**策略说明：**

综合运用"融合造句""换位体验""扣词解读"等策略。

1. 链接感悟与融合造句

（1）（2）段。由"历练"的命题，确定"阅读别人的故事，成长自己的人生"的主题。由此而链接美国作家威尔·施瓦尔贝《为生命而阅读》宣传词的名句，并将命题"历练"与故事特征词"精神的历练、灵魂的阅读、丰盈的成长"融合造句，开篇点题，交代时代背景。

2. 换位体验和融合造句

（3）—（6）段。扣"天旋地转、神情恍惚、疲劳麻木，无法思考"等词进行换位体验，表现达成目标的"遥不可及"。

（7）段。将故事特征词"灵魂阅读、精神历练"与课文素材关键词"悬崖一课"融合造句，表达通过深度阅读而获得丰富的体验，得到精神的历练。

3. 扣词读解

（8）—（16）段。将文中父亲说的话分成三个短语，一一进行内涵的读解，表现通过深度阅读使"悬崖上的一课"化为我精神成长的一课。

4. 融合造句

（17）段。将课文素材"别人的故事"，命题"历练"和故事特征词"精神的历练、灵魂的阅读、丰盈的成长"三者融合造句，深度点题。

这是同一素材运用于第二个命题。请关注加线句的不同，体会服务于不同命题时的不同表达。

**第3版**

## 心中有梦　脚下有路

（1）走一步，完成第一个小目标；再走一步，完成第二个小目标……心中有梦，脚下有路，当我历经一段不为人知的努力和坚持后，我拥抱了心中的星辰大海。

（2）初二的第一次月考，我的学习成绩排名曾下滑到中游，语数英全面战败，尤其是英语！心中顿感"凉凉"无比！一时之间欠下这么多的学习之"债"，我何年何月才还得清呢？可是还不清也得还啊，否则本金加上利息，到期中考、期末考就更"还不起"、更"伤不起"了！

（3）怎么还呢？我不能假装很努力，因为结局不会陪你演戏。我只能看看头上的天，想想脚下的路，该怎么往前走。

（4）"伤其十指不如断其一指"。痛定思痛之后，我决定，从败得最惨欠账最多的英语科开始补债。于是，我定下目标：期中考英语成绩争取进步10名，然后，在保证其他科目正常运行的基础上，我扬帆起航，一路前行，向心中的星辰大海奔赴而去。

（5）每天，作业依然那么多，小测依然那么多，旧账未还，新账又添，我精心地捡取一个个碎片时间，专攻英语：

（6）走一步，完成第一个小目标，拿下单词！于是我捡拾提前起床的早晨半小时，天还暗着的时候，我已在家中轻声背单词，新的旧的，各来几遍，和着晚秋的寒气，日复一日；

（7）再走一步，完成第二个小目标，拿下语法！于是我捡拾课间十分钟，同学们打闹的时候，我正对着借来的笔记一点点核对和补漏，新的旧的，修修补补，和着一片喧哗和嘈杂声，日复一日；

（8）再走一步，完成第三个小目标，拿下句型！于是我捡拾睡前二十分钟，疲倦袭来的时候，我就着几张试卷努力寻找反复出现的句型，新的旧的，边抄边记，和着入窗的月色与床前的灯光，日复一日。

（9）就这样，日复一日，衣带渐宽终不悔，为伊消得人憔悴。直到期中考，我突然发现我居然一跃成为前十名！我记得那天回家悄悄对镜自照，忽然想起一句话——你努力的样子最美。是挺美的，我情不自禁开怀而笑。

（10）笑着笑着，我想起莫顿·亨特曾在文章里写到，当年他爬到悬崖半腰上不去下不来，回到悬崖下对他来说原本是遥不可及的、令人畏惧的目标，可他最终战胜"惊慌失措"成功"着陆"！只因为父亲的一句话，让他迈出了成功的"每一小步"。这句话是："不要想有多远，有多困难，你需要想的是迈一小步。这个你能做到。"

（11）我思考着这句话，再反思自己一段时间来的努力与坚持。我发现了这句话在告诉我们，求学之路也好，人生之路也罢，行路的秘诀有三：

（12）首先，定"小目标"。不要去想有多远，有多困难。我们常把目标定得太高大、太遥远，于是距离感、差距感、无力感、畏惧感、逃避感就可能到来，我们就可能望而却步。其实，<u>一个大大的梦想是可以由一个个小小的目标去达成的</u>；

（13）其次，扬帆前行。当你迈出第一步，哪怕只是一小步，都是在向困难宣战，向自己宣战，向那个遥不可及的梦想宣战！

（14）最后，坚定信念。"你能做到"四个字，说的是勇气，是毅力，是信心，是信念。当我们发现，我们能迈出第一小步时，我们就对迈出第二小步有了信心，继而对无数个"一小步"有了信心，渐渐地，到达远方的信念支撑着我们坚持迈出"每一小步"。

（15）走一步，完成第一个小目标；再走一步，完成第二个小目标……，就<u>这样心中有梦、脚下有路，当我到达了求学之路的第一个"远方"，我眼中炽热的恒星，就会在长夜里照我一路前行，奔赴星辰大海……</u>

**策略说明：**

1. 融合造句

（1）段。将课文素材关键词"走一步再走一步"，与链接的歌词《星辰大海》，与题目关键词"心中有梦，脚下有路"，与命题材料的关键词"春天、微笑"，与我的故事特征词"我的努力和成功"，融合造句，开篇点题。

2. 联想故事与内涵对接

联想故事

（2）—（4）段。由课文素材"一步实现一个小目标"，从反面联想自己学习上经历的故事"全面落败，败得很惨，反转很难"，从反面铺垫，使情节有波澜。

内涵对接

（5）—（9）段。将我一步步提高英语成绩的过程细化为三层，一层从触觉角度、二层从听觉角度、三层从视觉角度进行情境描写。每层情境不同、角度不同，难度递进；每层都聚焦同一个点：利用碎片时间，克服各种困难。然后根据每层的内涵和进度，分别与课文素材关键词"走一步、再走一步、再走一步"对接，将"不为人知的努力和坚持"化为具体可感的过程。

3. 扣词读解

（10）—（14）段。引入课文素材父亲说的话，把这句话分成三个短语，一一进行内涵（方向、行动、信念）的读解，表达"我"对自己一段时间来的努力与坚持的反思和感悟。

4. 融合造句

将课文素材关键词"走一步再走一步"，与题目关键词"心中有梦，脚下有路"，与命题材料的关键词"努力、坚持、春天、微笑"，与我的故事特征词"我的努力和成功"，与歌词《星辰大海》中"我向你奔赴而来/你就是星辰大海/我眼中炽热的恒星/长夜里照我前行"融合思考并造句，深化点题。

这是同一素材运用于第三个命题。可关注加线句，比照不同版本运用同一素材时的不同表达。同时，第3版的标题《心中有梦　脚下有路》如果置换为《路，并不遥远》，也不会有违和感。可分析其中加线句的特点，思考为什么。

**4 号文本：《诫子书》＋9 个素材**

［9 个素材］

1. 疫情期流行语：没有一个冬天不可逾越，没有一个春天不会来临

2. 疫情期流行语：没有岁月静好，是有人为你负重前行

3. 鲁迅：我们自古以来就有埋头苦干的人，有拼命硬干的人，有为民请命的人，有舍身求法的人……这就是中国的脊梁

4. 元朝薛昂夫《楚天遥带过清江引》：春若有情春更苦，暗里韶光度

5. 影片名：《岁月神偷》

6. 歌词《逆战》游戏版：在这个风起云涌的战场上/暴风少年登场

7. 歌词《逆战》疫情版：选择了多少次向死而生/终于等到冰雪消融

8. 2021年新年贺词：在共克时艰的日子里，有逆行出征的豪迈，有顽强不屈的坚守

9. 教育部致全国大学生的一封信："做'守护者'，就是担使命、保安康。做'修行者'，就是宅其身、抱道行"

### 一、择读文段

夫君子之行，静以修身，俭以养德。非淡泊无以明志，非宁静无以致远。夫学须静也，才须学也，非学无以广才，非志无以成学。慆慢则不能励精，险躁则不能治性。年与时驰，意与日去，遂成枯落，多不接世，悲守穷庐，将复何及！

### 二、提取联系

1. 补出过程呈现关联

提取"淡泊""宁静"二词。淡泊，意指清静而恬淡；宁静，意指集中精神，排除外来干扰。如果做到淡泊，就能朝着既定目标心无旁骛笃力前行；如果做到宁静，就能专心学习，潜心奋斗。补出过程后，二词呈现信念、自律、苦学与奋斗，与"奋"主题相关。

2. 聚焦词句直接关联

"明志"与"致远"，明确志向，到达远方，与"奋"主题直接相关；"年与时驰，意与日去，遂成枯落"，表达"少壮不努力，老大徒伤悲"之意，说明要"珍惜时光，努力学习"，是"奋"的反面写照，与主题反面相关。

3. 比照情境正反关联

提取"慆慢、险躁"二词，可理解为"放纵懒散，心浮气躁"。与中学生当下的生活、学习情境相比照，可发现与自律、奋斗等主题反面相关。

4. 调整情境间接关联

提取"接世""穷庐"，如果要表达中学生学习不自律或学习不努力带来的结果，此二词程度过重，且不符合学生生活实际。若联系中学生的学习生活，以及常因手机、游戏、电脑等荒废学业的现实，可调整情境为"多不接学，悲守屏幕，将复何及"，就可以用来体现中学生不努力奋斗带来的令人惋惜的结果，与"奋"的主题反面相关。

### 三、读写融合

聚焦"奋"的主题，关联命题 3 自拟题：《为了春天里的微笑》；关联命题 7《逆战》；主题"奋"自拟题《奋翅，向着远方》。

第1版

## 为了春天里的微笑

（1）2020年，那年冬天，在战"疫"前线，有逆行者们的努力和坚持；在战"疫"后方，如我和我的同学们，同样需要一份努力和坚持。因为，我们的敌人是自己，我们要和自己的慵懒、空虚、放纵、迷失进行战斗。

（2）没有一个冬天不可逾越，没有一个春天不会来临。而每一张迎春的笑脸，都藏着一段不为人知的努力和坚持。这个冬天，我们来过，放纵过，迷失过，努力过，也坚持过——为了春天里的微笑，我们战斗过。

（3）还记得那些上网课的日子吗？对我们这些正在长大，性情还飘忽不定的学生党来说，那还真是一场特别的考试！这场考试的特别之处在于：居家、线上，没有老师在面前，家长无暇时时顾及，网络在线，手机电脑在手，而我们的一切行动常常"不为人知"……

（4）于是网课的进行时，都成了诱惑的进行时。不知有多少个上网课的日子里，逃离老师的视线，有时连爸妈长在我后脑勺的"监视"也没了的时候——我一时听课，一时刷一下哔哩哔哩，一时点下弹窗条上的"今日头条"，忙忙碌碌，我啥也没耽误，好佩服自己能一心三用！

（5）就这样，网课的每一分钟，仿佛都有一只无形的、不安分的手拉着自己点着网课的手，去按下游戏、抖音、热搜的播放键，然后一头栽入其中，难以自拔，不知今夕何夕。

（6）就这样，日复一日，点击、加载、刷新，电脑屏上的蓝色荧光一点点加深眼睛的疲累，加深心中的厌倦，我知道，那份盯着在线授课心却在漫游的不经心，说白了，就是老师严肃批评的"不自律"，但心底仿佛并不愿意承认，哪怕承认了也并不愿意改变。

（7）可是，伴随着机械的点击，晃眼的屏幕，海量的船过了无痕的信息，没由来的迷茫和不安像虫般一点点蠕动着，蠕动着，直到吞没最后那一丝放纵带来的惬意。

（8）"哪有岁月静好，是有人为你负重前行。"无论鼠标点到哪儿，好像全屏都在提醒你要学会珍惜。我一会儿暗自发笑：美好的道理是用来感动的，又有谁是用来行动的呢？一会儿又告诉自己：不能欺骗自己，我们从古以来，就有埋头苦干的人，有拼命硬干的人，有为民请命的人，有舍身求法的人……这些人，不就是当下在抗疫各条战线上的医生、护士、警察、干部、志愿者们吗？守着"静好"的岁月，我却无法做到"静"，不能达到"好"，难怪我不时地在心底涌起愧意！

（9）想到这里，心中更添一层新的不安。《诫子书》有言：非宁静无以致远——在那些"不为人知"的地方，"不为人知"的时刻，如果我无法守住一份努力与坚持，如果我始终无法让自己"静"下来，那么，未来的某一天，我也许会突然发现，年与时驰，意与日去，遂成枯落，多不接学。而那时的我，只能悲守屏幕，又将复何及！

（10）考验战"疫"前线的，是逆行者们的勇气；考验战"疫"后方的，是和慵懒、空虚、放纵、迷失战斗的勇气——前方，有人为我重行前行；后方，我们要负学业之重、梦想之重前行。

（11）"春若有情春更苦，暗里韶光度"。时光总暗度，岁月如神偷。为了逾越这个冬天，为了春天里的微笑，无论前方还是后方，我们都在努力和坚持，此心唯愿不辜负自己，不辜负时光！

**策略说明：**

1. 联想故事与融合造句

从全文看，由《诫子书》"宁静以致远"从反面展开联想，可以联想到疫情背景下中学生在线学习无法"静"的故事，再将故事进行完整的构思，详写其过程与发展，成为全文的主体故事。

（1）（2）段。命题关键词：迎春的笑脸、不为人知、努力和坚持；故事的特征词：2020抗疫、战"疫"后方，和自己的慵懒、空虚、放纵、迷失进行战斗。将两种词融合造句，表现抗疫背景下的努力和坚持并点题。

2. 融合造句

（9）—（11）段。选段关键词：非宁静无以致远、年与时驰、意与日去、遂成枯落、多不接学、悲守屏幕、将复何及；命题关键词：迎春的笑脸、不为人知、努力和坚持；故事的特征词：2020抗疫、战"疫"后方，和自己的慵懒、空虚、放纵、迷失进行战斗。将三种词融合造句，在第（9）段表达"不为人知"之处如果不静心学习，不努力与坚持可能导致荒废学业和虚度时光的结果；在第（10）（11）段表达疫情背景下战胜自己、静心学习、珍惜时光的思考。

**第2版**

## 逆　战

（1）在这个风起云涌的战场上/暴风少年登场/在战胜烈火重重的咆哮声/喧

闹整个世界/硝烟狂飞的讯号/机甲时代正来到/热血逆流而上……这是游戏世界里的《逆战》之歌，动感、火爆，令玩家热血沸腾。

（2）选择了多少次向死而生/终于等到冰雪消融/经历了多少负重前行/今夜光芒照亮天空/千江有月映千山有情/人世间最美是你逆风的身影……这是疫情时代里的《逆战》之歌，温暖、走心，令国民同声共情。

（3）而在疫情到来的最初日子里，战"疫"后方的我们，也曾经唱响自己的逆战之歌——这场战斗里，敌人是自己，我们时刻要与自己的慵懒、空虚、放纵、迷失作战；这场战斗里，我们来过，放纵过，迷失过，努力过，坚持过，我们在战斗中成长。

（4）还记得那些上网课的日子吗？这场网课之战很特别：居家、线上，没有老师在面前，家长无暇时时顾及，网络在线，手机电脑在手，而我们的一切行动常常"不为人知"……

（5）战斗伊始。网课的进行时，成了各种诱惑的进行时。我清楚地记得，逃离老师的视线，有时连爸妈长在我后脑勺的"监视"也没了的时候——我一时听课，一时刷一下哔哩哔哩，一时点下弹窗条上的"今日头条"，忙忙碌碌，我啥也没耽误，好佩服自己能一心三用！

（6）战火升级。网课的每一分钟，仿佛都有一只无形的、不安分的手拉着自己，去按下游戏、抖音、热搜的播放键，然后一头栽入其中，难以自拔，不知今夕何夕。

（7）战况胶着。在日复一日的点击、加载、刷新中，电脑屏上的蓝色荧光一点点加深眼睛的疲累，也滋生了一份厌倦，其实我知道，那份盯着在线授课心却在漫游的不经心，说白了，就是老师严肃批评的"不自律"，但心底并不愿意承认，哪怕承认了也并不愿意改变。与此同时，伴随着机械地点击，晃眼的屏幕，海量的船过了无痕的信息，没由来的迷茫和不安像虫般一点点蠕动着，蠕动着，直到吞没最后那一丝放纵带来的惬意。

（8）战情逆转。网页浏览中，各种平台反复推送"哪有岁月静好，是有人为你负重前行"的句子，无论鼠标点到哪儿，好像全屏幕都在提醒你要学会珍惜。我一会儿暗自发笑：美好的道理是用来感动的，又有谁是用来行动的呢？一会儿又告诉自己：不能欺骗自己，我们从古以来，就有埋头苦干的人，有拼命硬干的人，有为民请命的人，有舍身求法的人……这些人，不就是当下在抗疫各条战线上的医生、护士、警察、干部、志愿者们吗？守着"静好"的岁月，我却无法做到"静"，不能达到"好"，难怪我不时地在心底涌起愧意！

（9）想到这里，心中更添一层新的不安。《诫子书》有言：非宁静无以致远——在那些"不为人知"的地方，"不为人知"的时刻，如果我无法守住一份努力与坚持，如果我始终无法让自己"静"下来，那么，未来的某一天，我也许会突然发现，年与时驰，意与日去，遂成枯落，多不接学。而那时的我，只能悲守屏幕，又将复何及！

（10）战"疫"反思。战"疫"前线，有逆行者们迎难而上的大爱大勇；战"疫"后方，是学子与那份慵懒、空虚、放纵、迷失战斗的不屈意志——这一年，我们都是逆战者，我们向天敌宣战，我们向自己宣战，通关壮丽的冒险，让旧版本的自己加快升级，催生一个自律的、昂扬的、全新的自己。

**策略说明：**

这是同一素材运用于第二个命题。

1. 链接感悟与融合造句

链接感悟：

（1）—（3）段。由"逆战"的命题链接游戏世界的《逆战》歌词素材，疫情时代的逆行者歌词素材，引发"战'疫'后方"的我们如何与自己的慵懒、空虚、放纵、迷失作战的思考，点题，并引出下文。

融合造句：

（3）段。将命题关键词"逆战"、故事特征词"战'疫'后方、与自己的慵懒、空虚、放纵、迷失作战"、与链接素材"逆战之歌"融合造句点题。

2. 内涵对接

（4）—（8）段。将网课中描写与自己的慵懒、空虚、放纵、迷失作战的过程，按照内容的特点，分别与"逆战"的过程一一对接，分为"战斗伊始、战火升级、战况胶着、战情逆转"四个部分，表现"战"的过程。

3. 链接感悟

（8）段。链接网传的名句"哪有岁月静好，是有人为你负重前行"，与鲁迅关于中国的脊梁的名句，表达内心的反省与思考。

4. 嫁接情境

（9）段。引课文素材《诫子书》中的名句后，将文中"年与时驰，意与日去，遂成枯落，多不接世。悲守穷庐，将复何及"的语句从原文诫子读书的语境中剥离出来，嫁接到劝诫当下正在上网课的中学生的情境中来，将"多不接世"改造为"多不接学"，"悲守穷庐"改造为"悲守屏幕"，表达对不自律带来的后果的思考。

5. 融合造句

（1）段。将题目"逆战"，与命题材料关键词"迎难而上的勇气，刚毅不屈的意志，乐观昂扬的精神"，与故事特征词"逆行者、学子、逆战者，与慵懒、空虚、放纵、迷失战斗"融合造句，深化主题。

请关注加线句，与第 1 版的加线句进行比照，领会同一素材服务于不同命题时的不同表达。

**第 3 版**

## 奋翅，向着远方

（1）网课已上了一个月。2020 年 4 月的一个周三下午，是我们的网课班会课，班主任杨老师早在群里通知：今天班会课全校一起开，校长有重要讲话，讲话中我会不时点名，点到的同学要马上在钉钉群里回复我。也可以请你们的家长同时收听。"这分明是不定时抽检我们是真在线还是假在线啊！"大家私下里嘀咕，却也不敢怠慢，定时定点地集体上线了。

（2）"同学们，尊敬的家长朋友们：大家下午好！由于疫情原因，让我们只能用这样的方式隔空相见。在线学习已经进行一个月了，今天我代表学校，要对你们说些话，我要说的主题是'灾难磨砺精神　梦想召唤力量，让我们向着远方不息奋斗！'

（3）"2020 年一开始，全国人民就展开了与病毒的较量，在这一场看不见硝烟的战争里，我们都见证了一个国家、一个民族为此做出的努力和付出的牺牲。我们看见了钟南山、李兰娟院士们冲锋在前的担当，看见了各条战线抗疫者顽强不屈的坚守，看见了从古稀老人到 90 后、00 后青年一代逆行出征的英勇，我们也见证了后方百姓守望相助的感动。

（4）"所以，我谨提出三点希望。

（5）"第一，希望你们能够在这次疫情中学会感恩。感恩父母，感恩老师，感恩祖国，感恩全民抗疫统一战线上的一个个逆行者和守护者们，感恩他们的负重前行，为我们带来了岁月静好。

（6）"第二，我希望你们能够学会珍惜。珍惜健康，珍惜生命，珍惜阳光，珍惜我们现在所拥有的一切。就在今年，你们是否也感觉到了：老百姓，没想到买一只口罩居然那么不容易；留学生，没想到回家的路居然走得那么不容易；家长们，没想到孩子上个学居然也变得那么不容易？当这一切在一场灾难到来时变得那么不容易的时候，我们才发现，曾经拥有的一切，就连我们呼吸的新鲜空气，都是多么值得珍惜！

（7）"第三，我希望你们能够学会自律。疫情之下的在线学习，对你们、对家长朋友们来说，都是一场特别的考试。我特别理解同学们在线学习的辛苦，你们要长时间地守着屏幕，要不断地重复打卡及各种信息和作业提交，更艰难的是，你们要抵制住隔空上课缺少监管带来的那些网游聊天、偷懒懈怠的各种念头的诱惑——这太难了！

（8）"但是，人都有弱点要去战胜，有诱惑要去抵制，这也是一场与自我的战斗。《诫子书》有言：'非志无以成学，慆慢则不能励精，险躁则不能治性。'你没有志向就无法使学习有所成就，你放纵懒散就无法振奋精神，你急躁冒险就不能陶冶性情。所以，唯一的办法，是希望你们能用目标和梦想去召唤力量与之战斗。'非淡泊无以明志，非宁静无以致远。'疫情延长了假期，更会悄悄拉开差距，你们需要确定好自己的目标，规划好自己的学习，停课不停学，然后静下心来，超越自我，提升自我，才能更快更好地到达梦想的远方。

（9）"上个月，教育部在致全国大学生的一封信中说：做'守护者'，就是担使命、保安康。做'修行者'，就是宅其身、抱道行。我们，就是战'疫'后方的'修行者'，愿我们一起'静下心，宅其身，怀梦想，抱道行'，愿我们恢复开学重逢校园时，能够相视一笑，确认一下眼神，说一声：岁月静好，不负韶华！

（10）"同学们，家长朋友们，我想对你们说：灾难磨砺精神，梦想召唤力量，让我们向着远方不息奋斗！谢谢大家！"

（11）校长动情的发言结束，在线听讲的我们，在那一刻，不约而同地接收到了一份深思、一种力量："重整状态，再出发。奋翅，向着远方！"在那一刻，我们是认真的。

**策略说明：**

1. 联想故事

（1）（2）段。由课文《诫子书》"劝学明志"的素材联想在线学习期间的一次校长讲话，表达"灾难磨砺精神，梦想召唤力量，向着远方不息奋斗"的主题。

2. 扣词读解与融合造句

（8）段。扣课文素材句"非志无以成学，慆慢则不能励精，险躁则不能治性"，用这段文言文的翻译直接做内涵的读解。再扣"非淡泊无以明志，非宁静无以致远",做"确定目标,规划学习,静下心来,提升自我,到达远方"的读解,并与主题关键词"梦想召唤力量,向着远方不息奋斗"融合造句,彰显主题。

3. 链接感悟

(9) 段。链接"教育部致全国大学生的一封信"的素材句,表达"静下心,宅其身,怀梦想,抱道行"的感悟。

4. 融合造句

(10) (11) 段。将故事特征词"校长发言,灾难磨砺精神,梦想召唤力量,向着远方不息奋斗",与题目关键词"奋翅,向着远方"融合造句,篇末点题。

**5 号文本:《孙权劝学》+9 个素材**

聚焦"奋"的主题,关联命题 4《业广惟勤》;主题"奋"自拟题《不用扬鞭自奋蹄》《好时光,一起燃》

[9 个素材]

1.《礼记》:学然后知不足

2.《太平广记》:吕蒙梦中读《易经》

3. 生活素材:抖音、B 站、穿越火线

4. "三牛"精神

5. 臧克家《老黄牛》:块块荒田水和泥,深耕细作走东西。老牛亦解韶光贵,不待扬鞭自奋蹄

6. 网络语:雨天适合睡觉,晴天适合出游,阴天适合发呆

7. 2021 年春晚王一博《牛起来》舞蹈

8. 丧表达:感觉身体被掏空,颓废到忧伤

9. 网络语:我热爱学习,学习使我妈快乐

**一、择读文段**

初,权谓吕蒙曰:"卿今当涂掌事,不可不学!"蒙辞以军中多务。权曰:"孤岂欲卿治经为博士邪!但当涉猎,见往事耳。卿言多务,孰若孤?孤常读书,自以为大有所益。"蒙乃始就学。及鲁肃过寻阳,与蒙论议,大惊曰:"卿今者才略,非复吴下阿蒙!"蒙曰:"士别三日,即更刮目相待,大兄何见事之晚乎!"肃遂拜蒙母,结友而别。

### 二、提取联系

1. 运用"比照情境正反关联"，文段中吕蒙"以军中多务"为理由来推托学习，比照当下中学生的学生生活，也常有类似的现象，比如，作业太多了，没时间看书；考试太多了，没时间跑步；老师讲得太快了，没时间消化等等，为"不学习"寻找各种逃避理由并自我安慰。与"奋"主题反面相关。

2. 运用"聚焦词句直接关联"。聚焦"当涉猎，见往事"与"常读书，大有所益"，体现多读书以了解历史，增长才学；聚焦"吴下阿蒙""士别三日""刮目相待"，体现勤勉与奋斗取得的成就，以上都与"奋"主题直接相关。

3. 运用"选取背景寻求关联""补出过程呈现关联"和"品味词句细化关联"。吕蒙就学，一个"就"字，令人想象吕蒙到底学了多少知识？结合吕蒙与鲁肃论议后被发现"才略"大增的内容，再选取人物的相关背景，如"就学后的吕蒙以白衣渡江智胜关羽而名扬天下拜南郡太守"的内容，这时候再来品味"就"，可以发现一个"就"字，包含了吕蒙"将勤补拙、笃志力学"的过程。与"奋"主题正面相关。

### 三、读写融合

聚焦"奋"的主题，关联命题《业广惟勤》《不用扬鞭自奋蹄》《好时光，一起燃》。

#### 第1版

#### 业广惟勤

（1）"业广惟勤"，业大在于勤劳。对中学生来说，"业"，更多的是指学业。这句话告诉我们，学业有成与梦想成真在于勤奋学习，艰苦努力并坚持不懈，久久为功。

（2）也许你会说，这话没什么新鲜啊，学生嘛，要想学业有成，付出勤奋与努力未必就有成，没有付出勤奋与努力却是万万不成的。其实所有劝学的道理我们都懂。只是现实是：我们太难了！

（3）是啊，学科太多，作业太多，考试太多，读书太苦，常觉难以为继，我们太难了！

（4）是啊，早已熬夜苦读一遍遍，分数还总卡在瓶颈口，种种焦虑种种失落团在心头，我们太难了！

（5）是啊，点开抖音一顿爆刷的快感，哔哩哔哩吐槽的快感，组团穿越火线的快感，生活中这么多的精彩，却总让我们静静读书，我们太难了！

（6）可是，扪心自问，我们口中的"难"，是不是我们为自己的偷懒寻找的借口和有所夸大的理由呢？

（7）正如当初孙权劝吕蒙身居要职掌握重权不可以不学习时，吕蒙说：我军务繁多，没有时间读书啊！

（8）有没有发现，当时的吕蒙太像动不动就哭着喊着"太难了"的我们？若考差了，沮丧了，不想读书学习了，坚持不下去了，我们总会找到各种理由安慰自己：老师没教好了、考试不合理了、恰巧生病了、参加课外活动耽误了、爸妈不够关心了、复习的却都没考到了……可我们有多少人敢于承认，会不会是因为自己真的努力不够？勤奋不够？

（9）我们不妨再看，在孙权劝学之下，吕蒙"乃始就学"，之后一代儒将鲁肃到寻阳拜访，吕蒙分析时势谋划应对关羽之策，一番论议令鲁肃闻后大惊：非吴下阿蒙，士别三日，当刮目相看！

（10）你是否发现，这个典故中最能激发人们想象的部分是"乃始就学"这四个字？吕蒙的读书之旅到底是如何开始的，如何进行的，如何做到令鲁肃"刮目相待"的？

（11）身负重任，军中多务，是在军务忙碌中与忙完后读书的？那是不是意味着常常要拾取和利用一个个碎片化的时间来读书？

（12）然后，是不是读着读着，发现书中有高人、书中有智慧，"学然后知不足"，读得越多，越发现自己从前不读书的浅薄？越是拼力拾取一切零碎的时间潜心静读？

（13）我不由想起《太平广记》中记载吕蒙潜心博览群书之后，有一次在沉睡中竟然将《易经》诵读了一遍，然后惊醒。众人问他惊醒的原因，他便说："我刚才梦见伏羲、周文王、周公，与我谈论世代治乱兴衰之事，以及日月宇宙变化之理，无一不是精妙至极！"

（14）虽说故事有些玄幻，但是否从中看出吕蒙"就学"，已经学到博大精深的程度，已经学到夜有所梦的境界？也许吕蒙的"就学"就是对"勤"字的最佳演绎！

（15）业广惟勤。如果你总是寻找各种理由去推掉一个个学习任务，如果你总是寻找各种借口不去扬起你求知的风帆，你又如何拉近你和智慧的距离？学业之路，又怎会做大做强？

（16）须知，背负学业的种种难，遥望达成"业广"的目标，我们依然只有一条路可以走：勤为径，勤作舟。

**策略说明：**

1. 扣词解读

（1）段。扣命题"业广惟勤"解读含义，进一步结合中学生的学业解读内涵，并点题。

2. 联想故事

（2）—（8）段。由吕蒙"辞以军中多务"的故事内容联想中学生相似的故事。如联想"我们太难了"和为不想学习或考差寻找各种理由和借口的种种情境，从反面表现"勤"的主题。

3. 追问推理

（10）—（12）段。扣"乃始就学"追问"就学"的过程是怎样的？并扣文本内容去推理"就学"的过程，将"就学"内容具体化。

4. 链接感悟

（13）段。链接《太平广记》记载吕蒙睡中诵读《易经》的传说和背景，体现"就学"成就"才略"，丰富"就学"的内涵。

5. 扣词读解

（14）段。扣"就学"的"就"字，读解"勤"的含义：学习，要达到博大精深的程度，要学到夜有所梦的境界。

6. 融合造句

（15）（16）段。将命题"业广惟勤"与故事特征词"中学生、学业、寻找借口"融合造句，篇末点题。

**第 2 版**

### 不用扬鞭自奋蹄

（1）2021 年牛年除夕那天，班主任发了个截屏到班级群，上面用红线标出几个重点句：在中华文化里，牛是勤劳、奉献、奋进、力量的象征。我们要大力发扬孺子牛、拓荒牛、老黄牛的精神，以不怕苦、能吃苦的牛劲、牛力，不用扬鞭自奋蹄，辛勤耕耘，勇往直前……班主任还在后面加注了一句"不用扬鞭自奋蹄，愿'三牛'精神伴你迎接中考季。祝新年进步！"

（2）这是"老班"的风格，他总是不忘随时随地给我们打鸡血，每次还能紧贴时事。我作为语文科代表，马上在群里回复："块块荒田水和泥，深耕细作走东西。老牛亦解韶光贵，不待扬鞭自奋蹄——臧克家《老黄牛》。"感觉自己给同学科普了一首诗，智商和情商简直同时在线。

（3）"嘀—嘟"，微信声接连响起，点开来看，几个死党同时发了私信给我：

（4）"老班一扬鞭，看你的小蹄子就奋了？还发那诗句，你想拯救银河系啊？"

（5）"亲，我刚做了五分钟作业，我的手机就吃醋了哎，我刚哄了俩小时。"附抱着手机安抚的表情。

（6）"雨天适合睡觉，晴天适合出游，阴天适合发呆，我的寒假啊，竟没有一天适合做考卷……"附一只蛋黄猫对着我"看破不说破"的表情。

（7）老师在班级群发的信息和死党私聊的信息两相一组合，我不由苦笑：其实所有劝学的道理我们都懂。只是现实是：我们太难了！

（8）是啊，学科太多，作业太多，考试太多，读书太苦，常觉难以为继，我们太难了！

（9）是啊，常常熬夜苦读一遍遍，分数还总卡在瓶颈口，种种焦虑种种失落团在心头，我们太难了！

（10）是啊，点开抖音一顿爆刷的快感，哔哩哔哩吐槽的快感，组团穿越火线的快感，生活中这么多的精彩，却总让我们静静读书，即使老师和父母常常高高地扬鞭，我们也不一定能够奋蹄，因为我们太难了！

（11）只是扪心自问，我们口中的"难"，是不是我们为自己的偷懒寻找并夸大了的借口和理由呢？正如当初孙权劝吕蒙身居要职、掌握重权不可以不学习时，吕蒙说：我军务繁多，没有时间读书啊！

（12）有没有发现，喊着"没时间读书"的吕蒙和喊着"太难了"的我们太像了？可是自从孙权劝学，吕蒙"乃始就学"后，他却一路向前，不用扬鞭自奋蹄，直到一代儒将鲁肃到寻阳拜访，大惊：非复吴下阿蒙，士别三日，当刮目相看！

（13）"就学"二字告诉我们，吕蒙的学习是主动的、积极的、奋起直追的，让我们忍不住想象，吕蒙的读书之旅到底是如何开始的，如何进行的，如何做到令鲁肃"刮目相待"的？

（14）身负重任，军中多务，是在军务忙碌中与忙完后读书的？那是不是意味着常常要拾取和利用一个个碎片化的时间来读书？

（15）然后，是不是读着读着，发现书中有高人、书中有智慧，"学然后知不足"，读得越多，越发现自己从前不读书的浅薄？越是拼力拾取一切零碎的时间潜心静读？

（16）想起《太平广记》中记载吕蒙潜心博览群书之后，有一次在沉睡中竟然将《易经》诵读了一遍，然后惊醒。众人问他惊醒的原因，他便说："我刚才梦见伏羲、周文王、周公，与我谈论世代治乱兴衰之事，以及日月宇宙变化之理，无一不是精妙至极！"虽说故事有些玄幻，但可见吕蒙"就学"，已经学到夜有所梦的境界。也许这就是"不用扬鞭自奋蹄"的最佳演绎！

（17）2021年寒假后，中考季即至，其实我深懂"老班"的一番拳拳之心，也与死党们同感于奋斗的艰辛。于是我给调皮的死党们一一回复：块块荒田书和题，深耕细作争朝夕。牛年当知韶光贵，不待扬鞭自奋蹄。

**策略说明：**

这是同一素材运用于第二个命题。

1. 联想故事

（1）段。由课文素材"孙权劝学"联想习近平春节团拜会"三牛"精神与"不用扬鞭自奋蹄"的发言内容，并设计成班主任发送到班级群的情节，交代故事起因并点题。

2. 链接感悟

（2）段。链接臧克家《老黄牛》诗句，丰富题目"不待扬鞭自奋蹄"的内涵。

3. 联想故事

（3）—（10）段。由课文素材"孙权劝学"从反面联想生活现实，通过我与同学的微信私聊内容表现初三生在寒假难以投入学习和要投入学习奋斗"太难了"的生活和思想状态，为下文铺垫。

4. 内涵对接

（11）（12）段。将喊着"没时间读书"的吕蒙和喊着"太难了"的初三生进行思想状态上的对接，引出下文感悟内容。

5. （13）—（16）段，同上运用追问推理、链接感悟、扣词解读之策。

6. 融合造句与嫁接情境

（17）段。将臧克家《老黄牛》的诗句从原来的情境中剥离出来，嫁接到初三生的学习生活的情境中。将"水和泥"改为"书和题"，"走东西"改为"争朝夕"，"老牛"改为"牛年"，全诗就成为初三生用以自勉的表达。然后将此素材与题目、与故事特征"初三党奋斗的艰辛"三者融合造句，深度点题。

请关注加线句，并与第 1 版加线句进行比照，领悟同一素材运用于不同命题的不同表达。

第 3 版

## 好时光，一起燃

(1) 奋，是大刀阔斧的魄力；斗，是挑战未来的勇气。亲爱的大人们，你们看着我们有时很"丧"，其实我们在自嘲、在解压，我们心中有火、眼中有光，相约过青春好时光里，要一起奋斗一起燃。

(2) 牛年春节大年初三，我家摆晚宴，两个姨妈各带一家子过来聚。其实我盼望的是两个表兄妹来，我们三个人，两个上初中一个上高一，一起聊天玩得来，否则陪大人们吃饭，要不时地用认真的表情听那些耳提面命的话，逃也逃不了。

(3) 鸡鸭鱼羊的红红绿绿的一桌子菜上来了，中间是大大的火锅。大人们约我们举杯，喊着口号：新年快乐！牛年更牛！我们三人各一大口可乐下肚，就开启了神聊：

(4) "你有没有看？春晚王一博那个 solo 的舞蹈，太炫了，炸裂了！"

(5) "人家是无敌的卡点，这个动作，配这个表情"——表哥左右甩头配合左右甩臂加扮酷的表情，极力模仿的样子令我俩捧腹。

(6) "你要换红色棒球服、白色裤子，妥妥的牛宝宝啊，我们就粉你！"表妹挤对。

(7) "还宝宝呢，才正月初三，早上我们老师就让打卡读名著，我累得像只狗，感觉身体被掏空了！"我忧从中来。

(8) "对啊，我们十几张卷子呢，想起来就颓废到忧伤。"表哥也忧从中来。

(9) "期末我考那么糟，我想我差不多是条废咸鱼了，生亦何欢，死亦何哀啊。"表妹更忧从中来。

(10) "大正月的，你们胡说什么！"完了，大人耳朵太尖，突然停止了觥筹交错，齐声棒喝。

(11) "动不动就生啊死的，不就考差一次嘛，颓废成这个样，至于吗，小小年纪的！"大人们齐声讨伐。

(12) 我们三人对了一下眼神，一齐对着妈妈们喊：我热爱工作！工作让我进步！我热爱学习！学习让我妈快乐！

（13）哈哈哈，大人被我们逗笑，气氛终于被我们带暖。其实只有我们三个人自己知道，一过年，我们就在三人的小群里有过一个 2021 年的寒假约定。

（14）"众卿，今当岁首年初，不可不订个学习计划。"表哥是年级学霸，话中透着权威。

（15）"刚放寒假呢，能不能让我迷糊几天啊！"我辞以过年多务。

（16）"我难道是想要你俩成天研究读书成为不闻窗外事的学虫吗？三月一才开学，只是想约一起订个玩和学习两不误的计划罢了。要说过年事多，谁比我多？可我觉得订了计划，就能玩也玩得放心、学也学得专心，我认为大有益处。"

（17）学霸的话是很有分量的，我俩都发了个"OK"的表情。表哥又说：

（18）"我们三人针对自己上学期期末考的情况，安排好作业时间之外，再补各自的短板，然后玩游戏的时间我们尽量同步，如何？"

（19）"我上学期数学和物理考砸，被踢出了前十。我要恶补数理，誓雪前耻！"表妹发来举起拳头的表情。

（20）表哥和我同时发出"赞"的表情：士别三日，当刮目相看。等寒假结束，你就"非复吴下阿蒙"了！

（21）于是我们三人谋定后动，乃始就学。心中有梦，脚下有路，所以今天玩起来我们很有底气，说起话来有点"丧"有点"颓"，那是我们在自嘲和逗趣。2021 年寒假，我们三人已相约一起用心中的激情追梦，用脚下的奋斗去圆梦。

**策略说明：**

这是同一素材融合于第三个命题。

1. 扣词读解与融合造句

（1）段。扣主题关键词解读"奋斗"的含义。再将命题关键词"好时光，一起燃"，与故事特征词"丧、自嘲、解压、相约"融合造句，开篇点题。

2. 链接感悟

（2）—（12）段。先链接 2021 年央视春晚王一博的舞蹈素材，引发"青春炫酷"的聊天，并由"牛宝宝"引出一系列表现"丧"的对话；再链接歌曲《感觉身体被掏空》歌词（累得像只狗，我热爱工作，工作使我快乐等），融合在聊天对话的内容中，表现"丧"的内容，从反面铺垫，并引发大人小孩的冲突，推动情节发展。

3. 嫁接情境

（13）—（20）段。将课文素材《孙权劝学》的内容从原文中剥离出来，嫁接到我们三个人"寒假约定"的情境中，表哥对应孙权，我和表妹对应吕蒙，对话情境与原文——对应嫁接，表现三个人"丧"的表象之下其实是"燃"的激情。

4. 融合造句

（21）段。将课文素材关键词"乃始就学"，与故事特征词"有点丧有点颓、约定"与命题关键词"燃"、主题词"奋斗"等融合造句，深度点题。

**6 号文本：《美丽的颜色》《生于忧患》＋6 个素材**

[6 个素材]

1. 高晓松歌词：诗和远方的田野

2. 歌词《黎明前的黑暗》：风伴着黎明的歌声/敲响命运的钟/是夜不灭的灯/那颗星在闪烁

3. 李清照词：寻寻觅觅、冷冷清清、凄凄惨惨戚戚

4. 歌名《追光者》

5. 人民日报《在独创独有上下功夫》：科技工作者进军前所未知的"无人区"，攀登人迹罕至的"高寒带"，不是因为有奇计妙招，而是因为有"更上一层楼"的韧劲，有"独钓寒江雪"的毅力

6. 人民日报《在独创独有上下功夫》：面对艰险挑战、繁重任务，有"力拔山分气盖世"的壮志，有"气吞万里如虎"的果敢，方能唤起磅礴之力，打开科技新局面

**一、择读文段和提取联系**

**文段一：**

我们没有钱，没有实验室，而且几乎没有人帮助我们把这件既重要而又困难的工作做好。这像是要由无中创出有来。

……

1898 年至 1902 年，居里先生和夫人就是在这种条件之下工作的。

"我一次炼制 20 公斤材料，结果是棚屋里放满了装着沉淀物和溶液的大瓶子。搬运容器，移注溶液，连续几小时搅动熔化锅里沸腾着的材料，这真是一

种极累人的工作。"

玛丽从前很天真地预料沥青铀矿的残渣里含有百分之一的镭，那个估计现在到哪里去了？最困难的，或者说几乎不可能的，乃是离析这极小含量的物质，使它从与它密切混合着的杂质中分离开来。

工作日变成了工作月，工作月变成了工作年。比埃尔和玛丽并没有失掉勇气。这种抵抗他们的材料迷住了他们。他们之间的柔情和他们智力上的热情，把他们结合在一起；他们在这个木板屋里过着"反自然"的生活，他们彼此一样，都是为了过这种生活而降生的。

**提取联系：**

1. 运用聚焦词句直接关联。提取三个"没有"，体现财力、物力、人力的严重缺乏，体现奋斗条件的艰苦，直接关联。

2. 同上策，提取"1898 年至 1902 年"，"工作日变成了工作月，工作月变成了工作年"等，体现奋斗的时间长度，直接关联。

3. 同上策，提取"20 公斤""连续几小时""极累人""最困难的，几乎不可能"等，体现奋斗过程的艰辛，直接关联。

4. 运用"品味词句细化关联"，品味"抵抗"和"迷住"两个词，在科学家夫妇那里，越是抵抗，越是具有迷人的魅力。体现科学家探索与追求的梦想和境界，与"奋"主题关联。

**文段二：**

有一天，玛丽像期盼别人已经答应给玩具的小孩一样，怀着热切的好奇心说："我真想知道'它'会是什么样子，它的相貌如何。比埃尔，在你的想象中，它是什么形状？"

这个物理学家和颜悦色地回答："我不知道……你可以想到，我希望它有很美丽的颜色。"

……

镭不只有"美丽的颜色"，它还自动发光！在这个黑暗的棚屋里没有柜子，这些零星的宝贝装在极小的玻璃容器里，放在钉在墙上的板子或桌子上；它们那些略带蓝色荧光的轮廓闪耀着，悬在夜的黑暗中。

**提取联系：**

1. 运用聚焦词句直接关联。提取"期盼""热切好奇"，体现科学家的探索精神，与"奋""苦""搏""勤""路""梦"等主题都有关联。

2. 运用品味词句细化关联。品味"美丽的颜色""自动发光""悬在夜的黑暗中"等词，可发现喻指美丽的梦想在夜的黑暗中依然存在且闪闪发光，也激励读者找到自己梦想的颜色并为之奋斗。与"奋"主题关联。

### 二、读写融合

聚焦"奋"的主题，关联命题7《逆战》；命题6《我从未停止追梦的脚步》；主题"奋"自拟题《追光者，开启 2.0 时代》。

### 第 1 版

## 逆　战

（1）一个逆战者，为什么能在漫长的暗夜里，保有迎难而上的勇气、刚毅不屈的意志、乐观昂扬的精神，仿佛每天每天，都在给自己充满能量去期盼与迎接黎明的高光时刻？

（2）当我深读居里《美丽的颜色》，我找到了答案。

（3）对居里夫妇来说，美丽的颜色是镭的颜色，是要用全部的爱、柔情和坚韧去拥抱的颜色。

（4）你可知道，这一对夫妇，一生为了向往中那略带蓝色荧光的"美丽的颜色"熬过多少长夜的黑暗？

（5）那夜的黑暗里每日每月每年都在煎熬心血。没有钱，没有实验室，没有助手，没有财力物力与人力；长年住在简陋棚屋，每天搬运容器，移注溶液，连续几小时搅动熔化锅里沸腾着的材料；这样的日子过了多久？因为不知还要过多久，后来就把工作日变成工作月，把工作月变成工作年！

（6）你可知道，这一对夫妇，一生为了向往中那略带蓝色荧光的"美丽的颜色"抵住多少焦虑和绝望？

（7）那夜的黑暗不仅满是煎熬，更不断吞噬着原本微弱的光。提炼百分之一的镭！原本预料沥青铀矿的残渣里含有百分之一的镭，难道成了天真的笑话？！从混合的杂质中离析极小含量的物质"几乎不可能"！越努力，希望却越是渺茫，暗夜里充塞着无望和绝望，那种付出百分之百的努力，却连百分之一的希望都几乎不可能实现的无望和绝望！

（8）你能否想象得到，面对这些难以想象和承受的煎熬，面对似乎没有光明的暗夜，居里夫妇是以怎样的表情去迎接战斗的？

（9）你是否看见，居里夫妇是带着全部的迷恋、柔情与热情的表情去迎接一场艰苦卓绝的战斗的？

（10）你看玛丽，每当想起"镭"，她会像"期盼别人已经答应给玩具的小孩"一样，一脸的好奇和甜美，明明是自己在脑海中无数次的想象，偏要调皮地问爱人对"镭"的形状有着怎样的想象。

（11）你看居里，提到向往中的"镭"，一脸"和颜悦色"的表情，用憧憬的表情描述着"镭"有"美丽的颜色"。

（12）是的，正是因为这一对"逆战者"心有向往，那美丽的颜色就成了他们心中的"诗和远方的田野"，所以那抵抗他们的材料反而深深地迷住了他们，即便在最深的黑暗里，他们也总能看见一道光在闪耀。

（13）正如那首歌所唱：风伴着黎明的歌声/敲响命运的钟/是夜不灭的灯/那颗星在闪烁/挣脱黑暗的落寞/不甘是谁的过错/信仰年少的梦想/挫折不过梦一场。

（14）于是我们找到答案，逆战者的表情，为什么常写着迎难而上的勇敢、刚毅不屈的坚定、乐观昂扬的斗志？是因为心怀"诗和远方的田野"，所以置身夜的黑暗，心中依然有盏不灭的灯，眼中依然能看见那颗闪烁的星，脚下依然向着黎明到来的远方砥砺前行——因为逆战者有一个信念：坚信"答应给的玩具"一定在那儿，"美丽的颜色"一定就在不远处等着被发现。

**策略说明：**

1. 追问推理

（1）段。扣命题关键词追问为什么逆战者能有那样的勇气意志和精神；（4）段和（6）段。再结合选段内容倒推着追问居里夫妇究竟"熬过多少长夜的黑暗""抵住多少焦虑和绝望"，领起两部分核心内容。

2. 换位体验

（5）段和（7）段。扣课文素材关键词（如"没有钱没有实验室没有人，工作日变成了工作月，工作月变成了工作年，几乎不可能"等）体验居里夫妇工作条件的艰苦、工作过程的艰辛以及提取百分之一的镭希望的渺茫。

3. 融合造句

（9）—（11）段。聚焦命题《逆战》关键词：迎接战斗，迎难而上的勇气、刚毅不屈的意志、乐观昂扬的精神；课文素材关键词：期盼、热切的好奇心、和颜悦色、美丽的颜色等，将二者融合造句，表达对逆战者的思考和感悟。如"你是否看见……你看玛丽……你看居里……"这三段关于"逆战者会有怎样的表情"的思考。

4. 链接感悟与融合造句

（13）（14）段。链接流行歌曲《黎明前的黑暗》的部分歌词。提取歌词的关键词：不灭的灯，闪烁的星，与命题关键词、选段关键词三词融合造句作为文章的结尾，表达"逆战者为何拥有迎难而上的勇敢、刚毅不屈的坚定、乐观昂扬的斗志"的思考感悟。

**第 2 版**

## 我从未停止追梦的脚步

（1）刚上初三，在大大小小的考试中一路厮杀，成绩总是起起落落，我上重点高中的梦想也跟着摇摇摆摆。我，正要止步于困境，止步于追梦的路上。

（2）这时候，再多的心灵鸡汤也不足以抚慰我脆弱的心灵；这时候，唯有真实的故事才能让我的心"走"过千山万水，重新变得坚韧，重新找到出发的勇气。

（3）我想起玛丽·居里，我想探寻她不止步于困境和梦想的勇气来自何方。

（4）我看到，在顶楼里度过学生时代后，她又挑选了残破的小屋度过四年的研究时光。两次都挑选了最简陋的布景，在重度的艰苦里她从未止步。

（5）我看到，她把工作日变成了工作月，工作月变成了工作年，在时间的长度里她从未止步。

（6）从沥青铀矿的残渣里提取百分之一的镭！从混合的杂质中离析极小含量的镭！这是一件多么不可思议的事?！可是，<u>为什么她进军这样前所未知的"无人区"从不止步？为什么她攀登这样人迹罕至的"高寒带"从不止步？为什么她能保有"更上一层楼"的坚韧？为什么她能持有"独钓寒江雪"的毅力？</u>如果是我，置身彼境，这么苦、这么累、这么难，希望如微光渺茫，一定充满孤独寂寞和冷吧？

（7）可是读着她的传记，我读到最多的一个词，却是"快乐"！

（8）寻找和发现"镭"，对她来说，是"一种奇异的新的开始"，让她"尝到新的极大的快乐"。

（9）当"寻寻觅觅，冷冷清清，凄凄惨惨戚戚"的时候，那"抵抗他们的材料"反而更深地迷住了她！

（10）我恍然大悟！原来支撑着她在重重困境前不止步的，并非仅仅是"勇气"二字，更有"快乐"二字！"快乐"从何而来？是心怀科学探索的梦想，在一层一层揭开"镭"神秘面纱时的那种巨大的幸福感！所以，当你只看见她心志正苦、筋骨正劳、体肤正饿、其身空乏、其行拂乱的时候，别忘了，她有一个梦，在她的梦里，镭有着"美丽的颜色"，总是在夜的黑暗中自动发光！

（11）也许，我的初三，要让心中的梦想始终有着"美丽的颜色"，要让自己时时看到它在夜的黑暗中自动发光！

（12）让梦想照进现实，即使现实一地鸡毛，心灵也能一路高歌欢进。追梦的路上，我不止步！

**策略说明：**

1. 联想故事

（1）—（3）段。由课文素材居里夫妇从未停止追求探索科学真理的梦想，联想自己初三追求重点高中的梦想。从反面设置联想的起点，即"将要在追梦的路上止步于困境"。

2. 嫁接情境和换位体验

（4）—（9）段。设身处地去体验居里夫妇的所行所思，探寻她"不止步于困境和梦想的勇气来自何方"。

（6）段。将人民日报《"在独创独有上下功夫"》中的句子——科技工作者进军前所未知的"无人区"，攀登人迹罕至的"高寒带"，不是因为有奇计妙招，而是因为有"更上一层楼"的韧劲，有"独钓寒江雪"的毅力——从原文的语境中剥离出来，嫁接到探求居里夫妇挑战科技无人区的故事情境中来，改造为"为什么她……从不止步？为什么她……从不止步？为什么她能常保有……？为什么她能常持有……？"的四个问句，去体验素材人物的所行所思。

3. 换位体验与链接感悟

（10）段。从居里夫人的角度思考从未停止追梦脚步的除了勇气其实还有探求真理的快乐。再链接《生于忧患》"苦其心志……"内容，并与人物的故事相结合，表达"从未停止追梦"的感悟。

4. 融合造句

（11）（12）段。将命题关键词（从未停止追梦脚步）和选段关键词（美丽的颜色、夜的黑暗中发光）与我的故事特征词（我的初三重点高中梦）三词融合造句作为文章的结尾，表达"追梦路上我不止步"的感悟。

第3版

### 追光者，开启2.0时代

（1）2021年春节，跟着大人们迎来送往之间，亲戚朋友长辈们对我说得最多的就是"快中考啦，下学期最关键啦，中考比高考难多啦，祝你学习进步梦想成真啦"之类的话，听得我每次都好想逃离，又隐隐地觉得一种应该不一样、必须不一样的生活即将来临：中考季到了，考上一中，是我心中的一道光，也许是时候自己给自己催更，升级新的奋斗版本，开启2.0时代了。

（2）追光的日子里，有些事儿必须不断地复制粘贴。

（3）英语单词，永远不变地背，旧的新的，来来回回地背；语文，永远不变地积累再积累；数学，永远不变地刷题再刷题；还有那些课堂和考试……所有的规定动作日复一日地做，在这漫长的和无数的重复里，我有什么是要升级的？如果没有打起足够的精神去做，如果不做得无愧于心，那些不断地复制粘贴，除了时间的累积，除了没让老师追着讨债，还有什么意义？也许，伏案于方寸之间，洒下汗水的同时，还得熬煎一份心血进去，汗水与心血才能共同织就清晰的知识脉络，当工作日变成工作月，工作月变成工作季，从量变到质变才有成为现实的可能。

（4）追光的日子里，有些策略必须持续地更新升级。

（5）过去的一学期，最魔幻的体验是，旧的试卷没做完，新的试卷又发了；上次缺漏的没补上，新的不解又纷纷而至；一场场小考刚应对完，一场大考又来袭，这一季打怪升级通关冒险的历程，不时陷入左支右绌疲于奔命的尴尬境地！下一季的打拼，我有什么是要升级的？那些挖肉补疮顾此失彼的状态再也不能重演了！也许，分析自己保值的区间和提分的空间，再有选择地完成任务，转变疲于应对的状态才有成为现实的可能。

（6）追光的日子里，有些心态必须重新建设和升级。

（7）开学后的中考季，一定会有更多的得与失、成与败，也许还会遭遇这一科或那一科、这一场或那一场的成绩排名的滑铁卢。付出越多，越会在意，越难逃内心的狂风骤雨，这一季的风风雨雨里，我有什么要升级的？也许，要时刻警惕，别让自己倒在心里的暴风雨，陷入挣扎着自言自语、挣扎着歇斯底里的状态；要时刻想着心中的那道光，像玛丽·居里一样怀着热切的好奇心去想象那道光，也许它有着美丽的颜色，也许它那带着蓝色荧光的轮廓一直在闪耀着，也许它会悬在夜的黑暗中自动发光！让光的力量召唤自己，让内心变得强大，让前行无敌，走出广阔新天地。

（8）中考季，我来了！唤起"力拔山兮气盖世"的壮志，唤起"气吞万里如虎"的果敢，唤起洪荒之力、磅礴之力，有一个追光者，将在2021年的中考季，开启奋斗的2.0时代。

**策略说明：**

这是同一个素材融合于第三个命题。

1. 融合造句

（1）段。将命题"追光者，开启2.0时代"与故事特征词"中考季、新的奋斗"融合造句，交代故事背景，开篇点题。

（2）（4）（6）三段，分别将以上两类关键词融合造句，从"学习常规、学习策略、学习心态"三个角度分别表达奋斗升级的内容"复制粘贴、更新升级、建设升级"，并分别领起下文三个片段的思考。

2. 嫁接情境与融合造句

（3）和（7）段。将"工作日变成工作月，工作月变成工作季"的素材句从课文居里夫妇科学研究的语境中剥离出来，嫁接到我在重复完成学习常规动作的情境中，表达如何完成"从量变到质变"的思考；将居里夫妇对"镭"的"热切的好奇心"、想象有"美丽的颜色"，"自动发光、蓝色荧光的轮廓悬在夜的黑暗中"等内容从原文的语境中剥离出来，嫁接到我向往心中那道光的描写中，并融合故事特征造句，表达"用目标来召唤力量让内心更强大"的思考。

（8）段。将人民日报《在"独创独有"上下功夫》中的句子——面对艰险挑战、繁重任务，有"力拔山兮气盖世"的壮志，有"气吞万里如虎"的果敢，方能唤起磅礴之力，打开科技新局面——从原文的语境中剥离中出来，嫁接到本文"中考季用目标和挑战召唤自己的力量"的情境中来，改造为"唤起……唤起……唤起……"的排比句，有力度地点题。

**7号文本：《孤独之旅》《风雨吟》+8个素材**

[8个素材]

1. 曹文轩《草房子》：红门

2. 杜甫《旅夜书怀》：飘飘何所似，天地一沙鸥

3. 马尔克斯《百年孤独》：生命中拥有过的无数的灿烂，终将有一天以孤独偿还

4. 动漫《斗罗大陆》：唐三修炼昊天锤

5. 邓紫棋《孤独》歌词：原来孤独是灯光下/所有人都对我佩服/但月光下却一直听见自己催促/你别停下……

6. 冯唐：愿历尽千帆，归来仍是少年

7. 陀思妥耶夫斯基曾说：我怕，我配不上自己所受的苦难

8. B站衡水中学校长发言视频：人的一生应该有这样一段时光，纯粹而简单，疯狂而热烈，拼搏而勇敢

## 一、择读文段

1. 杜小康已不可能再去想他的油麻地。占据他心灵全部的是前方：还要走多远？前方是什么样子？前方是未知的。未知的东西，似乎更能撩逗一个少年的心思。他盘腿坐在船头上，望着一片茫茫的水。

2. 日子一天一天地过去了，父子俩也一天一天地感觉到，他们最大的敌人，也正在一步一步地向他们逼近：它就是孤独。

3. 那天，是他们离家以来所遇到的一个最恶劣的天气。一早上，天就阴沉下来。天黑，河水也黑，芦苇荡成了一片黑海。杜小康甚至觉得风也是黑的。临近中午时，雷声已如万辆战车从天边滚动过来，不一会，暴风雨就歇斯底里地开始了，顿时，天昏地暗，仿佛世界已到了末日。

4. 杜小康找到了那十几只鸭，但在芦苇荡里迷路了。……眼见着天黑了。他停住了，大声地呼喊着父亲。就像父亲听不到他的回应一样，他也没有听到父亲的回应。

5. 杜小康闻到了一股鸭身上的羽绒气味。他把头歪过去，几乎把脸埋进了一只鸭的蓬松的羽毛里。他哭了起来，但并不是悲哀。他说不明白自己为什么想哭。雨后天晴，天空比任何一个夜晚都要明亮。杜小康长这么大，还从未见过蓝成这样的天空，而月亮又是那么的明亮。

6. 杜小康顺手抠了几根白嫩的芦苇根，在嘴里嚼着，望着异乡的天空，心中不免又想起母亲，想起许多油麻地的孩子。但他没有哭。他觉得自己突然长大了，坚强了。

7. 雍和背起了疲软的儿子，朝窝棚方向走去。杜小康的一只脚底板，还在一滴一滴地流血，血滴在草上，滴在父亲的脚印里，也滴在跟在他们身后的那

群鸭的羽毛上……

### 二、提取联系

1. 聚焦词句直接关联

提取"还要走多远？前方是什么样子""害怕""孤独""暴风雨""哭了起来""没有哭""突然长大""一滴一滴地流血"等词，体现成长道路上的辛酸、痛楚、孤独与泪水，与"苦""搏""路""奋"等主题直接相关，与命题《历练》《走过去，前面是个天》《致敬奋斗的时光》等直接相关。

2. 品味词句细化关联

品味"孤独"在文中的内涵，它包含一个人经历迷茫、害怕、逃避、辛酸、屈辱、泪水、风雨、忍耐、抗争、流血的曲折过程和丰富内涵，体现"奋"的孤独。

3. 选取背景寻求关联

选取曹文轩《草房子》杜小康后来在自己曾经读书的"油麻地小学"门口摆摊卖货时，"这个当初在油麻地整日沉浸在一种优越感中的杜小康，竟无一丝卑微的神色"的情节，体现经历深刻的孤独之后，杜小康剥去幼稚、强大内心、雕刻灵魂并从成长走向成熟，用来诠释"奋斗者是孤独者"的内涵。

### 三、读写融合

聚焦"奋"的主题，可关联"奋"自拟题《一路孤独，一路成长》《孤独·奋斗·成长》《历尽千帆，归来仍是少年》。

### 第1版

#### 一路孤独，一路成长

（1）那一天，听老师讲完《孤独之旅》，我就心生好奇，借了曹文轩的《草房子》一书，翻到"红门"一口气读完，只觉得五味杂陈，荡气回肠。掩卷之时，眼中如同摄像机的镜头，照见那扇红门，照见油麻地小学进进出出的曾经的伙伴们，照见校门口的一个小货摊，照见一双忙碌的手。镜头再往上，照见一个头发干枯、面容清瘦的少年。最后，那镜头里有一个特写，是这个少年的眼睛，那双眼睛出奇地亮，没有卑微，没有游移，仿佛是盏不熄灭的灯，在渐浓的暮色中闪闪发亮。

（2）我不由深思，历经怎样的孤独，才让这个叫作杜小康的红门少年，拥有这样的坚定勇毅的超越同龄人的成熟眼神？

（3）一路孤独，一路成长。第一层孤独，应该是茫然与恐惧夹杂的孤独吧？

（4）那一天，当小木船离油麻地越来越远，不见了熟悉的树木、村庄、桥梁，只见到陌生的天空、陌生的水面和一群被驱赶向前的鸭子，杜小康的内心经历的是怎样的孤独？

（5）船后，是他的油麻地，从富足到困顿，从优越到卑微，这一切是怎么发生的？为什么会发生？又为什么一定要跟着父亲驱赶着鸭群像逃走一样地离开？刚被命运打了个措手不及，还没来得及想明白这一切，还在茫茫然之间，又被命运的大手狠狠地推出了油麻地，就如风从大地卷来，雨从大地奔来，一切都无可选择，又无处可逃。船后，是再也不忍回头、不敢回头了，只好茫茫然望着船前一片茫茫的水：还要走多远？前方是什么样子？不管前方是什么样子，总之从今往后要和父亲相依为命，一起挣扎在生存的道路上了，那么，前方还会有多少艰难和苦痛在等着？我又该怎么办？正是"飘飘何所似，天地一沙鸥"！此时的杜小康，飘浮在命运的海上，把手伸向未知的前路，却不知能抓住什么，心中应该满怀忧惧吧？

（6）一路孤独，一路成长。第二层孤独，应该是陌生与隔绝夹杂的孤独吧？

（7）来到芦苇荡的每一天，眼中所见全是陌生：陌生的万重山，陌生的芦苇荡，陌生的草滩和洼地，连同用割下的芦苇搭成的鸭栏和自己的小窝棚都是那么的陌生，陌生得心痛心酸。

（8）当陌生的周遭慢慢地变为熟悉，却又发现另一种孤独无处不在：一连十多天遇不到一个人是一种怎样的孤独？是被这世界抛弃了吗？还是再也走不出只有父子二人剩下眼神交流的无言的世界？这满世界似乎都注满了孤独，是一种与世隔绝的孤独，是心中最大的敌人，是即使在梦中一次次地哭喊着"我要回家……"也得不到来自这世界任何回应的令人窒息的孤独。

（9）一路孤独，一路成长。第三层孤独，应该是挣扎与绝望夹杂的孤独吧？

（10）那天，杜小康父子遭遇离家以来最恶劣的天气，雷声如万辆战车滚动，歇斯底里的暴风雨令世界天昏地暗，世界仿佛到了末日；鸭群被冲散，杜小康被慌乱裹挟着只身闯进一片黑海寻找鸭群——于是，一个人的战斗打响了：战天斗地，战雷斗电，战风斗雨，割破了脸，戳破了脚，找回了五六十只鸭，还有十几只，第二次孤身投入黑暗里寻找，直到在芦苇荡里迷路，直到声嘶力竭地呼喊着父亲听不到任何的回应。这是一个人面对天地、面对世界、面对命运的战斗，孤身作战、拼命挣扎，直至身陷绝境，所有的呼唤没有了来自世界的回响。

（11）当我们这样一层一层一层地剥开杜小康的孤独，一边鼻酸一边盈泪，我们是否可以理解了，正是历经这样的孤独，才让这个叫作杜小康的红门少年，在那一夜的狂风骤雨磨砺之后，不再恐慌，不再迷茫，不再逃避；在雨后天晴望着异乡如洗的明月时，突然拥有了直面孤独、冷静承担的力量？我们是否可以理解了，为什么他的眼睛里从此写满了平静的、坚定的、勇毅的、超越同龄人的成熟眼神？

（12）过去的，就让它过去吧，别管那是一个玩笑还是谎话。要相信，前路的孤独，会让我们撕去幼稚的外壳、铸就坚强的意志、雕刻明媚的灵魂，伴随我们一路成长！

**策略说明：**

1. 联结背景和换位体验

（1）段。联系结合杜小康后来在自己曾经读书的"油麻地小学"门口摆摊卖货时，"这个当初在油麻地整日沉浸在一种优越感中的杜小康，竟无一丝卑微的神色"的背景，聚焦"眼神"展开换位体验和想象，引发"历经孤独，得到成长"的思考。

2. 扣词读解、换位体验和链接感悟

（3）—（10）段。扣"孤独"一词，分三层读解人物历经的所有孤独的内涵；每一层读解之时，先换位体验和想象人物的经历，再换位感悟人物经历的是怎样的一种孤独。例如，"那天，杜小康父子遭遇离家以来最恶劣的天气，雷声如万辆战车滚动，歇斯底里的暴风雨令世界天昏地暗，世纪仿佛到了末日；鸭群被冲散，杜小康被慌乱裹挟着只身闯进一片黑海寻找鸭群"，这是"换位体验和想象"产生的表达；"这是一个人面对天地、面对世界、面对命运的战斗，孤身作战、拼命挣扎，直至身陷绝境，所有的呼唤没有了来自世界的回响"，这是换位感悟产生的表达。

（5）段。链接课文素材《风雨吟》"风从大地卷来，雨从大地奔来"及杜甫诗句"飘飘何所似，天地一沙鸥"，用以表达人物面对未知命运茫然和忧惧的心理。

3. 融合造句

（11）—（13）段。命题关键词是"一路孤独、一路成长"，选文关键词是杜小康放鸭的故事和孤独的体验。将二者融合，诠释"孤独"对于"成长"的意义。如"前路的孤独，会让我们撕去幼稚的外壳、铸就坚强的意志、雕刻明媚的灵魂，会伴随我们一路成长"，以此来深化主题。

**第2版**

### 孤独·奋斗·成长

（1）马尔克斯在《百年孤独》中说：生命中拥有过的无数的灿烂，终将有一天以孤独偿还。是的，人生终将是一场单人的旅行。一个人的成熟，是学会和孤独相处，孤独之前是迷茫，孤独过后便是成长。

（2）时间到了2021年，初三党的中考季马上到来。春节里大人们忙着迎来送往，喧嚣处处，在他们视线够不着的地方，我得以一把手机在握，网游、动漫、抖音、嗨聊，好不恣意畅快！只要我的手机还在，即使一整天不出门，不和人说上几句话，我也一点不觉得孤单，我一个人也可以和整个世界狂欢。

（3）近几天正迷上动漫《斗罗大陆》，因为动漫，又搜索唐家三少小说来配合着看，简直停不下来，很快地，正月初五晚就看到了唐三修炼昊天锤的剧情。父亲让唐三立于瀑布下，立于光滑的石头上挥动石锤。水中挥锤，那瀑布阻力也大，那光溜的下盘难以稳住，那铁锤更是无比沉重，一阵"乱披风锤法"，八十一下没到，人就晕倒了。唐三苦苦修炼，直到力量大到足以"举重若轻"，新一波的修炼又来袭，这一回，铁锤换成木槌，力道要换成巧劲了，又一轮苦苦修炼，直到巧到足以"举轻若重"。虽是动漫，却有一处细节特别逼真：唐三转过瘦削而俊美的侧脸，因凝神聚力地狂练而暴汗一身，但见肌肉饱满的手臂上，油光满臂，而眼中射出不屈的光芒。

（4）谁让我是个"有良心"的动漫迷呢？我在这集动漫中紧张着、揪心着、感动着、畅怀着，到最后却隐隐不安起来。当我入情入境地体悟到剧中人的"修行路"时，我不能不对自己的"修行路"有所反省。

（5）我知道，在大人们、同学们眼中、口中，我是个挺努力的人，但那是在他们看得见的地方。

（6）我发现，在他们看不见的地方，在我与自己独处之时，其实，我并不足够努力。就在这个寒假、这个春节，我有时心急火燎地快速完成学习任务，是想让自己能心安理得地玩会儿手机；有时一边刷着试题一边心里记挂着唐三何时用锤子击碎瀑布魂力提升17级；有时好期待有人把父母约走好让自己可以自由地偷得浮生半日闲……

（7）终究，我还没有学会在别人看不见的地方，如唐三一样用尽全力地面对一轮又一轮的修炼；我也还没有学会与孤独相处，如那个离开油麻地的杜小康，在历经命运突变的茫然与恐惧夹杂的孤独之后，在历经芦苇荡中求生存的与世隔绝的孤独之后，在历经暴风雨之夜迷路的挣扎与绝望交织的孤独之后，获得平静的、坚定的、勇毅的、超越同龄人的成熟眼神。

（8）原来孤独是灯光下/所有人都对我佩服/但月光下却一直听见自己催促/你别停下

（9）原来孤独/是感觉自己是那蓝天下的枯树/站在高处/伤口得自己捂住/自己哭诉

（10）原来孤独是坚持到想哭却又不想瞩目/是不想辜负了期待/才知道世界之大/这一刻和你一样感到孤独的/还有无数

（11）原来，真正的奋斗者，都是孤独者。而我，从今天开始，一个人静下心来孤独地努力，并不需要任何一种仪式，并不需要任何人看见。

**策略说明：**

1. 链接感悟与融合造句

（1）段。链接马尔克斯《百年孤独》中的关于孤独的句子，再与自拟的题目关键词"孤独、奋斗、成长"融合造句，开篇点题。

2. 联想故事

（2）段。根据将要融合的《孤独之旅》课文素材，从反面联想自己在寒假里抱着手机不放无法与孤独相处的故事，从反面为下文铺垫。

3. 链接感悟

（3）—（6）段。链接动漫《斗罗大陆》唐三修炼昊天锤的剧情，从体悟剧中人的"修行路"来引发对自己的"修行路"上无法做到"凝心聚力"的反省。

4. 融合造句

（7）段。将链接的素材"唐三修炼"，与课文的素材"杜小康经历的孤独"，与我的故事"没有学会与孤独相处，在孤独中奋斗"三者融合造句，表现主题。

5. 链接感悟与嫁接情境

（8）段。链接邓紫棋歌曲《孤独》中的歌词，并将歌词从原来的语境中剥离出来，嫁接到"我"的故事中。

将原词"原来孤独是灯光下/所有人都对我佩服/但月光下却一直害怕自己退步/有个声音催促/你别停下/有个声音催促/但这无尽的赛跑为何追逐"改造为"原来孤独是灯光下/所有人都对我佩服/但月光下却一直听见自己催促/你别停下"；

将原词中"原来孤独/是感觉自己是那蓝天下的枯树/站在高处/伤口得自己捂住/无处哭诉"改造为"原来孤独/是感觉自己是那蓝天下的枯树/站在高处/伤口得自己捂住/自己哭诉"；

将原词中"原来孤独是想哭却又不想瞑目/是努力融入但你还常常感觉自己格格不入/是不想辜负了期待/你却又感觉束缚"改造为"原来孤独是坚持到想哭却又不想瞑目/是不想辜负了期待/才知道世界之大/这一刻和你一样感到孤独的/还有无数"，表达要学会承受"奋斗中的孤独"的感悟。

6. 融合造句

（11）段。将自拟的题目关键词"孤独、奋斗、成长"，与"我"的故事特征词"要静下心来孤独地努力"融合造句，深度点题。

**第3版**

### 历尽千帆，归来仍是少年

（1）俄国作家陀思妥耶夫斯基曾说：我怕，我配不上自己所受的苦难。这句话让我苦思良久方得其解，也许他是想告诉我们：经受住苦难磨炼的人，才配得上享受到由苦难转化而成的财富。

（2）正如杜小康经历了放鸭的孤独，收获了一份成熟；莫顿·亨特经历了悬崖历险，领悟了人生哲理；而我，能否经受住为中考而奋斗的考验，赢得梦想成真的那一份喜悦？

（3）时间辗转到了2021年春节，我们初三党比别人推迟了一周才放假，还要比别人再提前一周上课，掐头去尾的，仅剩十来天的假日，还搭售厚厚的一科科试卷得完成。"假期太短，试卷太多，初三太苦，且玩且珍惜吧"，我们几个初三难友互相劝勉道。于是当大人们忙着迎来送往，喧嚣处处时，在他们视线够不着的地方，我得以一把手机在握，网游、动漫、抖音、嗨聊，心中好不恣意畅快！只要手机还在，我的心便如同有了安放的地方，即使一整天不出门，不和人说上几句话，我也乐在其中，一路地点击刷屏，不知今夕何夕。

（4）近几天正迷上动漫《斗罗大陆》，因为动漫，又搜索唐家三少小说来配合着看，简直停不下来，很快地，正月初五晚就看到了唐三修炼昊天锤的剧情。父亲让唐三立于瀑布下，立于光滑的石头上挥动石锤。水中挥锤，那瀑布阻力也大，那光溜的下盘难以稳住，那铁锤更是无比沉重，一阵"乱披风锤法"，八十一下没到，人就晕倒了。唐三苦苦修炼，直到力量大到足以"举重若轻"，新一波的修炼又来袭，这一回，铁锤换成木槌，力道要换成巧劲了，又一轮苦苦修炼，直到巧到足以"举轻若重"。虽是动漫，却有一处细节特别逼真：唐三转过瘦削而俊美的侧脸，因凝神聚力地狂练而暴汗一身，但见肌肉饱满的手臂上，油汗满臂，而眼中射出不屈的光芒。

（5）谁让我是个"有良心"的动漫迷呢？我在这集动漫中紧张着、揪心着、感动着、畅怀着，到最后却隐隐不安起来。当我入情入境地体悟到剧中人修行所经历的苦难时，我不能不对自己身陷刷屏诱惑而荒废刷题任务的现状有所反思。

（6）就在这个寒假、这个春节，我发现自己实在无法按捺内心的躁动，那个"难得放假几天，赶紧好好放松"的念头整日盘踞在脑海，挥之不去。于是，有时心急火燎地快速完成学习任务，是想让自己能心安理得地玩会儿手机；有时一边刷着试题一边心里记挂着唐三何时用锤子击碎瀑布魂力提升17级；有时好期待有人把父母约走好让自己可以自由地偷得浮生半日闲……

（7）初三这一学年就是一场历练，我能配得上自己所受的这一轮考验吗？终究，我还没有学会经受住奋斗中的孤独，如唐三一样用尽全力地面对一轮又一轮的修炼；我也还没有学会经受住成长中的孤独，如那个离开油麻地的杜小康，在历经命运突变的茫然与恐惧夹杂的孤独之后，在历经芦苇荡中求生存的与世隔绝的孤独之后，在历经暴风雨之夜迷路的挣扎与绝望交织的孤独之后，获得平静的、坚定的、勇毅的、超越同龄人的成熟眼神。

（8）我曾在浏览B站时刷到衡水中学校长的一段发言视频：人的一生应该有这样一段时光，纯粹而简单，疯狂而热烈，拼搏而勇敢。若干年之后回忆起来让自己感动，惊艳了时光，温柔了岁月，丰富了记忆，成为人生宝贵的财富。

（9）我怕，我配不上初三这一年所承受的艰辛；我怕，我配不上初三这一段本该叫作"奋斗"的时光。历经艰难困苦，方可玉汝于成，所以，为赢得梦想成真的那一份喜悦，为收获人生一份宝贵的财富，让我，让我们，经受住这一季的历练。

（10）愿历尽千帆，归来仍是少年。

**策略说明:**

1. 链接感悟与融合造句

(1)(2)段。链接陀思妥耶夫斯基与"历练"有关的名言进行读解,再与命题材料关键信息"杜小康经历放鸭的孤独,让自己走向成熟;莫顿·亨特经过悬崖历险,领悟了人生哲理",与"我"的故事特征词"经受住为中考而奋斗的考验",三者融合造句,开篇点题。

(3)段。为了讲好"经受住为中考而奋斗的考验"的故事,先用"没能经受住假期里手机的诱惑而不断刷屏"的情节从反面进行故事的铺垫。

2. 融合造句

(7)段。将题目"历练"一词,与故事特征词"初三这一年是一场历练",与链接的《斗罗大陆》素材、课文《孤独之旅》的素材,融合造句,表达"我"对自己假期未能经受住刷屏诱惑的状态的反思,突出主题。

3. 链接感悟和融合造句

(8)(9)段。先链接衡水中学校长的一段发言内容,再将这段内容与另一链接素材"陀思妥耶夫斯基的名言",与故事特征词"要经受住初三这一个历练"三者融合造句,篇末深化主题。

这是同一素材运用于第三个命题。请关注加线句,比照同一素材服务于不同命题时的不同表达。

## 8 号文本:《送东阳马生序》+8 个素材

[8 个素材]

1. 人民日报 2021 年 5 月时评:时间从不辜负对拼搏者的允诺,汗水从不吝啬对奋斗者的褒奖

2. 2020 年媒体采访清北学霸:我们可以平凡,但不能苟且;可以现实,但不能贬低理想;可以抱怨生活的迷茫与艰辛,但不能活成我们曾经最讨厌的样子

3. 邻居清华学长在国旗下的讲话:航天报国的梦想就深深根植于我的心灵,那浩瀚无垠的星海,是中华民族明天的航向,也是我心中诗一般的远方

4. 人民日报 2021 年 5 月时评:耗尽墨水的笔芯,书写的是通往梦想的印迹;嘀嗒作响的闹钟,记录的是分秒必争的努力;密密麻麻的笔记,见证过上下求索的执着

5. 宋濂:在一粒米上书写"孝、悌、忠、信、礼、义、廉、耻"八字,推

行"君子之道""天地之心"，修《元史》

6. 张桂梅：2020 年感动中国人物之云南丽江华坪女高校长事迹

7. 疫情间流行语：没有一个冬天不可逾越，没有一个春天不会来临

8. 国家领导人引用发言：志之所趋，无远弗届，穷山距海，不能限也

## 一、择读文段

1. 余幼时即嗜学。家贫，无从致书以观，每假借于藏书之家，手自笔录，计日以还。天大寒，砚冰坚，手指不可屈伸，弗之怠。

2. 录毕，走送之，不敢稍逾约。以是人多以书假余，余因得遍观群书。

3. 既加冠，益慕圣贤之道，又患无硕师、名人与游，尝趋百里外，从乡之先达执经叩问。

4. 先达德隆望尊，门人弟子填其室，未尝稍降辞色。余立侍左右，援疑质理，俯身倾耳以请；或遇其叱咄，色愈恭，礼愈至，不敢出一言以复；俟其欣悦，则又请焉。故余虽愚，卒获有所闻。

5. 当余之从师也，负箧曳屣，行深山巨谷中，穷冬烈风，大雪深数尺，足肤皲裂而不知。至舍，四肢僵劲不能动。

6. 寓逆旅，主人日再食，无鲜肥滋味之享。同舍生皆被绮绣，戴朱缨宝饰之帽，腰白玉之环，左佩刀，右备容臭，烨然若神人；余则缊袍敝衣处其间，略无慕艳意。以中有足乐者，不知口体之奉不若人也。

## 二、提取联系

1. 聚焦词句直接关联

聚焦"嗜学""手指不可屈伸，弗之怠"，体现"热爱"与"勤苦"，与"奋"主题直接相关。

聚焦"走送之""不敢稍逾约""遍观群书"，体现"至诚"与"博学"。求学之心，极其真挚诚恳，又因此能博览群书，与"奋"主题直接相关。

聚焦"慕""患""趋""问"。"慕"体现心怀抱负与志向高远，"患"体现条件不足与思求进取；"趋"与"问"体现不畏路遥与求学心切。与"奋"主题直接相关。

聚焦"立侍""俯身倾耳""色愈恭，礼愈至"，体现求学之谦卑与恳诚，与"奋"主题直接相关。

聚焦"负箧曳屣，行深山巨谷中"，体现志坚行苦，与"奋"主题直接相关。

聚焦"无慕艳意""中有足乐",体现淡泊明志、学以为乐的境界,与"奋"主题直接相关。

2. 选取背景寻求关联

可选取作者宋濂的相关背景,如"自少至老,未尝一日去书卷,于学无所不通",体现求学之恒心与毅力。

选取明太祖朱元璋誉宋濂为"开国文臣之首",宋濂以散文创作闻名,被称为"国初名儒""一代之宗"的背景资料,体现勤学奋斗的成就等。

### 三、读写融合

聚焦"奋"主题,关联命题1《致敬奋斗的时光》;命题2《一双手,一个璀璨人生》;命题3《没有一个冬天不可逾越》。

**第1版**

### 致敬奋斗的时光

(1)时间从不辜负对拼搏者的允诺,汗水从不吝啬对奋斗者的褒奖。走过奋斗的时光,怀抱成真的梦想,回首之时,我们才会对那段奋斗的时光致以深深的敬意!

(2)你看被明太祖朱元璋誉为"开国文臣之首"的宋濂,在学成之后如何回首那段奋斗的时光?

(3)你看他幼时即嗜学,借书笔录直到"天大寒,砚冰坚,手指不可屈伸,弗之怠",他的奋斗时光里流淌着热爱与勤苦;

(4)你看他为求"圣贤之道"而"趋百里外,从乡之先达执经叩问",他的奋斗时光里流淌着无畏与进取;

(5)你看他"援疑质理"时"俯身倾耳"的动作,"遇其叱咄,色愈恭,礼愈至"的神色,他的奋斗时光里流淌着谦卑与恳诚;

(6)你再看他"缊袍敝衣"立身于"烨然若神人"的同舍之间,却"无慕艳意",却能以学为乐,他的奋斗时光里流淌着淡泊与快乐。

(7)走过这段奋斗的时光,当学有所成的宋濂回首之时,一番对后辈的劝勉之中,更有对这段时光深深的自豪和敬意吧?

(8)从书里读到过奋斗,我更从生活里见证过奋斗。虽然不同时代的学子,奋斗的内容不尽相同,奋斗过程里所遇到的艰辛不尽相同,但是,那奋斗的时光里一定流淌着同样的热爱、汗水与坚持!

（9）2020 年，高考录取一结束，刷一下朋友圈就不时地见到各媒体发布的对清北学霸们的专访。"学霸"到底是怎样炼成的？有没有什么秘诀？我总是忍不住好奇点开来看。

（10）"静下心来钻研，不受外界影响"，一位清华学霸说；

（11）"我们可以平凡，但不能苟且；可以现实，但不能贬低理想；可以抱怨生活的迷茫与艰辛，但不能活成我们曾经最讨厌的样子"，一北大学霸说。

（12）读着这些话，感觉越是平淡朴素的话语，越是能在心中激荡起涟漪，燃起斗志。

（13）后来，读到我们小区邻居一位考入清华大学的学长，回到当初就读的小学做国旗下讲话时，有一句话令我瞬间泪目：

（14）"实小是我的母校，也是我度过美好的小学时光的地方，在这里，在我还是一个幼童时，我就已开始仰望星空。"

（15）我泪目，是因为我熟悉这位邻居和学长，我亲眼见证他种下一个梦想。如他所言："从第一次观看杨利伟乘坐神舟五号离开地球的直播，航天报国的梦想就深深根植于我的心灵，那浩瀚无垠的星海，是中华民族明天的航向，也是我心中诗一般的远方。"

（16）我泪目，是因为我熟悉这位邻居和学长，我亲眼见证他为这个梦想奋斗了十二年。如他所言："在高中的时候参加物理竞赛。从第一次泉州竞赛 17 分惨不忍睹的成绩开始努力，面对厚厚的竞赛书，我一本一本地刷完了它们。最后我以全省第六名的成绩进入了省队，代表福建省参加了全国决赛。"

（17）我泪目，是因为我熟悉这位邻居和学长，我还亲眼见证他实现了这个梦想。2020 年的高考，他考上的正是清华大学机械航空与动力类专业！

（18）我泪目，因为我突然发现，有一片土地，有一段时光，因为曾经在这里挥洒过汗水，燃烧过激情，种下过梦想，当重回这片土地、重温这段时光的时候，对这里，就怀有深深的热爱；对这段时光，就充满深深的敬意。

（19）耗尽墨水的笔芯，书写的是通往梦想的印迹；嘀嗒作响的闹钟，记录的是分秒必争的努力；密密麻麻的笔记，见证过上下求索的执着。致敬奋斗的时光，因为那里流淌着同学少年所有的美好！

**策略说明：**

1. 链接感悟与联结背景

（1）（2）段。链接人民日报 2021 年 5 月时评"时间从不辜负对拼搏者的允诺，汗水从不吝啬对奋斗者的褒奖"，再联结宋濂被明太祖朱元璋誉为"开国文臣之首"的学业成就背景，点出"学成之后会对奋斗的时光致以深深的敬意"之主题。

2. 选点对话

（3）—（6）段。从《送东阳马生序》一文中选若干个体现奋斗中的热爱、汗水与坚持的点，与文本进行对话，表达对奋斗内涵的理解。

3. 联想故事

（8）—（19）段。从书中读到的奋斗故事联想到生活中见证的奋斗故事，即2020年高考梦想成真的学长回首那段奋斗的时光，表现用奋斗让梦想成真的过程。

4. 链接感悟与融合造句

（18）（19）段。选文关键词是：宋濂回首奋斗的时光；命题关键词是：致敬奋斗的时光；故事特征词是：学长回首奋斗的时光。链接的素材是人民日报2021年5月时评"耗尽墨水的笔芯，书写的是通往梦想的印迹；嘀嗒作响的闹钟，记录的是分秒必争的努力；密密麻麻的笔记，见证过上下求索的执着"。

将四种关键词融合思考造句，表达"奋斗过、梦想过，所以回首时满怀敬意"以及奋斗之于"同学少年"的意义的思考，深化主题。

**第2版**

## 一双手，一个璀璨人生

（1）我看见过这样的一双手，写就了一个璀璨的人生，一个璀璨的开国时代。

（2）我在《送东阳马生序》里见到过这双手。这是被明太祖朱元璋誉为"开国文臣之首"的宋濂的手。

（3）这双手曾用来抄录借书。你看宋濂幼时即嗜学，借书笔录直到"天大寒，砚冰坚，手指不可屈伸，弗之怠"，这双手冻过、累过，书写的是热爱与勤苦；

（4）这双手曾用来执经叩问。你看他为求"圣贤之道"而"趋百里外，从乡之先达执经叩问"，这双手等待过、求索过，书写的是无畏与进取；

（5）这双手曾用来抱拳持礼。你看他"援疑质理"时"俯身倾耳"的动作，"遇其叱咄，色愈恭，礼愈至"，这双手被冷落过、持正坚守过，书写的是谦卑与恳诚；

（6）这双手曾用来穿结揽衣。你看他穿上"缊袍揽衣"立身于"烨然若神人"的同舍之间，却"无慕艳意"，这双手穷困过、劳作过，但求学之心已得到满足，书写的却是淡泊与快乐。

（7）再后来，我还看见过宋濂用这双手在一粒米上书写"孝、悌、忠、信、礼、义、廉、耻"八字，推行"君子之道""天地之心"，又修《元史》，又著作传记小品和散文——这双手，在成就宋濂一身才学之后，又让他引领了一个时代的思想、文章之先风。

（8）透过这双手，我们看见了，一双手，成就了自己，璀璨了人生，更风华了一个时代。

（9）时光穿古越今，到了2021年岁初，我又看见了一双手，璀璨了别人的人生，更以凡人之力，书写了中国人的年度精神史诗。她就是2020年感动中国人物之云南丽江华坪女高校长张桂梅。

（10）我们看到，刚走上颁奖台的张桂梅，就被刚要和她握手的主持人白岩松问"您这手？"从镜头里我们清晰地看见，她的双手，手心、手背、手腕，贴着缠着大大小小的膏药，隔着屏幕似乎都能闻到浓浓的药味。她说"手关节疼"，白岩松握住她的手说"您太拼了"，她略微笑着说"拼就拼一点吧"。

（11）"拼就拼一点吧"，就是这双贴满白色膏药的手，很拼地在边疆执粉笔立教坛40余年，很拼地推动和创建了中国第一所公办免费女子高中，很拼地帮助1800多名贫困山区女孩找到出山路，很拼地托起了华坪一代代女生成才的梦想。

（12）"我生来就是高山而非溪流，我欲于群峰之巅俯视平庸的沟壑。我生来就是人杰而非草芥，我站在伟人之肩藐视卑微的懦夫！"张桂梅亲手将自立自强的信仰种在华坪女高学生们的心里，开启了她们的璀璨人生，这双伤病的双手从此书写时代的"燃灯者"的精神传奇。

（13）我多么希望我有一支笔，能画出一双神奇的手，这双手，能如古之宋濂们，能如今之张桂梅们，这双手，能改变命运，成就自己，书写璀璨人生，书写时代传奇。

**策略说明：**

1. 融合造句

（1）段。扣命题材料关键句"朱丽华虽双目失明，却靠一双手璀璨了人生，感动了中国"，及自拟题目关键词"一双手，一个璀璨人生"，和本文将要融合的课文素材"宋濂，开国文臣之首"融合造句，点题并引出第一个素材故事。

2. 选点对话与融合造句

（2）—（6）段。从《送东阳马生序》一文中选取与"这双手"有关的若干个体现求学与奋斗的点，再将题目关键词"一双手"与课文中与"宋濂的手"相关的点——融合造句，表达"用双手成就自己璀璨人生"的感悟。

3. 联结背景

（7）段。联系宋濂曾在一粒米上书写八字、推行"君子之道、天地之心"、修《元史》，著作传记小品和散文的背景，表达"用双手成就自己璀璨人生和一个时代"的感悟。

4. 链接感悟和融合造句

（9）段。链接"2020年感动中国人物张桂梅"素材，并与命题关键词"一双手，一个璀璨人生"融合造句，点题并引出第二个素材故事。

5. 扣词读解

（11）段。扣"拼"字，结合人物的事迹，读解人物"拼"的内涵和意义。

6. 链接感悟与融合造句

（12）段。链接华坪女高的校训内容，将此内容与题目关键词融合造句，表现人物用双手打拼的意义和价值。

（13）段。将课文素材和张桂梅素材，与题目关键词、命题材料关键句"这一双双奋斗的手，改变命运，成就自己，造福社会，美丽世界。在你的生活中，是否也有过一双手，给过你温暖与触动"等融合造句，篇末点题。

这是同一个素材融合于第二个命题。请关注加线句，比照同一素材服务于不同主题时的不同表达。

## 第3版

### 没有一个冬天不可逾越

（1）没有一个冬天不可逾越，没有一个春天不会来临。有多少人曾在不为人知的地方，努力过，坚持过，才迎来那春天里最灿烂的微笑。

（2）2021年寒假，我参加了致远书院的系列活动。据说，致远书院是由一中2012届毕业的学长们首发建立的公益组织。每学年寒假和暑假期间，书院会邀请一些学业有成的大学生回来，为自愿参加书院活动的从小学到高中的后学们开设讲坛，一届一届地接龙下来已是第9年了。

（3）除夕前，书院举行最后一次讲学，地点设在实验小学，请了毕业于这所小学的2020年刚考上清华大学的卓学长来为我们做"国旗下的讲话"，"学神"归来，且还是与我住同一小区的邻居，我立于队列前排时心中满是按捺不住的激动和期待。

（4）卓学长开讲了。第一句话："实小是我的母校，也是我度过美好的小学时光的地方，在这里，在我还是一个幼童时，我就已开始仰望星空。"

（5）"仰望星空"四个字一下子戳心了。他接着说："从第一次观看杨利伟乘坐神舟五号离开地球的直播，航天报国的梦想就深深根植于我的心灵，那浩瀚无垠的星海，是中华民族明天的航向，也是我心中诗一般的远方。"

（6）原来我所认识的这位邻居和学长，从小就在心里种下了一个梦想。但是，有多少人能真正实现梦想呢？我连考上重点高中的梦想都觉得太遥远呢，何况这是个关于星空的梦想，更是遥不可及了！

（7）卓学长接着说："我为这个梦想坚持奋斗了十二年，直到今年考上清华大学机械航空与动力类专业，我才算是完成了梦想的第一步。我不是天才，我也没有什么过人的地方，我只是在经历每一次梦想的寒冬时，默默地努力和坚持下来了。"

（8）"记得高二时，我参加物理竞赛，从第一次泉州级竞赛只得17分的惨不忍睹的成绩起，我开始努力，面对厚厚的竞赛练习书本，我一本一本地刷完了它们。最后我以全省第六名的成绩进入了省队，代表福建省参加了全国决赛。"

（9）我从卓学长似乎云淡风轻的语言里，却听出了惊雷：<u>17分！换作我，我身边的其他人，还会有信心再坚持吗？还会有力量再努力吗？在一本本刷题的日子里，又是如何披荆斩棘杀出血路来的？如果现实和梦想之间隔着厚厚的坚冰，"学神"们是如何开启破冰之旅的？</u>

（10）原来学神的字典里，没有一个冬天不可逾越，没有一个春天不会来临。<u>"铭志、挑战、奋斗和坚持"，就是刻在学神字典里的箴言。</u>

（11）一个恍惚中，学长的演讲结束了。掌声后我上前和学长打了招呼，还合拍了个照。不由自主地，眼前的卓学长让我想起了《送东阳马生序》里的宋濂，<u>为读书求学即使借书笔录直到"天大寒，砚冰坚，手指不可屈伸"也"弗之怠"；为求"圣贤之道"即使"趋百里外从乡之先达执经叩问"也在所不辞；为"援疑质理"即使"遇其叱咄"而能"色愈恭，礼愈至"；又因以学为乐，即使"缊袍敝衣"立身于"烨然若神人"的同舍之间也"无慕艳意"。</u>

（12）<u>志之所趋，无远弗届，穷山距海，不能限也。</u>眼前的学神卓学长与书中的学神宋濂，果有相同之处：<u>心中有志，再远也要到达；在每一个难以逾越的寒冬，在每一处不为人知的地方，努力着，坚持着，万水千山地渡过，才博</u>

*得春天里绽放出灿烂的微笑。*

**策略说明：**

这是同一素材融合于第三个命题。

1. 链接感悟与融合造句

（1）段。链接社会流行语：没有一个冬天不可逾越，没有一个春天不会来临，并与命题材料关键词"春天里的微笑、不为人知、努力坚持"融合造句，开篇点题。

2. 联想故事

（2）—（10）段。从课文素材宋濂的奋斗故事联想到生活中见证的奋斗故事，即2020年高考梦想成真的学长回首树立梦想和坚持奋斗的故事，表现在不为人知的地方努力和坚持让梦想成真的过程。

3. 换位体验

（9）段。如果将学长演讲的内容作为一个素材，那么，本段运用的是换位体验策略，通过换位体验去思考学长如何度过"梦想寒冬"开启破冰之旅，突出主题。

4. 融合造句与选点对话

（10）（11）段。将链接的名句"没有一个冬天不可逾越，没有一个春天不会来临"，与命题材料的关键词"努力和坚持"，与本文故事的特征词"学神、铭志、挑战、奋斗、坚持"，再与从《送东阳马生序》一文中选取的宋濂求学故事中体现"努力与坚持"的四个点，融合造句，表达感悟，突出主题。

5. 链接感悟与融合造句

（12）段。链接古文名句"志之所趋，无远弗届，穷山距海，不能限也"，与本文的故事"卓学长演讲"，与课文素材"学神宋濂"，与命题材料关键词"不为人知、努力和坚持、春天里的微笑"，与自拟题目"没有一个冬天不可逾越"，全部融合造句，深度点题。

# 第二章　主题字：魂

魂，形声字。本义为"能离开人体而存在的精神"。引申指精神、神志、一切事物的精灵、国家和民族崇高的精神等丰富的内涵。可组成"灵魂、乡魂、诗魂、匠魂、忠魂、国魂"等词语。实现中国梦必须弘扬中国精神，就是以爱国主义为核心的民族精神，以改革创新为核心的时代精神。这种精神是凝心聚力的兴国之魂、强国之魂。

要求：请以"魂"为主题进行写作。可以讴歌中华儿女心系家国、无畏牺牲的民族精神，可以赞颂当代英雄责任担当、开拓进取的强国精神，可以抒写牵动心魄的某种挚爱与情怀，还可以探求一切事物的本质核心灵魂所在……一切关于"魂"的材料都可以入文。既可以从正面描述，也可以从反面分析。

（本题为笔者自拟）

## 第一讲　聚焦主题　关联命题

### 一、聚焦主题

（一）提取表述主题的材料关键词并按意分层

第一层：魂、精神、神志、精灵、灵魂（本义，引申义）

第二层：灵魂、乡魂、诗魂、花魂、忠魂、国魂（指向具体内涵的示例）

第三层：兴国强国之魂的内涵（有所强调）

（二）依据写作要求梳理可以入文的素材

1. 写人：中华儿女、当代英雄、自己或他人

2. 写情：精神的讴歌与赞颂；情怀的抒发与表达

3. 写理：探求事物的本质核心

（三）依据材料关键词拟题

《那一缕乡魂（诗魂、花魂、匠魂、忠魂、国魂）》《魂兮归来》《铸魂之旅》《一缕情怀一缕魂》《寻找＿＿＿＿＿＿的灵魂》、匠魂《青春无问西东，岁月自成芳华》等。

（四）审题与立意

从主题诠释和命题要求看，"魂"指的是一切与"精神""本质"相关的内涵，特别指向与历史、时代、社会、民族、国家相关的内涵。这些内涵可以关联"三大文化"——中华优秀传统文化、革命文化、社会主义先进文化的精神，即民族精神、革命精神和时代精神等。

如果要讴歌与赞颂中华儿女的民族精神、强国精神，要抒写家国情怀或探求事理，就要警惕，莫把这样的"大题材"写成通篇表现英雄故事的"转述文"，海量媒体信息的"组装文"，或是空洞虚泛抒发爱国情感的"浅白文"；就要追求，在"高大上的精神"和"小小的我"之间找到链接的点。我们就可以通过与主题相关的课内外文本的深度阅读，将文本转化为写作素材再融入作文，在一定程度上达成以上目标。

聚焦"魂"的主题，可以思考如何由一个主题关联起多个命题，辨析它们的异同，这样，我们就可以将阅读中选择与提取的素材打通，在多个命题之间切换和运用。

## 二、关联命题

1. 郑学勤，天然橡胶研究专家，热带作物科学家。六十多年前他来到海南，立志为祖国摘下"无胶国"的帽子。为了这一梦想和使命，郑老几十年如一日坚守着责任和担当，虽历经千辛万苦，但初心不改，信念从未动摇，为中国跻身于世界产胶大国的行列做出了卓越的贡献。"老骥伏枥，志在千里；烈士暮年，壮心不已"，为了带领农民脱贫致富，如今已逾古稀之年的老专家依然走在研究热带作物的路上，培育无核荔枝，寻找诺丽果，研究辣木……续写着梦想和使命的新篇章。

要求：自选角度，自定主题，自拟题目作文。［2019 年海南省中考题］

说明：提取人物描述的关键词："科学家""梦想和使命""几十年如一日""千辛万苦""信念从未动摇""卓越贡献""续写新篇章"，都能体现"中国精神"，即以爱国主义为核心的民族精神，以改革创新为核心的时代精神，凝心聚力的兴国之魂、强国之魂。与"魂"主题关联相通，与此主题相关的课文可作为素材入文运用。

据此可以拟题：《一念一生一国魂》《为有初心不止步》《匠魂》《有一种偶像，叫国士》

2. 庚子年初，新冠病毒突袭中国。在经历了最初的焦虑和不安后，我们勠力同心，各司其职，冷静、理智、科学地抗击疫情。科学家废寝忘食研制疫苗，医护人员奋不顾身救死扶伤，工人争分夺秒抢建医院，社区工作者不分昼夜逐户排查，广大市民积极配合宅在家里，学生专心致志在线学习……

今天，我们已取得了抗击疫情的阶段性胜利，正步入生活的正轨。但这段不平凡的日子定会铭记于你我心中。请从医护人员、工人、社区工作者、家有学生的父母及学生等人中选择一个身份，站在当事人的角度，以"2020，我的抗疫生活"为题，写一篇文章，体现你的经历、观察与感悟。［2020 年四川南充中考题］

说明：此命题材料中描述的疫情背景下各条战线的抗疫者都体现了爱国精神、勇敢无畏不屈不挠的民族精神、守望相助勇于付出的奉献精神、自强不息艰苦奋斗的时代精神以及坚强的意志和坚定的信念等，与"魂"主题关联相通。与此主题相关的课文，2020 年人、家、国"抗疫"相关细节、故事、新闻等素材，均可入文运用。

3. 生活中总有一种情思永不改变，它沉淀在你的灵魂深处，流淌在你的血液之中，它是一种情感、一种品质，或是一种传统、一种文化……它已经成为你生命的一部分。

以"永远不变的情思"为题目写一篇 600 字以上的文章。［2019 年江苏徐州市中考题］

说明：命题材料中描述"情思"，特质是"永不改变"、在"灵魂深处"，所以这种"情思"不是一般的情绪、一般的感情，这种情思要有厚度深度，要有恒久流传的特性。

如果情思是"一种情感"，就是沉淀在灵魂深处的情感，流淌在血液之中的情感，是生命中不可分割的情感。我们可以联想起的有：挥之不去的乡愁，根植于心的爱国情怀以及对自然与生命的恒久热爱等。

如果情思是"一种品质"，我们可以联想起的有：坚定的信仰与信念、守护的本色与初心、崇尚的良善与美德、坚持的匠心与执着、奉献的赤诚与热血等。

如果情思是"一种传统"，我们可以联想起的有：自强不息、厚德载物、忧国忧民、勤劳勇敢、尊老爱幼、诚实守信、谦逊守礼等中华民族的优良传统。

如果情思是"一种文化"，我们可以联想起的有：百家思想、唐诗宋词、琴棋书画、民俗风情等。

可以看出，"永远不变的情思"，能让我们联想起各种与情怀、精神、灵魂相关的内容。与"魂"主题相通，与此主题相关的课文可作为素材入文运用。

4.《现代汉语词典》对"样子"一词有以下几种解释：①形状；②人的模样或神情；③作为标准或代表，供人看或模仿的事物；④形势，情势。无论是文学作品里，还是生活中，都有许多令人难忘的"样子"：周敦颐笔下莲花"中通外直，不蔓不枝"的样子，"父亲"为朱自清买橘子时努力的样子，"嫦娥四号"月背着陆时专家们热泪盈眶的样子，李兰娟院士摘下口罩时满脸勒痕的样子，老师们在课堂上妙语连珠神采飞扬的样子，同学们在运动场上生龙活虎斗志昂扬的样子……请以"样子"为题作文。[2020年四川泸州中考题]

说明：此命题材料中描述的"样子"，可以视为某种品质、情感、精神的集中体现和灵魂所在。莲花的样子体现"花魂"，父亲的样子体现亲情的"灵魂"，专家们的样子体现科学家的"匠魂"与强国者的"梦魂"，李兰娟院士的样子体现奉献者的"国魂"，老师们的样子体现教育者的"师魂"，同学们的样子体现青春的"灵魂"……与"魂"主题关联相通，与此主题相关的课文可作为素材入文运用。

5. 有一首小诗写道：只要春天还在，纵使黑夜吞噬了一切，太阳还可以重新回来；只要生命还在，纵使身陷茫茫沙漠，还有希望的绿洲存在；只要明天还在，冬雪终会悄悄融化，春雷定将滚滚而来。

请以"只要还在"为题，写一篇文章。[2020年山东滨州中考题]

说明：此命题材料中的"春天""生命""明天""太阳""绿洲""春雷"可以对应心中的希望；"黑夜""沙漠""冬雪"可以对应遭遇的重大困境；"只要还在"可以理解为一种坚强的意志和坚定的信念。当个人与群体、家与国遭遇重大困境时，都需要这样的意志与信念。有了这样的意志和信念，就有了精神的小屋、灵魂的小屋，就能盛得下喜怒，输得出力量，渡得过难关。与"魂"主题关联相通，与此主题相关的课文可作为素材入文运用。

6.《我和我的祖国》唱响大江南北："我的祖国和我，像海和浪花一朵。浪是海的赤子，海是那浪的依托……"民族的未来、国家的希望寄托在青年身上："青年兴则国家兴，青年强则国家强。"面对突如其来的疫情，90后、00后的年轻医护人员，义无反顾，坚定前行，与父辈、祖辈医务工作者一起为病毒肆虐的漫漫黑夜带来了光明，守护了国家和民族生生不息的希望。

作为祖国青年的你，你的高度就是母亲的高度，你的速度就是祖国的速度。请根据阅读后的联想感悟或思考，写一篇不少于600字的文章。[2020年山东潍

坊市中考作文］

说明：此命题材料中引用的歌词指向思考"我"和"祖国"的联系，"青年"之于"国家"的使命；所举的疫情中医护人员的事例体现年青一代的责任与担当。写作提示语中，"青年"前特意加了"祖国"二字，强调的是青年之于国家的使命、责任与担当；"你的高度就是母亲的高度，你的速度就是祖国的速度"引导中学生思考作为祖国青年，应有怎样的高度与速度。思考"高度"，即站在国家和民族的高度思考青年的使命；思考"速度"，即站在时代的潮头思考青年人如何拼搏奋斗打造强国之能。以上内容，从"青年"的角度体现"民族精神、时代精神，体现兴国之魂、强国之魂。与"魂"主题关联相通，与此主题相关的课文可作为素材入文运用。

这是典型的体现大题材、大主题的作文题，中学生写作中特别需要在"大我"和"小我"之间找到链接点，否则就容易写成空泛无物的"浅白文"。可以从选取小的切入点拟题或以形象的比喻拟题开始，如《愿做海的赤子》《愿为海的浪花一朵》《前行，带着高度与速度》《一路前行、一路守护》《守护光明、守护希望》《站得高一点，走得快一点》《奔涌吧，后浪》等。

7. 题目：合唱〔2020 年陕西咸阳中考作文题〕

说明：合唱，本义为一种集体演唱的声乐演唱形式。从合唱的"形式"上看，作文主题可以指向合作的精神、和谐的美感。此时，合作与和谐是合唱的灵魂；从合唱的"内容"来看，适合"合唱"的歌曲通常能抒发爱国情怀、展示民族风貌、讴歌高尚精神、表现美好时代等。就校园合唱来说，所选歌曲有的还能展示校园文化。此时，能被吟咏的人、事、物等内容常体现某种情怀、精神和灵魂。

从"比喻"的角度来审视此题，还可以将"合唱"做两种理解。

（1）在某一特定背景下、在某一特定时刻，所有人在心中拥有"同样的境遇、同样的情怀、同样的梦想、同样的心声"，就好像所有人在心中"同唱一首歌"一样。

（2）在某一特定背景下、在某一特定场景中，为了实现某一共同的目标，不同的人扮演着不同的角色，承担着不同的使命，发挥着不同的作用，共同实现了这个目标，就好像各展其能又凝心聚力地集体演绎了一场大合唱。

此时，"合唱"可以比喻演绎和展示"所有人"共同拥有的某种情怀和精神。与"魂"的主题关联相通，与此主题相关的课文可作为素材入文运用。

8. 少年智，则国智；少年富，则国富；少年强，则国强。

——梁启超

孩儿立志出乡关，学不成名誓不还。埋骨何须桑梓地，人生无处不青山。

——毛泽东

大江歌罢掉头东，邃密群科济世穷。面壁十年图破壁，难酬蹈海亦英雄。

——周恩来

阅读材料，自选角度，自拟题目作文［2019吉林省中考作文题］

说明：三句名言。第一句，少年之于国家的使命与责任；第二句，少年离乡求学、志向高远、气度豪迈；第三句，少年离国，为寻求真理刻苦钻研，少年又归国，立志救国济世（周恩来写于19岁放弃日本求学机会，归国参加革命之时）。三句名言从"少年"的角度体现寻求真理、济世救国的勇气与胆识，体现"民族精神、时代精神"，体现兴国之魂、强国之魂。与"魂"主题关联相通，与此主题相关的课文可作为素材入文运用。

据此，可以拟题：《少年，以国之名》《匠魂》《有一种誓言》《安放于热土的灵魂》《归来仍是少年》《少年有志，青山有证》

9. 成长路上，我们不断迎接挑战，努力完成各式各样的作品。这些作品或有形或无形，都是我们成长的印迹，也许其中就有自己心中最好的作品，也许最好的作品还在追寻的路上。

以上文字给你什么联想和感悟，请以"最好的作品"为标题，写一篇记叙文或议论文。［2019年福建省中考作文题］

说明："作品"，需要用双手去完成；"最好"，与"幸福、美丽、璀璨、感动、温暖"等精神层面的元素相关，与"魂"主题相关。据此，文本素材可以打开通用。

# 第二讲　聚焦文本　读写融合

## 1号文本：《邓稼先》+8个素材

［8个素材］

1. 流量偶像：王一博、易烊千玺、王俊凯

2. 国士：郑学勤、邓稼先、钟南山；张伯礼、张定宇、陈薇、南仁东、董建华、于漪

3. 钟南山：欣逢盛世当不负盛世

4. 张载《横渠四句》：为天地立心，为生民立命，为万世开太平，为往圣继绝学

5. 光明日报评论：勋章与荣誉背后的关键词"信仰与信念、匠心与执着、崇德与向善"

6. 中国航天高度与速度：两弹一星，神舟五号、九号、十号、十一号……天问一号火星着陆

7. 人民日报 5 月时评：中国航天人的浪漫是把满天神话变成现实。的确，从"嫦娥"问月、"北斗"指路到"天宫"揽胜、"天问"探火，一代代中国航天人将浪漫想象和硬核科技不断碰撞，我们的脚步不断迈向宇宙深处、更深处

8. 崔卫平《光明与黑暗》：你所站立的那个地方，正是你的中国

**一、择读文段**

1.（邓稼先）1948 年到 1950 年赴美国普渡大学读理论物理，获得博士学位后立即乘船回国，1950 年 10 月到中国科学院工作。1958 年 8 月奉命带领几十个大学毕业生开始研究原子弹制造的理论。

2. 这以后的 28 年间，邓稼先始终站在中国原子武器设计制造和研究的第一线，领导许多学者和技术人员，成功地设计了中国的原子弹和氢弹，把中华民族国防自卫武器引导到了世界先进水平。

1964 年 10 月 16 日中国爆炸了第一颗原子弹。

1967 年 6 月 17 日中国爆炸了第一颗氢弹。

这些日子是中华民族五千年历史上的重要日子，是中华民族完全摆脱任人宰割危机的新生日子！

3. 戈壁滩上常常风沙呼啸，气温往往在零下三十多摄氏度。核武器试验时大大小小突发的问题必层出不穷。稼先虽有"福将"之称，意外总是不能完全避免的。1982 年，他做了核武器研究院院长以后，一次井下突然有一个信号测不到了，大家十分焦虑，人们劝他回去，他只说了一句话："我不能走。"

4. 假如有一天哪位导演要摄制《邓稼先传》，我要向他建议采用五四时代的一首歌作为背景音乐，那是我儿时从父亲口中学到的：中国男儿 中国男儿/要将只手撑天空/长江大河 亚洲之东 峨峨昆仑/古今多少奇丈夫/碎首黄尘 燕然勒功 至今热血犹殷红

**二、提取联系**

运用"聚焦词句直接关联"。

第 1、2 选段。聚焦"立即乘船回国""28 年间""第一线""引导到世界先进水平"四个短语，依次体现爱国精神、体现坚持不懈的拼搏精神、体现科学

家的责任担当、体现改革创新的时代精神，体现"兴国之魂、强国之魂"，与"魂"主题关联相通。

第3选段。聚焦"风沙呼啸""零下三十多摄氏度"，体现艰苦奋斗的时代精神，刻苦钻研的优秀品质；聚焦"我不能走"，体现不畏艰险的奉献精神，坚守岗位的责任担当，与"魂"主题关联相通。

第4选段。聚焦"中国、长江大河、亚洲之东、峨峨昆仑"等词，体现家国情怀、爱国精神。

聚焦"只手撑、碎首、燕然勒功、热血犹殷红"等词，体现责任担当、勇于奉献的时代精神。

聚焦"男儿、奇丈夫"等词，如果调整为"中华儿女""奇儿女"，则体现时代青年之于国家的使命与担当。

以上内容，与"魂"主题关联相通。

### 三、读写融合

聚焦"魂"的主题，关联命题1《有一种偶像叫国士》；命题4《样子》；命题6《前行，带着高度与速度》。

**第1版**

#### 有一种灵魂偶像，叫国士

（1）激荡和悸动的青春岁月里，我们拥有过一个个的流量偶像，偶像很多，又仿佛不停地在变，有时是一柄避尘匡扶正义的蓝忘机（王一博），有时是从《少年的你》到《送你一朵小红花》演技流量在线的易烊千玺，一个恍惚，我们可能又会在 TF 少年王俊凯的《焕蓝未来》里听得灵魂都颤抖……

（2）戏里戏外，年复一年，一个个心中的偶像走在我们的青春岁月里，成为我们共同的青春记忆。但有一种偶像，成为我们无争议的、由衷的、共同的崇拜，这种偶像叫作"国士"。绵延不断的时光里，不时走来一位堪称"国士"的精神领袖，指引我们前进，在我们的梦里闪闪发光。

（3）那些在梦里闪闪发光的"国士"，都拥有怎样的灵魂呢？

（4）才高德馨，志坚行远，国士的灵魂一定有如郑学勤：他的才，是北京大学理学院植物学系高才生；他的志，是为祖国摘下"无胶国"的帽子；他的行，是从亚马逊到海南岛，从 20 世纪 50 年代到 21 世纪，一头扎进热带森林里采集野生橡胶树种；他的能，是为中国跻于世界产胶大国的行列作出卓越的贡献！

（5）才高德馨，志坚行远，国士的灵魂一定有如邓稼先：他的才，是美国普渡大学理论物理博士；他的志，是让中华民族摆脱任人宰割的日子！是让祖国的国防事业站起来！让中国人民站起来！他的行，是学成之后立即乘船回国，是28年间始终站在中国原子武器设计制造和研究的第一线；他的能，是成功地设计中国的原子弹和氢弹，把中华民族国防自卫武器引导到了世界先进水平！

（6）而在特殊的2020年，中国人更是仰观到如钟南山院士一样的灵魂：我们看见他从17年前的非典走来，年近七旬，一声"把最危重的病人送我这儿来！"时的不畏不惧；又在非典消失后"消失"，深藏身与名事了拂衣去的淡泊名利；时光流转至2020年，我们又看见他从可怕的新冠疫情中走来，一声"没什么事，别去武汉！"之后自己"逆行"武汉的大义大勇；我们还看见耄耋之年的他走向"共和国勋章"颁奖台时轻跃下台阶的可爱有趣——我不由得想，是否钟老此生一直在大任担当"敬畏生命、护佑生命、捍卫生命"的路上，所以不断地修炼着自己的德行、才能、体魄，不断地锻造着一颗最高远又最有趣的万里挑一的灵魂？

（7）这样的灵魂万里挑一，所以堪称国士。我们有多少如郑学勤、邓稼先、钟南山一样的国士呢？张伯礼、张定宇、陈薇、南仁东、董建华、于漪……

（8）原来，堪称"国士"者，心中都有一颗"最亮的星"，这颗星就是"祖国"。始为中华之崛起而读书，后用毕生所学为"为天地立心，为生民立命，为万世开太平，为往圣继绝学"，穷尽一生，用热爱、忠诚、奉献去守护和点亮夜空中最亮的那颗星。所以，每一位人民英雄的灵魂都拥有共同的关键词，那就是：信仰与信念、匠心与执着、崇德与向善。

（9）就是这样一种叫作国士的灵魂偶像，用"最亮的星"点燃了自己，指引着我们靠近，更照进了我们的梦。

（10）学得累了，想想已逾古稀之年的郑学勤依然在热带森林里培育无核荔枝，寻找诺丽果，研究辣木的样子，不敢停下；刷手机时，耳际挣扎着响起"中国男儿 中国男儿/要将只手撑天空/长江大河 亚洲之东 峨峨昆仑/古今多少奇丈夫/碎首黄尘 燕然勒功 至今热血犹殷红"的声音，顿生愧疚；身处疫情，看看今日头条里那个在"共和国勋章"颁奖典礼上眼噙热泪说着"欣逢盛世当不负盛世"的钟南山，不复放纵。

（11）让我们靠近这样的灵魂偶像，让这样的精神领袖照亮我们成长的路。

**策略说明：**

1. 联想故事与融合造句

联想故事：

（1）（2）段。由命题材料中的科学家郑学勤联想课文中的科学家邓稼先，再联想年轻人心中的青春偶像，展开点题。

融合造句：

命题关键词：植物学家、梦想使命、责任担当、初心信念等；素材关键词：邓稼先、回国、28年、第一线、只手擎天、燕然勒功、热血犹殷红等；由这两类关键词提炼出"国士"一词，再结合故事的特征词：灵魂偶像、国士，将三种词融合造句，展开点题。

2. 选点对话

（3）（4）（5）段。从郑学勤、邓稼先的材料中选取能体现"国士"的"才""志""行""能"的内容，来勾勒国士的"样子"、国士的灵魂。

3. 链接感悟

（6）—（9）段。由郑、邓二人链接起一组人物，共和国勋章获得者钟南山，以及28位国家荣誉获得者群体等，表达对"国士"作为灵魂领袖所具备的精神内涵的感悟。

4. 融合造句

（10）（11）段。将郑、邓、钟三位国士的个人事迹与自己的学习经历三者结合一体，从"国士的精神影响力"角度，表现灵魂偶像的主题。

划线句为点题句，可与下面两个版本的素材运用进行比照，体会同一素材与不同命题的关键词融合造句的方法。

**第2版**

# 样 子

（1）激荡和悸动的青春岁月里，我们拥有过一个个的流量偶像，偶像很多，又仿佛不停地在变，有时是匡扶正义的蓝忘机（王一博）手持一柄避尘的样子，有时是从《少年的你》到《送你一朵小红花》的易烊千玺演技在线的样子，一个恍惚，我们可能又会在 TF 少年王俊凯一曲《焕蓝未来》的活力四射里点燃自己……

（2）戏里戏外，年复一年，一个个心中的偶像走在我们的青春岁月里，成为我们共同的青春记忆。但有一种偶像，成为我们无争议的、由衷的、共同的崇拜对象，这种偶像叫作"国士"。绵延不断的时光里，不时走来一位堪称"国士"的精神领袖，指引我们前进，在我们的梦里闪闪发光。

（3）那些在梦里闪闪发光的"国士"，都长什么样子呢？

（4）有时，是郑学勤的样子吧？他的才，是北京大学理学院植物学系高才生；他的志，是为祖国摘下"无胶国"的帽子；他的行，是从亚马逊到海南岛，从 20 世纪 50 年代到 21 世纪，一头扎进热带森林里采集野生橡胶树种；他的能，是为中国跻于世界产胶大国的行列作出卓越的贡献！

（5）有时，是邓稼先的样子吧？他的才，是美国普渡大学理论物理博士；他的志，是让中华民族摆脱任人宰割的日子！是让祖国的国防事业站起来！让中国人民站起来！他的行，是学成之后立即乘船回国，是 28 年间始终站在中国原子武器设计制造和研究的第一线；他的能，是成功地设计中国的原子弹和氢弹，把中华民族国防自卫武器引导到了世界先进水平！

（6）而在特殊的 2020 年，我们更多的是看到如钟南山的样子吧？我们看见他从 17 年前的非典走来，年近七旬，一声"把最危重的病人送我这儿来！"时不畏不惧的样子；又在非典消失后"消失"，深藏身与名，事了拂衣去的样子；时光流转至 2020 年，我们又看见他从可怕的新冠疫情中走来，一声"没什么事，别去武汉！"之后自己"逆行"武汉的样子；我们还看见耄耋之年的他走向"共和国勋章"颁奖台时那轻跃下台阶的样子——他把自己的德行、才能、体魄全部修炼成最好的状态、最好的样子，只为了"敬畏生命、护佑生命、捍卫生命"的大任担当！

（7）我们有多少如郑学勤、邓稼先、钟南山一样的国士呢？张伯礼、张定宇、陈薇、南仁东、董建华、于漪……

（8）原来，堪称"国士"者，心中都有一颗"最亮的星"，这颗星就是"祖国"。始为中华之崛起而读书，后用毕生所学"为天地立心，为生民立命，为万世开太平，为往圣继绝学"，穷尽一生，用热爱、忠诚、奉献去守护和点亮夜空中最亮的那颗星。所以，每一位人民英雄都长着"自己的样子"，又都一样地长着"共同的样子"，拥有共同的关键词，那就是：信仰与信念、匠心与执着、崇德与向善。

（9）就是这样一种叫作国士的灵魂偶像，用"最亮的星"点燃了自己，指引着我们靠近，更照进了我们的梦。

（10）学得累了，想想已逾古稀的郑学勤依然在热带森林里培育无核荔枝，寻找诺丽果，研究辣木的样子，不敢停下；刷手机时，耳际挣扎着响起"中国男儿中国男儿／要将只手撑天空／长江大河　亚洲之东　峨峨昆仑／翼翼长城／古今多少奇儿女/碎首黄尘 燕然勒功 至今热血犹殷红"的声音，顿生愧疚；身处疫情，看看今日头条里钟南山在"共和国勋章"颁奖典礼上眼噙热泪说着"欣逢盛世当不负盛世"的样子，不复放纵。

（11）愿我们常常想起这样一个个灵魂偶像的样子，来照亮我们成长的路。

**策略说明：**

1. 融合造句

这是同一个素材运用于第二个命题。可根据命题的表达需要，尤其是扣住命题关键词，与素材的关键词融合，在文章的各个点题位置运用融合造句（见划线句）。如在第一个命题里，关键词是"国士、灵魂"，所以融合造句时紧扣的是灵魂的内涵"才高德馨、志坚行远、爱国情怀、大义担当"等造句。第二个命题里，关键词是"样子"，所以融合造句时紧扣的是所有偶像人物的动作、神态、语言等"样子"进行造句。

2. 可将两个版本的划线句——进行比较，理解如何扣不同的关键词造句，这是对语言的梳理、整合、运用和建构的过程，是语文最核心的素养。

**第3版**

## 前行，带着高度与速度

（1）且看，中国的航天梦，一路前行，带着这样的高度与速度！

（2）1964年10月16日中国爆炸了第一颗原子弹！

（3）1970年4月24日中国第一颗人造卫星发射成功！

（4）再后来，杨利伟乘由长征二号F火箭运载的神舟五号飞船首进太空！

（5）再后来，神舟五号、九号、十号、十一号……至2019年，长征六号运载火箭与快舟一号甲运载火箭两次成功发射间隔时间不到3小时，创中国速度！

（6）到而今，从"嫦娥"问月、"北斗"指路到"天宫"揽胜、"天问"探火，一代代中国航天人的脚步不断迈向宇宙深处、更深处。

（7）中国航天梦走得那么快、那么稳、那么远，令人自豪无限，心生向往。我追溯着这个梦的起点，发现跟一个人有关，那就是两弹一星元勋邓稼先！

（8）追溯着这个梦的起点，我看见1950年的邓稼先学成归国，原来从那时候起，作为祖国青年的他，就用他的高度决定着祖国母亲的高度。

（9）且看他1948年到1950年赴美国普渡大学读理论物理，获得博士学位后立即乘船回国这件事。

（10）请想一想，留在美国，有先进的科研设备、有优质的科研资源，更有优厚的个人待遇，成为杰出科学家，周期不是更短？理想的实现不更是早早到来？不也是件伟大的事？

（11）可是，他回国了。

（12）当时的国，是怎样一个国？

（13）农村贫困，食粥无油；饱经战乱，城市失业。土匪暴乱，强敌环视……一个积贫积弱、百废待兴的国！

（14）原来这时候的学成归国，不是我们现在常见的"衣锦还乡"，而是"血荐轩辕"！

（15）"心怀强国梦，穷尽毕生学"，站在国家和民族的高度思考身为一个中国青年的使命，这就是他当时所站的高度。于是他领导众多学者和技术人员，成功地设计了中国的原子弹和氢弹，把中华民族国防自卫武器引导到了世界先进水平的高度！

（16）再继续追溯航天梦的起点，我还看见归国以后的 28 年间，邓稼先始终站在中国原子武器设计制造和研究的第一线。原来作为祖国青年的他，始终坚定不移地站在科技的潮头思考如何带着祖国更快地向航天梦的彼岸疾驰，用他的速度决定着祖国母亲的速度。

（17）不是吗？且请掂量"28 年"这个时间长度的专注和意志，掂量"始终"这个时间周期的担当与责任，掂量"第一线"这个位置的艰辛与付出。这样掂量之后，你是否能看见他带着团队一路攻坚克难、披荆斩棘，从第一颗原子弹，到第一颗氢弹，再到第一颗人造卫星，从未停止挑战与跨越一个个科技高度的脚步，从未停止用拼搏奋斗打造强国梦想的脚步？

（18）崔卫平在《光明与黑暗》里写道："你所站立的那个地方，正是你的中国。你怎么样，中国便怎么样。你是什么，中国便是什么。你有光明，中国便不黑暗……"邓稼先正是站在强国梦的高度上带着队伍用传奇一般的速度开启和开拓了中国的太空之旅！

（19）中国男儿中国男儿/要将只手撑天空/长江大河　亚洲之东　峨峨昆仑/翼翼长城/古今多少奇丈夫/碎首黄尘 燕然勒功 至今热血犹殷红。听着这样的誓言，是否开启了这样的思考：作为祖国青年的你，如何一路前行，带着你的高度和速度？

**策略说明：**

1. 融合造句

（1）（8）（15）（16）（18）（19）段。这是同一个素材运用于第三个命题。

根据命题的表达需要，尤其是扣住命题关键词（"祖国青年、高度、速度、决定"等），与《邓稼先》素材的关键词、故事的特征词（追溯梦的起点、思考青年的高度与速度）融合，在行文向前推进的各个环节位置造句（见划线句），使主题明确而集中、突出而深刻。

2. 选点对话

（9）—（14）段。选择邓稼先"放弃在美国的优越条件而归国研发原子弹"这个点，与人物进行心灵对话，感悟人物"以强国梦的高度来决定祖国国防科技的高度"这个主题。

3. 扣词读解

（16）（17）段。扣"28年、始终、第一线"三个词，深度读解这三个词的丰富内涵，感悟人物"从未停止带着祖国更快地实现强国梦的脚步"这个主题。

4. 链接感悟与融合造句

（18）（19）段。由命题关键句"作为祖国青年的你，你的高度决定着祖国的高度，你的速度决定着祖国的速度"，链接崔卫平"你所站立的那个地方，正是你的中国"一句，再将链接句、命题句、素材句的关键词融合造句，引发思考，并深度点题。

**2号文本：《岳阳楼记》+7个素材**

［7个素材］

1. 双拐医生饶歆：不把病毒带出去

2. 快递小哥汪勇：将温暖聚拢

3. 疫情中的"90、00"后：守护者

4. 甘如意医生：逆行300多千米

5. 《我和我的祖国》歌词：我的祖国和我/像海和浪花一朵/浪是海的赤子/海是那浪的依托

6. 钟南山：没什么事，别去武汉

7. 《山河无恙在我胸》歌词：山河无恙在我胸/愿君归来若春风/山河无恙如初见模样

**一、择读文段**

1. 若夫淫雨霏霏，连月不开，阴风怒号，浊浪排空，日星隐曜，山岳潜形，商旅不行，樯倾楫摧，薄暮冥冥，虎啸猿啼。登斯楼也，则有去国怀乡，忧谗畏讥，满目萧然，感极而悲者矣。

2. 至若春和景明，波澜不惊，上下天光，一碧万顷，沙鸥翔集，锦鳞游泳，岸芷汀兰，郁郁青青。而或长烟一空，皓月千里，浮光跃金，静影沉璧，渔歌互答，此乐何极！登斯楼也，则有心旷神怡，宠辱偕忘，把酒临风，其喜洋洋者矣。

3. 先天下之忧而忧，后天下之乐而乐。

## 二、提取联系

1. 运用"调整情境间接关联"

如果关联命题《2020，我的抗疫生活》，则"若夫……"一段，只要调整一下情境，就可以和疫情最初席卷全国蔓延肆虐下的武汉情境相关联。病毒肆虐下的武汉如"淫雨霏霏，连月不开，阴风怒号，浊浪排空"的情景；人心惶恐，居家不出、街道行人无几的情境如"商旅不行，樯倾楫摧"；而"去国怀乡、忧谗畏讥，满目萧然，感极而悲"，如果调整情境为"去家怀乡、忧病畏毒"，则可以用来关联武汉封城、外乡人滞留难归、满目萧条冷清，心中忧惧凄凉的心境。

同样，如果调整一下情境，"春和景明，波澜不惊，上下天光，一碧万顷"则可以用来表现全国初步控制疫情和病毒之阴霾暂时一扫而光的情境；"心旷神怡，把酒临风，其喜洋洋者矣"，则可以用来体现国人暂时可以出游，回到阳光下的心情。

2. 比照情境正反关联

如果关联主题"魂"，那么提取选段中的"古仁人之心""不以物喜，不以己悲""居庙堂之高则忧其民，处江湖之远则忧其君""先天下之忧而忧，后天下之乐而乐"，与当下时代的"仁人"相比照，那份不计荣利、忧国忧民、心怀天下、担当在前的精神，是正面相关的。

## 三、读写融合

聚焦"魂"的主题，关联命题2《2020，我的抗疫生活》；命题6《一路守护　一道前行》；命题7《合唱》。

**第1版**

### 2020，我的抗疫生活

（1）我是一座小城里一名普通的中学生。<u>2020 年，我用我的眼睛见证了全</u>

民抗疫的日子，也在后方用自己的方式度过战"疫"的日子。

（2）2020，我的抗疫生活，从经历一个特殊的春节开始。

（3）1月25日。疫情席卷，武汉沦陷，如"淫雨霏霏，连月不开"；连日感染数据，似"阴风怒号，浊浪排空"；封城之后，手机刷屏之处，更是满目萧然，仿若"日星隐曜，山岳潜形。商旅不行，樯倾楫摧"，令人感极而悲，目光一次次穿过屏幕遥望千里之外的时候，更是忧从中来，不可断绝。

（4）2020，我的抗疫生活，在见证逆行者的战斗中流淌。

（5）2月5日。宅家点机顶盒看新闻。我看到新闻标题"双拐医生"，挺好奇的：图片上那个叫饶歆的医生，明明是只在左侧挂着拐，为什么说是"双拐"呢？点开，看完。原来，两根拐，一根在隔离病房上班用，一根在病房外，下班用。原来，"为了不把病毒带出去"饶医生说。

（6）双拐医生令我感动，更令我肃然起敬：专业！心细！

（7）3月5日，我又看到新闻标题：80后快递小哥，没有任何资源，但一呼百应！这硬气吸引我点开，看完。原来，这名叫汪勇的快递小哥，由瞒着家人接送医护人员往返金银潭医院，到朋友圈组局招募二三十人接送；原来，之所以能一呼百应，是这些平凡的人都知道：送的不是快递，是救命的人！

（8）为守护英雄，将温暖聚拢，我肃然起敬：智慧！大爱！

（9）4月5日。一个"疫情大考90后、00后的责任担当"的新闻引发我的关注。点开，看完。原来，有24岁参警一年的王李承在武汉封城前返回方舱医院执岗；有23岁的甘如意医生4天3夜辗转300多千米逆行抗疫前线；有17岁的高二学生张安欣课余加入社区志愿者……——盘点年轻的英雄们，就像一个"年代秀"，他们穿上工作服，成为医生、护士、警察，成了社会的守护者！

（10）是啊，哪有岁月静好？那是有人为你负重前行！

（11）2020，我的抗疫生活，我正用坚守战"疫"后方的方式一路走来。

（12）二月到五月，居家在线学习的日子里，偷懒放纵的时刻，会想起那些"逆行者负重者"，他们"居抗疫阵前而忧其民"，而我"处战'疫'后方"又怎能不心忧学业？于是逼着自己收摄心神，回到在线课堂。

（13）时至五月，疫情已得控制，一派春和景明、波澜不惊的气象。恢复开学，中考延迟，更是时不我待，在学习的阵地上收复失地，抢占高地，珍惜这静好的岁月，心负学业之重，身在砥砺前行。

（14）经过2020，经过一场战"疫"的洗礼，我，收获了一种精神的力量，涅槃而生。

**策略说明：**

嫁接情境

（3）段。选取文段中描写"阴雨洞庭湖"的精彩词句，将这些词句从原文表现"览物而悲"的情境中剥离出来，嫁接到疫情之下武汉封城、满目萧条冷清的情境之中，表现面对疫情之悲。

（12）段。选取文段中表现"古仁人之心"的经典名句"居庙堂之高则忧其民，处江湖之远则忧其君"，将其从原文表现"古仁人"忠君爱民的情境中剥离出来，嫁接到全民抗疫统一战线的情境之中，创造出逆行者"居抗疫阵前而忧其民"，中学生"处战'疫'后方而心忧学业"的新句，表达前线与后方以不同方式抗疫的思考。

（13）段。选取文段中描写"明媚洞庭湖"的精彩词句，将这些词句从表现"览物而喜"的情境中剥离出来，嫁接到疫情得到控制后阴霾暂时一扫而光的情境之中，表现战"疫"阶段性胜利的欣喜。

**第 2 版**

## 一路守护　一道前行

（1）祖国如海，我是其中的一朵浪花，是一座小城里一名普通的中学生。2020 年疫情突袭，我用我的眼睛见证了全民抗疫、一路守护、一道前行的进程，也在后方用自己的方式加入了守护前行的战"疫"进程。

（2）一场战"疫"，从见证一个特殊的春节开始。

（3）1 月 25 日。疫情席卷，武汉沦陷，如"淫雨霏霏，连月不开"；连日感染数据，似"阴风怒号，浊浪排空"；封城之后，手机刷屏之处，更是满目萧然，仿若"日星隐曜，山岳潜形。商旅不行，樯倾楫摧"，令人感极而悲，目光一次次穿过屏幕遥望千里之外的时候，更是忧从中来，不可断绝。

（4）一路守护，我见证了逆行者在战斗中驰援前行的进程。

（5）2 月 5 日，宅家点机顶盒看新闻，新浪微博里一则热议令我震惊：武汉公共交通停运，甘如意，一位 23 岁的街道卫生所医生，就靠手机导航，骑自行车、搭顺风车，硬是一路风雨兼程 4 天 3 夜辗转 300 多千米赶回了抗疫前线！

（6）4 天 3 夜辗转 300 多千米，这是怎样的速度？甘如意医生令我感动，更令我肃然起敬：作为祖国青年的你，心怀"患者需要我照顾，同事需要我替换"的高度，所以走出了超常的速度。你的高度就是母亲的高度，你的速度就是祖国的速度！

（7）3月5日，我又看到新闻标题：80后快递小哥，没有任何资源，但一呼百应！这硬气吸引我点开，看完。原来，这名叫汪勇的快递小哥，由瞒着家人接送医护人员往返金银潭医院，到朋友圈组局招募二三十人接送；原来，之所以能一呼百应，是这些平凡的人都知道：送的不是快递，是救命的人！

（8）快递小哥令我感动，更令我肃然起敬：为守护英雄，将温暖聚拢，你的高度就是母亲的高度，你的速度就是祖国的速度！

（9）4月5日。一个"疫情大考90后、00后的责任担当"的新闻引发我的关注。点开，看完。原来，有个12000人的统计数字在告诉我们支援湖北的医务人员中有三分之一是"90后"与"00后"；而其他战线上，有24岁参警一年的王李承在武汉封城前返回方舱医院执岗；有17岁的高二学生张安欣课余加入社区志愿者……——盘点年轻的英雄们，就像一个"年代秀"，他们穿上工作服，就成了身披"战袍"的抗疫斗士，成了社会的守护者！

（10）是啊，哪有岁月静好？那是有人为你一路守护，为你负重前行！

（11）一道前行，我正用坚守战"疫"后方的方式走向远方。

（12）二月到五月，居家在线学习的日子里，偷懒放纵的时刻，会想起那些"逆行者、负重者"，他们"居抗疫阵前而忧其民"，而我"处战'疫'后方"又怎能不心忧学业？于是逼着自己收摄心神，回到在线课堂。

（13）时至五月，疫情已得控制，一派春和景明、波澜不惊的气象。恢复开学，中考延迟，更是时不我待，在学习的阵地上收复失地，抢占高地，珍惜这静好的岁月，心负学业之重，身在砥砺前行。

（14）守护光明，守护希望，无论前线还是后方，作为祖国青年的你，你的高度就是母亲的高度，你的速度就是祖国的速度。2020年，作为海的浪花一朵，我与所有人一路守护、一道前行的进程，令我收获了一种精神的力量，涅槃而生。

**策略说明：**

这是同一个素材运用于第二个命题。《岳阳楼记》这个素材的运用策略和表达内容与第一个版本基本相同。所不同的是以下内容：

融合造句

根据命题的表达需要，扣住命题关键词，与"抗疫"的故事特征词在文章的各个点题位置运用融合造句（见划线句）。如在第一个命题里，关键词是"2020、抗疫、生活"，所以紧扣以上关键词融合造句点题；第二个命题里，关键词是"浪花、守护、前行、祖国青年、高度、速度"等，所以紧扣上述关键词与祖国青年的抗疫表现融合造句。如（1）（6）（8）（9）（10）（14）段。

可将两个版本的划线句一一进行比较，理解如何扣不同的关键词造句，这是对语言的梳理、整合、运用和建构的过程，是语文最核心的素养。

**第3版**

# 合　唱

（1）2020年是中国的全民抗疫年。所有中国人站在不同地方，用不同的声音，唱着同样的境遇、同样的情怀、同样的梦想、同样的心声，如同完成了一场集体大合唱：合唱的内容是战"疫"必胜，合唱的主题是"我爱你中国"。

（2）合唱的前奏是慢板，声调是苍凉沉郁的，是从那个特殊的春节开始的。

（3）1月25日。疫情席卷，武汉沦陷，如"淫雨霏霏，连月不开"；连日感染数据，似"阴风怒号，浊浪排空"；封城之后，手机刷屏之处，更是满目萧然，仿若"日星隐曜，山岳潜形。商旅不行，樯倾楫摧"，令人感极而悲，目光一次次穿过屏幕遥望千里之外的时候，更是忧从中来，不可断绝。

（4）同样的境遇给了我们同样的情怀，终于发出了共同战"疫"的心声。合唱的最强音，声调是慷慨悲壮的，它来自战"疫"的一线，歌唱的是那些冒着无烟的战火前进的逆行者们：

（5）那大义担当地发出一声"没什么事，别去武汉！"之后自己反而"逆行"武汉的钟南山；那靠着手机导航，骑自行车搭顺风车硬是风雨兼程4天3夜辗转300多千米赶回了抗疫前线的甘如意医生；那火神山医院入夜后依然不眠不休地与死神进行一轮轮生死较量的医护战士们……何谓"逆行者"？那就是一群"先天下之忧而忧"的拥有"古仁人之心"的"战斗者"！

（6）合唱的多声部里，有一处低低的和声，深情而悠扬，那是守护英雄的一群普通人，有如那个名叫汪勇的快递小哥，由瞒着家人接送医护人员往返金银潭医院，到朋友圈组局招募二三十人接送，为守护英雄，将温暖聚拢，唱出一份温情在人间传递。

（7）合唱到高潮的时候，声调是豪迈激昂的，那是从前线到后方，从耄耋老者到总角萌童，从医护干警到社区邻里，在各自的战线上共同演绎的心声：没有一个冬天不可逾越，没有一个春天不会来临。战"疫"必胜！

（8）2020年是全民抗疫年。在这个特定的背景下、在这个特定的时刻，所有人用行动和语言唱着同样的境遇、同样的情怀、同样的梦想、同样的心声，唱着同一首战"疫"的歌，合作与和谐是这场大合唱的灵魂。

（9）2020 年是全民抗疫年。在这个特定的背景下、在这个特定的时刻，所有人在不同的位置，肩负不同的使命，发挥不同的作用，为实现共同目标各展其能又凝心聚力地集体演绎了一场大合唱，爱国与信念是这场大合唱的灵魂。

（10）请听，一曲《山河无恙在我胸》的合唱正响起：千江有月 映千山有情/世间最美是你逆风的身影/万里无翳 万物又欣荣/天地间你采来生命的火种/山河无恙在我胸/愿君归来若春风/山河无恙 如初见模样……

**策略说明：**

这是同一个素材运用于第三个命题。《岳阳楼记》这个素材的运用策略和表达内容与第一、二个版本基本相同。所不同的是以下内容：

1. 扣词读解

如（5）段。扣《岳阳楼记》中的"先天下之忧而忧"和"古仁人之心"两个词，用来读解"逆行者"的内涵。

2. 融合造句

根据命题的表达需要，扣住命题关键词，与"抗疫"的故事特征词在文章的各个点题位置融合造句（见划线句）。如在第三个命题里，关键词是"合唱"，从比喻的角度切入，并由合唱衍生出"前奏、强音、声部、和声、高潮"等关键词，以及形容声调情感的"苍凉沉郁、慷慨悲壮、深情悠扬、激昂豪迈"等特征词，将这些关键词融合造句点题（见划线句）。

可将三个版本的划线句一一进行比较，理解如何扣不同的关键词造句，这是对语言的梳理、整合、运用和建构的过程，是语文最核心的素养。

**3 号文本：《次北固山下》《天净沙·秋思》《渔家傲·秋思》《黄鹤楼》《渡荆门送别》+5 个素材**

［5 个素材］

1. 余光中：杏花，春雨，江南。六个方块字，或许那片土就在那里面

2. 于谦：一寸丹心图报国，两行清泪为思亲

3. 张若虚：愿逐月华流照君

4. 黄庭坚：若有人知春去处，唤取归来同住

5. 罗大佑《你的样子》歌词：我听到传来的谁的声音，像那梦里呜咽中的小河；不明白的是为何你情愿，让风尘刻画你的样子；那看似满不在乎转过身的，是风干泪眼后萧瑟的影子

聚焦"魂"的主题，关联命题 3《永远不变的情思》；主题"魂"自拟题

《寻找古诗里的乡魂》；命题4《样子》

**第1版**

### 永远不变的情思

（1）有一种情思，摇曳于一册册的语文书里，倾诉于那一句句诗词中；

（2）有一种情思，沉淀在我们的灵魂深处，流淌在我们血液之中——这份情思，就是我们民族文化独有的镌刻在我们生命记忆里挥之不去的"怀乡情思"。

（3）那一缕怀乡情思挥之不去，就在王湾的"乡书"里。

（4）盛唐之年，冬末春初。王湾泊于北固山下，行舟于江南青山绿水间，看潮平两岸，风帆高悬，又见海日东升，春意萌动，正放舟向客路远方驶去，忽见晴空掠过北归大雁，此时此刻，诗人立于昼夜时序的流转之际，立于清朗壮阔的山水之间，就像立于一个时空的交接点上，从此时此地到彼时彼地，乡思之情油然而生：洛阳草木，是否依然？洛阳家人，是否安好？归雁归雁，有一声问候、一纸家书，劳烦你飞过洛阳的时候，为我传达吧。

（5）原来，王湾的情思里，沉淀着怀乡的深情，更流淌着时空流转的感怀。

（6）那一缕怀乡情思挥之不去，就在马致远的"天涯"里。

（7）元蒙之年，深秋郊外。曾踌躇满志，曾心怀远方，而今仍郁郁不得志，潦倒困窘，飘零天涯！已近黄昏，马致远独立秋风，眼中所见，这一边，藤蔓是枯萎的，古树垂垂老矣，乌鸟在黄昏的暮色中回巢，它是带着满身的疲惫还是归家的期待呢？而那一边，又见潺潺的流水流过小桥，流过错错落落的几户人家，那样的安谧而温馨。安宁是人家的，我什么也没有，我有的，只是这荒凉的古道，在我的来处和去处蔓延；我有的，只是身边这消瘦憔悴的马，载着同样消瘦憔悴的我，踽踽独行于异乡萧瑟的秋风里。

（8）原来，马致远的情思里，沉淀着怀乡的深情，更流淌着天涯飘零的酸楚。

（9）那一缕怀乡情思挥之不去，就在范仲淹的一杯"浊酒"里。

（10）北宋之年，塞外秋来。范仲淹与将士们戍边多年，每年秋至，看雁去衡阳，日落千嶂，长烟锁山，孤城紧闭，处处令人心寒；又听边防凄厉的号角声、周遭的狼嗥声、秋风的呼啸声，声声催人生悲；总是在霜雪满地、辗转无眠的深夜里，饮一杯浊酒，思万里之遥的家乡。思归，不得归，因为要保家卫国；思归，不得归，因为燕然未勒，战争还无止无休；思归，不得归，满头白发的将军只能举起一杯浓浊的米酒，一致远方的家人，二致戍边的战士们，和着帐外不知谁人吹起的羌笛，将一腔悠长深远的心绪，一饮而尽，再化为那满眼的辛酸泪，一一滴落。

（11）"一寸丹心图报国，两行清泪为思亲"。原来，范仲淹的情思里，沉淀着怀乡的深情，更流淌着戍边将士苍凉悲壮的英雄之气。

（12）那挥之不去的怀乡情思，萦绕在唐人崔颢的"黄鹤楼"里。一声"日暮乡关何处是"，沉淀着割舍不断的悠悠乡愁，更于"鹤去楼空，白云千载，历历晴川，萋萋芳草"中流淌着追忆与传说、历史与现实交织的高远之思。

（13）那挥之不去的怀乡情思，还萦绕在诗仙李白的"万里行舟"上。诗人首次出蜀，出峡长江、渡远荆门，一句"仍怜故乡水"，沉淀着"乡水送我如我怜乡水"的厚意深情，更于"山尽平野、江入荒流、月下天镜、云生海楼"中流淌着豪迈飘逸的气概和人间山水的热爱。

（14）乡思自古常如此，愿逐月华流照君。一册册的语文书，一句句的诗词里，有沉淀在我们的灵魂深处、流淌在我们血液之中、镌刻在我们生命记忆里的那一缕缕永远不变、挥之不去的"怀乡情思"——那份情思里，还有吟不尽的歌不完的山水自然、时空流转与家国天下。

**策略说明：**

1. 首先确定从"一种情感、一种文化"的角度来表现"情思"，再指向"挥之不去的怀乡情思"内涵，表现"乡思"如何成为沉淀在灵魂深处的、流淌在血液之中的、生命中不可分割的凝固民族文化的情感。

2. 联结背景与换位体验

（4）（7）（10）段。从教材中选取三首"乡愁"古诗《次北固山下》《天净沙·秋思》《渔家傲》。

联结背景。结合诗人所处的时代与个人的经历，如《秋思》中联系马致远的人生经历："元蒙之年，深秋郊外。曾踌躇满志，曾心怀远方，而今仍郁郁不得志，潦倒困窘，飘零天涯"，在此基础上，再开启入情入境的换位体验，才更能贴近诗词的原意。

换位体验。紧扣诗词的文字，开启换位体验。路径可以是：扣词想象季节天气、时间、地点等——扣词调用感官体验想象并叠加场景（形状、色彩、质地、远近、浓淡、层次、情态、动态、声响、触感、冷暖、气息、场景等）展开描述。

如（4）段"盛唐之年，冬末春初。王湾泊于北固山下，行舟于江南青山绿水间——看潮平两岸，风帆高悬，又见海日东升，春意萌动，正放舟向客路远方驶去，忽见晴空掠过北归大雁"。

如（7）段"元蒙之年，深秋郊外——眼中所见，这一边，藤蔓是枯萎的，古树垂垂老矣，乌鸟在黄昏的暮色中回巢——而那一边，又见潺潺的流水流过小桥，流过错错落落的几户人家"。

如（10）段"北宋之年，塞外秋来——看雁去衡阳，日落千嶂，长烟锁山，孤城紧闭，处处令人心寒；又听边防凄厉的号角声、周遭的狼嗥声、秋风的呼啸声，声声催人生悲；总是在霜雪满地、辗转无眠的深夜里，饮一杯浊酒，思万里之遥的家乡"。

3. 选点对话

（4）（7）（10）段。选取诗句中最能体现"乡思"的特点的词句，与诗人、与自己进行对话并将对话过程表达。

如（4）段选取"乡书何处达"一句进行对话：洛阳草木，是否依然？洛阳家人，是否安好？归雁归雁，有一声问候、一纸家书，劳烦你飞过洛阳的时候，为我传达吧。

如（7）段选取"断肠人在天涯"一句进行对话：安宁是人家的，我什么也没有，我有的，只是这荒凉的古道，在我的来处和去处蔓延；我有的，只是身边这消瘦憔悴的马，载着同样消瘦憔悴的我，踽踽独行于异乡萧瑟的秋风里。

如（10）段选取"浊酒一杯家万里"进行对话：思归，不得归，因为要保家卫国；思归，不得归，因为燕然未勒，战争还无止无休；思归，不得归，满头白发的将军只能举起一杯浓浊的米酒，一致远方的家人，二致戍边的战士们，和着帐外不知谁人吹起的羌笛，将一腔悠长深远的心绪一饮而尽，再化为那满眼的辛酸泪，一一滴落。

4. 融合造句

命题关键词有"情思、沉淀着、流淌着、文化"等；将命题关键词分别与五首诗词的关键词融合造句，表达对"乡思"作为一种情感、一种文化的追问探寻，如（3）（6）（9）段，与思考感悟，如（5）（8）（11）（12）（13）段。（11）段同时引入于谦诗句：一寸丹心图报国，两行清泪为思亲。

（14）段。引张若虚诗句：愿逐月华流照君，将命题关键词、故事特征词（语文书与诗词里的怀乡情思）与五首诗涉及的主题词（山水自然、时空流转与家国天下等）融合造句，深度点题。

**第2版**

## 寻找古诗里的乡魂

（1）乡愁诗人余光中曾写道："杏花，春雨，江南。六个方块字，或许那片土就在那里面。"诗人一生情系那片热土，寻寻觅觅那一缕乡魂，令人联想起那沉淀着中国人集体记忆的"古诗里的乡愁"；在即使山水相隔远亦能视频相与亲的时代里，我们有时会模糊了故乡的概念，那么，且让我们一起去古诗里寻找怀乡的记忆，召唤那一缕乡魂归来。

（2）那一缕乡魂系在何处？寻寻觅觅，原来系在王湾的"乡书"里。

（3）盛唐之年，冬末春初。王湾泊于北固山下，行舟于江南青山绿水间，看潮平两岸，风帆高悬，又见海日东升，春意萌动，正放舟向客路远方驶去，忽见晴空掠过北归大雁，此时此刻，诗人立于昼夜时序的流转之际，立于清朗壮阔的山水之间，就像立于一个时空的交接点上，从此时此地到彼时彼地，乡思之情油然而生：洛阳草木，是否依然？洛阳家人，是否安好？归雁归雁，有一声问候、一纸家书，劳烦你飞过洛阳的时候，为我传达吧。

（4）原来，王湾一纸乡书，魂系洛阳，浓浓的乡情里，更交织着一份时空流转的感怀。

（5）那一缕乡魂系在何处？寻寻觅觅，原来系在马致远的"天涯"里。

（6）元蒙之年，深秋郊外。曾踌躇满志，曾心怀远方，而今仍郁郁不得志，潦倒困窘，飘零天涯！已近黄昏，马致远独立秋风，眼中所见，这一边，藤蔓是枯萎的，古树垂垂老矣，乌鸟在黄昏的暮色中回巢，它是带着满身的疲惫还是归家的期待呢？而那一边，又见潺潺的流水流过小桥，流过错错落落的几户人家，那样的安谧而温馨。安宁是人家的，我什么也没有，我有的，只是这荒凉的古道，在我的来处和去处蔓延；我有的，只是身边这消瘦憔悴的马，载着同样消瘦憔悴的我，踽踽独行于异乡萧瑟的秋风里。

（7）原来，马致远孑立夕阳，魂系家园，浓浓的乡情里，更交织着一份天涯飘零的酸楚。

（8）那一缕乡魂系在何处？寻寻觅觅，原来系在范仲淹的一杯"浊酒"里。

（9）北宋之年，塞外秋来。范仲淹与将士们戍边多年，每年秋至，看雁去衡阳，日落千嶂，长烟锁山，孤城紧闭，处处令人心寒；又听边防凄厉的号角声、周遭的狼嗥声、秋风的呼啸声，声声催人生悲；总是在霜雪满地、辗转无眠的深夜里，饮一杯浊酒，思万里之遥的家乡。思归，不得归，因为要保家卫国；思归，不得归，因为燕然未勒，战争还无止无休；思归，不得归，满头白发的将军只能举起一杯浓浊的米酒，一致远方的家人，二致戍边的战士们，和着帐外不知谁人吹起的羌笛，将一腔悠长深远的心绪，一饮而尽，再化为那满眼的辛酸泪，一一滴落。

（10）原来，范仲淹浊酒一杯，魂系中原，浓浓的乡情里，更交织着一份戍边将士苍凉悲壮的英雄之气。

（11）古诗里的那一缕缕乡魂还系于何处？寻寻觅觅，还系在唐人崔颢的"黄鹤楼"里。一声"日暮乡关何处是"，诉说着割舍不断的悠悠乡愁，更于"鹤去楼空，白云千载，历历晴川，萋萋芳草"中交织着关于追忆与传说、历史与现实高远之思。

（12）古诗里的那一缕缕乡魂还系于何处？寻寻觅觅，还系在诗仙李白的"万里行舟"上。诗人首次出蜀，出峡长江、渡远荆门，一句"仍怜故乡水"，诉说着"乡水送我如我怜乡水"的厚意深情，更于"山尽平野、江入荒流、月下天镜、云生海楼"中交织着豪迈飘逸的气概和人间山水的热爱。

（13）"若有人知春去处，唤取归来同住"。一回回地寻找古诗里的乡魂，仿佛在召唤精神家园的来归。我们找到的那一缕缕乡魂，已然沉淀在我们的灵魂深处，流淌在我们的血液之中、镌刻在我们的生命记忆里——一缕乡魂、一缕情怀，那里有我们民族共同的记忆，那里有吟不尽的歌不完的山水自然、时空流转与家国天下。

**策略说明：**

融合造句

这是同一个素材运用于第二个命题。根据命题的表达需要，扣住命题与素材的关键词（寻找、古诗、乡魂）在文章的各个点题位置融合造句（见划线句），基于时代的特点，表达寻找古诗里的乡魂的意义。

可将两个版本的划线句一一进行比较，理解如何扣不同的关键词造句，这是对语言的梳理、整合、运用和建构的过程，是语文最核心的素养；同时，通过古诗的情境还原与深度品析，可以培植起审美的鉴赏能力与创造能力。

**第3版**

# 样　子

（1）翻阅一册册语文书，那一篇篇文学作品里，常浮现出一个个诗人的样子，于行旅、别离、征戍、迁谪时的那些模样与神情，百转千结间，别思离恨中，那是沉淀在中国人集体记忆中的"思乡"的样子。

（2）记忆中思乡的样子，应如王湾仰望归雁遥寄乡书的样子吧？

（3）盛唐之年，冬末春初。王湾泊于北固山下，行舟于江南青山绿水间，看潮平两岸，风帆高悬，又见海日东升，春意萌动，正放舟向客路远方驶去，忽见晴空掠过北归大雁，此时此刻，诗人立于昼夜时序的流转之际，立于清朗壮阔的山水之间，就像立于一个时空的交接点上，从此时此地到彼时彼地，乡思之情油然而生：洛阳草木，是否依然？洛阳家人，是否安好？归雁归雁，有一声问候、一纸家书，劳烦你飞过洛阳的时候，为我传达吧。

（4）"我听到传来的谁的声音，像那梦里呜咽中的小河"。观王湾思乡的样子，何止是情牵归雁、魂系洛阳，更藏着一份对人间山水、时空梦回的感怀吧。

（5）记忆中思乡的样子，应如马致远孑立夕阳、望断天涯的样子吧？

（6）元蒙之年，深秋郊外。曾踌躇满志，曾心怀远方，而今仍郁郁不得志，潦倒困窘，飘零天涯！已近黄昏，马致远独立秋风，眼中所见，这一边，藤蔓是枯萎的，古树垂垂老矣，乌鸦在黄昏的暮色中回巢，它是带着满身的疲惫还是归家的期待呢？而那一边，又见潺潺的流水流过小桥，流过错错落落的几户人家，那样的安谧而温馨。安宁是人家的，我什么也没有，我有的，只是这荒凉的古道，在我的来处和去处蔓延；我有的，只是身边这消瘦憔悴的马，载着同样消瘦憔悴的我，踽踽独行于异乡萧瑟的秋风里。

（7）"不明白的是为何你情愿，让风尘刻画你的样子"。观马致远思乡的样子，何止是情牵深秋、魂系家园，更藏着一份风尘飘零不知归处的酸楚吧。

（8）记忆中思乡的样子，应如帐里范仲淹一杯浊酒一眶浊泪的样子吧。

（9）北宋之年，塞外秋来。范仲淹与将士们戍边多年，每年秋至，看雁去衡阳，日落千嶂，长烟锁山，孤城紧闭，处处令人心寒；又听边防凄厉的号角声、周遭的狼嗥声、秋风的呼啸声，声声催人生悲；总是在霜雪满地、辗转无眠的深夜里，饮一杯浊酒，思万里之遥的家乡。思归，不得归，因为要保家卫国；思归，不得归，因为燕然未勒，战争还无止无休；思归，不得归，满头白发的将军只能举起一杯浓浊的米酒，一致远方的家人，二致戍边的战士们，和着帐外不知谁人吹起的羌笛，将一腔悠长深远的心绪，一饮而尽，再化为那满眶的辛酸泪，一一滴落。

（10）"那看似满不在乎转过身的，是风干泪眼后萧瑟的影子"。观范仲淹思乡的样子，何止是情牵战事、魂系中原，胸腔中更驰骋着一股戍边将士苍凉悲壮的英雄之气吧。

（11）记忆中思乡的样子，还有唐人崔颢于黄鹤楼挥毫提笔恣意汪洋的样子吧？听那一声"日暮乡关何处是"，诉说着割舍不断的悠悠乡愁，更于"鹤去楼空，白云千载，历历晴川，萋萋芳草"中深藏着关于追忆与传说、历史与现实高远之思吧。

（12）记忆中思乡的样子，还有诗仙李白于万里行舟上长望乡水喃喃对语的样子吧？观诗人首次出蜀，出峡长江、渡远荆门，听那一句"仍怜故乡水"，诉说着"乡水送我如我怜乡水"的厚意深情，更于"山尽平野、江入荒流、月下天镜、云生海楼"中深藏着豪迈飘逸的气概和人间山水的热爱吧。

（13）常忆起诗人们思乡时不尽相同的样子，常思起诗人们乡思中不尽相同的情怀，而那其中却都有着一样的诗意人生和一样丰富的精神家园，沉淀在我们的灵魂深处，流淌在我们的血液之中、镌刻在我们的生命记忆里——诗人们思乡的样子里，是我们民族共同的记忆，那里有吟不尽的歌不完的山水自然、时空流转与家国天下。

**策略说明：**

1. 融合造句

这是同一个素材运用于第三个命题。根据命题的表达需要，扣住命题、素材、故事的关键词在文章的各个点题位置融合造句（见划线句）。如（1）段，选择命题材料关键词中的"文学作品、模样神情、样子"，与古代诗人中"思乡的样子"，与课文里的几首乡思古诗词融合造句，开篇体现写作角度并明确点题。其他过渡段、点题段如是。

2. 嫁接情境

（3）（7）（10）段，将罗大佑《你的样子》歌词中的三个句子从原词的语境中剥离出来，嫁接到本文概括不同"思乡的样子"的情境中。

可将三个版本的划线句一一进行比较，理解如何扣不同的关键词造句，这是对语言的梳理、整合、运用和建构的过程，是语文最核心的素养；同时，通过古诗词的情境还原与深度品析，可以培植起审美的鉴赏能力与创造能力。

**4号文本：《你是人间的四月天》+11个素材**

［11个素材］

1. 疫情中医患共赏夕阳照片

2. 疫情中的流行语：没有一个冬天不可逾越，没有一个春天不会来临

3. 《我和我的祖国》歌词：我的祖国和我/像海和浪花一朵/浪是海的赤子/海是那浪的依托

4. 教育部致全国大学生的一封信：做"守护者"，就是担使命、保安康

5. 驰援武汉的"90、00后"数据

6. 疫情中的"90、00后"群像：高幸、谢佳慧、张安欣、俞天阳

7. 甘如意医生逆行数据

8. 爱默生：在青年时期，我们给自己披上彩虹

9. 毛泽东：恰同学少年，风华正茂

10. 航天花木兰：文昌发射场95后周承钰

11. 疫情中的在线学习照片：你认真学习的样子真好看

## 一、择读文段

我说　你是人间的四月天/笑响点亮了四面风/轻灵在春的光艳中交舞着变

你是四月早天里的云烟/黄昏吹着风的软，星子在/无意中闪，细雨点洒在花前

那轻，那娉婷，你是/鲜妍百花的冠冕你戴着/你是天真，庄严/你是夜夜的月圆

雪化后那片鹅黄，你像/新鲜初放芽的绿，你是/柔嫩喜悦，水光浮动着你梦期待中白莲

你是一树一树的花开/是燕在梁间呢喃/——你是爱，是暖/是希望/你是人间的四月天

## 二、提取联系

1. 综合"转换角度发现关联"与"聚焦词句直接关联"

如果关联主题"魂"，诗中对四月的美景描绘和对爱的赞颂，原本并非直接指向表现民族精神、时代精神、强国精神；但如果将"一句爱的赞颂"的角度转换成"一种精神的赞颂"的角度，提取诗中的"梦""期待""爱""暖""希望""人间"等关键词，就可以判定与梦想、信念、情怀等精神，与民族精神、时代精神、强国精神直接相关。

如果关联命题《只要还在》，将诗中"一句爱的赞颂"的角度转换成"一种信念的赞颂"的角度后，提取诗中"春的光艳""鲜妍百花""夜夜月圆""雪化后那片鹅黄""新鲜初放芽的绿""梦期待中白莲""一树的花开"等关键词，可以发现都能与命题材料中的"春天""生命""明天""太阳""绿洲""春雷"等一一对应，直接关联。诗中的"梦""期待""爱""暖""希望""人间"等关键词也与"只要还在"的信念直接相关。

2. 比照情境正反关联

关联主题"魂"同时关联命题《只要还在》，将诗的内容与当下的生活情境进行比照后可以产生正面关联。如"四月天"与 2020 年一月疫情、四月春来、五月开学的生活经历正面相关。

诗中的"爱、暖、梦""期待、希望"等关键词与疫情之下一个个英雄与凡人的故事，国人共度艰难的岁月等现实情境进行比照后可以产生正面关联，表现坚定信念、爱国之情与民族生命力。

提取诗中"新鲜初放芽的绿""梦期待中白莲""一树一树的花开"等词与那些战"疫"在一线或自守在后方的 80 后到 00 后的事迹进行比照，还可以表现青年一代的大爱与信念、使命感与责任感。

### 三、读写融合

聚焦"魂"主题，关联命题 5《只要还在》；命题 6 自拟题《守护希望，守护人间四月天》；命题 4《样子》。

### 第 1 版

## 只要还在

（1）我凝视过一张照片：2020 年 3 月 5 日，武汉大学人民医院东院，20 多岁的支援湖北医疗队的刘凯医生护送 87 岁的病人做 CT 途中，特意停下来，<u>两人一起欣赏了一次久违的日落</u>：夕阳弥漫金光，金光点染在白云、高楼和病床前方的路上。老人那骨节支棱的手颤巍巍地指向夕阳，指向那一团温暖和光明，那金光上面仿佛浮现一行字：

（2）只要夕阳还在，人间一切值得。

（3）我将凝视的目光回放到疫情刚从武汉发生的那一段日子。那时只要点开资讯，电视、电脑、手机、报纸，种种媒体，四海八荒不间断地呈现同样的画面：

（4）那高楼林立的城市，万户千家处处大红春联，行道树下串串红灯摇曳，只是大街上空旷冷清，不见车水马龙；那些在社区、在电梯偶遇的小区邻居，互相看不见几句寒暄中藏在口罩后面的表情，只看见口罩上方掩饰不住的忧虑和仓皇；那一家家医院里，到处是透着冷气的"禁止进入"的告示牌，到处是如战队罗列的病床与病人，到处是忙碌穿梭的白衣身影……

（5）那一段日子里，常因找不到源头，寻不着密接者，阻挡不了蔓延的趋势，我们一度焦虑慌乱疲于鏖战。那期间，我们的心经历了什么？仿佛黑夜吞噬了一切，还能看见太阳重新回来吗？不知道。仿佛身陷茫茫的沙漠，还能重建希望的绿洲吗？不知道。仿佛一场漫天的冬雪袭来，还能等到破冰的那一声春雷吗？不知道。

（6）我又将凝视的目光定格在全国驰援武汉抗疫的那一段日子。那时只要点开资讯，电视、电脑、手机、报纸，种种媒体，四海八荒不间断地传送着同一个声音：

（7）没有一个冬天不可逾越，没有一个春天不会来临。

（8）于是，我们看见灾难下的中国人，不约而同地，一遍遍地，用这样的信念来帮助自己度过寒冬里那些最难熬的时刻。从抗非典的老战士到临时集结的小新兵、从知名的国医到无名的医护、从医院到每一个街道和社区、从前方到后方，已然形成全民抗疫统一战线。这条战线上一遍遍地传递着这样的一个信念：我们正身陷严冬，只要信念还在，我们一定能够逾越；我们正共盼春来，只要信念还在，一定能够等到破冰的那一声春雷。

（9）最后，我将凝视的目光停驻在疫情拐点出现后的日子。春暖花开，已是人间四月天，我不由想起林徽因那充满温暖和希望的诗句：

（10）雪化后那片鹅黄，你像/新鲜初放芽的绿，你是/柔嫩喜悦，水光浮动着你梦期待中白莲/你是一树一树的花开/是燕在梁间呢喃/——你是爱，是暖/是希望/你是人间的四月天！

（11）是的，战"疫"必胜。只要这样的意志和信念还在，我们即使身处冬雪覆盖的寒夜，每一个心中有家有国的人也能共赴时艰，用爱筑城，齐力去逾越，迎来雪化后的那片鹅黄；我们即使身陷茫远无边的沙漠，每一个心中有家有国的人也能同舟共济，用暖相拥，迎来用梦期待的白莲在水光中浮动。

（12）自是人间有大爱，难得人间四月天。中国人，同此念，终不负。

**策略说明：**

1.（1）—（8）段

（1）（2）段。将文章主题设定为表现战"疫"必胜的信念和同舟共济的爱国精神，以"凝视的目光"为行文线索，先引入一个媒体素材，描绘"医患同看夕阳"的照片，以"只要夕阳还在，人间一切值得"，首次点题。

（3）（4）段。从"只要还在"的反面角度去想象疫情初发时段冷清恐慌忙乱的画面。（5）段。再紧扣命题材料关键词"黑夜、太阳、沙漠、绿洲、冬雪、春雷"，将材料提示语的表述转化为心理描写，体现战"疫"必胜的信念尚未建立时"迷茫"的心理，进行反面铺垫。

（6）—（8）段。以"凝视的目光"为行文线索，再引入两个素材。一是网络金句"没有一个冬天不可逾越，没有一个春天不会来临"，体现"信念"；二是整合与概括全民抗疫的事例；再将两个素材的关键词融合造句，表达用信念逾越严冬的主题。

2. 融合造句

（9）—（11）段。以"凝视的目光"为行文线索，引入课文素材《你是人间的四月天》，从战"疫"出现拐点得到初步胜利的角度表现战"疫"必胜的信念和同舟共济的爱国精神。命题关键词：只要还在、黑夜、太阳、沙漠、绿洲、冬雪、春雷等；课文素材关键词：夜夜月圆、雪化后那片鹅黄、梦期待中白莲、梦、期待、爱、暖、希望、人间等；金句素材关键词：春天、冬天、逾越、来临等；文章故事特征词：抗疫、发生、驰援、拐点等。将以上关键词融合造句，表现战"疫"必胜的信念和同舟共济的爱国精神，深度点题。

**第2版**

## 守护希望，守护人间四月天

（1）我是海的浪花一朵，分享海的欢乐，分担着海的忧愁；我是祖国的守护者，守护漫漫黑夜之后迎接光明，守护生生不息的希望如人间四月天的来临。

（2）这是疫情肆虐的2020年，90后、00后们共同书写的故事，共同书写的心声：愿做"守护者"，用爱、用暖、用希望去担使命、保安康。

（3）让我们将凝视的目光回放到疫情刚从武汉发生的那一段日子。那时只要点开资讯，电视、电脑、手机、报纸，种种媒体，四海八荒不间断地呈现同样的画面：

（4）那高楼林立的城市，万户千家处处大红春联，行道树下串串红灯摇曳，只是大街上空旷冷清，不见车水马龙；那些在社区、在电梯偶遇的小区邻居，互相看不见几句寒暄中藏在口罩后面的表情，只看见口罩上方掩饰不住的忧虑和仓皇；那一家家医院里，到处是透着冷气的"禁止进入"的告示牌，到处是如战队罗列的病床与病人，到处是忙碌穿梭的白衣身影……

（5）在这漫漫的长夜和无边的黑暗里，谁在守护着光明和希望？我们看见那忙碌穿梭的白衣战士们、那重重防护服包裹下的身影里，却原来有那么多的90后、00后！

（6）2020年3月16日，一则《疫情大考"90后、00后"的青春担当》的新闻成为热搜：

（7）我们先看到一个数据：90后、00后成为驰援武汉的主力军，人数达到1.2万人，占全国驰援武汉人数总数的三分之一，遍布各个行业和领域。

（8）我们又看到一组群像：那22岁的小伙子高幸每天8小时背着近60斤的消毒器械在高铁站消杀；那20岁的谢佳慧随医疗队驰援湖北前对弟弟说了一声"姐和死神抢人去了"；那17岁的高二学生张安欣在线学习之余加入了社区志愿者负责团购和送菜……

（9）我们还看到一个传奇：武汉公共交通停运，甘如意，一位23岁的街道卫生所医生，就靠手机导航，骑自行车、搭顺风车，硬是一路风雨兼程4天3夜辗转300多千米赶回了抗疫前线！

（10）这是由90后、00后们组成的"守护者"，在这漫漫的长夜和无边的黑暗里，如笑响点亮了四面风，如细雨点洒在花前，如一树一树的花开，如燕在梁间呢喃——用爱、用暖、用希望去守护光明和生生不息的希望，去担起年轻一代的使命、去护佑家国一方的安康，仿佛上演了一场"年代秀"，秀出了当代青年的家国情怀，大爱担当！

（11）让我们将凝视的目光定格在这样一张照片上：2020年3月5日，武汉大学人民医院东院，一个支援湖北医疗队的90后刘凯医生护送一位87岁的病人做CT途中，特意停下来，两人一起欣赏了一次久违的日落：夕阳弥漫金光，金光点染在白云、高楼和病床前方的路上。老人那骨节支棱的手颤巍巍地指向夕阳，指向那一团温暖和光明，那金光上面仿佛浮现一行字：只要夕阳还在，人间一切值得。

（12）就是这样一群守护者，自己心中有火、眼中有光，更为人间守护着光明和希望。直到疫情拐点的到来，直到春暖花开人间四月天的来临。

（13）就是这样一群年轻人，共赴时艰用爱筑城，终于迎来雪化后的那片鹅黄；同舟共济用暖相拥，终于迎来用梦期待的白莲在水光中浮动。

（14）守护家国暖与爱，迎来人间四月天。90后、00后的守护者们，"好时光，一起燃"，我们的青春应该浮动着梦的白莲，应该种下那一树一树的花开。

**策略说明：**

1. 融合造句

这是同一个素材运用于第二个命题。根据命题的表达需要，扣住命题、素材、故事的关键词在文章的各个点题位置融合造句（见划线句）。

如（1）（2）段，将命题材料关键词中的"海、浪花、守护、希望"，与素材关键词"人间四月天"，与故事特征词"疫情、90后、00后"，将三者融合造句，开篇点题。

如（5）段。将"黑夜、守护、希望"和"90后、00后"融合造句，由上文写"黑夜"到下文写"守护"过渡。

如（10）段。将"守护者、希望"和"笑响、细雨、花开、燕、爱、暖、希望"，和"90后、00后们"三种关键词融合造句，体现疫情中的年轻一代的家国情怀，大爱担当。

如（12）—（14）段。将"守护者"和"雪化后的那片鹅黄、用梦期待的白莲、一树一树的花开"和"90后、00后"融合造句，深度点题。

2. 联想故事

（6）—（8）段。由《人间四月天》中"爱、暖、希望"等词，联想90后、00后在疫情中的守护和担当的故事，选取数据、群像、细节三个层面的时代素材来体现。

可将两个版本的划线句一一进行比较，理解如何扣不同的关键词造句，这是对语言的梳理、整合、运用和建构的过程，是语文最核心的素养。

**第3版**

# 样　子

（1）爱默生说：在青年时期，我们给自己披上彩虹。那么，身披彩虹的你，就是青春应该有的样子吧？

（2）毛泽东说：恰同学少年，风华正茂。那么，风华正茂的你，就是人间四月天的样子，就是青春应该有的样子吧？

（3）在风华正茂的时光里给自己身披彩虹，让燃放的青春，如笑响点亮四面风，如细雨点洒在花前，如一树一树的花开，如燕在梁间呢喃——我们的青春，当长得如人间四月天的样子。

（4）看，有一组照片，让我们看见有一种青春，长着令人难忘的"样子"，那在疫情肆虐的暗夜里90后、00后们"负重逆行"的样子。

（5）如23岁的甘如意医生4天3夜辗转300多千米逆行抗疫前线，背着行囊、骑着自行车，只身一人行进在人迹寥寥的公路上的样子；如21岁的方舱医院志愿者俞天阳深夜做完保洁时面对询问一声"我能做到什么，就做什么"坦然的样子；如20岁的谢佳慧随医疗队驰援湖北前对弟弟说"姐和死神抢人去了"时勇气满满的样子……一一盘点年轻的英雄们，他们的青春长着共同的样子：身披医生、护士或志愿者的战袍，就犹如身披彩虹的天使，给人间带去爱、温暖和希望。

（6）看，有一组照片，让我们看见，有一种青春，长着令人难忘的"样子"，那是在文昌航天发射场的90后巾帼女英雄"运筹帷幄"的样子。

（7）"95后"周承钰，国防科大毕业后成为文昌发射场最年轻女指挥，同时也是嫦娥五号探月任务连接器系统指挥员。照片里，女英雄身高158厘米，身着深蓝工作服，如果不是工作服胸前那鲜红的五星红旗的标识提醒你，你定然觉得，这哪里是航天工作者，这哪里是指挥员，这分明还是一脸稚嫩的中学生的样子啊！

（8）然而眼前的她却是一幅"大姐"的样子：发射现场，双手扶案，对着话筒，说着口令，有条不紊，调度着现场30多个男同志、30多个操作手开展动力系统和加注系统的各项工作，萌娃一般的脸上，分明可见那双眼睛里透着一股锐气、英气和凌厉之气！

（9）那不正是毛泽东笔下"恰同学少年""挥斥方遒、指点江山"的样子吗？那不正是青春正值风华的样子吗？——"那轻，那娉婷，你是/鲜妍百花的冠冕你戴着/你是天真，庄严/你是夜夜的月圆——这样的青春，果真如人间四月天的样子！

（10）看，有一组照片，让我们看见，有一种青春，长着令人难忘的"样子"，那是在线学习的情境下有志学子们"认真学习"的样子。

（11）居家、线上，没有老师在面前，家长无暇时时顾及，网络在线，手机或电脑在手……在线学习的日子就像一场特别的考试，考验着学子们的自律与定力。而这一组照片里，我们看到了河南高三生小通在平房楼顶蹭邻居家网络扶膝读书的样子；感染者高三生杨一帆在武汉方舱医院C区埋头苦读不计喧哗的样子；小学生在塑料薄膜和竹条搭成的简易帐篷里凝神上网课的样子……

（12）"同学，你认真学习的样子真好看"，好看得令人联想起人间四月天的美好：雪化后那片鹅黄，你像/新鲜初放芽的绿，你是/柔嫩喜悦，水光浮动着你梦期待中白莲。

（13）一组组照片里，我们看见风华正茂同学少年为自己身披彩虹。如果这是你青春的样子，那么——你就是爱，就是暖/就是希望/你就是人间的四月天！

**策略说明：**

融合造句

这是同一个素材运用于第三个命题。根据命题的表达需要，扣住命题、素材、故事的关键词在文章的各个点题位置融合造句（见划线句）。

如（1）（2）（3）段，将命题材料关键词中的"样子"，与素材关键词"人间四月天、笑响、细雨、花开、燕呢喃"，与故事特征词"青春的样子"，与课外素材爱默生、毛泽东的"身披彩虹、同学少年、风华正茂"等融合造句，聚焦"青春应该有的样子"开篇点题。

如（4）（6）（10）段。将命题材料关键词中的"令人难忘的样子"与故事特征词"一组照片、样子"融合造句，成为每一组照片（共三组）联结上下文的过渡句。

如（5）（7）（8）（11）段。对照片的描写、抒情和议论，都紧扣"样子"去展开。

特别要说明的是，要尝试针对要表现的主题去定向造句。如第（11）段，如果是为了突出人物，那么是这样描述的，"在平房楼顶蹭邻居家网络的河南高三生小通；武汉方舱医院 C 区埋头苦读的感染者高三生杨一帆；在塑料薄膜和竹条搭成的简易帐篷里上网课的小学生……"；而在本文中，要突出的关键词是"样子"，所以这样描述"河南高三生小通在平房楼顶蹭邻居家网络扶膝读书的样子；感染者高三生杨一帆在武汉方舱医院 C 区埋头苦读不计喧哗的样子；小学生在塑料薄膜和竹条搭成的简易帐篷里凝神上网课的样子……"。

再如（5）（9）（12）（13）段。提取课文《人间四月天》的内容，"爱、温暖和希望"与"90后、00后们负重逆行的样子"相对应；"那轻，那娉婷，你是/鲜妍百花的冠冕你戴着/你是天真，庄严/你是夜夜的月圆"与"90后巾帼女英雄运筹帷幄的样子"相对应；"雪化后那片鹅黄，你像/新鲜初放芽的绿，你是/柔嫩喜悦，水光浮动着你梦期待中白莲"与"你认真学习的样子真好看"相对应；文末点题段，提取"你是爱，是暖/是希望/你是人间的四月天！"与"青春的样子"相对应，一一进行融合造句。

可将三个版本的划线句一一进行比较，理解如何扣不同的关键词造句，这是对语言的梳理、整合、运用和建构的过程，是语文最核心的素养。

### 5号文本：《木兰诗》+11 个素材

［11 个素材］

1. 《我和我的祖国》歌词：我和我的祖国，一刻也不能分割

2. 电影《我和我的祖国》：小小的我，大大的国

3. 命题材料中梁启超、毛泽东、周恩来的三首诗

4. 疫情大考"90、00"后的责任担当：王李承、张安欣等

5. 新浪热搜：文昌发射场最年轻女指挥员周承钰"大姐不大，本事不小"

6. 《达摩流浪者》：永远年轻，永远热泪盈眶

7. 《少年》歌词：我还是从前那个少年/没有一丝丝改变

8. 《少年》rap说唱词：追逐生命里光临身边的每道光/让世界因为你的存在变得闪亮/其实你我他并没有什么不同/只要你愿为希望画出一道想象

9. 海子：以梦为马，不负韶华

10. 余光中朗诵《水乡招魂》：五月五，楚大夫/转过你崔嵬的背影/等一等你身后的民族/大江东去，楚大夫/淘不尽你的傲骨/守护你的，是一切水族/追寻你的，是整个民族

11. 相关名言：捐躯赴国难，视死忽如归；先天下之忧而忧；不啻微茫，造炬成阳等

## 一、择读文段

唧唧复唧唧，木兰当户织。不闻机杼声，唯闻女叹息。

问女何所思，问女何所忆。女亦无所思，女亦无所忆。昨夜见军帖，可汗大点兵，军书十二卷，卷卷有爷名。阿爷无大儿，木兰无长兄，愿为市鞍马，从此替爷征。

东市买骏马，西市买鞍鞯，南市买辔头，北市买长鞭。旦辞爷娘去，暮宿黄河边，不闻爷娘唤女声，但闻黄河流水鸣溅溅。旦辞黄河去，暮至黑山头，不闻爷娘唤女声，但闻燕山胡骑鸣啾啾。

万里赴戎机，关山度若飞。朔气传金柝，寒光照铁衣。将军百战死，壮士十年归。

## 二、提取联系

品味词句细化关联。

关联主题"魂"，品读"叹息、所思、所忆、愿为、从此"等词，可以想象木兰经历了一夜的心理斗争。

第一层，心烦意乱，茫然无措。从"叹息"二字想象，正在小屋内做着女儿家织布的事，大厅里不时传来父亲来回踱步的沙沙声，那么轻，又那么沉重。木兰忍不住一阵阵的心乱，长长一声叹息，怎么办呢？父亲能怎么办呢？我又能做什么呢？

第二层，心系家国，忧思深重。从"所思、所忆"二词想象，征兵文书连夜发至，军情定然十分紧急；征兵规模如此巨大，家家户户定然都要应征；父

亲册上有名千真万确，花家应召定然义不容辞；家中父老子幼，如何能够远征杀敌？唯有木兰正值年华，家国召唤之下，木兰即使女儿身，也能有所担当。

第三层，心意已决，从容应征。从"愿为、从此"二词想象，决心已然下定，要付诸行动，第一件事就是去买马鞍和马匹，然后收起女儿态，藏起女儿身，备好男儿装，从今往后，要替父亲跃马沙场，不计归时。

如此品读词句后，可以从细处关联起"魂"的主题：中华儿女心系家国、无畏牺牲的民族精神，英雄儿女的责任担当。

再关联命题《愿做海的赤子》《愿为海的浪花一朵》《前行，带着高度与速度》《一路前行、一路守护》《站得高一点，走得快一点》《奔涌吧，后浪》等，还可以从细处找到如下联系：愿做海的赤子、愿为海的浪花一朵、义无反顾、坚定前行、青年强则国家强、守护国家和民族生生不息的希望等。

依此类推，再品读木兰"准备出征和奔赴战场"的第二段、"十来年征战生活"的第三段、"还朝辞官还家团聚"的第四、第五段，都可以从细处关联起以上主题与命题。

### 三、读写融合

聚焦"魂"的主题，关联命题 6 自拟题《奔涌吧，后浪》；命题 8 自拟题《少年，以国之名》；"魂"主题自拟题《那一缕国魂》。

### 第 1 版

#### 奔涌吧，后浪

（1）犹记，2020 年的国庆节，那首"我和我的祖国，一刻也不能分割。无论我走到哪里，都流出一首赞歌……"唱响华夏大地，唱响在每个人的心里，校园里、大街上、屏幕前，一回回地听见唱响这一首歌，就有一阵阵的深情与豪情荡涤在心怀，挥之不去。

（2）犹记，班主任组织我们观看电影《我和我的祖国》，那一个个故事、一个个瞬间更是触动人心：原来，祖国 70 年的历程，每一步都与我们每个"个体"息息相关；原来，每一个"小人物"的奋斗，都与祖国的发展紧密相连；那无数个"小小的我"聚合在一起，才成就了大大的国！

（3）而那无数个"小小的我"里，那年轻的一代，如不断被翻卷着、推动着拍向岸前的后浪，就成了这个国家最好看、最壮丽的风景。

（4）如果将记忆的时针回拨到北朝，我们看见，当对家人的爱心与对祖国的忠心凝聚在一起，就书写了巾帼英雄花木兰的人间传奇，书写了那个时代最好看的风景。

（5）走进花木兰的"所思与所忆"，可以想象，那一夜的她内心经历了怎样的激烈挣扎与深重忧思：征兵文书连夜发至，军情定然十分紧急；征兵规模如此巨大，家家户户定然都要应征；父亲册上有名千真万确，花家应召定然义不容辞；家中父老女幼，如何能够远征杀敌？唯有木兰正值年华，家国召唤之下，木兰即使女儿身，也能有所担当吧？于是下定决心，收起女儿态，藏起女儿身，备好男儿装，从今往后，要替父亲跃马沙场，不计归时。

（6）目视花木兰一路骏马长鞭晓行夜宿征途苍茫，再目视花木兰一年年关山万里朔气寒光，一腔儿女情怀终于在一场场战斗中百炼成钢，化为一股英雄之气在天地间驰骋纵横，不由感慨：从孝出发，从爱出发，到达的是个人呈现之"勇"、为国所尽之"忠"——孝、爱、忠、勇集于花木兰一身，成就那个时代最奇丽的风景！

（7）如果将记忆的时针前拨到2020年，我们看见，当个人的尽职、奋斗与爱国、强国的梦想凝聚在一起，就书写了当代"后浪"们的人间传奇，书写了这个时代最好看的风景。

（8）关注2020年4月5日一则"疫情大考90后、00后的责任担当"的新闻，我们都见证过：有24岁参警一年的王李承在武汉封城前返回方舱医院执岗；有23岁的甘如意医生4天3夜辗转300多千米逆行抗疫前线；有17岁的高二学生张安欣课余加入社区志愿者……他们穿上工作服，是医生、护士、警察、学生，于个人而言，只是在"尽职"而已；但于国家而言，他们却成了社会的守护者，成了防疫长城中最坚固的捍卫者！这一拨"后浪"们仿佛集体上演了一场"年代秀"，秀出了当代青年的家国情怀，大爱担当！

（9）再关注近期新浪推出的热搜：《文昌发射场最年轻女指挥员："大姐"不大，本事不小》："95后"周承钰，国防科大毕业后成为文昌发射场最年轻女指挥，同时，也是嫦娥五号探月任务连接器系统指挥员。照片里，但见身高158厘米、着深蓝工作服、还一脸稚嫩恍如中学生的周指挥员，正说着口令在调度30多个男同志开展发射场两大系统——动力系统和加注系统的各项工作，让我们瞬间产生了一种航天"花木兰"的即视感。

（10）我在想，这张照片向我们诠释了什么？也许有三个内容：作为祖国青年的周承钰，用自己的高度成就母亲的高度，用自己的速度成就强国的速度；而每一个"小我"在各自的岗位发光发热，才照亮了祖国的每一个高光时刻；最后，是每一个个体的奋斗与强国的梦想凝聚在一起而成就这个时代最奇丽的风景。

（11）《达摩流浪者》里有一句话：永远年轻，永远热泪盈眶。是的，我是00后，我是无数个"小小的我"里的"一个"，愿我们葆有赤子之心，如不断被翻卷着、推动着拍向岸前的后浪，成为这个国家最好看、最壮丽的风景。奔涌吧，后浪！

**策略说明：**

1.（1）—（3）段。从命题材料《我和我的祖国》歌词入笔，引入电影素材《我和我的祖国》，从"个人"与"祖国"的关系角度，从作为"祖国青年"的身份角度表达观后感并点题：小小的我聚合成大大的国，而奔涌的后浪将成为这个国家最好看的风景。

2. 融合造句

（4）段。命题关键词：我和我的祖国、青年、带来光明、守护希望、海、浪花、赤子、高度、速度等；故事特征词：后浪、奔涌、青年、最好看的风景等；素材关键词：花木兰、巾帼英雄、爱心、孝心、忠心等。将三词融合造句，针对《木兰诗》的故事特征，点出是爱心和忠心凝聚，使巾帼英雄花木兰成为时代最好看的风景。

3. 换位体验

（5）段。扣文本的语言展开换位想象，将花木兰"所思与所忆"的心理历程进行合情合理地还原与再现，表现花木兰从爱心和孝心出发替父从军奔赴战场为国尽忠的过程。

4. 选点对话与融合造句

（6）段。选择木兰"奔赴征途"和"百炼成钢"两个点，化为眼中所见画面，感悟木兰的蜕变过程，并运用"三词融合"更深一层点题：花木兰将孝、爱、忠、勇集于一身，成就那个时代最奇丽的风景！

5. 联想故事与融合造句

（8）（9）段。从《木兰诗》素材出发，联想两个现实素材：疫情中90后、00后青年将个人的尽职与爱国的梦想凝聚在一起；文昌发射场"航天花木兰"周承钰将个人的奋斗与强国的梦想凝聚在一起。用"三词融合"策略，第（7）段引出、第（10）段感悟新时代青年如何成就这个时代最奇丽的风景。

6. 链接感悟与融合造句

（11）段。链接《达摩流浪者》里"永远年轻，永远热泪盈眶"的素材，将此素材与《木兰诗》素材、命题关键词、故事特征词融合造句，表达祖国青年创造时代最好看的风景的愿景，深度点题。

**第2版**

## 少年，以国之名

（1）放学路上，骑着自行车穿行在人群与车流中，点开同学分享的提取码，耳机里就炸响歌曲《少年》的主旋律：我还是从前那个少年/没有一丝丝改变/时间只不过是考验/种在心中信念丝毫未减/眼前这个少年/还是最初那张脸/面前再多艰险不退却……

（2）曲调轻快明朗，歌词铿锵给力，脚不由和着节奏踩起来，心不由和着歌词燃起来，一股久违的力量唤醒，在那一瞬间，一会儿好想让自己成为歌中那样的少年，种下信念后一路披荆斩棘；一会儿脑中又如弹幕一般推出一个个热血青年少年的模样，那些少年，或是"孩儿立志出乡关，学不成名誓不还"，或是"遍密群科济世穷，面壁十年图破壁"，或是"身似山河挺脊梁，敢将日月再丈量"的少年。那些少年，都是"以国之名"立志与酬志的大写少年。

（3）弹幕推出第一个，北朝巾帼英雄花木兰，以家之名，以国之名，征战沙场，孩儿立志出乡关，"功"不成名誓不还。

（4）先走进花木兰的"所思与所忆"，可以想象，那一夜的她内心经历了怎样的激烈挣扎与深重忧思：征兵文书连夜发至，军情定然十分紧急；征兵规模如此巨大，家家户户定然都要应征；父亲册上有名千真万确，花家应召定然义不容辞；家中父老女幼，如何能够远征杀敌？唯有木兰正值年华，家国召唤之下，木兰即使女儿身，也能有所担当吧？于是下定决心，收起女儿态，藏起女儿身，备好男儿装，从今往后，要替父亲跃马沙场，不计归时。

（5）再目视花木兰一路骏马长鞭晓行夜宿征途苍茫，一年年关山万里朔气寒光，一腔儿女情怀终于在一场场战斗中百炼成钢，化为一股英雄之气在天地间驰骋纵横，不由豪情入怀：出征之前，何尝不是将"埋骨何须桑梓地，人生无处不青山"的信念种在心中丝毫不改？少年，以家之名，但求为父尽孝；以国之名，志在为国尽忠！

（6）弹幕推出第二个，疫情时代之青少年，以生命之名，以国之名，战"疫"前线，大江歌罢掉头东，遍密群科济世"难"。

（7）我们都见证过：2020年，一场疫情大考90后、00后的责任担当。有24岁参警一年的王李承在武汉封城前毅然返回方舱医院执岗；有23岁的甘如意医生4天3夜辗转300多千米逆行抗疫前线；有20岁的谢佳慧立下"和死神抢人"的信念后随医疗队驰援湖北；还有17岁的高二学生张安欣网课之余加入社区志愿者行列……

（8）一批批被曾经当成是少年的人，用"大江东去"的豪情和"掉头东"的勇气"逆行"冲锋在最前沿；他们穿上工作服，是医生、护士、警察、学生，用"面壁十年""邃密群科"之所学来济世之难。以生命之名，成社会的守护者；以国之名，成防疫长城中的捍卫者！

（9）耳边的歌声在继续。酷酷的rap正配合着主旋律响起，激情四射，令人血脉偾张：追逐生命里光临身边的每道光/让世界因为你的存在变得闪亮/其实你我他并没有什么不同/只要你愿为希望画出一道想象……

（10）"世界因你的存在而变得闪亮"，听到这一句，第三个弹幕里立刻映出文昌发射场最年轻女指挥员周承钰的样子——以科技之名，以国之名，运筹帷幄，身似山河挺脊梁，敢将日月再丈量！

（11）这是一位"为希望画出一道想象"的女子。"95后"周承钰国防科大毕业后成为文昌发射场最年轻女指挥和嫦娥五号探月任务连接器系统指挥员。我们能看到的是照片里身高158厘米，着深蓝工作服、还一脸稚嫩恍如中学生的周指挥员，正说着口令在调度30多个男同志开展发射场两大系统——动力系统和加注系统的各项工作，让我们瞬间产生了一种航天"花木兰"的即视感。

（12）于是想，这张照片向我们诠释了什么？诠释了当代青少年如何用自己的高度成就祖国的高度，用自己的速度成就强国的速度，用自己的存在闪亮了祖国的每一个高光时刻！以科技之名，少年智，则国智；以国之名，少年强，则国强！

（13）在歌声中踩着脚踏车前行，一个个推出的弹幕都在勾勒着由古而今那些"以国之名"而履践致远的大写少年的模样。猛一抬头，突然从未有过般地相信自己，那些被情绪左右的、模糊迷惘的、浮躁游离的念头褪去，有一种信念在此刻种下：少年，当以梦为马，不负韶华！

**策略说明：**

1. 链接感悟

这是同一个素材运用于第二个命题。先从"花木兰代父从军"的角度由课文素材链接流行歌曲《少年》的歌词。

如（1）（2）（9）（13）段。由（1）段歌词引出（2）段对"以国之名"立志与酬志的大写少年的联想。（9）段以歌词进行过渡，引出第三个故事；（13）段以歌曲的结束带出感悟并点题。

2. 融合造句与内涵对接

根据命题的表达需要，扣住命题、素材、故事的关键词在文章的各个点题位置融合造句（见划线句）。

命题关键词：梁启超的"少年强"、毛泽东的"孩儿立志"、周恩来的"大江歌罢"三句名言；素材关键词：花木兰、所思所忆、征途与征战等；故事特征词：少年、以国之名、花木兰、抗疫少年、周承钰等。

根据三个故事的特点与三句名言的内涵将花木兰的故事对接毛泽东的名言，抗疫少年的故事对接周恩来的名言，周承钰的故事对接梁启超的名言展开。

在（2）段，关键词融合造句点题；（3）（6）（10）段，内涵对接后融合造句作为三个故事的提头段；（5）（8）（12）段融合造句在故事之后表达感悟；（13）段融合造句后深化点题。

可将两个版本的划线句一一进行比较，理解如何扣不同的关键词造句，这是对语言的梳理、整合、运用和建构的过程，是语文最核心的素养。

### 第3版

## 那一缕国魂

（1）如果让我为"国魂"二字制作一个短视频，我想是这样的：江边，一个高瘦的背影，戴高冠之崔嵬，佩长剑之陆离，翩然两袂任江风拂吹。须臾间，背影踏波远去。话外音传来，是余光中朗诵的《水乡招魂》：五月五，楚大夫/转过你崔嵬的背影/等一等你身后的民族/大江东去，楚大夫/淘不尽你的傲骨/守护你的，是一切水族/追寻你的，是整个民族……

（2）自屈原始，那一缕爱国之魂便让中华儿女代代追寻，火传穷薪。

（3）那一缕国魂里，有北朝巾帼英雄花木兰为"报国"而追寻的脚步。

（4）走进花木兰的"所思与所忆"，可以想象，那一夜的她内心经历了怎样的激烈挣扎与深重忧思：征兵文书连夜发至，军情定然十分紧急；征兵规模如此巨大，家家户户定然都要应征；父亲册上有名千真万确，花家应召定然义不容辞；家中父老女幼，如何能够远征杀敌？唯有木兰正值年华，家国召唤之下，木兰即使女儿身，也能有所担当吧？于是下定决心，收起女儿态，藏起女儿身，备好男儿装，从今往后，要替父亲跃马沙场，不计归时。

（5）目视花木兰一路骏马长鞭晓行夜宿征途苍茫；再目视花木兰一年年关山万里朔气寒光，原来"从此替爷征"五个字，是为孝与忠、家与国，从此步履维艰、进退维艰！我们何以想象：一女子扮男装十二年的艰困，一女子百战沙场的艰酷，一女子为了家国而难顾终身的艰苦，一女子为了家国而抛家万里的艰辛！

（6）苟利家国，生死以报。她的那一股英雄之气，她的那一缕报国之魂，凝聚成大写的词：心系家国，英勇无畏，留予后人去追寻。

（7）那一缕国魂里，有当代青年因"爱国"而追寻的脚步。

（8）我们都曾见证：2020年，一场疫情大考90后、00后的爱国情怀与责任担当。那24岁参警一年的王李承在武汉封城前毅然返回方舱医院执岗；那23岁的甘如意医生4天3夜辗转300多千米逆行抗疫前线；那20岁的谢佳慧立下"和死神抢人"的信念后随医疗队驰援湖北；还有那17岁的高二学生张安欣网课之余加入社区志愿者行列……

（9）一声召唤即共赴时艰，穿上工作服，成为医生、护士、警察、学生，成为社会的守护者，成为防疫长城的捍卫者！那一缕爱国之魂，凝聚成大写的词：责任担当、无私奉献，留予世人去追寻。

（10）那一缕国魂里，有时代精英为"强国"而追寻的脚步。

（11）何为时代精英？有如"95后"周承钰，心怀强国梦，仰望星空而脚踏实地，国防科大学成毕业后，成为文昌发射场最年轻的女指挥员和嫦娥五号探月任务连接器系统指挥员！照片里，我们看到身高158厘米，着深蓝工作服、还一脸稚嫩恍如中学生的周指挥员，正说着口令在调度30多个男同志开展发射场两大系统——动力系统和加注系统的各项工作，指挥若定，运筹帷幄。

（12）就是这样一位奇女子，身似山河挺脊梁，敢将日月再丈量！就是这样一位奇女子，将个人的奋斗与强国的梦想联结在一起，用自己的高度成就祖国的高度，用自己的速度成就强国的速度，用自己的存在闪亮了祖国的每一个高光时刻！那一缕强国之魂，凝聚成大写的词：忠诚热爱、开拓进取，留予时人去追寻。

（13）自屈原始，一路追寻那一缕爱国之魂、强国之魂，或有捐躯赴国难、视死忽如归者，或有先天下之忧而忧者，或有以少年强成就国之强者——我们看见一代一代的中国人凝心聚力传承铸魂之旅，行而不辍，不啻微芒，正造炬成阳！

**策略说明：**
这是同一个素材运用于第三个命题。

1. 链接感悟

如（1）段。从"国魂"角度，由《木兰诗》链接了颂屈原爱国之素材

《水乡招魂》,（2）段点题。

2. 扣词读解与换位体验

（5）段。扣"从此替爷征"五个字,读解"孝与忠、家与国"的内涵,换位体验花木兰从军生涯的四个"艰",体现"心系家国、英勇无畏"的内涵。

3. 融合造句与内涵对接

（3）（6）段。依据花木兰代父从军报效家国的素材特点,与"报国"对接,与"国魂"的内涵之"心系家国、英勇无畏"对接后融合造句,在过渡段与感悟段进行点题。

（7）（9）段。依据抗疫青年大义担当的素材特点,与"爱国"对接,与"国魂"的内涵之"责任担当、无私奉献"对接后融合造句,在过渡段与感悟段进行点题。

（10）（12）段。依据周承钰少年担任航天指挥员的素材特点,与"强国"对接,与"国魂"的内涵之"忠诚热爱、开拓进取"对接后融合造句,在过渡段与感悟段进行点题。

（13）段。花木兰、抗疫青年、周承钰分别对接"捐躯赴国难,视死忽如归者""先天下之忧而忧者"和"以少年强成就国之强者",再融合造句,文末点题。


**6 号文本：《黄河颂》+10 个素材**

［10 个素材］

1. 校园艺术节元旦文艺会演节目

2. 《黄河船夫曲》音乐

3. 《黄河颂》男女领诵词：中国有一条河,一条从 100 万年前的流动中就有了人类活动痕迹的河……

4. 《琵琶行》：银瓶乍破水浆进,铁骑突出刀枪鸣

5. 习近平总书记 2021 年新年贺词之"每个人都了不起""征途漫漫,惟有奋斗""艰难方显勇毅"等

6. 2021 年新年贺词之"无数人以生命赴使命、用挚爱护苍生,将涓滴之力汇聚成磅礴伟力,构筑起守护生命的铜墙铁壁"

7. 2021 年新年贺词之"在共克时艰的日子里,有逆行出征的豪迈,有顽强不屈的坚守,有患难与共的担当"

8. 命题材料中的梁启超、毛泽东、周恩来的三首诗

9. 崔卫平：你所站立的地方,就是你的中国

10. 哔哩哔哩五四青年节宣言片《后浪》：一个国家最好看的风景，就是这个国家的年轻人

### 一、择读文段

我站在高山之巅，望黄河滚滚，奔向东南。惊涛澎湃，掀起万丈狂澜；浊流宛转，结成九曲连环；从昆仑山下奔向黄海之边，把中原大地劈成南北两面。啊！黄河！你是中华民族的摇篮！五千年的古国文化，从你这儿发源；多少英雄的故事，在你的身边扮演！啊！黄河！你伟大坚强，像一个巨人出现在亚洲平原之上，用你那英雄的体魄，筑成我们民族的屏障。啊！黄河！你一泻万丈，浩浩荡荡，向南北两岸伸出千万条铁的臂膀。我们民族的伟大精神，将要在你的哺育下发扬滋长！我们祖国的英雄儿女，将要学习你的榜样，像你一样的伟大坚强！像你一样的伟大坚强！

### 二、提取联系

1. 选取背景寻求关联

关联"魂"的主题，提取《黄河颂》的创作背景：1938 年，抗战全面爆发，日本侵略者的铁蹄践踏着华北大地，全国掀起抗日救亡运动的高潮。光未然通过创作"黄河"的艺术形象反映现实斗争，激发全国人民的抗日热情和爱国情怀。这个背景与"中华魂"的主题直接相关。

关联"合唱"的命题，《黄河颂》的创作背景体现了抗日救亡特定背景下所有中国人"同样的境遇、同样的情怀、同样的梦想、同样的心声"，与命题直接相关。

2. 聚焦词句直接关联

聚焦课文中"黄河""摇篮""文化""发源""英雄""巨人""伟大坚强""民族屏障"等，与"魂"的主题、"合唱"的命题都直接相关。

3. 品味词句细化关联

品味"望黄河"的内容，描绘黄河的磅礴气势和英雄气魄，塑造中华民族生生不息、坚忍不拔、勇往直前的形象，与"中华魂"主题，与"合唱"中华民族精神都可关联。

### 三、读写融合

聚焦"魂"的主题，关联命题 7《合唱》；命题 8 自拟题《有一种誓言》《恰是少年风华》。

**第1版**

# 合 唱

（1）2020年12月25日，第17届校园科技文化艺术节暨元旦文艺会演在学校的多功能大厅举行。我和班级同学坐在台下，满怀期待。我想，今夜里，台上台下，无论演员党还是观众党，将以不同的表演形式、不同的心情，合唱一首主题叫作"同奋进　共筑梦"的歌，迎接2021年的到来。

（2）台上射灯齐亮，鲜红国旗、青绿校徽和"同奋进　共筑梦"的主题字在深色布幕上格外抢眼。主持人激情开场白后，民族舞《飞天》、歌伴舞《芳华》、乐器合奏《青春修炼手册》、对唱《最美的期待》等节目，千情百转，一路抓着我们的喜悦和快乐往前走。很快，来到一个大型的诗朗诵节目《黄河颂》，这是这场晚会最为震撼的节目。

（3）心生震撼，因为阵容太强大。初中三个年段的朗诵高手集中在一起，目测50多人组成的团队，男生白衬衣深蓝裤、女生白衬衣大红吊带裙，在台上错落有致地摆好阵型，动作齐整、迅速，表情是一致的严肃而昂扬，这阵容带来的强大气场，令全场观众肃然起敬。

（4）背景音乐响起，由远而近，由低沉到奋进，学过钢琴的我，马上听出那是《黄河船夫曲》，仿见船夫们渡黄河时和着波涛在呐喊"划哟冲上前，拼命哪！莫胆寒！"内心又是期待又是激动。

（5）朗诵的前奏，是开场白。晚会的一对主持人亲自领诵。站在中心位的男主持人朗声道："中国有一条河，一条从100万年前的流动中就有了人类活动痕迹的河，一条横贯东西5000千米大地流域、75万平方千米面积的大河，一条象征着华夏五千年文明历史的长河。她就是黄河，就是中华民族的母亲河！"女主持人和声道："黄河是我们的母亲，她千折不回的性格，造就了我们的坚强。她是我们成长的摇篮，她是每一个中华儿女梦想开始的地方……"领诵人字正腔圆，深情而激扬，仿佛勾起了一段深沉的历史，一段悠远的回忆，引人入境。

（6）这时，队形瞬间分成左中右三个方阵。左右两阵对称，各五行四列；中方阵第一行四人第二行五人依次排成七行，呈倒梯字形。左方阵一男生慢举话筒，声喉遮发，中气十足，诵道："啊，朋友/黄河以它英雄的气魄/出现在亚洲的原野/它表现出我们民族的精神/伟大而又坚强！"此时，站在他方阵的人曲起手臂握紧拳头坚定而有力地齐和：伟大而又坚强！男生接着独诵："这里，我们向着黄河/唱出我们的赞歌。"

（7）接着，右方阵一男声响起："我站在高山之巅/望黄河滚滚，奔向东南/

惊涛澎湃，掀起万丈狂澜！"右方阵所有人坚定而有力地齐和再诵："惊涛澎湃，掀起万丈狂澜！"一女声响起："浊流宛转，结成九曲连环/从昆仑山下奔向黄海之边。"左中右所有声音齐诵："把中原大地劈成南北两面！"与此同时，<u>中方阵第七八两行的人快走向前，队阵顿成整齐的五行十二列</u>，再次齐诵，当那一句"把中原大地劈成南北两面！"再次响起，<u>伴随着一双双手臂瞬间齐整整挥向两边的高空</u>，一时之间，恍如惊涛拍岸，浪花翻涌，只觉荡气回肠，豪情满怀！

（8）在和缓的背景音乐中，队列调整回左中右三阵，仿佛酝酿着一种情感爆发的来临。先是站在中心位的男主持人浑圆醇厚的声音响起，八个男生齐和；女主持人洋洋盈耳的声音响起，八个女生齐和，而后全阵铿锵有力地再次齐诵道："啊！黄河/你是中华民族的摇篮/五千年的古国文化/从你这儿发源/多少英雄的故事/在你的身边扮演……"然后朗诵的语速加快，节奏加快，音量加大，或单人、或四人、或男声、或女声、或齐声，有序的组合变换，诵声此起彼伏，最后来到诗的结尾——只见中队阵笔直站立，<u>左右队阵单膝跪地，单臂举向长天</u>，齐诵："我们祖国的英雄儿女/将要学习你的榜样！"跪地者忽地同时站起，与中队阵并肩，齐诵："像你一样的伟大坚强/像你一样的伟大坚强！"

（9）恍若"<u>银瓶乍破水浆迸，铁骑突出刀枪鸣</u>"，铮铮淙淙，千军万马，一时之间，所有炸裂的声音戛然而止，静默片刻后，全场回味过来，掌声轰然雷动，震撼感油然而生：为台上一场声情并茂的朗诵演绎了华夏儿女的黄河精神，更为心中的激情被点燃、豪情被点燃，在新年到来的时候，我们在心中齐唱：梦想如黄河之水，奔涌向前，滔滔不绝。

**策略说明：**

1. 融合造句

（1）段。将命题关键词"合唱"与故事特征词"元旦文艺会演""同奋进、共筑梦"融合造句，开篇点题。

2. 嫁接情境

（2）—（9）段。将课文《黄河颂》的素材嫁接到元旦文艺会演诗朗诵《黄河颂》的情境中来，在朗诵的情境中，完成素材的引用，完成对诗歌内涵的鲜活演绎。

3. 链接感悟

（4）段。由《黄河颂》的素材，拓展链接《黄河船夫曲》的音乐素材，体会"黄河精神"。

（5）段。链接与《黄河颂》相关的朗诵视频素材中记录的一段文字作为

"开场白"，表达诗的意境情感，表现朗诵的场面和听众的感受。

4. 内涵对接

（6）—（9）段。依据诗的不同小节的不同内涵，与朗诵表演的队列、声音、动作等不同演绎——对接，表达诗的意境情感，表现朗诵的场面和听众的感受。

5. 融合造句

（9）段。将命题关键词"合唱"，与故事特征词"一场声情并茂的朗诵""同奋进、共筑梦"，与课文素材关键词"华夏儿女、黄河精神"等融合造句，深化主题。

**第2版**

## 有一种誓言

（1）1月8日，在一节叫作"2021，我的励志语"的初三年级主题班会上，我们全班同学为中考立下了属于自己的誓言。誓言各有不同，但不论起点，无问西东，同站立于"少年强则国强"的高度来勉励自己立志于学，同愿"只争朝夕，不负韶华"。

（2）事情的起点在1月7日，也就是班会的前一天。早读时，"杨班头"（注：杨老师，我们的班主任兼语文老师）把我们几个班干部叫出来商量："今年我们要迎接中考，明天是新年的第一个班会，我们要以'2021，我的励志语'为题开展5分钟的分享发言活动。我从新年贺词中摘出八个金句，请你们几个班干部各选择一句带头分享，要求引用故事、名言、诗句等谈理由和体会，少说空话，多说有事有情有理的话。"一番商榷后，我们几个班干部领命准备。

（3）8日下午，班会开场之后，白板屏幕上打出第一张贺卡，红色方框左边是竖排的红体字"习近平总书记新年贺词"，右边是竖排黑体字，贺卡内容就此一张张推出：

（4）每个人都了不起。

（5）艰难方显勇毅，磨砺始得玉成。

（6）征途漫漫，唯有奋斗。

……

（7）八个金句都特别励志，特别燃。"杨班头"对大家说："2021，面对中考，你需要时时自勉让自己坚持下去。你可以就以上金句或其他金句来分享你选择'励志语'的理由和体会。"

（8）发言开始了。班长显然准备充分，第一个上台：

（9）"2021，我的励志语是'<u>艰难方显勇毅，磨砺始得玉成</u>'。你们都知道，对照中考录取率，再看我几次统考的全市排名，我属于可上可下的'危险分子'，我最害怕数学压轴题，这是我面临的最大艰难，也是我需要磨砺的方向。所以，如果今年我考上重点高中的梦想得以'<u>玉成</u>'，更能彰显我以勇气和毅力战胜了自己。我想借用毛泽东的一首诗来坚定自己的勇毅之心：'<u>孩儿立志破难关，学不成名誓不还。奋蹄何须长鞭策，初心无刻不弥坚。</u>'愿以此自勉，也请老师同学们监督我。谢谢大家！"

（10）赞！"杨班头"情不自禁地大声喝彩，同学们齐鼓掌，特别是最后那首改造的诗，又用心又有才华！

（11）我跃跃欲试。举高了手，跟班头对了下眼神，我就上台了：

（12）"同学们好，2021，我给自己定的励志语是'<u>每个人都了不起！</u>'也许你们会奇怪，这不是总书记点赞的话吗，算什么励志语呢？让我来告诉你们为什么。

（13）"首先，让我们来看一下习近平总书记在这句话之前说了什么？<u>无数人以生命赴使命、用挚爱护苍生，将涓滴之力汇聚成磅礴伟力，构筑起守护生命的铜墙铁壁。一个个义无反顾的身影，一次次心手相连的接力，一幕幕感人至深的场景</u>，生动展示了伟大抗疫精神。

（14）"同学们，'<u>构筑起守护生命的铜墙铁壁</u>'是否让你联想起那诗句：<u>多少英雄的故事/在你的身边扮演/啊！黄河/你伟大坚强/像一个巨人/出现在亚洲平原之上/用你那英雄的体魄/筑成我们民族的屏障</u>……？

（15）"原来，'<u>每个人都了不起</u>'，是总书记在为自强不息的民族精神而点赞，在用另一种语言吟咏一曲《黄河颂》；在这个特殊的语境里，每个人都了不起，指的是在抗疫斗争中<u>每一个逆行出征的人，顽强坚守的人，患难担当的人，英勇牺牲的人，守望相助的人</u>。这样的人，才是总书记口中担得起'了不起'三个字的人。

（16）"所以，我用这句话来作为我新年的励志语，是想告诉自己，'每个人'不是指所有人，而我要做'每个人'当中的一个，我要担得起这三个字，就要做到四个字：自强不息！我以这句话自勉，也希望我们在座的所有人，在中考之后，都能互相说一声：<u>每个人都了不起！</u>谢谢大家！"

（17）掌声再次雷动。我知道我给予了自己、给予了同学们在中考征战之路上奋斗的力量。

（18）在我们几个班干部带动下，陆续有同学上去分享发言。有一种誓言，叫作"2021，我的励志语"，就在新年的第一个班会上，分享的那一句句励志语，一句句誓言直击内心。2021，我们<u>胸怀雄心壮志，恰是少年风华！</u>

**策略说明：**

这是同一素材运用于第二个命题。

1. 融合造句

（1）（2）段。将命题材料之一"少年强则国强"和故事特征词"2021，我的励志词"融合造句点题，并交代故事的起因。

2. （3）—（7）段。引用新年贺词，呈现故事的开端。

3. 融合造句与嫁接情境

（8）—（10）段。先将新年贺词之"艰难方显勇毅，磨砺始得玉成"与班长的学习故事特征"害怕数学压轴题"融合造句，说明选励志语的理由；再将命题材料之毛泽东诗句的情境嫁接到班长的学习故事情境中，形成新的诗句，表达班长的励志心得。

4. 扣词读解与内涵对接

（11）—（17）段。读解新年贺词中"每个人都了不起"的含义。先将贺词中关于"抗疫精神"的表述句与《黄河颂》的诗句通过"铜墙铁壁"和"屏障"进行内涵对接，从中得出"每个人都了不起"是对"自强不息的民族精神"的赞美的读解。

5. 融合造句

（18）段。将新年贺词之"征途漫漫，惟有奋斗"和命题材料之周恩来的诗句，和班会的故事特征词"2021，我的励志语"三者融合造句，深度点题。

**第3版**

### 恰是少年风华

（1）1月8日，在一节叫作"2021，我的励志语"的初三年级主题班会上，我们全班同学为六月中考重新找到了前行的力量。我们不论起点，无问西东，<u>同愿只争朝夕，不负韶华。因为在这一天，我们形成了一个共识，那就是：你的高度就是母亲的高度，你的速度就是祖国的速度。</u>

（2）事情的起点在1月7日，也就是班会的前一天。早读时，"杨班头"把我们几个班干部叫出来商量："今年我们要迎接中考，明天是新年的第一个班会，我们要以'2021，我的励志语'为题开展分享发言活动。我摘录了一些金句，请你们几个班干部各选一句带头分享，要求引用故事、名言、诗句等谈理由和体会，少说空话，多说有事有情有理的话。"一番商榷后，我们几个班干部领命准备。

（3）8日下午，杨班头先来激情开场白：你所站立的地方，正是你的中国。你怎么样，中国便怎么样；你是什么，中国便是什么；你有光明，中国便不黑暗。2021年，面对中考，你们需要找到一种力量来让自己走得更快更稳。请看这些句子：

（4）艰难方显勇毅，磨砺始得玉成。

（5）做"守护者"，就是担使命、保安康。做"修行者"，就是宅其身、抱道行。

（6）一个国家最好看的风景，就是这个国家的年轻人……

（7）每个金句都特别励志，特别燃。于是发言开始了。班长显然准备充分，第一个上台：

（8）2021，我的励志语是：艰难方显勇毅，磨砺始得玉成。你们都知道，对照中考录取率，再看我几次统考的全市排名，我属于可上可下的"危险分子"，我最害怕数学压轴题，这是我面临的最大艰难，也是我需要磨砺的方向。所以，如果今年我考上重点高中的梦想得以"玉成"，更彰显我以勇气和毅力战胜了自己。所以我愿以此句自勉，也请老师同学们监督我。谢谢大家！

（9）赞！杨班头情不自禁喝彩，同学们齐鼓掌，特别是结合金句讲自己的学习故事，又走心又高大上，简直了！

（10）我跃跃欲试。举高了手，跟班头对了下眼神，我就上台了：

（11）同学们好，2021，我给自己定的励志语是：做"守护者"，就是担使命、保安康。做"修行者"，就是宅其身、抱道行。也许你会说，你又不是"守护者"，这前半句跟你何关呢？为何用它来励志？

（12）同学们，你记得吗？战"疫"的漫长岁月里，有多少英雄的故事，曾在你的身边上演？因此，这句话提醒我，正是守护者的负重前行，才有我们静好的岁月，我们必须珍惜；这句话还提醒我，战"疫"岁月里，无数的如黄河一样伟大坚强的人以生命赴使命、用挚爱护苍生，将涓滴之力汇聚成磅礴伟力，用英雄的体魄，筑成我们民族的屏障，筑起守护生命的铜墙铁壁，这份民族精神，我们必须传承。

（13）正是"守护者"的担使命、保安康，时时提醒我们要珍惜、要传承，所以，作为"修行者"的我们，更要时时以"宅其身、抱道行"来约束自己和勉励自己。想想即将到来的寒假，正是新一轮的战"疫"打响的时刻，我们如何当一个"修行者"呢？当我们宅在家里，就要努力让自己沉得住气、守得住静、耐得住躁、稳得住心、扛得住磨炼，这就是我们要抱而行之的"道"。愿我们新年开学见面时能互相确认一个并不心虚的眼神，说：我是合格的修行者。愿我们以此互勉。谢谢大家！

（14）"奥利给（网络语：给力哦）！"掌声再次雷动。我知道我给自己、给同学们的中考征战之路敲响第一声战鼓了。

（15）"征途漫漫，惟有奋斗"；"一个国家最好看的风景，就是这个国家的年轻人……在我们几个班干部带动下，陆续有同学上去分享发言。就在新年的第一个班会上，分享的那一句句励志语、一句句誓言直击内心。我们这群初三党，在某一个瞬间，被一种"为中华之崛起而读书"的神圣感袭击得集体"上头"，2021，我们胸怀雄心壮志，恰是少年风华！

**策略说明：**

这是同一个素材运用于第三个命题。

1. 融合造句

（1）段。将命题关键句"你的高度就是母亲的高度，你的速度就是祖国的速度"与故事特征词"2021，我的励志语""六月中考"等融合造句，开篇点题。

2. 为写择句

（3）—（7）段。扣题关键词选择的金句，除了"艰难方显勇毅，磨砺始得玉成"其他三句都与上一版本不同，如"你所站立的地方，正是你的中国""守护者、修行者"句和"一个国家最好看的风景"，都是"你和祖国的关系"角度来为写择句。

3. 内涵对接

将"守护者"的内涵，与"战'疫'岁月里，无数人以生命赴使命、用挚爱护苍生"的内容对接，将"修行者"与"我们宅在家里的表现"对接，表达感悟。

请关注同一素材用在不同文题中的不同表达。

**7 号文本：《沁园春·雪》+12 个素材**

［12 个素材］

1. "红船"精神

2. 2021 年高考全国甲卷作文题"可为与有为"命题语料

中国共产党走过百年历程。在党团结带领人民进行的伟大斗争中孕育的革命文化和社会主义先进文化，已经深深融入我们的血脉和灵魂。我们过的节日如"五四""七一""八一""十一"，我们唱的歌曲如《义勇军进行曲》《没有共产党就没有新中国》，我们读的作品如《为人民服务》《沁园春·雪》《荷花淀》《红岩》，我们景仰的革命烈士如李大钊、夏明翰、方志敏、杨靖宇，我们学习的榜样如雷锋、焦裕禄、钱学森、黄大年，等等，都给予我们精神的滋养和激励。我们心中有阳光，我们脚下有力量。我们的未来将融汇于中华民族伟大复兴的新征程，我们处在一个大有可为的时代……

3. 2021年习近平总书记新年贺词

4. 张载"横渠四句"：为天地立心，为生民立命，为往圣继绝学，为万世开太平

5. 钟南山、江学庆、刘智明例

6. 世卫组织宣布使用中国国药集团研发的新冠疫苗

7. 全国政协委员《关于防止男性青少年女性化的提案》

8. 奥运女排、女足

9. 岳飞：三十功名尘与土

10. 周恩来：大江歌罢掉头东，邃密群科济世穷

11. 南仁东、袁隆平、杨利伟等例

12. 男生代言口红广告

**一、择读文段**

江山如此多娇，引无数英雄竞折腰。惜秦皇汉武，略输文采；唐宗宋祖，稍逊风骚。一代天骄，成吉思汗，只识弯弓射大雕。俱往矣，数风流人物，还看今朝。

**二、提取联系**

运用"聚焦词句直接关联"之策，聚焦"江山多娇""英雄折腰"二词，英雄因"江山多娇"而"竞折腰"，体现爱国精神，与"魂"主题直接相关。

聚焦"英雄"一词，有历代"人民英雄"，成为中国的脊梁；每个少年的心中，还有一个"少年强，中国强"的"英雄梦"，与"魂"主题相关。

聚焦"折腰""还看"二词，再运用"品味词句细化关联"之策，折腰，可解读：为大好江山而奋斗、奉献和无怨无悔地付出；"还看"可解读：这是要燃烧奋斗之激情与大展宏图抱负的誓言。

## 三、读写融合

聚焦"魂"主题，关联命题9《最好的作品》；命题8自拟题《少年当养浩然气》。

**第1版**

### 最好的作品

（1）1921年，一艘小小的红船载着满怀梦想的共产党人，从南湖启航，穿过岁月的惊涛骇浪，成为领航中国的巍巍巨轮，从此共产党人为这个积贫积弱的国家献上一份最好的作品。

（2）以那一艘红船为起点，共产党人创造了最好的作品，写在毛泽东的《沁园春·雪》里。

（3）数风流人物，还看今朝！

（4）称得上能建功立业的英雄人物，还要看今天的人们。

（5）红军东征，东渡黄河，对日作战，毛泽东宣誓，"数风流人物，还看今朝"，这份誓言，是最好的作品，预言共产党人将为革命、为时代书写最新、最美、最壮丽大气的篇章。

（6）为什么是最好的作品？请看"今朝"——"今朝"是眼前、是当下，当下是一个革命的时代，是一个崭新的时代。它最"新"。

（7）为什么是最好的作品？请看"风流人物"——"风流人物"是英雄人物，他们更具卓越的才能，他们将不负历史的使命，更建空前伟大的业绩。它最"美"。

（8）为什么是最好的作品？请听"俱往矣"的胆气，请听"细数"英雄人物的豪气，请听"还看今朝"的霸气——这是诗人坚定的自信和伟大的抱负——诗人用震撼千古的结语，发出了超越历史的宣言，道出了改造世界的壮志。壮哉！大哉！

（9）这就是最好的作品：那一刻思接千载，那一刻洞悉未来，那一刻豪情万丈，那一刻傲视古今！

（10）以那一艘红船为起点，共产党人创造了最好的作品，凝固成一种传承"红船精神"的"革命文化和先进文化"。

（11）最好的作品，就在凝聚的红船精神里：开天辟地、敢为人先的首创精神，坚定理想、百折不挠的奋斗精神，立党为公、忠诚为民的奉献精神；

（12）最好的作品，就在我们过的节日里："五四""七一""八一""十一"；

（13）最好的作品，就在我们读的作品里：《为人民服务》《荷花淀》《红岩》；

（14）最好的作品，就在我们唱的歌曲里：《义勇军进行曲》《没有共产党就没有新中国》《黄河颂》；

（15）最好的作品，还在我们景仰的那一位位革命烈士里：李大钊、夏明翰、方志敏、杨靖宇；

（16）最好的作品，还在我们学习的榜样里：雷锋、焦裕禄、钱学森、黄大年……

（17）就是这一艘"母亲船"，从历史沧桑中驶来，用她为祖国、为人民交上的一份份最好的作品，滋养我们的血脉和灵魂；而今又行进在第二个一百年的新起点上，载着初心犹在的新一代人，载着满船的阳光，载着砥砺的力量，为交上属于这一代人的最好的作品，誓将有为、奋发有为！更将大有作为！

**策略说明：**

1. 链接感悟和融合造句

将"最好的作品"的内涵定义为"精神作品"，凝固为"红船精神"。由此链接"红船精神"素材，以及2021年高考全国甲卷作文题"可为与有为"里关于"革命文化与先进文化"的命题材料。将"红船精神""革命文化与先进文化"分别与"最好的作品"融合思考并造句，表现精神作品的诞生和传承。融合"红船精神"的见（1）（2）（10）段；融合"革命文化与先进文化"的见（11）—（16）段。

2. 联结背景

（5）段。联系毛泽东词创作时的背景，结合所选的词句进行简述（如"红军东征，东渡黄河，对日作战"的简述）。

3. 融合造句与扣词读解

（6）—（9）段。紧扣命题关键词"最好"，与素材关键词"今朝""风流人物""俱往矣""数""还看"，与"故事背景特征词"等融合，通过诠释"最好"二字的含义来表现主题。

（17）段。将"红船"，与"可为与有为"命题素材，与"最好的作品"三者融合思考造句，篇末深化点题。

**第 2 版**

# 最好的作品

（1）数风流人物，还看今朝！

（2）称得上能建功立业的英雄人物，还要看今天的人们。

（3）2020，岁在庚子，一场新冠肺炎疫情突袭荆楚大地，波及全国。大江流日夜，慷慨歌未央，灾难来临的时代正是呼唤英雄出现的时代。"数风流人物，还看今朝"，仿佛就是一句预言，<u>预言抗疫英雄将在这场灾难中交出最好的作品，将为这个时代书写最新、最美、最壮丽大气的篇章，预言2020年的中国抗疫，将在中华民族史册、人类发展史册上写下悲壮雄浑的篇章。</u>

（4）为什么是最好的作品？请看"今朝"——"今朝"是眼前，是当下，是病毒肆虐的至暗时刻，是生死考验的一场场战斗，是风起云涌的抗疫之年，这份作品它最"真"；

（5）为什么是最好的作品？请看"风流人物"——"风流人物"是英雄人物，他们更具卓越的才能，他们肩负时代的使命，更建空前伟大的业绩，如"为天地立心，为生民立命"的钟南山、江学庆、刘智明们，如那些前赴后继的"逆行者"们，这份作品它最"美"；

（6）为什么是最好的作品？请听"俱往矣"的胆气，请听"细数"英雄人物的豪气，请听"还看"今朝的霸气——那共克时艰的日子里，让我们"细数"逆行出征的豪迈，顽强不屈的坚守，患难与共的担当，英勇无畏的牺牲，守望相助的感动；让我们"还看"那一个个义无反顾的身影，那一次次心手相连的接力，那一幕幕感人至深的场景！当抗疫最艰难时刻"俱往矣"，"今朝"全球"疫苗"分配风波又到来！2021年5月7日，世界卫生组织宣布将中国国药集团的一款新冠疫苗列入"紧急使用清单"！构筑共同抗疫的全球防线，践行构建人类卫生健康共同体的铮铮誓言，扛起大国道义和大国担当，中国又为世界呈交了一份最好的作品！——这震撼千古的名句，发出的是超越历史的宣言，道出的是创造新世界的壮志。壮哉！大哉！

（7）这就是最好的作品，由中国新一代的英雄人物集体完成的作品：那一刻思接千载，那一刻洞悉未来，那一刻豪情万丈，那一刻傲视古今！

**策略说明：**

1. 联结背景

（1）—（3）段。由词中的"英雄"联系起"抗疫英雄"，再结合所选的词句就"当下的抗疫英雄如何完成最好的作品"展开思考。

2. 链接感悟、融合造句和扣词读解

（4）—（7）段。链接 2021 年习近平总书记新年贺词"每个人都了不起"中点赞全民抗疫的句子；再链接 2021 年 5 月 7 日世卫组织将国药集团新冠疫苗列入紧急使用清单的素材。

将这两个链接的素材，与命题关键词"最好"，与素材关键词"今朝""风流人物""俱往矣""数""还看"等融合思考，通过诠释"最好"二字的含义来表现主题。

## 第 3 版

### 少年当养浩然气

（1）2021 年新学期开学第一个月，学校高中部举行辩论赛，我们初三几个学优生被选中担任其中一场的观众评委，就是听完可以当堂打分并计入总分的那种，虽然观众的打分占比最小，我还是在心里欢呼又雀跃的，更何况那辩题实在有趣：当下男生，是否需要更多注重培养"阳刚之气"？

（2）这个辩题的"梗"起于 2021 年 1 月 28 号，话说有全国政协委员向教育部提交《关于防止男性青少年女性化的提案》，教育部 28 号发布消息回应说要"更多注重学生'阳刚之气'的培养"，一下子上了热搜。这个"梗"马上在我们同学中炸开了，玩笑之间，就会冲着某男生喊：拜托给我个"man"的表情，你有没有？

（3）正方四个人，来自高二选物理组合的"理科"班；反方为高二选历史组合的"文科"班。我们在台下拿着小本本时刻处于待记之中，空气中弥漫着紧张而又兴奋的味道。

（4）正方一号：我方认为，当下男生给人"缺少阳刚之气"的感觉原因有二：第一，男生在家庭中多数为妈妈、外婆、奶奶等照顾，在学校，从幼儿园开始，遇到的也是女教师居多，这在男生的性格培养方面难免更多地带上女性的特点；第二，当今社会，男女更加平等，导致男女性格上的区分度没有像从前那么明显，尤其是女学霸、女强人越来越多，说话做事都干脆利落，你看看就连奥运会，那女排、女足的表现，反衬得中国男生缺少阳刚之气。基于这样的现状，我作为一个男生，更要站出来呼吁，往小里说，我们男生，确实需要好好培养自己的'阳刚之气'，让自己体格更强壮内心更强大；往大里说，<u>少年强则国强，我们男生要变得更有担当</u>。

（5）我正心中叫好，反方一号已针锋相对：

（6）对方辩友请注意，第一，妈妈带娃或女教师多并不一定导致男生缺少阳刚之气，重点在于教的人是否会教；第二，有阳刚之气、有担当的中国男生自古以来一直都有，从来没断过，你看，从岳飞"三十功名尘与土，八千里路云和月"的冲天豪气，到林则徐"海纳百川，有容乃大；壁立千仞，无欲则刚"的至大至刚，到周恩来"大江歌罢掉头东，邃密群科济世穷"的远大抱负，再到我们当今时代"天眼之父"南仁东、"水稻之父"袁隆平的科技创新，再到航天英雄杨利伟、"人民英雄"钟南山院士等的无畏担当，不正说明男生的阳刚之气早就成为我们中华民族根深蒂固的优良传统吗？难道你不觉得"当下男生缺少阳刚之气"只是你以偏概全的判断吗？所以我方认为，阳刚之气不重在体格、在外表，要更重内在的浩然之气，这一点，我中华男儿自古有之！

（7）一时之间，硝烟弥漫，杀气逼人，如果是我在台上，真不知这刀怎么补，或这坑怎么往下挖了。

（8）只见正方二辩从容站起，眼睛直射反方座席，一开口便射出一支箭：

（9）请教对方辩友，你所举的这些英雄伟人的例子固然没错，但是，英雄伟人能代表大多数吗？难道以偏概全的不是你方吗？

（10）"好！"话间刚落，观众席传来掌声，又立马被评审团手势制止了。反方三辩神速站起：请对方辩友不要偷换概念。我方陈述英雄伟人的事实是为了说明一点：任何时代都有它自己的优点与弱点，但是从来不妨碍这个时代的人具备阳刚之气、浩然之气。难道你方想否认这是我们民族的优良传统吗？

（11）正方三辩四辩相继站起：我妈是幼儿园老师。她经常说，好多男孩子比女生还胆小。有个男生看到小虫子就吓到了，反倒是一个女孩子冲上去把小虫子抓走了。这个男生的妈妈平时成天"宝宝不怕、宝宝不怕"地哄着他，令人担忧！

（12）请看一看当今娱乐圈、时尚圈，看看广告，长得比女生还柔美的男生在喷香水，在做发型，在做口红代言人，帅是帅了，可是帅得好"娘"啊！难道不值得深思吗？

（13）……唇枪舌剑，硝烟四起，我们一会儿觉得正方有理加了分，一会儿又给反方打 call，大脑被带着走了好几个轮回，又是过瘾，又是好生佩服学长学姐们的口才学识，涨姿势（网络语）了！

（14）一番激战后，我听到了评审团发言人的总结陈词，心中才逐渐清明起来：

（15）"时代如此多娇，引无数英雄竞折腰"。毛泽东曾经在词里批判："惜秦皇汉武，略输文采/唐宗宋祖，稍逊风骚/一代天骄，成吉思汗/只识弯弓射大雕"。这说明，是文，是武；是阴柔，是阳刚；是文科生，是理科生；是女生，是男生，如果你对号入座后成为毛泽东笔下"略输"的那一个、"稍逊"的那一个，"只识"的那一个，那一定是可叹可惜的。

（16）"数风流人物，还看今朝！"愿我们在座所有的男生、女生能够在中学时代都更清晰地认识自我，知己之长，更知己之不足，让自己拥有更强健的体魄和更丰厚的精气神。少年当养浩然气，英雄更须拿云志！

**策略说明：**

1. 联想故事

（1）（2）段。关联命题《少年当养浩然气》，再由课文《沁园春·雪》中毛泽东对"略输文采、稍逊风骚、只识弯弓射大雕"的"惜"，联想到知识的偏文偏理、性格的偏阴柔偏刚硬等，进一步联想到 1 月 28 号关于"培养阳刚之气"的热搜话题。由此而交代故事的起因和背景。

2. 扣词读解与融合造句

（4）段。先通过辩手的发言对'阳刚之气'的含义进行读解：更强壮更强大更有担当，再与命题材料一"少年强则国强"的关键词融合造句，推动故事情节发展。

3. 链接感悟与融合造句

（6）段。将命题材料三周恩来的诗句与故事特征词"阳刚之气"融合造句，表达反方观点；链接岳飞、林则徐、南仁东、钟南山等古今英雄人物的素材，借反方之口表达"阳刚之气、浩然之气是中华民族的传统"的观点，推动故事情节发展。

4. 融合造句

（15）（16）段。将课文素材关键句"江山如此多娇"到"还看今朝"，与故事特征词"男生、阳刚之气"，与命题关键词"少年当养浩然气"三者融合造句，表达无论男女都要认识自我养浩然气的观点，深化主题。

**8 号文本：《老山界》《我为什么活着》+8 个素材**

［8 个素材］

1. 毛泽东 127 周年诞辰

2. 哔哩哔哩网站"人民万岁"诗朗诵视频

3. 毛泽东：孩儿立志出乡关，功不成名誓不还

4. 毛泽东：为有牺牲多壮志，敢教日月换新天

5. 杜甫《茅屋为秋风所破歌》：安得广厦千万间，大庇天下寒士俱欢颜

6.2020 年清明节全国降半旗致哀抗疫烈士及疫情罹难同胞

7.2021 年新年贺词：以生命赴使命，用大爱护佑苍生

8.《山河无恙在我胸》歌词：选择了多少次向死而生/终于等到冰雪消融/经历了多少负重前行/今夜光芒照亮天空/千江有月 映千山有情/人世间最美是你逆风的身影/万里无翳 万物又欣荣/天地间你采来生命的火种/去时风雨锁寒江/归来落樱染轻裳/漫天飞花中/微笑望苍穹/山河无恙在我胸/愿你归来若春风/山河无恙如初见

## 一、择读文段

1. 满天都是星光，火把也亮起来了。从山脚向上望，只见火把排成许多"之"字形，一直连到天上，跟星光接起来，分不出是火把还是星星。达真是我生平没见过的奇观。

半夜里，忽然醒来，才觉得寒气逼人，刺入肌骨，浑身打着颤。把毯子卷得更紧些把身子蜷起来，还是睡不着。天上闪烁的星星好像黑色幕上缀着的宝石，它跟我们这样地接近哪！黑的山峰像巨人一样矗立在面前。四围的山把这山谷包围得像一口井。上边和下边有几堆火没有熄；冻醒了的同志们围着火堆小声地谈着话。除此以外，就是寂静。耳朵里有不可捉摸的声响，极远的又是极近的，极洪大的又是极细切的，像春蚕在咀嚼桑叶，像野马在平原上奔驰，像山泉在呜咽，像波涛在澎湃。不知什么时候又睡着了。

到了山顶，已经是下午两点多钟。我忽然想起：将来要在这里立个纪念碑，写上某年某月某日，红军北上抗日，路过此处。我长长地吐了一口气，坐在山顶上休息一会。回头看队伍，没有团过山的只有不多的几个人了。我们完成了任务，把一个坚强的意志灌输到整个纵队每个人心中，饥饿、疲劳甚至受伤的痛苦都被这个意志克服了。难翻的老山界被我们这样笨重的队伍战胜了。《老山界》

2. 对爱情的渴望，对知识的追求，对人类苦难不可遏制的同情心，这三种纯洁但无比强烈的激情支配着我的一生。这三种激情，就像飓风一样，在深深的苦海上，肆意地把我吹来吹去，吹到濒临绝望的边缘。

爱情和知识，尽可能地把我引上天堂，但同情心总把我带回尘世。痛苦的呼号的回声在我心中回荡，饥饿的儿童，被压迫者折磨的受害者，被儿女视为可厌负担的无助的老人，以及充满孤寂、贫穷和痛苦的整个世界，都是对人类

应有生活的嘲讽。我渴望减轻这些不幸，但是我无能为力，而且我自己也深受其害。《我为什么活着》

二、读写融合

聚焦"魂"的主题，关联命题 8 自拟题《安放于热土的灵魂》；命题 3《永远不变的情思》；命题 5《只要还在》。

**第 1 版**

### 安放于热土的灵魂

（1）2020 年 12 月 26 日，正是周六，我埋头试卷不知多久，想轻松一下，点开 B 站浏览一路停不下来，发现"推荐"和"热门"不停地推送一个标题："今天，纪念一位伟人"。原来，今天是领袖毛泽东诞辰 127 周年纪念日。我喜欢历史，更喜欢毛泽东的诗词，所以选了一个叫"人民万岁"的诗朗诵视频点开了，听着，仿佛重温了毛泽东从"孩儿立志出乡关"到带领中国人民站起来的那一段峥嵘岁月；听完，瞬间为安放于中国热土的这一个伟大的灵魂，泪目。

（2）诵词第一节：你从韶山水田的黄色的阡陌走来/你从安源煤矿的黑色的巷道里走来/你从湘乡的那棵垂挂过许多苦难的老槲树下走来/你从长沙那口映照着许多血泪的清水塘畔走来……

（3）于是，那个在湘乡读完县立高小学堂的少年毛泽东真的从时间深处向我走来了，我看见，他改写诗赠予父亲："孩儿立志出乡关，学不成名誓不还。埋骨何须桑梓地，人生无处不青山"，此时的他，依父亲的话留在家记账、干活？不，心中已然立下鸿鹄之志，志在乡关之外、千山之外、青天之上！

（4）诵词第二节：你从八百里井冈很有特色的中国的秋收里走来/你从二万里长征的很有气魄的中国的长跑中走来……

（5）于是，那个高举镰刀斧头旗帜的秋收起义里的领袖毛泽东从时间深处向我走来了，那个令三军过后尽开颜的领袖毛泽东从二万里长征中向我走来了。我眼前浮现《老山界》里那排成许多"之"字形的火把，它们一直连到天上，跟星光接起来，到最后分不出是火把还是星星——是夜空中最亮的那颗星，是拥有超凡胆识与气魄的那个灵魂，引领着这片热土上的人民，走过万水千山，终把星星之火，燃成了燎原巨火。

（6）颂歌继续着：你从万里雪飘的北国风光走来/你从顿失滔滔的大河上下走来/你从《史记》里的秦皇汉武的赫赫武功中走来/你从《资治通鉴》中的唐

宗宋祖的奕奕文采里走来／你走来，你走来／你很现实地走上天安门城楼／向着扭转乾坤的人民／用可以穿透乾坤的湖南口音高呼／人民万岁！

（7）在诵读者那一声神似毛泽东湖南口音的"人民万岁"诵读出来，"岁"字的余响回荡时，我泪目了。127 年后的今天，我向着从历史中走来、从诗词中走来的精神领袖致敬与缅怀；127 年后的今天，我们还可以向着安放于这片热土上的伟大的灵魂说：盛世如你所愿，日月已换新天。

**策略说明：**

链接感悟与融合造句

（1）段。将命题材料一毛泽东的诗句"孩儿立志出乡关"，与自拟题的关键词"安放于热土的灵魂"，与故事特征词"纪念毛泽东 127 周年诞辰"，与拓展链接的素材"人民万岁"诗朗诵等四个内容融合造句交代故事背景、表达感悟并开篇点题。

（2）（3）段。链接《人民万岁》第一节内容，与毛泽东的诗句融合造句，表现少年毛泽东的鸿鹄之志。

（4）（5）段。链接《人民万岁》第二节内容，与课文《老山界》描写长征路上翻越高山的细节融合造句，表现少年毛泽东超人的领袖气魄。

（7）段。链接《人民万岁》第三节内容，链接毛泽东诗句"为有牺牲多壮志，敢教日月换新天"、《沁园春·雪》的素材内容，与故事特征词"缅怀致敬毛泽东"，与自拟题关键词"安放于热土的灵魂"三者融合造句，深度点题。

**第 2 版**

## 永远不变的情思

（1）我相信有一种情思，沉淀在历代先驱者的灵魂深处，流淌在他们的血液之中。它是一种情怀，一种信念，让我们一遍遍地铭记与追思。

（2）2020 年 4 月 4 日，清明节。上午，我收到班主任的微信通知：建议收看天安门广场悼念抗击新冠肺炎疫情斗争牺牲烈士和逝世同胞的仪式。

（3）于是我打开电视。10 点，北京、武汉、上海……，我看见一个个城市的天空，五星红旗缓缓升起到最高处，又缓缓下降到半空；我看见戴着口罩的国家领导人、医护、公安、驻足的行人……在同一时刻默哀；我听见汽车、火车、舰船清厉悠长的鸣笛声；我听见幕外音在说：我们永远不能忘记，4600 多名同胞不幸罹难……让我们永远铭记这些平凡而伟大的名字：江学庆、刘智明、李文亮……他们以生命践行使命，用大爱护佑苍生。

（4）我忍不住想：那些因践行使命、护佑苍生而逝去的人，在以命换命的日子里，他们的内心都经历了什么？是怎样一种情怀和信念，驱使着他们向着死神的方向逆风前行？

（5）正若有所思间，看见电视屏幕的镜头从天安门前的人民英雄纪念碑前掠过，我忽然明白了什么，瞬间脑补着一个念头：当下，先驱者是迎战天敌的逆行者；曾经，先驱者是迎接和平的革命者。这二者之间，似有同一份不变的情思牵起曾经与当下，让我们在清明节这一天，去追远追思。

（6）追远。想起读过的课文《老山界》，红军长征所过的第一座难走的山。那三十里高的瑶山，那绝壁上连成"之"字形的火把，那寒气逼人的暗夜里就着一尺来宽的山路守着如井的空谷休息的兵马，那听着炮火忍着饥寒挽扶着攀缘近九十度垂直石梯的医护和伤员——和平年代里的我们难以想象，是什么样的情怀和信念驱使着他们不惧踏出前行的脚步？

（7）追思。那句"我们完成了任务，把一个坚强的意志灌输到整个纵队每个人心中，饥饿、疲劳甚至受伤的痛苦都被这个意志克服了"就是答案；而今追思，我发现这份意志与当下的逆行者们何其相似！逆行者们同样是完成了一个个任务，把一个坚强的意志灌输到全国抗疫战线的每个人心中，忙碌、疲劳甚至死神的威胁都被这个意志克服了——那么，同样坚强的意志，是否来自一种相同的情怀和相同的信念呢？这份相同的情怀和相同的信念又是什么呢？

（8）是否如罗素所言，是对人类苦难不可遏制的同情心，化成无比强烈的激情，像飓风一样，在深深的苦海上，肆意地把他们吹来吹去，吹到濒临绝望的边缘？

（9）而在绝望中，是否又是那些被病毒折磨的受害者，无助的患者，以及充满孤寂、挣扎和痛苦的整个世界，那些痛苦的呼号把他们拉回这个尘世，让他们告诉自己，不到最后一刻不能倒下？

（10）安得广厦千万间，大庇天下苍生俱欢颜，吾身独往赴难死亦足！这就是曾经的和当下的先驱者们心中不变的情思吧？而我们见证了，这份情思永远不变，正一代一代，火传穷薪，造炬成阳。

**策略说明：**

这是同一个素材运用于第二个命题。

1. 融合造句

（1）段。将命题关键词"情思、沉淀、流淌、灵魂、血液"等，与故事特征词"情怀、信念、清明追思"等融合造句，开篇点题。

（2）（3）段。描写清明悼念抗疫烈士的场面，为下文追思铺垫。

（4）（5）段。借"人民英雄纪念碑"镜头，将当下的逆行者与曾经的革命者用"同样的情怀和信念"联系起来，引发追思。

2. 选点对话

（6）段。选取课文素材《老山界》里红军翻山最艰难的几个点进行心灵对话：是什么样的情怀和信念驱使着他们不惧踏出前行的脚步？引发进一步的追思。

3. 融合造句

（7）段。将课文素材句"我们完成了任务，把一个坚强的意志灌输到整个纵队每个人心中，饥饿、疲劳甚至受伤的痛苦都被这个意志克服了"，与故事特征句"逆行者们的意志"，与命题关键词"情怀与信念"三者融合造句，表达对"坚强的意志"的思考，引发对"情怀与信念"内涵的思考。

4. 链接感悟与嫁接情境

（8）（9）段。链接课文素材罗素的《为什么活着》，"对人类苦难不可遏制的同情心"是一种情怀；"告诉自己，不到最后一刻不能倒下"是一种信念，表达对"永远不变的情思"的内涵的感悟。

将原文"饥饿的儿童，被压迫者折磨的受害者，被儿女视为可厌负担的无助的老人，以及充满孤寂、贫穷和痛苦的整个世界"的内容，嫁接到当下疫情的情境中来，于是调整为"被病毒折磨的受害者，无助的患者，以及充满孤寂、挣扎和痛苦的整个世界"，表达对"永远不变的情思"的内涵的感悟。

5. 拓展感悟与融合造句

（10）段。链接《茅屋为秋风所破歌》素材表达"情怀与信念"的内涵。再将命题关键词"永远不变的情思"与故事特征词"曾经的和当下的先驱者们"融合造句，深度点题。

## 第3版

**只要还在**

（1）有谁，曾真正经历过吞噬了一切的黑夜？有谁，曾真正身陷过茫茫的沙漠？有谁，曾真正遭遇过漫天肆虐的冬雪？而在那样的困厄中，又是什么样的情怀与信念，能让人走下去，直到拥抱春天、找到绿洲和迎来那一声破冰的春雷？

（2）在我极为有限的阅历中，我从来没有身处过这样的困厄，但我却曾经尝试着去读懂过历经困厄者心中的信念，看见了信念根种而生的深远力量。

（3）我在《老山界》里读到过这种如磐的信念、如铁的意志，它令红军穿过暗夜、翻过高山，绝地得生。

（4）我看见红军翻越三十里高的瑶山，真正经历过吞噬了一切的黑夜。那个暗夜里红军就着一尺来宽的山路守着如井的空谷就地休息，他们在夜的寒冷中煎熬过："半夜里，忽然醒来，才觉得寒气逼人，刺入肌骨，浑身打着颤"；他们在夜的黑暗中煎熬过："黑的山峰像巨人一样矗立在面前。四围的山把这山谷包围得像一口井"；他们在夜的空寂中煎熬过："除此以外，就是寂静。耳朵里有不可捉摸的声响，极远的又是极近的，极洪大的又是极细切的，像春蚕在咀嚼桑叶，像野马在平原上奔驰，像山泉在鸣咽，像波涛在澎湃。"

（5）和平年代里的我们难以想象，是什么样的情怀和信念驱使着他们不惧吞噬了一切的黑夜？那句"我们完成了任务，把一个坚强的意志灌输到整个纵队每个人心中，饥饿、疲劳甚至受伤的痛苦都被这个意志克服了"就是答案。如铁的意志，来自如磐的信念，因为信念还在，万水千山只等闲，红军终迎来旭日东升。

（6）我在2020年悼念抗击新冠肺炎疫情斗争牺牲烈士名单里读到过这种如磐的信念、如铁的意志，它令抗疫逆行者们穿过沙漠，寻得绿洲，采来生命的火种。

（7）2020年4月4日，清明节。上午，我收到班主任的微信通知：建议收看天安门广场悼念抗击新冠肺炎疫情斗争牺牲烈士和逝世同胞的仪式。

（8）于是我打开电视。10点，北京、武汉、上海……，我看见一个个城市的天空，五星红旗缓缓升起到最高处，又缓缓下降到半空；我看见戴着口罩的国家领导人、医护、公安、驻足的行人……在同一时刻，默哀；我听见汽车、火车、舰船清厉悠长的鸣笛声；我听见幕外音在说：我们永远不能忘记，4600多名同胞不幸罹难……让我们永远铭记这些平凡而伟大的名字：江学庆、刘智明、李文亮……他们以生命践行使命，用大爱护佑苍生。

（9）听着这份烈士名单，我忍不住想：这些因践行使命、护佑苍生而逝去的人，在以命换命的日子里，他们的内心都经历了什么？是怎样一种情怀和信念，驱使着他们向着死神的方向逆风前行？

（10）是否如罗素所言，是对人类苦难不可遏制的同情心，化成无比强烈的激情，像飓风一样，在深深的苦海上，肆意地把他们吹来吹去，吹到濒临绝望的边缘？

（11）而在绝望中，是否又是那些被病毒折磨的受害者，无助的患者，以及充满孤寂、挣扎和痛苦的整个世界，那些痛苦的呼号把他们拉回这个尘世，让他们告诉自己，不到最后一刻不能倒下？

（12）情怀，是山河无恙在我胸；信念，是山河无恙如初见。只要信念还在，逆行者们穿过沙漠，为天地争得万里无霁，万物又欣荣。

（13）从长征故事，到抗疫故事，是的。我读懂过历经困厄者心中的信念，我看见过并汲取着一种信念根种而生的深远力量。

**策略说明：**

这是同一个素材用于第三个命题。

1. 融合造句

（1）（2）段。将命题材料关键词"黑夜、沙漠、冬雪、太阳、绿洲、春雷"等词，与故事特征词"我读懂，信念、力量"等融合造句，开篇点题。

（6）段。将故事特征词"信念、悼念抗疫烈士名单"与命题材料第二句关键词"沙漠、绿洲"等融合造句，过渡，并引出下文。

2. 选点对话与融合造句

（4）段。选取《老山界》"红军山中夜宿"中对夜的描写，分别理出三个点，进行体验和对话，表现夜的冷、夜的黑、夜的寂。

（3）—（5）段。将课文素材句与故事特征词"信念"与命题材料第一句关键词"吞噬、黑夜、太阳"等三者融合造句，在第（3）段过渡引出下文，在第（5）段表现主题。

3. 内涵对接与融合造句

（10）—（12）段。将上文（10）段对逆行者的解读与"情怀，是山河无恙在我胸"的内涵对接；（11）段对逆行者的解读与"信念，是山河无恙如初见"的内涵对接，结合故事特征来表现主题。

（12）（13）段。将命题关键词"只要还在"，与素材"长征故事，抗疫故事"、与故事特征词"信念"三者融合造句，深度点题。

请将第二版与第三版的画线句进行对比，体会同一素材在不同命题中的灵活运用。

# 第三章　主题字：美

美，会意字，本义为"羊大则肥美"，引申为"凡好皆谓之美"。可组成"美丽、美好、美德、审美、赞美、成人之美"等词语。能发现和体验美、鉴赏与表达美是学生语文学科素养的体现，"美的表达与创造"是语文课程目标的重要内容。

要求：请以"美"为主题进行写作。可以写发现和体验自然的、生命的、志趣的、情感的、阅读的、艺术的或人性的美的经历，也可以表达"美"的理解和感悟……个人的、社会的、历史的、生活的，凡与"美"相关的内容皆可入文。既可以从正面描述，也可以从反面分析。

（本题为笔者编拟）

## 第一讲　聚焦主题　关联命题

**一、聚焦主题**

（一）提取表述主题的材料关键词并按意分层

第一层：美，好（引申义）

第二层：美丽、美好、美德、审美、赞美、成人之美（指向具体内涵）

第三层：发现、体验、理解、感悟、鉴赏、表达美（有所强调）

（二）依据写作要求梳理可以入文的素材

1. 自然美、艺术美、民俗美、生活美

2. 亲情美、人性美、德行美、人情美、心灵美、情感美、青春美、生命美

3. 历史美、时代美、文明美、精神美、文学美、阅读美、文化美

聚焦"美"的主题，关联若干具体的命题，就可以将阅读中选择与提取的素材打通，在多个命题之间切换和运用。

### 二、关联命题

1. 景致在山水之间，这是大自然的杰作。景致在生活深处，这是人与人碰撞的火花。因为留心，我们就有了一些关于景致的记录和感悟。

请以"景致"为题，写一篇文章。[2020年山东省菏泽市中考题]

说明：景致，是精致新奇的有美感的风景。第一句，指向描写山水，并体现自然之"致"；第二句，指向写人情美、人性美、德行美、生活美等，要感悟其中的"致"。提炼命题关键词：景致、山水之间、生活深处、留心、记录感悟。

2. 飞流而下，涛声如雷，这是壶口瀑布，是大自然的美；热情如火，舞动似风，这是安塞腰鼓，是民俗的美；坚定如钢，昂扬而行，这是逆行的背影，是时代英雄的美……

联系引文，自选角度，请以"美的瞬间"为题目，写一篇文章。[2020年四川省德阳市中考作文题]

说明：命题的语料要求从一个"瞬间"的角度表现自然美、民俗美、时代美等。选材最好聚焦到某一物、一景、一事、一人等，再详写当中的某个细节某个过程、某个瞬间等，再凝练其"美"的要素。命题关键词：美的瞬间。

3. 一句真诚的鼓励唤起你的信心和勇气，一轮皎洁的明月唤起一代代诗人的故园情，电视节目《经典咏流传》唤起人们对文化的认同和自信，快闪《我和我的祖国》唤起全民族的爱国热情……生活中，总有一种美好能唤起你的回忆、憧憬、感动。

请结合自身体验，以《有一种美好唤起我》为题写一篇文章。[2019年山东省日照市中考题]

说明：命题语料中的"美好"指向人情美、德行美、精神美、自然美、情感美、文化美、艺术美、时代美等；重点在"唤起"二字，行文可以从多个角度来表达"唤起"的过程，如画面、心理、情感、联想、想象、感悟，并呈现"从无到有、由弱到强、由简单到丰富"等的变化。命题关键词：美好、唤起。

4. 游览祖国的名山大川，流连故乡的小桥流水，走进经典的文学作品，拥有多彩的人生历程……这些无不让你惊叹，让你回味，让你思考，让你感悟。

请选择你感受最深的一点写一篇文章，题目自拟。[2020年湖南省湘西州中

144

考题]

说明：命题语料中能引发"惊叹、回味、思考和感悟"的内容，与"美"的主题相关。可以从自然美、乡情美、文学美、生活美等角度选材。可自拟题如《美丽的经典　生命的星光》《你是最美的存在》《诗中落日　无言之美》等。

5. 英国女王的孙女尤金妮十二岁那年，因脊柱侧弯进行了手术医治。手术很成功，只是她的背部永远留下了一条疤痕。十几年后，在尤金妮的王室婚礼上，她特意选择了后背"深V"设计的婚纱，而且不戴头纱，大方地展现那条长长的疤痕；她还特意邀请当年为她动手术的医护人员参加婚礼，感谢他们当年付出的艰辛劳动。在接受采访时，尤金妮说："美丽的定义是可以改变的。"

请以"＿＿＿＿更是一种美丽"为题，写一篇不少于600字的作文。[2020年山东省潍坊市中考题]

说明：审读语料提供的故事特点"美丽的定义可以改变"，和半命题中"更是一种美丽"的"更"可知，要选择那些"原本不美或不完美"的内容，在特定的情境中再定义为是一种"美"。据此，可以自拟题如《缺憾，更是一种美丽》《愧怍，更是一种美丽》等。

6. 我们常常在司空见惯的现象中看到生命的奇观。挺拔的巨树，葱茂的森林，缤纷的花海，绿色的平原，蕴含着博大的生命力，是大自然谱写的生命乐章。

生活赋予人的是更为多姿多彩的世界，只有充满希望的人，才能感受到美好。人的生命蕴含着巨大的潜能，需要去激发，真正好的生活需要我们自己来创造。不要磨损自己的生命，不要破坏奋发有为的生活，不要浪费生命的赐予。

同学们，对于生命，对于生活，你一定也有很多切实的感悟，请你用自己的笔触写出心声。[2019年内蒙古包头市中考题]

说明：如果聚焦"美"的主题，可以写生命的美、生活的美、精神世界的美。自拟题如《珍享生命的赐予》《所见皆美好》等。提取语料关键词有：生命、奇观、充满希望、不要磨损、破坏、浪费、奋发有为、生命赐予。

7. 请以"你＿＿＿＿的样子，真美"为题目，写一篇文章 [2019年山东省淄博市中考题]

8. "落红不是无情物，化作春泥更护花"，是落花对根的守护；"不足为外人道也"，是桃花源人对自己家园的守护。在我们的生命中，春花秋月、绿水青山，父慈母爱、手足情深，激情梦想、赤子初心……世间的一切美好都值得我们用心去守护。

请以"守护"为话题，写一篇文章。[2020年西藏中考题]

说明：如果聚焦"美"的主题，可以写"守护世间的一切美好"。自拟题如《那些值得守护的美好》《星辰守护大海》等。

9. 一朵鲜花可以擦亮春天的眼睛，一本好书可以启迪沉睡的思想，一段旋律可以拨动思念的心弦，一句鼓励可以点燃奋斗的激情……当你用心凝想，生活中很多的人、事、景、物都会成为一种美好的存在，它们以独特的方式唤醒了我们的灵魂，让我们以更好的姿态面对未来。

请以"唤醒"为话题，写一篇文章。[2020年辽宁省锦州市中考题]

说明：与命题3之《有一种美好唤起我》相似。话题作文可以自拟题，聚焦"美"的主题，可以拟题如《微光唤醒黎明》《来自三星堆的唤醒》等。写作重点可以放在"唤醒的独特方式"以及"唤醒的内涵"。

10. 空气流动形成风，河水流动孕育生命；情谊流动连接成爱，志趣流动化为社会风尚。生活流动起来，就会呈现许多可能、许多面貌。

请以"流动"为话题自拟题目作文。[2021年厦门市初三质检作文题三]

说明：如果聚焦"美"的主题，可以从"流动"的过程和引发的变化角度，来表现生命的美、情感的美、志趣的美、生活的美等。自拟题如《花与人相约，美与爱流动》。

# 第二讲　聚焦文本　读写融合

## 1号文本：《紫藤萝瀑布》《你是人间四月天》+8个素材

[8个素材]

1. 王国维《人间词话》：以我观物，故物皆着我之色彩

2. 厦门香山疫情后错峰开放

3. 鲁迅《秋夜》：小粉红花的梦

4. 第六季中国诗词大会

5. 苏轼《赤壁赋》

6. 忽如一夜春风来；看万山红遍，层林尽染；离离原上草等诗句

7. 泰戈尔："你知道，你爱惜，花儿努力地开。你不识，你厌恶，花儿努力地开

8. 林清玄《心田上的百合花开》

**一、择读文段**

1. 从未见过开得这样盛的藤萝，只见一片辉煌的淡紫色，像一条瀑布，从空中垂下，不见其发端，也不见其终极。只是深深浅浅的紫，仿佛在流动，在欢笑，在不停地生长。紫色的大条幅上，泛着点点银光，就像迸溅的水花。仔细看时，才知道那是每一朵紫花中的最浅淡的部分，在和阳光互相挑逗。

2. 花朵儿一串挨着一串，一朵接着一朵，彼此推着挤着，好不活泼热闹！

"我在开花！"它们在笑。

"我在开花！"它们嚷嚷。

3. 我只是伫立凝望，觉得这一条紫藤萝瀑布不只在我眼前，也在我心上缓缓流过。流着流着，它带走了这些时候一直压在我心上的焦虑和悲痛，那是关于生死谜、手足情的。我沉浸在这繁密的花朵的光辉中，别的一切暂时都不存在，有的只是精神的宁静和生的喜悦。

4. 花和人都会遇到各种各样的不幸，但是生命的长河是无止境的。我抚摸了一下那小小的紫色的花舱，那里满装生命的酒酿，它张满了帆，在这闪光的花的河流上航行。它是万花中的一朵，也正是一朵朵花，组成了万花灿烂的流动的瀑布。

在这浅紫色的光辉和浅紫色的芳香中，我不觉加快了脚步。

**二、读写融合**

聚焦"美"的主题，关联命题1《景致》；命题6自拟题《珍享生命的赐予》；命题7《你努力绽放的样子，真美》。

**第1版**

## 景　致

（1）王国维在《人间词话》中说："以我观物，故物皆着我之色彩。"我们常在山水草木之间看见美的景致，发现美的生命，遇见美的自己，于是更珍享美的人生。

（2）2021年春节前一周，因刚放寒假，我和妈妈还有妈妈的几个好友相约午后去香山看油菜花。两部车同时到达香山公园入口，下车后，我们戴上口罩，就有工作人员引导着排队核检预约信息，测体温，扫健康码，然后依次入园。据说景区在疫情防控期间要求"预约、限量、错峰"入园，所以放眼望去，公园内外的游人不多也不少，既不会拥挤又不失热闹，心中已生惬意。

（3）这天天朗气清，惠风和畅，通往油菜花地的大道蜿蜒而上，两旁的行道树如迎宾的队列，连同每棵树下悬挂着的一串串红灯笼，由近而远地，在微风中向我们摇曳致意。在这满是春意和喜气的路上走了大约一千米远，过了广场，那铺天盖地炸眼的明黄就扑入眼帘了。

（4）你可以想象吗？50亩的油菜花，和这个春节、和这个春天相约齐放的样子？

（5）从未见过开得这样盛和这样广的油菜花，只见一片片、一层层灿烂的金黄色，像一幅巨大的卷轴，由远及近地，又自西而东地铺陈开来，不见其发端，也不见其终极，只是层层叠叠的明黄在天地间尽情地舒展，仿佛在流动，在欢笑，在不停地生长。微风过处，黄色的大条幅下隐约现出油菜花纤长细柔的花枝，那新鲜初长的花枝的绿在黄色花海的肆意渲染下竟被晕成了一树树娇嫩的鹅黄，而那枝头上一簇簇绽开的小黄花，那泛着冬日暖阳镀上的点点金光的小黄花，就成了跳跃的迸溅的水花，和阳光、和春风互相挑逗着、嬉笑着，如小精灵在春的光艳中交舞着变，如笑响点亮了四面风。

（6）你可以想象吗？三五成群的游人穿行在这卷轴中，如置身闪着幻彩光泽的童话王国的样子？

（7）游人或三五成群或悠然自得地信步其中，不时停下来举起镜头，比着远近高低层次，扮着各式花样表情动作，有时还就着那凑趣的蜂蝶，驻足拍照。

（8）"看我这里！"游人正按下镜头键。

（9）"看我这里！"游人笑着来了个抓拍。

（10）我们一行人自是加入其中。同行的正读小学四年级的"二宝"，正在花间比着心喊着他爸爸给他拍照。我看着"二宝"，心酸再次涌上心头。"二宝"的妈妈在2020年3月一场车祸中去世。因为疫情期间小区限制外出，那一天，他妈妈得以外出时骑着摩托车跑了好多地方就想一口气采买到各种家用的东西，被一辆因马路行人稀少得以疾驰的小车瞬间撞向路边水泥横栏。

（11）我无从得知他的妈妈猝然离世给他们带来的痛有多深，我只知道，这一年，认识的或不认识的，身边的或媒体上看到的，在疫情之下和在意料之外离世的人，太多，太多。

（12）而此刻，油菜花是那么明媚地开着，如冬日的暖阳，将绚烂洒满每个人的心头，稀释了一年以来压在人们心上的关于生死的疑惑，关于疾病和意外的痛楚。

（13）而此刻，我们还徜徉在山水草木之间，沉浸在这繁密的花朵的光辉中，沉浸在这人间祥和美好的景致中，别的一切暂时都不存在，有的只是岁月的静好和生命的喜悦。

**策略说明：**

1. 链接感悟与融合造句

（1）段。链接王国维在《人间词话》中关于"我与外物"关系的句子，将此句与命题关键词"景致、山水"融合造句，开篇点题。

（2）（3）段。叙写入园前的"检测"和入园后的"喜庆"，交代"疫情背景"，营造"欢喜愉悦"的氛围，为文末表达对"生死和意外"、对"人间祥和美好的景致"的思考铺垫。

2. 嫁接情境与链接感悟

（5）段。将课文描写紫藤萝的句段从原文的情境中剥离出来，嫁接到香山油菜花的情境里，然后合情合理地改造以表现香山油菜花的特点。

如：将原文"从未见过开得这样盛的藤萝，只见一片辉煌的淡紫色，像一条瀑布，从空中垂下，不见其发端，也不见其终极"改造为"我从未见过开得这样盛和这样广的油菜花，只见一片片、一层层灿烂的金黄色，像一幅巨大的卷轴，由远及近地，又自西而东地铺陈开来，不见其发端，也不见其终极"。

将原文"只是深深浅浅的紫，仿佛在流动，在欢笑，在不停地生长"改造为"只是层层叠叠的明黄在天地间尽情地舒展，仿佛在流动，在欢笑，在不停地生长"。

阅读原文"紫色的大条幅上，泛着点点银光，就像迸溅的水花。仔细看时，才知道那是每一朵紫花中的最浅淡的部分，在和阳光互相挑逗"一句，可以看出，这里描写的是紫藤萝底下花色浅淡的部分，那么对应油菜花，情境就有所不同。油菜花底下是细长的绿色的花枝，黄色油菜花在绿色花枝上摇曳的样子，才像迸溅的水花。据此，在改造原文此句之前，先增加一段花枝的描写，如"黄色的大条幅下隐约现出油菜花纤长细柔的花枝，那新鲜初长的花枝的绿在黄色花海的肆意渲染下竟被晕成了一树树娇嫩的鹅黄"，然后再将原句嫁接过来，改造为"而那枝头上一簇簇绽开的小黄花，那泛着冬日暖阳镀上的点点金光的小黄花，就成了跳跃的迸溅的水花，和阳光、和春风互相挑逗着、嬉笑着"；这时，链接并改造另一课文素材《人间四月天》的句子，表达为"如小精灵在春的光艳中交舞着变，如笑响点亮了四面风。"。

用嫁接情境的方法来描写香山油菜花，与"仿写"之法有所相似，可得原文的精髓，又能体现香山油菜花明媚灵动而美好的特点。

3. 嫁接情境

（8）（9）段。将课文"'我在开花！'它们在笑。'我在开花！'它们嚷嚷"从原文描写紫藤萝开花的情境中剥离出来，嫁接在描写香山游人争相拍照的情境中，改造为"'看我这里！'游人正按下镜头键。'看我这里！'游人笑着来了个抓拍"，表现游人喜爱美景开心拍照的场景。

4.（10）（11）段。插叙"二宝"妈妈因车祸意外去世的内容，并与当时的疫情背景结合起来，表达疫情这一年因疾病和意外带来的痛。

5. 嫁接情境与融合造句

（11）段。将课文"流着流着，它带走了这些时候一直压在我心上的关于生死的疑惑，关于疾病的痛楚"的句子从原文的情境中剥离出来，嫁接到我观景而生的感悟中来，改造为"而此刻，油菜花是那么明媚地开着，如冬日的暖阳，将绚烂洒满每个人的心头，稀释了一年以来压在人们心上的关于生死的疑惑，关于疾病和意外的痛楚"。

（13）段。将课文"我沉浸在这繁密的花朵的光辉中，别的一切暂时都不存在，有的只是精神的宁静和生的喜悦"的句子从原文的情境中剥离出来，嫁接到表达我观景的感悟中来，与本文的故事特征，与命题关键词"景致"融合造句，在篇末表达"从人间祥和美好的景致中获得岁月静好和生命喜悦"的主题。

### 第2版

## 珍享生命的赐予

（1）在第六季中国诗词大会上，主持人曾动情开场：新的一年，我们将在清晨的霜露里，遥望蒹葭苍苍；在对酒的短歌中，感受慨当以慷；在王维的长河里，高唱大漠的豪壮；在苏轼的明月里，祝福永久的安康。

（2）而我动情的是诗中的深意：那晨霜蒹葭朝露酒酿长河大漠明月清风里，藏着大自然书写的生命之诗，让我们珍享世间的种种美好，珍享生命丰厚的赐予。

（3）我曾在缤纷的花海里获得自然赐予的明媚，让我更珍享生命的喜悦和岁月的静好。

（4）2021年春节前一周，因刚放寒假，我和妈妈还有妈妈的几个好友相约午后去香山看油菜花。两部车同时到达香山公园入口，下车后，我们戴上口罩，就有工作人员引导着排队核检预约信息，测体温，扫健康码，然后依次入园。据说景区在疫情防控期间要求"预约、限量、错峰"入园，所以放眼望去，公园内外的游人不多也不少，既不会拥挤又不失热闹，心中很是惬意。

（5）天朗气清，惠风和畅，通往油菜花地的大道蜿蜒而上，两旁的行道树如迎宾的队列，连同每棵树下悬挂着的一串串红灯笼，由近而远地，在微风中向我们摇曳致意。在这满是春意和喜气的路上走了大约一千米远，过了广场，那铺天盖地炸眼的明黄就扑入眼帘了。

（6）你可以想象吗？50亩的油菜花，和这个春节、和这个春天相约齐放的样子？

（7）我从未见过开得这样盛和这样广的油菜花，只见一片片、一层层灿烂的金黄色，像一幅巨大的卷轴，由远及近地，又自西而东地铺陈开来，不见其发端，也不见其终极，只是层层叠叠的明黄在天地间尽情地舒展，仿佛在流动，在欢笑，在不停地生长。微风过处，黄色的大条幅下隐约现出油菜花纤长细柔的花枝，那新鲜初长的花枝的绿在黄色花海的肆意渲染下竟被晕成了一树树娇嫩的鹅黄，而那枝头上一簇簇绽开的小黄花，那泛着冬日暖阳镀上的点点金光的小黄花，就成了跳跃的迸溅的水花，和阳光、和春风互相挑逗着、嬉笑着，如小精灵在春的光艳中交舞着变，如笑响点亮了四面风。

（8）你可以想象吗？三五成群的游人穿行在这卷轴中，如置身闪着幻彩光泽的童话王国的样子？

（9）游人或三五成群或悠然自得地信步其中，不时停下来举起镜头，比着远近高低层次，扮着各式花样表情动作，有时还就着那凑趣的蜂蝶，驻足拍照。

（10）"看我这里！"游人正按下镜头键。

（11）"看我这里！"游人笑着来了个抓拍。

（12）我们一行人自是加入其中。同行的正读小学四年级的"二宝"，正在花间比着心喊着他爸爸给他拍照。我看着"二宝"，心酸涌上心头。"二宝"的妈妈在2020年3月一场车祸中去世。因为疫情期间小区限制外出，那一天，他妈妈得以外出时骑着摩托车跑了好多地方就想一口气采买到各种家用的东西，被一辆因马路行人稀少得以疾驰的小车瞬间撞向路边水泥横栏。

（13）我无从得知他的妈妈猝然离世给他们带来的痛有多深，我只知道，这一年，认识的或不认识的，身边的或媒体上看到的，在疫情之下和在意料之外离世的人，太多，太多。

（14）而此刻，油菜花是那么明媚地开着，如冬日的暖阳，将绚烂洒满每个人的心头，稀释了一年以来压在人们心上的关于生死的疑惑，关于疾病和意外的痛楚。当我们沉浸在这繁密的花朵的光辉中，沉浸在这人间祥和美好的景致中，<u>我们分外珍重地爱惜地享有这眼前的喜悦与安宁。</u>

（15）正如苏子在《赤壁赋》中所言：惟江上之清风，与山间之明月，耳得之而为声，目遇之而成色，取之无禁，用之不竭。是造物者之无尽藏也，而吾与子之所共适"。是的，伸出双手，珍重地接受大自然的赐予，接受"千树万树"赐予的"一夜春风"，接受"尽染层林"赐予的"江山多娇"，接受"缤纷花海"赐予的"春光明媚"，接受"离离原草"赐予的"岁月枯荣"……珍享生命赐予的种种美好，珍享生命的喜悦和岁月的静好。

**策略说明：**

这是同一素材融合于第二个命题。

1. 链接感悟与融合造句

（1）（2）段。链接第六季中国诗词大会主持人开场句，将重点放在诗句中体现的"大自然的赐予"，再提取链接素材中的"晨霜蒹葭酒酿长河大漠明月"等关键词，与命题材料关键词"大自然谱写的生命乐章"，与自拟题目关键词"珍享生命的赐予"融合造句，开篇点题。

（3）段。将题目关键词"珍享生命的赐予"，与本文故事特征词"缤纷花海、珍享生命的喜悦和岁月的静好"融合造句，引出下文。

（15）段。链接苏轼《赤壁赋》关于"享受大自然无穷的丰厚的赠予"的素材句，与命题材料中的关键词"挺拔的巨树，葱茂的森林，缤纷的花海，绿色的平原"，与"树、林、原"对应链接的三句诗"忽如一夜春风来，千树万树梨花开；看万山红遍，层林尽染；离离原上草，一岁一枯荣"，"花海"对应的本文故事特征词"缤纷花海、春光明媚"，再与题目关键词"珍享生命的赐予"，全部融合造句，于是创造出一段表达感悟并深化点题的句段。

2.（4）—（13）段。这部分内容与第1版内容一样，基本不变。意在提示通过比照同一作文选材在不同命题里呈现的"不变"与"变"，来掌握语言的灵活运用和建构新意的方法。

**第3版**

## 你努力绽放的样子，真美

（1）很喜欢泰戈尔的一句诗："你知道，你爱惜，花儿努力地开。你不识，你厌恶，花儿努力地开。"诗中的深意如果让花儿自己来说，也许可以让林清玄笔下的那一株野百合来表达："我要开花，是因为我知道自己有美丽的花；我要开花，是为了完成作为一株花的庄严使命；我要全心全意默默地开花，以花来证明自己的存在。不管有没有人欣赏，不管你们怎么看我，我都要开花！"

（2）于是，努力绽放，成为花儿的使命；努力绽放的花儿，成为天地间绝美的风景。

（3）我看见一株叫"紫藤萝"的花，曾在作家宗璞的心中努力地绽放过，让她在花的光辉和芳香中加快了前行的脚步。

（4）那一年的宗璞，"文革"迫害带来的"疑惑"和"痛楚"还压在心头挥之不去，弟弟又身患绝症，生命中的不幸何以承载？这时候她在家门外遇见了正在盛开的紫藤萝：那藤萝正努力地绽放成一片辉煌的淡紫色，让她看见生命"在流动，在欢笑，在不停地生长"；那藤萝正努力地绽放成一个个张满了的帆，让她听见"我要开花"的生命宣言；那藤萝正努力地绽放成灿烂的流动的瀑布，流过她心中冷涩的长河——而那正在努力绽放的紫藤萝，十多年前曾经凋零过，命运的不幸却并没有阻止十多年后再度绽放，这样盛、这样密地绽放！

（5）那一株叫"紫藤萝"的曾经稀落过凋零过的花多年后努力地绽放的样子，是绝美的风景，这一份"美"的力量，让我们的心张满了帆，驶向闪光的生命的河流。

（6）我还看见一朵无名的极细小的花，曾在作家鲁迅的心中努力地绽放过，让他在冷的秋夜里仍然可以做着关于春天的梦。

（7）那时候的鲁迅，在经历社会的动荡、变故与威压之后，满怀的孤寂、彷徨和苦闷，国人的出路在何方？这时候他在家的后园看见了一朵正在努力地挣扎着想要开放的极细小的粉红花。那花儿总是努力开放的样子，虽然她越来越细小越柔弱；那花儿总是努力开放的样子，虽然她一直被冷的夜气笼罩着；那花儿总是努力开放的样子，即使冻得红惨惨的，忍不住地瑟缩着，她也要做一个梦，梦见春的到来，梦见秋的到来，梦见瘦的诗人将眼泪擦在她最末的花瓣上，告诉她秋虽然来，冬虽然来，而此后接着还是春，蝴蝶乱飞，蜜蜂都唱起春词来了！鲁迅，为这朵开在后园的小粉红花，唤起了内心的悲悯和力量。

（8）那一朵无名的粉红花极细小极柔弱却怀着春天的梦而努力地绽放的样子，是绝美的风景，这一份"美"的力量，让我们相信没有一个冬天不可逾越，没有一个春天不会来临。

（9）宗璞曾写道："它是万花中的一朵，也正是一朵朵花，组成了万花灿烂的流动的瀑布。"我想作家是在告诉我们：正是每一朵努力绽放的花儿，组成了万花灿烂的流动的长河，让我们感受生命的美好，让我们张满了帆，在这闪光的生命的河流上航行。

**策略说明:**

这是同一素材融合于第三个命题。

1. 链接感悟与融合造句

(1)(2)段。链接泰戈尔关于花儿努力开放的名言,再链接林清玄《心田上的百合花开》中花儿的表达来作为注解,再将两个链接素材与填写完整后的命题关键词"努力开放,美"融合造句,开篇点题。

2. 融合造句

(3)段。将课文《紫藤萝瀑布》作为素材,与题目关键词"努力绽放"融合造句,引出下文。

3. 联结背景、选点对话与融合造句

(4)(5)段。先联结作家宗璞的写作背景,体现她"生命中的不幸"。再选择课文描写紫藤萝的内容的四个点,分成"绽放的样子"和"凋零的样子"两部分,分别从作家感受的角度一一进行对话,再将这些对话内容与题目关键词"努力地绽放"融合造句,表达"美"的力量是"让我们的心张满了帆,驶向闪光的生命的河流",突出主题。

(7)(8)段。先联结作家鲁迅的写作背景,体现他对国家道路深沉的思考。再选择素材描写"小粉红花的梦"的三个点,从"花儿"的角度一一进行对话,再将这些对话内容与题目关键词"努力地绽放"融合造句,表达"美"的力量是"让我们相信春天的来临",突出主题。

4. 链接感悟与融合造句

(6)段。先链接鲁迅的散文《秋夜》中关于"小粉红花"的句段作为素材,再与题目关键词"努力绽放"融合造句,引出第二部分的内容。

5. 选点对话与融合造句

(9)段。选择课文中宗璞表达"万花中的一朵,组成了万花灿烂的流动的瀑布"的内容进行对话,对话时与题目关键词融合造句,深化主题。

## 2 号文本:《陋室铭》+12 个素材

[12个素材]

1. 董卿:假如我几天不读书,我就会感觉像一个人几天不洗澡那样难受

2.《红楼梦》:脸若银盆,眼如水杏,眉不画而翠,唇一点就红

3. 孔子:为政以德,譬如北辰,居其所而众星共之

4. 感动中国 2020 年度颁奖典礼

5. 万佐成、熊庚香"抗癌厨房"故事

6. 孟子：恻隐之心，仁之端也

7. 颁奖辞一：天地击你以风雪，你报人间以歌唱

8. 《经典咏流传》：李健《君子行》

9. 刘禹锡半年三易住处的故事

10. 颁奖辞二：微弱的灯，照亮寒夜的路人；火红的灶，氤氲出亲情的味道

11. 白茹云化疗中读《诗词名集鉴赏词典》故事

12. 南北朝的萧纲：一善染心，万劫不朽。百灯旷照，千里通明

## 一、择读文段

山不在高，有仙则名。水不在深，有龙则灵。斯是陋室，惟吾德馨。苔痕上阶绿，草色入帘青。谈笑有鸿儒，往来无白丁。可以调素琴，阅金经。无丝竹之乱耳，无案牍之劳形。南阳诸葛庐，西蜀子云亭。孔子云：何陋之有？

## 二、读写融合

聚焦"美"的主题，关联命题5半命题《为名以德，更是一种美丽》；命题3《有一种美好唤起我》；命题4自拟题《美丽的经典，生命的星光》。

**第1版**

### 为名以德，更是一种美丽

（1）英国王室婚礼受人瞩目，新娘让婚纱展现背部长长的疤痕也许不美，但是尤金妮说"美丽的定义是可以改变的。"我想，在这位英国女王孙女的定义里，那道疤痕刻下了她经历痛苦凤凰涅槃的痕迹，刻下了给予她重生的医护人员的艰辛付出，疤痕向人们展示了生命的美好与人性的美丽，所以此时，疤痕，更是一种美丽。

（2）《陋室铭》里写到；"斯是陋室，惟吾德馨。"陋室太简陋了，与美居相差太远。然而陋室里住着的人志趣高雅、品德高尚，于是陋室生香，顿时美起来了。此时，比之于简陋的居室，馨德，更是一种美丽。

（3）如果英国的尤金妮、唐朝的刘禹锡穿越到中国的当下，那应该与社会名流、才学大家或明星网红是一样的存在吧？我们且称之为"名人"，于是我们不由得想，由当代名人们展示和传达给我们的各种作品和信息中，什么，更是一种美丽？

（4）我们看到了，有的名人，一出场就带给我们一股"仙"气：有名气，

爱雅居，交雅友，做雅事，志行高洁，在这个诱惑纷纷的时代，坚守一股清流。比如董卿："假如我几天不读书，我就会感觉像一个人几天不洗澡那样难受。"所以你常会看到她低眉卷读的姿态，宛如天使般的宁静，常看到她因日积月累的阅读而溢出的微笑有着别样的迷人。"你若读书，优雅自来"。这样的名人，<u>即使身处陋室，那陋室也能生香吧？</u>

（5）只是还有一批又一批的"名人"：

（6）今日还圈粉无数，明日却因"吸毒放纵"而"丑名"远播；

（7）今日还圈粉无数，明日却因"巨额漏税"而"丑名"远播；

（8）今日还圈粉无数，明日却因"暧昧出轨"而"丑名"远播。

（9）某一天，我看到了几位当红流量男星做的一个广告，居然是某知名品牌的口红广告。几个男星，"脸若银盆，眼如水杏，眉不画而翠，唇一点就红"，搔首弄姿，那份娇艳相比于真的美女，有过之而无不及。一个转身，又发现手机刷屏处、商场大屏处，随处可见长得比女生还柔美的男生在喷香水，在做发型，在做美容代言人。

（10）后来跟同学们聊起这样的男星，我说：帅是帅，可是帅得好"娘"啊！

（11）好多同学却大赞：那谁谁吗？太仙了！我妥妥地粉他！

（12）我依然有隐隐的反胃恶心之感。<u>美丽的定义是可以改变的，而美丽常常又是名人们引导大众定义的。也许男星们的"娘"成为一种"美"的新标准。但这个标准却让我无比怀念那些逐渐远去的逐渐模糊了的"惟吾德馨"的名士。</u>

（13）是不是我对当今名人的要求太高了呢？也许，我不想再因为心中曾经那么敬重的名人"人设崩塌"后让我感到一种信念的崩塌，我也不想因为太多带着"娘"气的男星来模糊我对"美"的认知。

（14）孔子说：为政以德，譬如北辰，居其所而众星共之。而当代名人更是在展示和传达的各种作品和信息里令世人如"众星拱之"。所以，我想借用孔子的话来说：为名以德，更是一种美丽。

**策略说明：**

1. 融合造句和扣词读解

（1）（2）段。先分析命题材料所述故事，再与半命题关键词"更是一种美丽"融合造句，得出"疤痕，更是一种美丽"的表达；再扣课文《陋室铭》"斯是陋室，惟吾德馨"名句进行读解，与半命题关键词"更是一种美丽"融合造句，得出"馨德，更是一种美丽"的表达。

（3）段。将命题中的故事作为素材，与课文《陋室铭》的素材一起，与本文的故事特征词"当代名人、展示和传达的各种作品和信息，美丽"融合造句，提出"什么，更是一种美丽"的价值思考。

2. 链接感悟与内涵对接

（4）段。链接董卿读书的相关素材，再将课文"苔痕上阶绿，草色入帘青。谈笑有鸿儒，往来无白丁。可以调素琴，阅金经"的内涵与董卿"爱雅居，交雅友，做雅事"的内涵进行对接，得出"这样的名人，即使身处陋室，那陋室也能生香"的感悟。此处两个策略的结合运用，能让所举的例子产生代入感，达成例子与课文素材的融合。

3. 联想故事

（6）—（13）段。从"当代名人展示和传达的各种作品和信息"的角度，围绕"为名以德，更是一种美丽"，从反面联想两类故事：名人们后来"丑名远播"的故事，男星广告中"娘"的镜头，表达受众为这两类人而感到信念的崩塌和模糊对"美"的认知的感悟。

4. 链接感悟与融合造句

（12）段。从本文讲述的故事"男星们的'娘'"入笔，链接命题材料中的"美丽的定义是可以改变的"，再与课文"惟吾德馨"的素材句融合造句，表达感悟。

5. 嫁接情境与融合造句

（14）段。将《论语》中的"为政以德，譬如北辰，居其所而众星共之"的句子从原文的语境中剥离出来，嫁接到本文"名人如何引导受众价值观"的情境中来，将"为政"改造成"为名"，再与命题关键词"更是一种美丽"融合造句，深化点题。

## 第2版

### 有一种美好唤起我

（1）在作业和考试中摸爬滚打了多年的我，假日时最想要的就是一部手机，一杯可乐，一段自由的时光，最好谁也别来问我学习的那些事儿，谁也别来告诉我那些关于做人的高大上的道理。

（2）2021年大年初六，老师在班级群里推荐我们观看"感动中国2020年度人物颁奖盛典"。隔天，在老师连环追问"逼迫"之下，我在手机上刷颁奖视频。刷到那个最陌生的也最在我意料之外的，缺席直播现场的江西南昌叫作万佐成和熊庚香的一对夫妇"抗癌爱心厨房"的视频时，我承认，有一种美好在一瞬间击中了我，唤起我对人性善良深沉的敬畏。

（3）画面中，狭长拥挤的陋巷里，已近七旬的夫妇俩抓着火钳支起炉火燃起蜂窝煤，十来个炉子燃着的时候，从一墙之隔的肿瘤医院陆陆续续地有家属或病人过来就着炉子炒菜。而击中我的是五个数字：凌晨四点、一元厨房、每天两百多人、365 天从不离开、18 年。

（4）这五个数字，唤起我对人性善良深沉的敬畏。

（5）<u>最初的小善之举是怎么开始的？</u>2005 年的一天，夫妇俩凌晨四点炸油条，六点起送，从一墙之隔的肿瘤医院来了一对带着患病孩子的夫妇："借个火，炒一下菜吧。"夫妇俩当然知道，从那个医院过来的人意味着什么，"别说一顿，天天过来都行"。后来，又陆续来了好几拨人，再后来，每天两三百人，于是他们把三层的靠厨房的房间都租了下来，整了十来个炉子锅子，一楼供病人及家属炒菜，二楼自己做炸油条生意，三楼供困难病人免费居住。"印象最深的是一个 80 多岁的老奶奶，儿了得了鼻咽癌住院一个多月，她每天买了烂菜过来炒着自己吃，却给儿子炖汤吃。""最担心那些老面孔，今天在这里炒菜，也许明天就不来了，所以，每天看到他们就安心了。"

（6）听着视频里夫妇俩没有任何修饰的叙述，我心中有处最柔软的地方被拨动。从最初的一个小小的善举到后来收不住手，停不下来，夫妇俩的内心经历了多少次的"不忍"？<u>不忍看那些正在与病魔搏斗的人没一口热菜吃，不忍看他们为了钱拼命地省着花的样子，不忍看他们如果不能借火炒菜给病人加点营养就只能天天叫外卖的无奈，到最后不忍看他们历经生死离别的那份沉重。</u>

（7）<u>孟子说：恻隐之心，仁之端也。</u>我敬畏，原来一个人面对求助的不幸者时萌发的恻隐之心，是如此的珍贵，那是人性最初的美好，那是善良与仁慈的开端。

（8）<u>后来的大善之举是怎么坚持的？</u>首先是钱。每天 100 多个煤球，20 多吨水，收一点成本钱吧？炒一个菜收 0.5 元。后来，煤球、电费涨价了，难以支撑了，炒 1 个菜就收 1 元吧？收支平衡就可以了，于是"一元厨房"诞生；然后是时间和精力。早上 4 点起用木柴给煤炉生火，9 点前得把厨房收拾好，10 点多病人家属提着菜来做饭，夫妇俩帮忙炒菜到夜里八九点后吃晚饭。每一天，每一月，每一年，18 年的炉火不息，18 年从不打烊，连北京的颁奖现场也缺席："我们不能走，因为病人在这里。"

（9）南北朝的萧纲说：一善染心，万劫不朽。百灯旷照，千里通明。我敬畏，原来一个积年累月地做着善行的人，在点燃自己善念火种的日子里，就渐渐成了身边人的精神世界的光源。

（10）在油然而生的敬畏中，我眼前再次浮现一个画面：一条不知名的狭长而拥挤的陋巷，在这个陋巷里，有微弱的灯，在照亮寒夜的路人；有火红的灶，正氤氲出温暖的味道，一切都是美好的样子。也许，我可以给这个陋巷拟个八字匾额，叫作：斯是陋巷，惟尔德馨。

**策略说明：**

1. 融合造句

（1）（2）段。将命题关键词"有一种美好唤起我"，与本文选材的特征词"看'感动中国'颁奖视频"融合造句，点"有一种美好唤起我对人性善良深沉的敬畏"的主题。

2. 链接感悟

（3）（4）段。从课文《陋室铭》中的"陋室"，联想"感动中国"系列人物的颁奖辞里有"这陋巷中的厨房，烹煮焦虑和苦涩"的内容，从"陋室"到"陋巷"，有一个共同点，就是人物具备的"美德"。所以在多个感动中国人物中选择链接万佐成和熊庚香"一元厨房"的素材，并聚焦素材中的五个数字来表达感悟。

3. 选点对话

（5）（6）段。从素材中选取体现"善举如何开始"的万熊夫妇的三句话，再用三个"不忍"将对话内容表达，为下文发表感悟蓄势。

4. 链接感悟与融合造句

（7）段。链接孟子关于"恻隐之心"的名言，再与题目关键词融合造句，表达我敬畏的原因。

5. 选点对话、链接感悟与融合造句

（8）（9）段。选取素材中能体现"后来的大善之举是怎么坚持的"的几个点进行对话，再链接南北朝的萧纲的名言，再与题目关键词融合造句，表达敬畏的深一层的原因。

6. 链接感悟、嫁接情境与融合造句

（10）段。扣"陋巷"一词，链接感动中国关于万熊夫妇的颁奖辞"微弱的灯，照亮寒夜的路人；火红的灶，氤氲出亲情的味道"，再将课文素材句"斯是陋室，惟吾德馨"从原文的语境中剥离出来，嫁接到本文的情境里，改造成

"斯是陋巷，惟尔德馨"，再与题目关键词"美好，唤起我"融合造句，深化主题。

第3版

### 美丽的经典，生命的星光

（1）2021年2月14日，看《经典咏流传》第四季，听完李健的一首《君子行》，我的心就陷落了：自古有人说/那天行健，君子以自强不息/那地势坤，君子以厚德载物/这些并非刻在墙上古老的诗句/过去的人追随它一路走过去/这些密语如同祖先星光般的存在/未来的人回归它才有未来……

（2）我迷恋那些美丽的经典，我喜欢看着它们流转过桑田沧海，流转过来来去去的人世间，却依然如星光一般的存在，总是在抬头仰望和凝视的时候，照进我们的心里，点亮生命的灯火。

（3）记得初次遇见刘禹锡的《陋室铭》，老师就告诉我们一个起伏跌宕得如电视剧一般的真实故事：刘参与革新失败后被贬到安徽和州县当一名刺史，知县故意让他在城南面江而居，刘高兴地在门上写"面对大江观白帆"；知县差人把刘住处迁到县城北门，面积由原来的三间减少到一间半，刘又淡定地写"垂柳青青江水边"；知县恼羞成怒，再次派人把他调到县城中部一间只能容下一床、一桌、一椅的小屋，半年三易住处最后只有斗室可居，刘于是写下《陋室铭》，发出豪横的宣言，成就美丽的经典。

（4）于是，在"山不在高，有仙则名。水不在深，有龙则灵。斯是陋室，惟吾德馨"里，我们读到了"天地击你以风雪，你报人间以歌唱"的豪气；在"苔痕上阶绿，草色入帘青"里，我们读到了"命运置你于危崖，你馈人间以芬芳"的雅量；在"谈笑有鸿儒，往来无白丁。可以调素琴，阅金经"里，我们读到了"世道碾你如微尘，你回人间以飞舞"的情怀——而当我在经典中遇见这样一个美好的你的时候，又何尝不是开启了一个美好的自己呢？

（5）后来，我又听见一个真实的故事。河北邢台一个叫作白茹云的农妇，大年三十孤身一人在省城医院化疗完，接完母亲盼归的电话后，背负生命不可承受之重的她彷徨街头，偶然从旧书摊上买到一本《诗词名集鉴赏词典》，从此，她读经典也在经典中读自己；从此经典诗词中的古人成为她日后7年抗癌生涯的最强大的"援军"；从此白茹云不再是"一个人在战斗"，她战胜了癌症，还提笔作诗向病魔发出宣战的檄文。她说，我在《陋室铭》里读到了我自己的真实人生，我在苏轼的《定风波》里读到了"一蓑烟雨任平生"的勇气。

她还说，生活清苦，能与诗词为伴，我感觉幸福。

（6）是的，那些美丽的经典，让我们如此地迷恋。即使它们流转到了日新月异的换了天地的今天，也依然能如星辰一般带着我们一次次地超越自我，淬炼灵魂，在命运的最低处找到出口，在我们的心里，点亮生命的灯火。

**策略说明：**

1. 链接感悟与融合造句

（1）（2）段。先链接《经典咏流传》李健的《君子行》歌词，再将歌词的关键词"星光般的存在"，与自拟的题目关键词"美丽的经典、生命的星光"融合造句以点题。

2. 联结背景

（3）段。联结课文《陋室铭》作者"被迫三易其居"的写作背景故事，为下文表现"在经典中传达作者的人生"作注。

3. 内涵对接

（4）段。将课文"斯是陋室，惟吾德馨"的内涵与"天地击你以风雪，你报人间以歌唱"对接，"苔痕上阶绿，草色入帘青"的内涵与"命运置你于危崖，你馈人间以芬芳"对接；"谈笑有鸿儒，往来无白丁。可以调素琴，阅金经"的内涵与"世道碾你如微尘，你回人间以飞舞"对接，表达"在经典中遇见美好"的感悟。

4. 链接感悟

（5）段。再链接一个"农妇在诗词中获得力量与病魔作战"的故事，为"经典如星辰一般照亮生命"作注。

5. 融合造句

（6）段。将题目关键词、与本文选材的特征词"迷恋经典、换了天地、超越自我"等融合造句，深化主题。

**3号文本：《秋天的怀念》《散步》+5个素材**

［5个素材］

1. 电影《你好，李焕英》

2. 《诗经》有言：凯风自南，吹彼棘心。棘心夭夭，母氏劬劳

3. 仓央嘉措《见与不见》里的"来我的怀里/或者/让我住进你的心里/黯然 相爱/寂静欢喜"

4. 臧克家：块块荒田水和泥，深耕细作走东西，老牛亦解韶光贵，不等扬

鞭自奋蹄

5."三牛"精神

**一、择读文段**

1. 双腿瘫痪后，我的脾气变得暴怒无常。望着望着天上北归的雁阵，我会突然把面前的玻璃砸碎；听着听着李谷一甜美的歌声，我会猛地把手边的东西摔向四周的墙壁。母亲就悄悄地躲出去，在我看不见的地方偷偷地听着我的动静。当一切恢复沉寂，她又悄悄地进来，眼边红红的，看着我。"听说北海的花儿都开了，我推着你去走走。"

2. 别人告诉我，她昏迷前的最后一句话是："我那个有病的儿子和我那个还未成年的女儿……"

3. 又是秋天，妹妹推着我去北海看了菊花。黄色的花淡雅，白色的花高洁，紫红色的花热烈而深沉，泼泼洒洒，秋风中正开得烂漫。我懂得母亲没有说完的话。妹妹也懂。我俩在一块儿，要好好儿活……《秋天的怀念》

4. 母亲摸摸孙儿的小脑瓜，变了主意："还是走小路吧。"她的眼随小路望去：那里有金色的菜花，两行整齐的桑树，尽头一口水波粼粼的鱼塘。"我走不过去的地方，你就背着我。"母亲对我说。

5. 这样，我们在阳光下，向着那菜花、桑树和鱼塘走去。到了一处，我蹲下来，背起了母亲；妻子也蹲下来，背起了儿子。我的母亲虽然高大，然而很瘦，自然不算重；儿子虽然很胖，毕竟幼小，自然也轻。但我和妻子都是慢慢地，稳稳地，走得很仔细，好像我背上的同她背上的加起来，就是整个世界。《散步》

**二、读写融合**

聚焦"美"的主题，关联命题4自拟题《你是最美的存在，李焕英》；命题2《美的瞬间》；命题6自拟题《所见皆美好》。

**第1版**

### 你是最美的存在，李焕英

（1）这个春节，《你好，李焕英》热映，我也跟着妈妈去影院打卡了。我没有像妈妈那样入戏，不过也跟着笑一阵泪一阵的，脑补一算：李焕英是20世纪50后，贾玲是80后，我是05后，我们刚好是一辈人，所以80后的妈妈观影时多半是想起了我的姥姥那辈的妈妈了吧？而破 40 亿的票房数据也证明了：李焕英，可以成为天下母亲的代名词。也许时代不一样了，爱的内容不一样了，爱的表达方式也不一样了，但有一点是不变的：无论哪个时代的母亲，于儿女们而言，是世上最美的存在。

（2）同样是儿女写给突然去世的母亲的作品，当我们读史铁生《秋天的怀念》，就会再往前推想，史铁生是 20 世纪 50 年代生人，那么他的母亲是 30 年代的，又和李焕英相差一辈。那么这一辈一辈的"李焕英"们，为什么是儿女们心中最美的存在？

（3）当"李焕英"们还在时，我们任性或懂事、弱小或出色、不幸或幸运，母亲都在那里，她是世上最好的庇护者和守护者。

（4）如李焕英。女儿小时候迟到早退旷课逃学考差了，一次次让自己被老师约谈，尴尬应对老师后回来还在哄女儿开心；看见长得胖胖的女儿灰头土脸跑回家裤子摔破了她就在破洞上缝只可爱的小熊；好不容易女儿考上大学想高兴一回了大宴亲友时却因文凭造假露馅没露脸反丢尽了脸，可是那又怎么样，"我女儿是为了让我高兴"……即使女儿不是"别人家的孩子"，也依然是她最爱最爱的女儿。为母则容、为母则能、为母则强，庇护和守护孩子长大，是天下母亲的本能。

（5）如史铁生的母亲。看着双腿瘫痪的儿子暴怒无常地把玻璃砸碎把东西摔向四周的墙壁，她躲在看不见的地方偷偷地听着儿子动静的时候，一个守护痛苦挣扎的儿子的母亲内心是怎样的一种痛？听着儿子捶打残腿喊着"活什么劲"，她扑过去抓住儿子的手忍住哭说"咱娘儿俩在一块儿，好好儿活"的时候，一个守护陷入绝望的儿子的母亲内心又是怎样的一种无助和坚强？等到儿子答应去北海看菊花她喜出望外到语无伦次的时候，一个守护绝境求生的儿子的母亲又是怎样一种辛酸和安慰？

（6）《诗经》有言：凯风自南，吹彼棘心。棘心夭夭，母氏劬劳。母亲像南风，孩子像酸枣树初发的嫩芽，正是天下母亲一路辛劳与心劳的庇护与守护，枣树的嫩芽才得以慢慢茁壮。

（7）而当"李焕英"们不在时，儿女们才发现，所有的任性或懂事、弱小或出色、不幸或幸运，都失去了最好的接收者和保管者。

（8）为什么会有一部叫作《你好，李焕英》的电影诞生？为什么贾玲会在剧情中设计守在弥留之际的母亲床前而穿越到母亲年轻的那个时代？为什么穿越后的贾玲唯一想做的一件事就是"让母亲高兴"？为什么穿越后的贾玲费尽心思地要促成沈光林和李焕英的亲事？一切的幻想都是基于"李焕英在一场车祸中意外离世"的现实。父母在，人生尚有来处；父母去，人生只剩归途——妈妈不在了，贾玲懂事了、出息了，可是妈妈接收不到了；<u>那些奋斗的价值和意义，失去了最好的接收者和保管者，只好向梦中去求。</u>

（9）为什么会有《秋天的怀念》这篇文章的诞生？因为母亲活着的时候，史铁生还沉陷在自己双腿瘫痪的苦痛之中，给予母亲的只有操心、揪心和痛心。母亲在猝然倒下时说"我那个有病的儿子和我那个还未成年的女儿……"，对于轮椅上的史铁生来说，让母亲千万个放心不下地走，是为人子最深的痛和悔。所以那个秋天，在妹妹推着史铁生去北海看菊花，他看见菊花黄色的花淡雅，白色的花高洁，紫红色的花热烈而深沉，泼泼洒洒，秋风中正开得烂漫的时候，他想起，母亲不在了，但是母亲要我们"好好儿活"……是的，之后的史铁生是好好地活着，尽管命运几乎从未善待过他，但，那是母亲让儿女好好活着的愿望。

（10）想到这里，蓦然发现，那句"子欲养而亲不待"是从子女的角度来说的，表达的是子女对父母的爱失去表达的出口的那种痛和悔；而如果从"李焕英"们的角度来说，她们的最大愿望，并非子女们是否"养"自己，而是他们能"好好儿活"，所以同样穿越回去的"李焕英"对女儿说得最多的一句话就是"我的女儿呀，我只要她健康快乐就好了呀"。

（11）原来，你是人世间最美的存在，李焕英。无论儿女们任性或懂事、弱小或出色、不幸或幸运，<u>你在，儿女们"好好儿活"给你看；你不在，亦是儿女们"好好儿活"的最大理由。</u>

**策略说明：**

1. 融合造句

（1）段。将主题关键词"美"，自拟的命题关键词"你是最美的存在，李焕英"，与体现本文选材的特征词"电影、票房、李焕英、母亲"等融合造句，交代写作背景，开篇点题。

（2）段。引入统编教材七上第二单元课文《秋天的怀念》作为素材，将"儿女写给突然去世的母亲的作品"与体现本文选材的特征词"李焕英"，与题目关键词"你是最美的存在"三者融合造句，提出"为什么是儿女们心中最美的存在"的问题，引发下文的思考。

（3）段和（7）段。将电影中"贾晓玲"作为"女儿"的特点，与课文《秋天的怀念》中史铁生作为"儿子"的特点融合思考，得出"当'李焕英'们还在时，我们任性或懂事、弱小或出色、不幸或幸运，母亲都在那里，她是世上最好的庇护者和守护者"的感悟，并领起下文（4）（5）段的思考；再得出"当'李焕英'们不在时，儿女们才发现，所有的任性或懂事、弱小或出色、不幸或幸运，都失去了最好的接收者和保管者"的感悟，并领起下文（8）（9）两段的思考。

2. 选点对话

（4）段。将电影内容作为素材，从"母亲"的角度，选取影片中体现李焕英庇护与守护女儿的三个点，与人物进行心灵对话并用排比句表达，再得出"为母则容、为母则能、为母则强，庇护和守护孩子长大，是天下母亲的本能"的感悟。

（5）段。将课文内容作为素材，从"母亲"的角度，选取课文中体现史铁生的母亲守护儿子的三个点，与人物进行心灵对话并用排比句表达，表现史铁生母亲对儿子"艰辛的守护"。

3. 链接感悟与融合造句

（6）段。链接《诗经》中表达"母亲辛劳"的诗句，并将诗句的含义与本文选材的特征词"庇护者与守护者"融合造句，表达母亲作为儿女的庇护者与守护者的意义。

4. 追问推理与选点对话

（8）段。将电影内容作为素材，通过对影片四个内容的追问和推理，得出"幻想基于现实，现实求而不得，转向梦中去求"的结论，借此表达母亲是"最好的接收者和保管者"的感悟。

（9）段。将课文内容作为素材，通过追问史铁生创作《秋天的怀念》的原因，得出"为了表达让母亲千万个放心不下地走的痛悔"的结论；再选取课文中"去北海看菊花"的情节，与人物进行心灵对话，表达史铁生面对命运的一再摧残而"好好儿活"的原因，从"母亲不在"的角度体现"母亲存在"的意义。

5. 链接感悟、扣词读解与融合造句

（10）段。链接"子欲养而亲不待"作为素材句，再扣一个"养"字，分别从子女的角度和母亲的角度进行读解，再与电影中的一句台词融合造句，进一步表达"母亲是美好的存在"的感悟。

6. 融合造句

（11）段。将题目关键词"你是人世间最美的存在，李焕英"，与本文选材的特征词"无论儿女们任性或懂事、弱小或出色、不幸或幸运"，与课文素材关键词"好好儿活"，三者融合造句，表达母亲作为世上最美好的存在的意义。

第2版

## 美的瞬间

（1）你可曾深深地凝视过，那些流淌在文字或视频中的一个个美的瞬间，那些浸润着滋养着我们的心田的瞬间，曾诠释着关于爱和生命永恒的美。

（2）我凝视过一个美的瞬间，在那里，母爱的表达如此复杂，是苦涩悲痛和包容挚爱交织的一种凄美。就在史铁生《秋天的怀念》里，这样写道：母亲就悄悄地躲出去，在我看不见的地方偷偷地听着我的动静。当一切恢复沉寂，她又悄悄地进来，眼边红红的，看着我。"听说北海的花儿都开了，我推着你去走走。"

（3）文中的"母亲"话音刚落的瞬间，就传达给我一阵酸楚：她的内心是经历了怎样的翻江倒海才最终化为一句低低的、轻轻的、缓缓的，也许还略微颤抖的"听说北海的花儿都开了，我推着你去走走"？

（4）"母亲"先是"悄悄地躲出去"。一次次地目睹26岁的正值青春年华的儿子在遭遇生命的不幸后的暴怒无常，她的内心是怎样一种痛？承接了儿子传递给自己的到达深处的那份痛，她只能躲出去，"我可怜的孩子，就让他宣泄一会儿吧，也许发泄完他的心里会好受一点儿。"于是躲出去，带着满心的痛楚无助无奈地躲出去。

（5）"母亲"却没有走远，而是"在看不见的地方偷偷地听着我的动静"。"在看不见的地方"，是怕儿子顾及自己而不能淋漓地发泄心中无底的阴郁；"偷听动静"，是一个母亲在守护儿子的挣扎与搏斗。读到这里，我不忍进一步去想象当玻璃砸碎、东西摔向四周墙壁的每一个破碎声、撞击声响起时，"母亲"的内心会是怎样地跟着一阵阵"心如刀割"？我甚至不忍进一步想象此时已身患绝症病入膏肓却瞒着儿子的"母亲"，她自己如何去承受这身心重重的折磨？

（6）可是"母亲"却又进来了，在听到一切声响沉寂后进来了，对儿子说："听说北海的花儿都开了，我推着你去走走"。

（7）说这句话的时候，"母亲"眼边红红的，我们知道那是什么，还知道在悄悄进来之前母亲是如何拭去泪水强忍泪水进行一番心理建设后才进来的，我们更知道她看着儿子说这句话时那不确定的、赔着小心的甚至哀求的眼神，而这一切，只是为了带着儿子去北海，去看花开，去看另一种生命的绽放。

（8）这一个瞬间里，写着苦涩悲痛和体谅包容交织的一种凄美，还写着一种因深沉和厚重的母爱而生的壮美。

（9）我还在一部电影里凝视过一个美的瞬间，在那里，母爱的表达如此平常而深挚，<u>是为强大母爱的力量而激发的一种慧美。</u>就在贾玲的电影《你好，李焕英》里，有这样的镜头：

（10）现实中，那个总是微笑着的李焕英看见胖胖的女儿灰头土脸跑回家裤子在膝盖上赫然豁开了大洞，微笑着在那破洞上缝了可爱的小熊；穿越中，那个比女儿早五分钟穿越到自己年轻时代的李焕英在和女儿喝酒后醒来的第二天，微笑着给女儿牛仔裤上潮酷的那个破洞缝了只同样图案的可爱的小熊。

（11）镜头定格在可爱的小熊图案的瞬间，我看见了曾经年轻漂亮的不会针线缝补的李焕英，在转为母亲的角色后微笑着熟练地飞快地给女儿的裤子缝上漂亮的小熊图案的样子，<u>那里面演绎着为母则能、为母则强的一种慧美，还演绎着一种因平常而深挚的母爱而生的柔美。</u>

（12）还有一个美的瞬间，在莫怀戚的《散步》里，当一家人在纠结走大路还是走小路而作为一家之主的作者决定为了母亲选择走大路之后，"母亲"却摸摸孙儿的小脑瓜，变了主意说"还是走小路吧"，<u>这一瞬间，就着"金色的菜花，两行整齐的桑树，尽头一口水波粼粼的鱼塘"的背景，写的是关于生命和自然的圆融和谐的美。</u>

（13）为什么文学和艺术里写满了关于爱和生命的各种美的瞬间？也许，是<u>为了让我们一次次遇见美好，让我们住进美的怀里，或者，让美住在我们心里，寂静欢喜，并期待永恒。</u>

**策略说明：**

1. 融合造句

（1）段。将本文选材的特征词"文字或视频中的美的瞬间"，与主题关键词"爱和生命的美"融合造句，开篇点题。

2. 扣词读解与内涵对接

（2）段。扣"美"一词，与课文《秋天的怀念》所体现的美的内涵对接，读解为"是苦涩悲痛和包容挚爱交织的一种凄美"。

（8）段，对接内涵，进一步读解为"写着苦涩悲痛和体谅包容交织的一种凄美，还写着一种因深沉和厚重的母爱而生的壮美。

（9）段。扣"美"一词，与电影《你好，李焕英》所体现的美的内涵对接，读解为"是为强大母爱的力量而激发的一种慧美"。

（11）段，对接内涵，进一步读解为"演绎着为母则能、为母则强的一种慧美，还演绎着一种因平常而深挚的母爱而生的柔美"。

（12）段。扣"美"一词，与课文《散步》所体现的美的内涵对接，读解为"写的是关于生命和自然的圆融和谐的美"。

3. 选点对话与换位体验

（3）—（7）段。将课文体现美的瞬间的素材句切分为五个点，依次为
（3）段和（6）段：听说北海的花儿都开了，我推着你去走走；（4）段：悄悄
地躲出去；（5）段：在我看不见的地方偷偷地听着我的动静；（7）段：眼边红
红地看着我。

切分之后，通过换位体验与想象，一一地与作者进行心灵的对话。这两个
策略的组合运用，特别有助于培养审美鉴赏能力。

4. 链接感悟、嫁接情境与融合造句

（13）段。链接仓央嘉措《见与不见》里的"来我的怀里/或者/让我住进
你的心里/黯然 相爱/寂静欢喜"的素材，并将此句从原文的语境中剥离出来，
嫁接到本文的表达"美"的情境中，融合造句并改造为"让我们住进美的怀里，
或者，让美住在我们心里，寂静欢喜，期待永恒"表达文学和艺术创造这些
"爱和生命的美的瞬间"的意义。

**第 3 版**

## 所见皆美好

（1）牛年的三月，我收获了一份领悟：心中有火、眼中有光，才有可能所
见皆美好，所行皆有勇气。

（2）2021 年 3 月开学第一周各科任老师的第一节课，天知道是不是约好的，
都在给我们初三党讲"三牛"精神。语文老师说："今年是牛年，送你们一首
诗：块块荒田水和泥，深耕细作走东西，老牛亦解韶光贵，不等扬鞭自奋蹄。
初三的你们需要老黄牛精神！"班主任更绝："这学期中考季了！对待班级，你
们要有孺子牛的精神；对待学习，你们要有拓荒牛的精神；对待无数的考试，
你们要有老黄牛的精神！"

（3）几堂课下来，我们不知接收了几十头牛。于是这一周的课间休息，耳
边不时传来"吐槽"声：

（4）"这学期我注定要累成一头牛啦！"小 A 一下课把头埋到桌面，有气无
力地说。

（5）"老牛，老牛，你再不奋蹄，老班就扬鞭子啦！"A 的同桌抄起一根跳
绳做抽打状。

（6）于是一阵哄笑，我置身其中，也跟着笑。笑着笑着，突然之间想起一

个问题：为什么我们说起"牛人"都觉得是"厉害的人"，而说起"老黄牛一样的人"，第一个念头却觉得那是活得"累"的人呢？

（7）在我们的脑海里，想起"老黄牛"，眼前更多的是出现一片泥田中一头衰弱的老牛拉着破旧的犁低着头艰难地往前挪步的情景。

（8）而在诗人臧克家的笔下，垂垂老矣的那头黄牛拉犁的动作是"深耕细作"。一个"深"字，并不计较自己年老体弱，依然用尽全力；一个"细"字，并不在意自己辈高年长，依然"一丝不苟"；而"不用扬鞭自奋蹄"的潜台词又是什么呢？细细想来，也许就是："主人在与不在有何关？别人说与不说有何关？我自有我的田要耕，我自有我的路要走，我自有我的本职要恪守。"

（9）原来，诗人在古稀之年写下这样的诗，是因为他自己依然心中有火、眼中有光，所以他眼中的老黄牛是不辞辛苦、自强不息和老当益壮的，就如同他自己一般，心中有火，眼中有光，于是所见皆美好，所行皆有勇气。

（10）原来，我们一直深陷在学习的"累"里，心中的"累"投射到眼中的"境"，我们眼中的"老黄牛"就贴上了"累死累活"的标签！

（11）"境由心生"。这四个字让我不由得想起史铁生在《秋天的怀念》里写到母亲突然去世后，由妹妹推着去北海，他看见菊花"黄色的花淡雅，白色的花高洁，紫红色的花热烈而深沉，泼泼洒洒，秋风中正开得烂漫"。为什么此时他眼中的菊花开得如此烂漫？也许是因为母亲的"死"唤起了他"好好儿活"的欲望，是因为心中燃起了"向死而生"的火种，眼中才看得见秋菊的"烂漫"，而此后也才看得见生命的绚烂，听得见生命的呼吸，闻得见生命的芳香，再将自己残缺的人生活出一份生命的尊严与美丽。

（12）这一切是不是在点醒我们，当我们在这个中考季在心中点燃奋斗的热火时，眼中才会有光，眼中所见那些在试卷堆中"深耕细作"的如"老黄牛"一样的同学，才会油然而生敬意？

（13）这一切仿佛就在点醒我们，让自己心中有火、眼中有光，成长的路上，才有可能所见皆有秋菊之烂漫、生命之美好，于是所行也能皆不负年少。

**策略说明：**

1.（1）段。将命题材料关于"感受自然和生活的美好"的表述提炼成为一句话："心中有火，眼中有光，才能所见皆美好"，作为本文的主题。

2. 链接感悟与嫁接情境

（2）段。链接"三牛"精神的时事素材，并将"三牛"精神从原来"新时代中国人如何发扬奋斗精神"的大语境中剥离出来，嫁接到"开学第一节老师们对学生的励志教育"的情境中来；再由"三牛"精神继续链接另一个素材，即臧克家的《咏牛诗》，将这些内容组合起来，作为故事的开端，并表现"初三是中考季也是奋斗季"的特点。

3. 联想故事

（3）—（6）段。扣"心中有火，眼中有光，所见皆美好"一句，从反面去联想生活中的故事或现象。反面联想的过程，就是先假设如果一个初三党心中没有奋斗的热情，就会觉得初三下学期这半年的学习特别累，于是看什么都觉得累，想象中的"老黄牛"也是"累"的情景，并提出为什么"说起老黄牛一样的人，第一个念头却觉得那是活得累的人"的问题，引发思考。

4. 扣词读解与换位体验

（8）段。由链接的臧克家的《咏牛诗》素材，扣"深"和"细"两个字进行含义的读解，再扣"不用扬鞭自奋蹄"，换位体验而想象"老黄牛"的心理活动，两个策略同时使用，表现臧克家眼中的"老黄牛"不辞辛苦、自强不息和老当益壮的形象。

5. 融合造句

（9）（10）段。将链接的臧克家的素材，与主题句"心中有火，眼中有光，所见皆美好，所行皆有勇气"，与本文选材的特征词"初三党、学习累"等三者融合思考并造句，从正反两个角度表现"境由心生"，"心中有火，眼中有光，才能所见皆美好"的感悟。

（12）（13）段。将本文选材的特征词"初三中考季、奋斗季如何看待老黄牛精神"，与本文题目和主题关键词"心中有火，眼中有光，才能所见皆美好"，以及上文"菊花烂漫"的伏笔，从学习和成长两个角度将以上内容融合思考造句，在篇末深化主题。

6. 追问推理与融合造句

（11）段。在引入课文《秋天的怀念》中"北海看菊花"的描写句后，从"境由心生"的角度去追问"为什么此时他眼中的菊花开得如此烂漫"，再将答案的推解过程，与本文的主题"心中有火，眼中有光，所见皆美好"融合思考并造句，为文末（13）段从成长的角度感悟伏笔。

**4 号文本：《社戏》+6 个素材**

[6 个素材]

1. 南安英都"拔拔灯"习俗

2. 春节炸年货习俗

3. 泉州元宵花灯习俗

4. 古曲合奏《卷珠帘》

5. 传统汉服"cosplay"

6. 奥特曼儿童服饰

## 一、择读文段

1. 和我一同玩的是许多小朋友，因为有了远客，他们也都从父母那里得了减少工作的许可，伴我来游戏。在小村里，一家的客，几乎也就是公共的。我们年纪都相仿，但论起行辈来，却至少是叔子，有几个还是太公，因为他们合村都同姓，是本家。然而我们是朋友，即使偶尔吵闹起来，打了太公，一村的老老少少，也决没有一个会想出"犯上"这两个字来，而他们也百分之九十九不识字。

2. 我的很重的心忽而轻松了，身体也似乎舒展到说不出的大。一出门，便望见月下的平桥内泊着一只白篷的航船，大家跳下船，双喜拔前篙，阿发拔后篙，年幼的都陪我坐在舱中，较大的聚在船尾。母亲送出来吩咐"要小心"的时候，我们已经点开船，在桥石上一磕，退后几尺，即又上前出了桥。于是架起两支橹，一支两人，一里一换，有说笑的，有嚷的，夹着潺潺的船头激水的声音，在左右都是碧绿的豆麦田地的河流中，飞一般径向赵庄前进了。

两岸的豆麦和河底的水草所发散出来的清香，夹杂在水气中扑面地吹来；月色便朦胧在这水气里。淡黑的起伏的连山，仿佛是踊跃的铁的兽脊似的，都远远地向船尾跑去了，但我却还以为船慢。他们换了四回手，渐望见依稀的赵庄，而且似乎听到歌吹了，还有几点火，料想便是戏台，但或者也许是渔火。

那声音大概是横笛，宛转，悠扬，使我的心也沉静，然而又自失起来，觉得要和它弥散在含着豆麦蕴藻之香的夜气里。

那火接近了，果然是渔火；我才记得先前望见的也不是赵庄。那是正对船头的一丛松柏林，我去年也曾经去游玩过，还看见破的石马倒在地下，一个石羊蹲在草里呢。过了那林，船便弯进了汊港，于是赵庄便真在眼前了。

## 二、读写融合

聚焦"美"的主题，关联主题"美"自拟题，《民俗之美：红红火火"拔拔灯"》《炸年货：两地"美食"在春节》《上元霓虹夜，人约灯下行》。

第1版

## 民俗之美：红红火火"拔拔灯"

（1）老家南安英都镇有拔拔灯的习俗，是我们村祈求人丁兴旺、风调雨顺、五谷丰登的祈福盛典，每年正月初九到十五，特别是正月初九这天，从下午四点多开始，大鼓、车鼓、花鼓、邻狮、百米粗绳、高甲戏台、拍胸舞队整装待发，那些有组织有分工的、自发忙前跑后帮忙缚灯的年轻人时有穿梭，红鞭炮、红灯笼、红衣服满街欢跑……村里人从大年初一起就撩拨着、酝酿着、蠢蠢欲动着的心这一天全部都动起来了！

（2）按习俗，每家每户出一对灯一个人，有的连孩子也带上。在闽南话里，"灯"与"丁"的发音相同，"灯"的发音就是"丁"，所以每户出人拔拔灯的大多是男丁。可我是女生，按爷爷的说法，入不了"灯队"，我不服气，年年吵着要拔拔灯，都没戏。不过年内期末考我语文科考了全年段第一，爷爷说我是"女状元"，赛过男丁们，更何况有好几户邻家也出了女生，"好好给你印尼回来的叔伯们看看咱家出女状元了！"爷爷很是得意地说。——于是"圣旨"下来允许我今年加入拔拔灯队伍。

（3）我的很重的心忽而轻松了，身体也似乎舒展到说不出的大。

（4）更兴奋的是，早在正月初二，全村抽签排列灯队的序号，总共24队，每队一百多盏灯，我家的序号居然抽在了前面！"你可以紧跟着海神王了（仁福王）！一年之中仁福王才请出来一次！你是福气多多的'福将'啊！爷爷简直跟我一样兴奋了！

（5）初九这天早上，大家睡到自然醒，凑到一起时，就有几个远客带回的孩子们嚷嚷着要先进县城逛逛，下午再回来拔拔灯。这些远客，有印尼的、新加坡的、澳洲的、马来西亚的，于是有了跟着远客回来的大大小小的孩子们。因为有了远客，我们也都从父母那里得了减少帮忙的许可，伴着他们来游戏。在我们村里，春节期间，一家的客，几乎也就是公共的。我们年纪都相仿，这个是远房表哥，那个是远房表弟，太多远房，我们都懒得去分清，到最后都一阵乱叫。但论起行辈来，却至少是叔子，有几个还是太公，因为我们合村都是"洪姓"，是本家。有时偶尔吵闹起来，打了太公，就有大人对着两个同年的后生说，"啊，你打了太公了，不孝之子啊！"于是所有人哄笑，那个"太公"反而羞得把脸胀起来。

（6）进城逛逛，得有人开车。就有一个远房表叔（说是表叔，其实年纪就三十出头）说带我们去。我陪着远客朋友们在县城逛了一圈，心里惦记着自己要拔拔灯的事，很是着急，县城对我来说太熟悉了，可是今年"本状元"亲自拔拔灯是头一回，我陪着客大约地逛了些景点，到了下午三点多了，终于要回村了！

（7）<u>一上车，表叔坐主驾位，"太公"坐副驾位，我陪俩远客坐在后排。表叔手握方向盘，点开车载蓝牙，脚踩油门，小车呼啸两三声就向前冲，飞一般地径向英都前进了。</u>

（8）汽车在公路上奔驰，英溪就在公路的右手边。岸边稻田片片、果林阵阵、花树丛丛，<u>它们与河底的水草所发散出来的清香，仿佛就夹杂在水气中扑面地吹来；暮色逐渐朦胧在这水气里。墨绿的起伏的连山，仿佛是踊跃的铁的兽脊似的，都远远地向车尾跑去了，但我却还以为车慢。</u>车载的歌曲顺序播放了四首，渐望见依稀的"金英小镇"，而且似乎听到歌吹鼓响鞭炮声了。

（9）<u>那声音遥遥传来，大概是南音的洞箫，宛转，悠扬，使我的心也沉静，然而又自失起来，觉得要和它弥散在含着稻麦蕴藻之香的暮色里。</u>

（10）过了石桥，涧水涓涓，<u>车便弯进了山峦叠翠、烟香缭绕的昭惠庙，噼噼啪啪的鞭炮声正此起彼伏，于是红红的英都便真在眼前了。</u>

（11）我的红鞭炮，我的红衣服，我的红灯笼，我的红红火火的新年拔拔灯，我来了！

**策略说明：**

全文运用"嫁接情境"这一策略。就是将课文的思路、语言、部分句段等从原文的情境中剥离出来，嫁接到表现另一个民俗的情境中来。与通常说的"仿写"同理，<u>嫁接情境的素材融合度更强，将原文从精气神到词句段都嫁接到新的情境中并融为一体。</u>

1. 思路嫁接

《社戏》前部分的行文思路：民俗背景——回乡与伙伴的有趣相处——能不能看社戏的纠结——可以看戏的轻松——看社戏路上的风景和期待——赵庄在眼前

《拔拔灯》的行文思路：民俗背景——我作为女子能否加入拔拔灯队伍的纠结——可以参加拔拔灯的轻松——与返乡的宗亲伙伴们的有趣相处——进城游玩后返乡参加灯会一路上的风景和期待——英都在眼前

重点在于，新文章虽然跟着《社戏》的思路走，却自然地呈现自己的起因、经过、发展和高潮，融合度更强。

2. 嫁接情境

如（5）段。将《社戏》中"我"作为远客与宗亲伙伴们相处的"趣"全部嫁接过来，在新的情境里，"我"作为乡里的一员去接待因为习俗返乡的宗亲伙伴，在合情合理的嫁接中，又创造新的情境，如因为"打了太公被趣说为不孝之子太公反而羞得把脸胀起来"，就是得趣之魂，又造趣之境。

将原文的语言表达嫁接过来，融合度最高的是（7）—（11）段。

如（7）段。"坐船"改为"坐车"；"双喜拔前篙阿发拔后篙"改为"表叔坐主驾位，太公坐副驾位，我陪俩远客坐在后排"；"夹着潺潺的船头激水的声音飞一般径向赵庄前进了"改为"点开车载蓝牙，脚踩油门，小车呼啸两三声就向前冲飞一般地径向英都前进了"。

如（8）段。根据新情境的需要，将原文"夜色"改为"暮色"，体现下午回乡在天黑前到达的特点；"淡黑的起伏的连山"改为"墨绿的起伏的连山"，更合乎天色还未全暗时的山色特点。

如（9）段。根据新情境的需要，将原文"那声音大概是横笛"改为"南音的洞箫"，将"含着豆麦蕴藻之香"改为"含着稻麦蕴藻之香"，以合乎不同民俗和不同地域的特点。

本文由"社戏"民俗嫁接为"拔拔灯"民俗之后，没有着重写拔拔灯的热闹场面，而是详写回村拔拔灯路上的丰富的内心体验，同样是为了表现人物风情的美；虽然没有正面描写拔拔灯场面，透过相关的前奏准备等情节，仍然可以表现这个民俗文化的丰富内涵，比如"抽签""缚灯""请神""昭惠庙""各种民俗表演""宗族情感"等，把这个"非物质文化遗产"的意义，通过一个中学生的视角自然地展现出来，展示有时代感的民俗风情美。

备注：本文摘自本人的专著《群文阅读　写作转化》（光明日报出版社）第四章"社会人生"第 177 页。对策略运用从新的角度做了说明。

**第 2 版**

## 炸年货，两地"美食"在春节

（1）真的，还要多久？<u>我实在不知还要多久才能再次吃到那天似的美食</u>，——也不知还要多久才能再次玩得那天似的畅快了。

（2）大年初四那天，我跟着妈妈还有表亲几家子到泉州去踩大姨的新居，遇上大姨的婆家大娘姑叫作"阿菊"的也带了几个孩子去探新居。阿菊是惠安人，做得一手好菜；大姨是南安人，也做得一手好菜。<u>于是那一天，来自南安和惠安的两拨人在泉州一起嗨，又同时尝到了来自两地的美食，赶上了一场绽放在舌尖上的饕餮盛宴，好不惬意。</u>

（3）"院子里好多好看好玩的呢，都放下手机，到外面去！"大人们齐声把我们几只大小神兽赶到庭院里了。

（4）庭院挺大的。阳光明媚地正朗照在角角落落里。最惹眼的是沿着围墙一茬挨着一茬的种植带，正长着深深浅浅的绿色的青菜，还有高高低低的果树，有几株正结着颗颗成熟的柑橘和杨桃，大大小小的金黄色、黄绿色在阳光下泛着油嫩的光。

（5）热爱菜园的大姨拉着我们参观完，指着篮球架、滑板车，还有小凉亭圆桌上的乐高，说："随便玩，我们进去炸好吃的，等下看谁运动到饿了就优先给谁吃第一锅！"

（6）知道摸不了手机了，我们只好断了念想。<u>姨父抱着几个球出来招呼我们比投篮嚷嚷着"牛年看谁更牛"的时候，两个幼儿园的早就一脚上一脚下地骑上滑板车了。</u>我怀疑我们是不是继承了中国人天性中好斗的基因，三个读中学的，两个六年级的，几个人听完姨父的"挑拨"，哪管谁是谁的学长还是学妹，反正来自南安的和来自惠安的互为陌生的双方就自然分成两队，四个投篮的一个计数的，满脑子不能输的念头，3：2！4：5！听着比分报数跟游戏冲关似的一进一退的就上头，不一会儿，场面就炸了，球就来回咚咚地撞，夹杂着俩小屁孩滑板车不时画着弧从球下穿过的摩擦声，吓得我们连喝"闪开啊"的声音，庭院上要有天花板就炸掀了。

（7）"炸年货来啦"，两个女大厨一前一后各端着一大盆满是金灿灿的炸食上来，放凉亭桌子上继续喊："最饿的优先哦！"这声"饿"一喊，我拍着球跑动着停下来，发现是真的又渴又饿，恨不得扑食——转身一看，他们几个已经扑过去了！

（8）"<u>来，介绍一下，这一盆，</u>里面有炸肉、炸海蛎、炸豆腐、炸芋头、炸带鱼，我们惠安的炸年货哦！你们可能没吃过我们的做法，快尝尝看？"阿菊的眼热切地看着我们这几个小孩；

（9）"<u>来，介绍一下，这一盆，</u>里面有炸醋肉、炸海蛎、炸粕丸、炸菜粿，对了，我种的芭乐，还榨了一大壶果汁，南安版的炸年货，你们也尝尝看？"大姨的眼也对着他们那几个小孩。

（10）今天不要太幸福吧？两地的大人在争宠吗？再说，那炸物特有的香味已如狂风巨浪般扑向鼻子，味蕾和口腹之欲怎么经得起这样的撩拨这样的诱惑？我们两手并用挑着抓着一阵狂嚼，只觉得各种酥各种嫩各种香各种脆，那"卡滋卡滋"的微响，就着果汁"咕咚咕咚"的猛响，那个酣畅淋漓，简直是美妙的天籁！

（11）神奇的是，同样的炸肉却是完全不一样的形色味，<u>惠安版的炸肉，</u>形状和大小都像柳叶形水饺，呈微黄色，外面一层是面粉，吃起来是面粉特有的烤香味，里面一小片长方形的全瘦肉，口感微咸而松嫩；<u>南安版的炸肉，</u>体形似扭转的长条形，呈金黄色，外皮是地瓜粉，粉薄而肉厚，吃起来外酥内嫩，有微微的酸微微的甜还有微微的蒜香。大姨说，肉加了醋和糖腌制一小时才能入味的，这一局，私心里更喜欢南安版。

（12）更神奇的是，同样的炸海蛎却是完全不一样的做法。听阿菊说，<u>惠安版的炸海蛎，</u>是海蛎加捏成泥的豆腐加葱花加面粉调味后团成丸子形再炸的；而大姨说，<u>南安版的，</u>是海蛎加红萝卜丝加紫菜碎加地瓜粉调味后压成薄饼状再炸的。不知为何，感觉圆圆的炸海蛎软软的香香的口感比起酥脆的炸海蛎更有海蛎的鲜甜，这一局，私心里更喜欢惠安版。

（13）正吃着计较着，抬头见两位女大厨，连同几个大人们都一脸笑意地站在庭院里自顾自聊着天，偶尔转头看看我们大快朵颐的样子。今天，除了不让我们玩手机，这些大人们也不问考试也不问排名还宠着我们无法无天玩闹的样子挺可亲，不逼着我们吃大鱼大肉还宠着我们吃炸年货吃到饱的样子挺可爱，<u>让我们一学期来为学业累积着的很重的心忽而轻松了，身体也似乎舒展到说不出的大。</u>

（14）这一天的我们，也许都一样，很久没有体验过放松时刻居然可以放下手机放下"手游"那么久吧？没有体验过可以和原本不认识的人玩到嗨玩到饥饿求食吧？更没有体验过可以享受到大人们可亲可爱地为我们同时准备的两地美食饕餮大餐吧？

（15）这一天的以后，<u>我更体会到《社戏》里"迅哥儿"为什么觉得"那夜吃的豆看的戏最好"了——有好地方、好游戏、好伙伴、好乡亲，所以豆好吃戏好看；而我们呢？在好时光，在好地方，遇见好游戏，遇见好亲友，所以炸年货好吃球也好玩，更有那一份热热闹闹、挨挨挤挤、酥酥嫩嫩、咸咸甜甜，让人感到一种生活之趣、生活之美。</u>

**策略说明：**

1. 嫁接情境

本文的主题定为"习俗的美，人情的美，生活的美"。

（1）段。将课文《社戏》中"真的，一直到现在，我实在再没有吃到那夜似的好豆，——也不再看到那夜似的好戏了"一句从原文的语境中剥离出来，嫁接到本文表现春节美食和生活美好的情境中来，改造为"真的，还要多久？

我实在不知还要多久才能再次吃到那天似的美食，——也不知还要多久才能再次玩得那天似的畅快了。"开篇点题，并表达对享受这份美好的一种怀念和期待。

（6）段。将课文《社戏》中"母亲送出来吩咐'要小心'的时候，我们已经点开船，在桥石上一磕，退后几尺，即又上前出了桥"从原文的语境中剥离出来，嫁接到本文表现"将要比拼投篮"的情境中，改造为"姨父抱着几个球出来招呼我们比投篮嚷嚷着'牛年看谁更牛'的时候，两个幼儿园的早就一脚上一脚下地骑上滑板车了"，表现场面的热闹。

（13）段。将课文《社戏》中"我的很重的心忽而轻松了，身体也似乎舒展到说不出的大"一句从原文的语境中剥离出来，嫁接到本文的情境中来，改造为"让我们一学期来为学业累积着的很重的心忽而轻松了，身体也似乎舒展到说不出的大。"抒发"中学生难得地放松且玩得好吃得好"的愉悦心情。

2.（2）段。将"春节吃炸年货"作为生活素材，合情合理地设计"两地美食同时出现"的情节，交代故事背景。

3.（3）—（5）段。这是故事的发展部分。

设计"放下手机"的情节。针对当前中学生假期放松常抱着手机玩游戏刷屏的现状，设计"放下手机"的情节才能推出后面得以悠闲看风景、比拼玩球和纵情美食的情节。有手机在，这一切的体验都可能打折扣；

设计"庭院美景"的描写。侧面表现"大姨"热爱生活，表现"人性的美、生活的美"；

设计"准备美食"的情节，为下文推出高潮部分铺垫。

4.（6）段，详写"尽兴地玩"的情节。特意设计两个点，一是"互为陌生的双方比拼篮"，更体现由陌生到一起玩到肚子饿，更体现"尽兴"；二是从声音的角度，将球声、滑板车声、喊声交织在一起描写，体现场面的热闹。

5.（7）—（12）段。要写"两地美食"以体现习俗美和人情美，可以写的很多，所以角度的选择很重要。

角度设计一，只写"炸食"。因为多数孩子都喜欢吃炸食，而大人们一般更愿做大鱼大肉之类的给孩子吃，认为美味又营养。但是春节有"炸年货"的习俗，大人一般会准备很多的炸物，这个特殊时期也相对不太会限制孩子多吃，特别是作为"客人"的时候，这样，这一天炸两大盆美食给孩子吃更合情合理，同时，更体现孩子们这一天"吃得好吃得美"。

角度设计二，对比着写。先从两个大厨的语言描写入手，带出两地炸年货的不同，这当中就体现了"习俗"的大同和小异，表现生活情味；再选两地两种同样的美食对比着写，从美食的不同特点中体现生活情味。

6.（13）（14）段。这两段的感悟很重要。为什么这样写呢？前文是一直在铺垫的，比如"放下手机""断了念想"；比如"吃着炸物喝着果汁"的痛快等等，从铺垫的内容出发，这里一一对应思考：第一，因为断了玩手机的念想，反而玩得痛快，运动多了，饥饿感强了，所以吃得好，真正放松了身心；第二，因为放下手机和春节间大人的宽松政策，我们得到了更多新的生活体验。

7. 追问推理与内涵对接

（15）段。对课文《社戏》里"那夜吃的豆看的戏最好"进行追问，在解答中概括出"四好"的答案，好地方，对应回到鲁镇；好游戏，对应掘蚯蚓钓虾；好伙伴对应双喜阿发们；好乡亲对应六一公公等人；将这个内涵与本文的故事内涵进行对接，"四好"的内涵中，好时光，对应春节和阳光明媚的这一天；好地方，对应去泉州大姨新居，在新居得以遇见新的亲友和伙伴；好游戏对应比拼投篮，好亲友对应大人们和新伙伴们。在这样的内涵对接中，去挖掘这一天的意义。

末句中，"热热闹闹、挨挨挤挤"，对应"大人们的聊天做饭和小孩们其乐融融地运动游戏"，"酥酥嫩嫩、咸咸甜甜"，对应那一天的美食体验，也令人联想到生活的多种味道。在此基础上，点出本文主题"生活之趣、生活之美"。

**第 3 版**

## 上元霓虹夜，人约灯下行

（1）牛年正月十五到了。对于元宵节，我并没多大期待。依稀记得读小学时，有一年元宵节，街上人山人海，灯火璀璨，一路走一路猜灯谜赚奖品一路看戏台上载歌载舞一路都是兴奋不已的；再想想去年，小区都封闭了，从阳台望下去，只见红灯笼，不见灯下人，唯有一轮孤月伴着树下那一排排灯笼风中摇晃。今年呢？小区的广播还在天天提醒"疫情防控"，虽然没有去年那么危险了，但也热闹不起来了吧？

（2）两个好友约我出去逛逛，说"世界城附近有小型灯展，再不好好逛一次，一开学就得打仗了。"禁不住她俩在微信里频频呼叫，我起身戴上口罩就出来了。

（3）一出门，便望见月下的树梢间挂着一串串红灯笼，华灯已上，月色宜人，令人心清气爽。到达约定地点三人会合后，我们飞快地径向世界城出发了。

（4）车辆和行人都很多，虽不是人山人海，却也是一年来难得一见的热闹了，我的心顿时热乎了起来，又有了一种要赴一场盛宴的感觉。

（5）放眼前望，最惹眼的是林立在世界城外面广场上的路边小摊阵，闪亮在远处的月夜中，俨然夜幕下的一处处结彩的亭台，我疑心视频里见过的海市蜃楼，就在这里出现了。我们加快脚步，不多时，就看得见那小摊阵里正红红绿绿的动，前方已隐约可见满天霓虹的花灯灯海了。

（6）穿过小摊阵的时候，两边的小摊贩都戴着口罩，不用亲自发声，自备的小喇叭正高高低低地吆喝着，一路穿行，看见有的摆着一地发光的小动物让行人套圈圈，最远的那个是一只发光的"牛"；有的直接敞开小轿车的车后厢，里面装饰花花绿绿的各色电动灯玩具灯，华丽的灯光一闪闪的招引着客人；最夸张的是一辆小卡车上挂满小猪佩奇之类卡通造型的氢气球，密密麻麻的线捆绑在一起，卡通头却随着风在高空各自跳跃着，如一团团炫丽的火球正冲向夜空，真担心会不会把卡车给带飞了。

（7）眼花缭乱间，我发现花灯长廊就在眼前了。长廊曲径通明，从入口处起，三排传统花灯列成纵队齐整整地悬挂在伸向视线的拐弯处，"前面没什么新鲜的，我们走进去一点看吧。"

（8）前行十几米远，果然眼前一亮。五个穿着古装服饰的人一字坐开，正要拨动手中乐器，仔细一看，中间古筝，两边各是一个横笛，两个琵琶，一个二胡，我们一立住他们刚好开始拨弦，以为会是咿咿呀呀的听不懂的南音，没想到却是一典现代的古风曲《卷珠帘》，不由驻足，可是没听完就被好友拉着继续往前走了。我总觉得他们还会弹很多好听的曲子，但也不好意思说要折回，毕竟心里也想着"再进去一点也许还会有更好看的"。

（9）身边的游人渐渐多起来，好多走着走着就停下来高举着手机比着各种角度对着花灯拍照。有一处更是围成了圈，一只只手机正对着什么在拍视频。我们小心地蹭上前去，有一条线把我们拦在圈外，一张布告牌上写着：非遗"无骨花灯"DIY，每次仅限两人"。什么是无骨花灯呢？我们一时也不懂，只见两个年轻女子坐在已成粘贴成心形的花灯的两面，扶着同一个花灯，手里拿着针，在红色纸面上刺着花纹，一针一针，极为细致的样子。我们也拿手机拍起了视频。好一会儿，刺完了，她们就点亮花灯，光线就从细密的针孔中透射出来，一面呈现"阖家团圆"四个字，另一面呈现"岁月静好"四个字，她们提着心形的无骨花灯转着圈，那些字晕着红得有点朦胧的光仿佛流进了每个人的心底，引来更多的镜头不停地抓拍。

（10）回来的路上，我们仨遇见了穿着传统汉服的玩"cosplay"（角色扮演）的漂亮小姐姐提着古典的精致小灯笼走过，被我们品头论足了一番；遇见了两个穿着"奥特曼"兄弟装的小男孩，头上都戴着宽沿的软头盔，从头盔上垂下一整圈透明的软玻璃防护罩围着脸，看起来很是安全又防风的样子。俩小孩显然很享受路人关注的目光，几乎叫着跳着走；我们还在出口处的美食小摊上买了安海炸菜粿、炸海蛎吃。

（11）相比于多年前的元宵灯展，这个规模实在是小。但是在经历了去年的沉寂之后能够遇见这样的灯展融入这样的热闹，已是出乎意料的满足甚至惊喜了。真的，一年多以来，我实在很久没有体验过那夜似的璀璨又祥和的上元霓虹夜，也很久没有遇见过那夜似的热热闹闹、欢欢喜喜地相约灯下行的游人了。

**策略说明：**

本文角度"民俗的美"，表现泉州非遗元宵花灯的美和疫后时代生活的静美。

1. 联结背景与联想故事

（1）—（11）段。课文《社戏》中"真的，一直到现在，我实在再没有吃到那夜似的好豆，——也不再看到那夜似的好戏了"是本文构思的起点。这句话表达看似简单，背后却有着丰富的深意。

鲁迅的《社戏》进入教材后其实是删掉了前部分内容的。前部分写两次大都市看戏感受到的"丑恶庸俗冷漠的令人窒息"的氛围，再推出鲁镇的"社戏"，在强烈的对比中怀念平等和谐热情友好的人际氛围。

结合这样的背景，再从当下生活的角度去联想，有什么故事和《社戏》相似呢？而刚过去的元宵节不就是一种春节民俗吗？且泉州花灯是世界非物质文化遗产，更值得泉州人一写了。选材就此确定。

那么，同样要写一种民俗，表现民俗的美，就要学习鲁迅从"对比的角度"去发现意义；接着，在所有写元宵花灯的作品中，如果你的作文不选择一个点去对比着思考和表达，就容易写成"大众脸"。那么问题就来了，要表现非物质文化遗产泉州花灯作为民俗的美，选择什么点来对比着写呢？

年年岁岁灯相似，岁岁年年人不同。2020年疫情发生，我们过了一个没有灯展的元宵节；2021年，可以办灯展了，但又是"疫情防控"背景下的灯展，是"戴着镣铐跳舞"，所以出行的人有着特定的装束：口罩；有着特定的心情：珍惜难得的岁月静好。

找到了这个特殊性，就找到了对比的点。那就是和多年前的元宵节对比，和2020年的元宵节对比，在对比中既表现民俗的美，又表现生活的静美。

于是一篇课文《社戏》，通过"联结背景和联想故事"的策略运用，就成为一篇作文全部的构思起点。而这个构思的过程，也是一种思维的发展和提升的过程。

2. 细节的选择

构思完成后，就面临"选择哪些细节来写"的问题。如果不加以选择和剪裁，可能会把笔墨花在"各种灯的形、色、状"和"游人赏灯的场面"。但是，细节的选择一定是为主题服务的。聚焦疫情背景下的这个时代的元宵节的特点来选择细节，如开篇"并不期待"的心理细节、戴口罩的细节、小摊贩的细节、牛年特点的细节、古琴合奏体现泉州文化特点的细节、拍视频的细节、制作无骨花灯的细节、"阖家团圆""岁月静好"八个字的细节、小男孩戴大防护罩出行的细节、买小吃的细节等——这些细节的选择全部是为集中表现主题而筛选而呈现的。

3. 嫁接情境

（3）（5）（7）（8）（11）段的加线句，都是将课文的句子从原来的语境中剥离出，嫁接到本文赏灯展的情境中，服务于各段的表达。

例如（5）段。将《社戏》中描写"远望戏台"的片段"最惹眼的是屹立在庄外临河的空地上的一座戏台，模糊在远处的月夜中，和空间几乎分不出界限，我疑心画上见过的仙境，就在这里出现了。这时船走得更快，不多时，在台上显出人物来，红红绿绿的动，近台的河里一望乌黑的是看戏的人家的船篷"从原文的语境中剥离出来，嫁接到本文"远望灯展"的情境中来，改造为"放眼前望，最惹眼的是林立在世界城外面广场上的路边小摊阵，闪亮在远处的月夜中，俨然夜幕下的一处处结彩的亭台，我疑心视频里见过的海市蜃楼，就在这里出现了。我们加快脚步，不多时，就看得见那小摊阵里正红红绿绿的动，前方已隐约可见满天霓虹的花灯灯海了。"请将两段中的加线句一一比照，思考嫁接到新的情境中后，是否表现出了远望中的情景，是否合情合理，以及为什么会是这样的呈现。

例如（11）段。将课文《社戏》中"真的，一直到现在，我实在再没有吃到那夜似的好豆，——也不再看到那夜似的好戏了"一句从原文的语境中剥离出来，嫁接到本文的结尾，改造为"真的，一年多以来，我实在很久没有体验过那夜似的璀璨又祥和的上元霓虹夜，也很久没有遇见过那夜似的热热闹闹、欢欢喜喜地相约灯下行的游人了"，表现"这一个元宵节"的不同寻常的意义。

4. 融合造句

（11）段。将本文选材的故事特征词"相比多年前和去年的元宵节、今年的惊喜"与课文《社戏》的点题句，与本文自拟的题目"上元霓虹夜，人约灯下行"，三者融合造句，在文末深化点题。

**5 号文本：《猫》《岳阳楼记》《老王》+8 个素材**

[8 个素材]

1. "愧怍"在百度字典里的解释
2. 曾国藩：惟正己可以化人
3. 武汉华南海鲜市场菜单
4. 毛泽东《沁园春·长沙》
5. 电视剧《知否知否应是绿肥红瘦》台词：品性的最低处
6. 钓鱼者录制提醒钓友的一个视频
7. 2021.2《国家重点保护野生动物名录》公布
8. 歌曲《夜空中最亮的星》

**一、择读文段**

1. 我心里十分地难过，真的，我的良心受伤了，我没有判断明白，便妄下断语，冤苦了一只不能说话辩诉的动物。想到它的无抵抗的逃避，益使我感到我的暴怒、我的虐待，都是针，刺我的良心的针！

我很想补救我的过失，但它是不能说话的，我将怎样地对它表白我的误解呢？

两个月后，我们的猫忽然死在邻家的屋脊上。我对于它的亡失，比以前的两只猫的亡失，更难过得多。

我永无改正我的过失的机会了！

自此，我家永不养猫。《猫》

2. 沙鸥翔集，锦鳞游泳。《岳阳楼记》

3. 每想起老王，总觉得心上不安。因为吃了他的香油和鸡蛋？因为他来表示感谢，我却拿钱去侮辱他？都不是。几年过去了，我渐渐明白：那是一个幸运的人对一个不幸者的愧怍。《老王》

**二、读写融合**

聚焦"美"的主题，从表现人性美的角度，关联命题 5 半命题《愧怍，更是一种美丽》；命题 8 自拟题《那些值得守护的"最低处"》；命题 6 自拟题《我祈祷拥有一双会流泪的眼睛》。

**第1版**

## 愧怍，更是一种美丽

（1）愧怍，在百度字典里解释为因为意识到自己有缺点或错误而感到不安。而在我的字典里，会产生愧怍之意的，应该是常怀"恻隐之心"的善良的人；敢于把愧怍之意诉之于笔并让世人看见的，更是大勇之人。愧怍者的背后，常有着"大善和大勇"，所以，愧怍，更体现一种人性的美丽。

（2）郑振铎曾在他写的《猫》一文中，表达了一种"如芒在心的愧怍"。

（3）郑振铎不太喜欢家里养的第三只猫，后来因误会是这只家猫吃了芙蓉鸟，不分青红皂白棒打猫，以致它后来忽死在邻家屋脊上。

（4）猫的惨剧发生后，他写道："我的良心受伤了，我没有判断明白，便妄下断语，冤苦了一只不能说话辩诉的动物。想到它的无抵抗的逃避，益使我感到我的暴怒、我的虐待，都是针，刺我的良心的针！"

（5）错怪了一只猫，间接导致猫的死，如果说作者对这件事感到歉疚和后悔，那是可以理解的，可是作者用到了"针"这个字，那已然是一种更深的痛苦和悔恨了。为什么？我想可能是因为作者把猫视为一个生命，从它的角度去想过"它的无抵抗的逃避"，于是猫承受的痛传递到了作者的心上。所以，在某个辗转的深夜，作者也许曾突然被那根针刺破梦境而惊醒吧？我深切体会到，当作者最后说"永不养猫"这四个字时，内心一定有把自责与痛悔的刀划过，痛彻心扉。

（6）足够的善良，让作者心生足够深的痛悔；足够的勇气，让作者诉诸笔端，还一个生命以公道。曾国藩说："惟正己可以化人"，也许这就是这篇散文如此走心的原因，它让我们窥见了一个愧怍者人性中的美好。

（7）但是，同样是对待动物、对待生命，有另一类人，却为熏心的利益和口腹之欲肆意屠戮而不自省不自责甚至麻木到令人触目惊心的地步，让我们窥见的是人性的丑陋。

（8）2020年疫情发生之后，宅家的日子里，有一天刷新闻，知乎公众号上晒出一张照片"武汉华南海鲜市场菜单"。我好奇地点开看，表格一栏品名、一栏价格，品名是打印的，价格一栏是手写的。一路看下来，触目惊心：

（9）活孔雀，500；活果子狸，130；活蝎子，500；活狐狸，500；水貂，500；活鸵鸟，4000……细数一下，菜单表格有14列16行，那就是说，这表格上有名为"海鲜"实为"野生动物"224种！

（10）我看得心惊肉跳。天啊，这些玩意儿还能吃？！难道我们的鸡猪牛羊鱼还不够吃还不够好?!

（11）再仔细一看，菜单左下角印着这样一行字：活杀现宰，速冻冰鲜，送货上门，代办长途托运。旁边很贴心很方便地紧跟着一个二维码，随时可点。我仿佛看见二维码那黑黑白白的四方框如同一个张开的大口和黑洞，正将一个个生命吞噬……

（12）我感到一阵悲哀。为那些卖者和买者悲哀。明知是野生保护动物而捕杀而食用，难道他们面对这一张价格细目单的时候，从来都是无知无觉的吗？也许他们并非无知无觉，只是"你永远也叫不醒一个装睡的人"罢了，何其悲哀！

（13）我感到一阵悲哀，作为人类的一员，我的良心受伤了。一些人管不住自己的嘴，一些人收不住自己的贪，便妄张海口，便捕杀生灵，冤苦了一个个不能说话辩诉的动物。想到它们的无抵抗的逃避，益使我感到我们人类的虐待、人类的贪婪，都是针，刺我们的良心的针！

（14）林鸟啼啭，虎啸猿鸣；沙鸥翔集，锦鳞游泳；鹰击长空，鱼翔浅底。人类如果还欣喜于江山如此多娇，还感恩于万类霜天竞自由，那么是否能够在意识到曾经对那些无辜的生命犯过错误之后，从感到一丝丝的不安开始，去反省、去悔悟，去呈上自己一份真心的愧怍，还这世界一份和谐与美好？因为此时的愧怍，更是一种美丽！

**策略说明：**

1. 扣词读解与融合造句

（1）段。先从课文《猫》中提炼出"愧怍"一词，再扣词从百度字典和"我"的字典两个角度分别读解含义，得出"大善与大勇"的感悟；再与半命题拟题关键词"愧怍，更是一种美丽"融合造句，开篇点题。

2. 追问推理与换位体验

（2）—（5）段。扣课文《猫》当中的"刺我的良心的针"的关键句，先进行推理：歉疚后悔就够了；再进行追问：为什么到了"痛苦和悔恨"的程度？再解答"作者把猫视为生命去体会过它的痛"。在此基础上，进一步去换位体验，想象作者内心经历的不安和愧怍，为（6）段的感悟铺垫。

3. 链接感悟与融合造句

（6）段。链接曾国藩"惟正己可以化人"句子，并与命题关键词融合造句，表现愧怍体现人性中的美好的主题。

（14）链接古诗文中描写到动物的句子，以及毛泽东《沁园春·长沙》中的"万类霜天竞自由"等句，再与本文选材的特征词"伤害无辜生灵"，与题目关键词"愧怍，美丽"，三者融合造句，在篇末用问句作结，启发思考，并点"人与自然的和谐""人性美"的主题。

4. 联想故事

（7）—（11）段。从课文《猫》的故事内容与当下社会现实相联系，从反面去联想故事，由一张"武汉华南海鲜市场菜单"的照片去表现"无愧怍之心的人内心的麻木"。

在联想故事部分，进入故事的细节选择什么？这一点依然需要<u>从要表现的主题出发，去甄别和选择</u>。这里选了三个细节：第一，具体的野生动物的名字和<u>价格</u>；第二，<u>表格的行数与列数</u>，以得出统计的数量；第三，<u>送货的二维码</u>。这些细节单是读一下，就已经有触目惊心之感，更何况是整个海鲜市场的其中之一。具体，才真切；真切，才有力度。这是细节选择的要义。

5. 嫁接情境

（12）（13）段。将课文中的关键句"我的良心受伤了，<u>我没有判断明白，便妄下断语</u>，冤苦了<u>一只</u>不能说话辩诉的动物。想到它的无抵抗的逃避，益使我感到<u>我的暴怒、我的虐待</u>，都是针，刺<u>我</u>的良心的针！"，从原文的语境中剥离出来，嫁接到本文表现"我作为人类一员为人类捕杀生灵而愧怍"的情境中来，改造为"我的良心受伤了。<u>一些人管不住自己的嘴，一些人收不住自己的贪，便妄张海口</u>，便捕杀生灵，冤苦了<u>一个个</u>不能说话辩诉的动物。想到<u>它们</u>的无抵抗的逃避，益使我感到<u>我们人类的虐待、人类的贪婪</u>，都是针，刺<u>我们</u>的良心的针！"请比照加线处表达的不同，领会如何合情合理地嫁接情境。

**第2版**

## 那些值得守护的"最低处"

（1）很喜欢电视剧《知否知否应是绿肥红瘦》里明兰的形象，除了美丽、智慧和胆识，她对许多事情的"见识"，常让我这三观长得还不全的人醍醐灌顶。记得明兰和祖母有次就堂姐姐淑兰和孙秀才一事进行对话，明兰说：与人相守，最终依靠的，还是那最低处，品性的最低处。"最低处"三个字，刷新了我对一个人的评价标准。我后来学着用这把尺子去衡量我见过的人，我发现，每个人，多么需要守住自己品性的"最低处"，<u>"最低处"一再加高的人，渐渐令人仰望；"最低处"一再失陷的人，则渐渐令人不齿</u>。

（2）在这个自媒体时代，我们可以就某个作者创作的作品，看见其人是否守住了"最低处"。

（3）2021年2月，我随意中刷到一个"钓鱼爱好者"制作的视频。视频先讲了一个案例：2019年四川李某因为捕杀"胭脂鱼"致其死亡判处有期徒刑三年。接着他自述了"钓鱼爱好者和渔人"的处境：作为钓鱼者，我们经常身处各种野外环境，跟各类野生动物遭遇在所难免，"指不定哪天你钓到一条受保护的鱼类，而你还不知道，那就麻烦了！"

（4）我本对"钓鱼"这种爱好或职业很陌生，现在才发现原来这个行业还有这样的风险，我心想，如果因为不懂、不知道，在无心的情况下钓了受保护的鱼类，在受到法律惩罚之外，个人是否可以被原谅呢？

（5）正想着，钓鱼人又说：我们这些钓友，包括我，有时钓到了稀罕的鱼，还会炫耀发朋友圈。比如"芝麻剑"，是珠江流域的名鱼，"红水河芝麻剑"是广西名菜，还上过舌尖上的中国。但是，从2021年开始，它已经被列为国家二级保护动物了。南方钓友们，请特别注意！

（6）视频的后面，钓鱼人将图片对照着名单一一列举一些渔人常见的如今已被列入国家保护动物名单的鱼类，我没有全部看完，转而找"度娘"搜索，果然在百度百科上查到一条"2021年2月5日，新《国家重点保护野生动物名录》公布，新增517种（类）野生动物"的信息。

（7）这时候，我特别地安心也特别地感动：对于钓者来说，"最低处"就是法律这条线。这位钓鱼者，不止于不做违法的事，还主动更新认知去避免违法，不止如此，还特意制作短视频让众多的"钓友"一起避免因无知而无意中违法。不但守住了自己的"最低处"，还努力通过"科普"让钓友们一起守护住"最低处"。

（8）而同样是对待生灵的态度，我们可以就某个作者创作的作品，看见其人守护的"最低处"有着怎样的"高度"。

（9）如果有个人，因为误会一只家猫吃了一只家养的芙蓉鸟打了猫导致它逃走了，后来发现死在邻家屋脊上。这个人会有怎样的反应呢？是无感？还是先隐隐不安后过几天一忙就忘了？还是感到歉疚和后悔而难过了好几天？

（10）也许，这个人的每一种反应都体现了一个人品性的"最低处"。然而我们看见了还有"第四种反应"。有一个叫作郑振铎的人，在发生了这件事后，歉疚、后悔、难过都不足以平息内心的不安，他写了篇叫作《猫》的文章，表达了深深的忏悔："我的良心受伤了，我没有判断明白，便妄下断语，冤苦了一只不能说话辩诉的动物。想到它的无抵抗的逃避，益使我感到我的暴怒、我的虐待，都是针，刺我的良心的针！"

（11）郑振铎品性的"最低处"在何处？歉疚、后悔、难过、不安是不够的，还要把自己对一个生灵所犯的错讲给读者听，哪怕那只猫其实什么也不懂，什么也不知道，但是他也要将这份痛悔拿出来反复咀嚼，把自己的心解剖给读者看，以告慰那个已然无知无觉的亡灵。这样的"最低处"，实已令人高山仰止。

（12）钓鱼人在视频里还说了这样一句话：保护野生动物，就是保护自己。

（13）我想，这句话是不是也启迪着我们：守护住各自的"最低处"，就是守护住那个美好的自己？

**策略说明：**

1. 链接感悟和融合造句

（1）段。由课文《猫》中关于"忏悔和自我解剖"的句子，可以感悟到郑振铎品性中的"最低处"，比一般人都要高。由此而链接电视剧《知否知否应是绿肥红瘦》作为素材，扣"最低处"三个字，与命题关键词"守护"融合造句，推出主题句"每个人，多么需要守住自己品性的"最低处"，"最低处"一再加高的人，渐渐令人仰望；"最低处"一再失陷的人，则渐渐令人不齿。"

2. 融合造句

（2）（11）段。从对待生灵的角度，选择"钓鱼爱好者制作短视频警示钓友"一事，表现此钓者如何主动守护法律"最低处"；选择课文"郑振铎创作《猫》表达深深的痛悔"一事，表现作家的"最低处"所体现的"高度"。将这两个素材与题目关键词融合思考并造句，形成分段中的点题句，并分别领起下文两个部分的感悟。

3. 选点对话

（3）—（5）段。选择"短视频"中"钓者提示钓友不可因无知而违法"的内容作为第一个点，表达我对钓者有可能无心而违法的理解。

（6）（7）段。选择"短视频"中"钓者提示南方钓友'芝麻剑'等一系列常见鱼类已被列为国家保护动物"的内容作为第二个点，表达我对钓者守护自己和钓友们的最低处所做的努力而感动。

4. 追问推理

（9）段。就《猫》的故事情节做一般性的追问"这个人会有怎样的反应"，再推解出三种可能的反应。

（10）（11）段。将课文素材作为"第四种反应"推出，引出文中关于"刺我良心的针"的关键句，并继续追问"最低处在何处"，在答案的寻求中得出

"这样的最低处令人高山仰止"的感悟。

5. 链接感悟与融合造句

（12）（13）段。链接钓者在视频里"保护野生动物，就是保护自己"的话，并与题目关键词"守护、最低处"融合思考并以问句的方式造句，表达"守护住自己的最低处就是守护住美好的自己"的感悟，深化主题。

**第3版**

### 我祈祷拥有一双会流泪的眼睛

（1）特别喜欢一句歌词"夜空中最亮的星/请照亮我前行/我祈祷拥有一颗透明的心灵/和会流泪的眼睛/给我再去相信的勇气"，特别期待在忙忙碌碌、压力重重的时光里，能常常遇见这样的心灵和这样的眼睛，哪怕只是在文字里遇见，也给我相信纯真、善良与美丽依然存在的勇气。

（2）曾有一颗透明的心灵，对着一个弱小者忏悔；曾有一双纯真的眼睛，对着一个卑微者泪目。我在郑振铎笔下《猫》的文字里遇见过。

（3）郑振铎不太喜欢家里养的第三只猫，后来因误会是这只家猫吃了芙蓉鸟，不分青红皂白棒打猫，以致它后来忽死在邻家屋脊上。猫的惨剧发生后，他写道："我的良心受伤了，我没有判断明白，便妄下断语，冤苦了一只不能说话辩诉的动物。想到它的无抵抗的逃避，益使我感到我的暴怒、我的虐待，都是针，刺我的良心的针！"

（4）一只家猫被冤死了，一个善良的人会隐隐不安吧？几天后事情一多一忙就淡忘了；

（5）一只家猫被冤死了，一个更善良的人会后悔和歉疚吧？一段时间后也就淡忘了；

（6）一只家猫被冤死了，一个特善良的人会悔恨和难过到流泪吧？很长一段时间后才淡忘了；

（7）一只家猫被冤死了，郑振铎一遍遍想象着它"不能说话辩诉"的苦痛，这份苦痛传递到了自己的心上，成了一根扎在心头的针，心再也无处安放时，只好诉之文字，向一个弱小的卑微的生灵告罪、忏悔，让文字凝固了这份痛悔，让自己再也不会忘记曾经犯下的错。心怀悲悯，就不停地拷问自我。心不蒙尘，就更透明；眼不蒙尘，就更真纯。这不正是我祈祷着想拥有的美吗？

（8）曾有一颗透明的心灵，对着一个弱小者忏悔；曾有一双纯真的眼睛，对着一个卑微者泪目。我在杨绛笔下《老王》的文字里遇见过。

（9）那个善良本分的老王，艰难凄苦的老王，贫病交加的老王，弱小卑微的老王，最后一次到杨绛家送去了香油和鸡蛋，无奈收了钱，第二天去世了。杨绛写道：每想起老王，总觉得心上不安。因为吃了他的香油和鸡蛋？因为他来表示感谢，我却拿钱去侮辱他？都不是。几年过去了，我渐渐明白：那是一个幸运的人对一个不幸者的愧怍。

（10）其实我真心难懂这份"愧怍"从何而来？杨先生做错什么了吗？没有啊！对这位弱小卑微的不幸的老王，从来都是尊重和善的；病入膏肓的老王为表达感激和亲近送来了东西，杨先生是先领了谢意再给了钱，这能算是侮辱吗？"愧怍"是因为杨先生感觉自己侮辱了老王，还是因为老王送礼并非想要钱的这份真心和苦心没有被她"get"到而遗憾？还是两者都有？

（11）一知半解，反复咀嚼文字，才发现端倪：从老王的角度看，已命若游丝的他挣扎着送礼给心中敬仰的愿意跟自己说话的和善可亲的读书人杨先生，是因为那些好东西他已经"用不着了"，那句"我不吃"，其实是"我吃不了了，也不用吃了，给你最好。"临终前把好东西给心中敬重感激的人，她却要给钱，要是不收，她还会托人送来，嗨，这份感激之情最终还是没表达好。从杨绛的角度看，那天看见老王如"僵尸似的镶嵌在门框"，先是"吃惊""强笑"，后是"害怕到糊涂了以至于没留茶"，由此看，也许是杨绛在事后的拷问中发现了自己当时因为害怕一心想到的是让随时会倒下的老王赶紧回去，于是很快给了钱好让他走，事情的结果是老王无奈地接受了他最不愿意接受的"钱"。

（12）是怎样的一种良知，才会不停地拷问着自己的灵魂，不但把自己对弱者的尊重和物质付出，与对方为自己真诚的付出两相比较，还在比较中因为发现自己的付出显得微不足道而感到不安和愧怍？

（13）思绪至此，我不由深深祈祷：能心怀悲悯，能拷问自我。愿生命里拥有这样一颗透明的心灵和这样一双会流泪的眼睛，如夜空中最亮的星，来照亮前行的路。

**策略说明：**

1. 链接感悟与融合造句

（1）段。由课文《猫》的故事内容提炼出"心怀悲悯、拷问灵魂"的内涵，由此链接歌曲《夜空中最亮的星》与此内涵对接的那部分歌词，再与本文选材的特征词"在文字里遇见真善美"融合造句，开篇点题。

2. 融合造句

（2）（8）段。将歌词、自拟题的命题关键词"透明的心灵、会流泪的眼睛"，与课文素材《猫》融合造句，点题并领起（3）—（7）段内容；再与课文素材《老王》融合造句，点题并领起（9）—（12）段内容。

3．追问推理与换位体验

（3）—（7）段。扣课文《猫》中关于"刺我的良心的针"一句，一步步追问几类善良的人做了这件错事后可能有的心理，并推导出"淡忘"的过程；再扣课文从作者的角度去换位体验，在体验中表现他"心怀悲悯，拷问灵魂"的纯真与美好。

（9）—（12）段，扣课文《老王》中"那是一个幸运的人对一个不幸者的愧怍"一句，一步步追问和推理"侮辱"和"愧怍"的原因，再分别从"老王"和"杨绛"的角度去换位体验，并将换位思考的过程表达出来，寻求"愧怍"产生的原因。

4．融合造句

（13）段。将歌词、命题关键词"透明的心灵、会流泪的眼睛"，与本文选材特征词"心怀悲悯，能拷问自我"二者融合造句，表现对人性中的真善美的期待和追求，深化点题。

**6号文本：《无言的美》《秋思》《野望》《使至塞上》《渔家傲·秋思》《饮酒》《安塞腰鼓》+10个素材**

［10个素材］

1.《红楼梦》香菱学诗说"大漠孤烟直"

2.庄子：天下有大美而不言

3.2021年辛丑年特种邮票"公牛"图案

4.疫情期间"强制休息令""强制陪伴令"

5.疫情期间"落日余晖"照片

6.疫情后"落日余晖"照片人物重逢照片

7.2021年新年贺词：以生命护使命

8.《山河无恙在我胸》歌词

9.蒋勋《美的沉思》

10.《少年》歌曲间奏鉴赏

**一、择读文段**

说明：择取三篇课文中体现"无言之美""诗中落日美""由动到静的艺术美"的文段。

1. 孔子有一天突然很高兴地对他的学生说："予欲无言。"子贡就接着问他："子如不言，则小子何述焉？"孔子说："天何言哉？四时行焉，百物生焉。天何言哉？"

2. 所谓无言，不一定指不说话，是重在含蓄不露。雕刻以静体传神，有些是流露的，有些是含蓄的。这种分别在眼睛上尤其容易看见。中国有一句谚语说，"金刚怒目，不如菩萨低眉"，所谓怒目，便是流露；所谓低眉，便是含蓄。

3. 著名英国诗人济慈（KEATS）在《希腊花瓶歌》中也说，"听得见的声调固然优美，听不见的声调尤其幽美"——《无言的美》

4. 夕阳西下，断肠人在天涯——马致远《秋思》

树树皆秋色，山山唯落晖——王绩《野望》

大漠孤烟直，长河落日圆——王维《使至塞上》

千嶂里，长烟落日孤城闭——范仲淹《渔家傲·秋思》

山气日夕佳，飞鸟相与还——陶渊明《饮酒》

5. 愈捶愈烈！形体成了沉重而又纷飞的思绪！

愈捶愈烈！思绪中不存任何隐秘！

愈捶愈烈！痛苦和欢乐，生活和梦幻，摆脱和追求，都在这舞姿和鼓点中，交织！旋转！凝聚！奔突！辐射！翻飞！升华！人，成了茫茫一片；声，成了茫茫一片……

当它戛然而止的时候，世界出奇的寂静，以至使人感到对它十分陌生了。

简直像来到另一个星球。

耳畔是一声渺远的鸡啼。——《安塞腰鼓》


二、读写融合

聚焦"美"的主题，关联命题4自拟题《诗中落日 无言之美》；命题2《美的瞬间》；命题4自拟题《无言的艺术，无言的美》。

**第1版**

## 诗中落日 无言之美

（1）美学大家朱光潜在《无言之美》说：所谓无言，不一定指不说话，是重在含蓄不露。所谓"金刚怒目，不如菩萨低眉"，怒目，便是流露；低眉，便是含蓄。说出来的越少，留着不说的越多，所引起的美感就越大越深越真切。

（2）这段话让我很想开启一次美的旅行，在诗词中寻找天地自然间的"无

言之美"。于是<u>一一盘点课文中那些诗词，我发现有一枚落日让代代诗人们留下了歌不完咏不尽的"无言之美"。</u>

（3）"夕阳西下，断肠人在天涯"，马致远的"落日"很美，不多言落日之形色，却让我们读不尽<u>那落日的凄美</u>。

（4）无言，体现在哪里？曲中的"落日"只有"夕阳"二字，什么颜色？浓淡如何？什么形状？大小如何？什么质地？远近如何？曲中皆无言。凄美，从何而来？先从"西下"二字，读出动态，读出那余晖正渐渐消退暮色将至传达的凄凉；再从"枯藤老树昏鸦，小桥流水人家，古道西风瘦马"，我们的目光由近及远，仿佛看见了夕阳中的枯藤老树昏鸦，夕阳中的小桥流水人家，夕阳中的古道瘦马，最后我们的目光定格在一个人的身上，这个叫作"在天涯的断肠人"，正立在西风中，看夕阳渐渐西下。于是这一枚落日带着天涯漂泊人无尽的凄苦，走到我们的心里，将落日的凄美定格。

（5）"树树皆秋色，山山唯落晖"，王绩的"落日"很美，不多言落日之形色，却让我们读到了<u>那落日的幽美</u>。

（6）无言，体现在哪里？诗中的"落日"只"落晖"二字，落日的余光，让我们想起天边的淡淡的一抹微光。除此以外，没有更多描绘落日的语言。幽美，从何而来？"树树皆秋色，山山唯落晖"合起来即"树树山山皆含秋色于落晖中"，这就足够我们驰骋想象了：落日的淡淡的余光披在那重重叠叠起起伏伏的山上，落在那秋风中渐渐枯萎或凋零的树上，目光再定格于正隐居在东皋的诗人王绩身上，他正立于落晖中远望这山野之秋。于是这一枚落日带着隐居者眼中的一份静谧、一份幽远与一份萧瑟，走到我们的心里，将落日的幽美定格。

（7）"大漠孤烟直，长河落日圆"，王维的"落日"很美，不多言落日之形色，却让我们读到了<u>那落日的奇美</u>。

（8）无言，体现在哪里？如《红楼梦》中香菱所说："想来烟如何直？日自然是圆的。这'直'字似无理，'圆'字似太俗。合上书一想，倒像是见了这景的。若说再找两个字换这两个，竟再找不出两个字来。"在香菱看来，有数不尽的意就含在那不言之中。而那塞上的"奇美"从何而来？是诗人王维用笔画了一张写意之画：大漠？请尽情地想象大漠之大吧，是如何的广阔而苍凉；长河？请尽情地想象黄河之长吧，是如何的汹涌无尽；这时，那被风吹得挺立的一道孤烟，那在翻涌的波涛中渐渐沉下去的圆日，正被诗人，一个奉命赴边疆慰问将士的使者尽收眼底。于是这一枚落日带着塞上独有的一份壮阔雄奇，走到我们的心里，将落日的奇美定格。

（9）还有范仲淹"千嶂里，长烟落日孤城闭"里的落日，除"落日"二字再无多言，却带着落日里重峦叠嶂长烟锁山和孤城紧闭的满目肃杀，走到我们的心里，<u>将落日的壮美定格。</u>

（10）还有陶潜"山气日夕佳，飞鸟相与还"里的落日，只一个"佳"字，却带着若有若无的浮绕于南山峰际的落日岚气，和着结伴而飞向山林的群鸟，走到我们的心里，<u>将落日的恬美定格，</u>直到"此中有真意，欲辨已忘言"。

（11）庄子说"天下有大美而不言"。从读懂诗中的"落日"开始，让我们一点点去读懂天地自然间的"无言之美"，就在那四时的轮替之中，就在那百物的消长之中，你会渐渐地拥有一双读出无言之美的慧眼。

**策略说明：**

1. 融合造句

（1）（2）段。将课文《无言之美》诠释"无言之美"的内涵的句子，与教材中描写到"落日"的五首诗融合思考并造句，点题。

（3）段。将《天净沙·秋思》中描写"落日"的句子，与"无言之美"融合思考并造句，点出"凄美"，并领起下文（4）段。

（5）段。将《野望》中描写"落日"的句子，与"无言之美"融合思考并造句，点出"幽美"，并领起下文（6）段。

（7）段。将《使至塞上》中描写"落日"的句子，与"无言之美"融合思考并造句，点出"奇美"，并领起下文（8）段。

2. 换位体验与内涵对接

（4）（6）（8）（9）（10）段。以"落日"为核心，先与"无言"的内涵对接，再与"美"的内涵对接，结合"落日"在原诗中的语境展开换位体验，即设身处地地去体验和想象，调动视觉、听觉、触觉、味觉、嗅觉、大小、远近、浓淡、层次等感官去展开想象，并将想象的画面描述出来。体现从"无言"中意会到的"美"。

3. 链接感悟、嫁接情境与融合造句

（11）段。先链接庄子体现"无言之美"的名句，再将课文《无言之美》中的"天何言哉？四时行焉，百物生焉。天何言哉?"一句，从原文的语境中剥离出来，嫁接到本文表现天地语言的情境中来，改造为"天地自然间的无言之美就在那四时的轮替之中，就在那百物的消长之中"，再与题目关键词、课文关键词"无言之美"，"诗中落日"等融合思考并造句，篇末深化主题，表现提高审美鉴赏力的期待。

五首诗，先异中求同，可以发现都写到了"落日"，再从"美"的角度同中求异，可以将五首诗中落日的美分别对接"凄美、幽美、奇美、壮美、恬美"。这个过程，就是诗歌的鉴赏过程；这个过程，有语言的建构与运用，如融合策略的综合运用；有思维的发展和提升，如五首诗求异与求同；有审美的鉴赏与创造，如对诗歌意境的赏析与表达；还有文化的传承与理解，如对中国传统文化中古诗词的个性化读解。这四部分是整合一起，在读写融合的过程中同时培植起来的。

**第 2 版**

## 美的瞬间

（1）2021 年春节前夕，我在网上看到了一张《辛丑年》特种邮票：公牛目光炽烈，昂首望远，四蹄腾起时，全身肌肉绷紧，鬃尾飞扬，如风，如电，呈现出昂扬奔腾、雄健有力的美。这枚邮票名为"奋发图强"。

（2）这枚邮票令人回想起过去一年里全国抗疫战线上那一幕幕不畏艰险、砥砺前行的画面。而有的画面曾定格于照片，凝固成一个个瞬间，无声地展示着这个时代的美丽。

（3）我曾在一张"强制休息令"的照片上，读到一个美的瞬间，它无言地展示着"以生命赴使命"的美丽。

（4）照片正中，是大大的红头文字：中山火炬开发区医院；正文正中，是黑色宋体字的标题：强制休息令。正文里写道：古君庆同志，自 1 月 21 日至今，你已经连续工作 35 天……请你立即停止工作，回家休息。短暂的休整不是退缩，而是为了更好地战斗。请即刻执行！右下方是署名和红色公章，时间：2020 年 2 月 25 日。

（5）记得一年前我看见这张照片时，曾因泪目而写下这样一段话：一阵心痛袭来。35 天！你是人，不是铁，你怎么能扛得住？为什么你不停下来？还是你停不下来？9 号、18 号、24 号，主任三次命你休息，你都不听，你为什么就是停不下来？是那些鲜活的挣扎中的生命让你无法安心哪怕是片刻的时间？是作为唯一的一名男护士和护士长，作为发热门诊负责人的你，肩上片刻也放不下那一份责任？不论是因为什么，请你，停！下！来！

（6）而一年后再寻这张照片时，我看见的是一组组的"强制休息令"和"强制陪伴令"，从白衣战士到警察军人，从"60 后"到"90 后""00 后"青年一代，都收到过这样的"红头文件"。于是我从这个定格的瞬间里，仿佛读到了一个民族用顽强不屈的坚守和英勇无畏的牺牲写就了一首宏大的抗疫史诗，仿佛读到了它正无声地展示着共克时艰的日子里那一份"以生命赴使命"的美丽。

（7）我们也曾在一张特别的"落日余晖"照片中，共同读到一个美的瞬间，它无言地展示着"以挚爱护苍生"的美丽。

（8）照片上，穿着防护服的年轻医生正护送躺在病床上的老人在前去做 CT 的途中，当医生抬眼接住落日余晖的那一瞬，他特意停下来，仿佛说了一句"看，多么美的夕阳！"于是两个人一起欣赏了一次久违的日落：落日的余晖晕染在片片云朵上，晕染在层层林立的高楼和病床前方的小路上。老人努力抬起头，骨节支棱的右手颤巍巍地指向正缓缓落入汉江的夕阳，正推着病床的医生微侧着身抬着头同时望向老人指向的地方——那里，仿佛有一团温暖和光明，那团光的上面仿佛正浮现出一行字："只要夕阳还在，人间一切值得"。

（9）而生活是一部连续剧。你知道吗？就在半年后，2020 年的 9 月 4 日，照片中的两位主角——上海复旦大学附属中山医院援鄂医疗队队员、23 岁的刘凯医生和 87 岁的新冠肺炎康复者王欣老人，在武汉大学人民医院东院重逢了！拥抱之后，两人坐下来促膝而谈，于是，同一张照片，同一个瞬间再现了：还是那一轮夕阳，还是那林立的高楼，还是那条小路，还是那两位主角，所不同的是，山河已然无恙，日月已换新天！两张时隔半年的"落日余晖"的照片，共同地无声地展示着共克时艰的日子里那一份"用挚爱护苍生"的美丽。

（10）孔子曾说："天何言哉？四时行焉，百物生焉。天何言哉？"他在告诉我们：天地自然，无须多言，请看那四时的轮替，请看那百物的消长，你就能读到天地有大美。

（11）而凝视定格于照片中的那一个个瞬间，无须多言，你就能读到这个时代最美的风景：请看，那千江有月，映千山有情，见证过一个民族逆风前行，以生命赴使命的美丽；请看，那万里无翳，万物又欣荣，见证着一个民族守望相助，用挚爱护苍生的美丽。

**策略说明：**

1. 链接感悟、联想故事与融合造句

（1）段。将课文《无言之美》作为构思的起点，去联想那些能体现无言之美的媒介，如：照片、图画、雕塑、陶瓷、建筑、邮票等；再与当下的生活相联系，就可以链接起刚发行的《辛丑年》"公牛"特种邮票，描写邮票中的公牛形象，呈现"奋发昂扬的美"；

（2）段。从"公牛"展示的精气神出发，联想一年来抗疫战斗中那些"不畏艰险、砥砺前行"的画面所呈现的故事，再与题目关键词"美的瞬间"，与课文《无言的美》关键词"无言，美"三者融合思考后造句，点题，并引出下文两张照片两个画面的描写。

2. 嫁接情境、内涵对接与融合造句

（3）（7）段。将"2021 年元旦贺词"中的"无数人以生命赴使命、用挚爱护苍生，将涓滴之力汇聚成磅礴伟力，构筑起守护生命的铜墙铁壁"一句从原文的语境中剥离出来，嫁接到本文描写两张照片的情境中，其中，用"以生命赴使命"的内涵，对接起"强制休息令"的照片体现的内涵；用"用挚爱护苍生"的内涵，对接起"落日余晖"照片体现的内涵，再与题目关键词"美的瞬间"，与本文选材两个特征词"强制休息令"和"落日余晖"，融合思考并分别造句，用（3）段领起（4）—（6）段的内容；用（7）段领起（8）（9）段的内容。

3. 选点对话

（4）（5）段。选取"强制休息令"中"35 天"这个点，与照片中的人物进行心灵对话，表现人物"以生命赴使命"的精神。

4. 融合造句

（6）段。将本段选材的特征词"一组照片"，与题目关键词"美的瞬间"，与课文《无言之美》关键词"无言、美"三者融合思考后造句，表现照片中呈现的"以生命赴使命"的时代之美。

5. 换位体验与联结背景

（8）段。进入"落日余晖"照片的情境，换位体验与想象当时的情景并描述画面。

（9）段。联结照片中的两位主人公半年后重逢的故事，再链接毛泽东"敢叫日月换新天"的诗句表达感悟，表现照片中呈现的"用挚爱护苍生"的时代之美。

6. 扣词读解、内涵对接、嫁接情境与融合造句

（10）（11）段。引用课文《无言之美》中孔子关于"无言之美"的言论，并进行读解；将读解的内涵，对接照片无声地呈现时代之美的内涵，对接天地自然无声地见证时代之美的内涵。

再将战"疫"歌曲《山河无恙在我胸》的歌词"千江有月映千山有情/人世间最美是你逆风的身影/万里无翳万物又欣荣/天地间你采来生命的火种"从原词的语境中剥离出来，嫁接到本段表现"天地自然无声地见证时代之美"的

情境中来，将"人世间最美是你逆风的身影"改造为"见证过一个民族逆风前行，以生命赴使命的美丽"，将"天地间你采来生命的火种"改造为"见证着一个民族守望相助，用挚爱护苍生的美丽"。

再与题目关键词、本文选材特征词融合思考后造句，在篇末深化点题。

**第3版**

<h3 style="text-align:center">无言的艺术，无言的美</h3>

（1）有次埋头苦读到深夜，入睡前听蒋勋《美的沉思》：如果我们承担了太多的压力，承担了太多知识的负担，我们把一切的知识都变成分数和可以排出一二三名次的一种压力，<u>会不会有一天，我们的生命悲哀到看到满天的繁星，连惊叫的狂喜都没有了？如果生命对于你面前所发生的所有的美，连惊叫的狂喜都没有，这个生命还会葆有丰富的创造力吗？</u>

（2）继续游走于课堂和试卷之间，这句话偶尔会如弹幕一般从脑洞中飘过，于是在开学后某个短暂的假日里，我停下匆匆的脚步，蓦然发现那些文字、绘画和音乐里有如此多的美在我生命里纷纷绽放。

（3）午起以后，预习《安塞腰鼓》，<u>在一段文字里领略了"此时无声胜有声"的无言之美。</u>

（4）那一群安塞茂腾腾的后生将腰鼓一路捶来，就在腰鼓最响、舞姿最狂的时候，文中写道："愈捶愈烈！痛苦和欢乐，生活和梦幻，摆脱和追求，都在这舞姿和鼓点中，交织！旋转！凝聚！奔突！辐射！翻飞！升华！人，成了茫茫一片；声，成了茫茫一片……当它戛然而止的时候，世界出奇的寂静，以致使人感到对它十分陌生了。简直像来到另一个星球。耳畔是一声渺远的鸡啼。"

（5）戛然而止，由动入静，静到出奇，静到陌生，静到恍若置身于另一个星球，静到余一声鸡啼，渺远得似真似幻……当这样的"静"到极致的时候，反让我的耳朵都"怀孕"了，反让那燃爆到炸裂胸膛的安塞腰鼓声，不绝于耳了！

（6）我惊诧于语言的艺术可以达到如此的境界：<u>原来语言诉之于听觉，可以在"静"中表达更丰富的回响，可以呈现"此时无声胜有声"的艺术之美。</u>

（7）傍晚时分，边听着歌边浏览着网页，<u>在一枚邮票里领略了"以静取动"的无言之美。</u>

（8）这是一枚发行不久的《辛丑年》特种邮票，名为"奋发图强"。初看时，只见邮票里画着一只公牛，昂首望远，四蹄腾起，鬃尾飞扬，呈现出昂扬奔腾、雄健有力的美。

（9）再细看时，<u>就感觉画面中的每一处线条仿佛都在动</u>：那刚一转颈回首的头在动，那炽烈如电的目光在动，那血脉偾张的鼻翼在动，那绷紧成道道弧线的肌肉和关节在动，那奋力前行中刚落地的三足，尚未着地的右后足在动，那飞扬的好似随时会奔腾而去的鬃尾在动，所有劲健的线条组合起来，如风，如电，仿似那公牛就要穿越四角的邮票小框，破框而出。

（10）我惊诧于线条的艺术可以达到如此的境界：<u>原来绘画诉之于视觉，可以用"静态的线条"表达"丰富的动态"，用强烈的动感冲击我们的视觉，可以呈现"以静取动"的无言之美。</u>

（11）这时，耳机里下载的歌曲顺序播放到了一曲《少年》。每次听这首歌，都特别喜欢听那段高潮的旋律和唱词："我还是从前那个少年/没有一丝丝改变/时间只不过是考验/种在心中信念丝毫未减/眼前这个少年/还是最初那张脸/面前再多艰险不退却……"

（12）那跳动的奔放的节奏，带着特别燃的歌词，总是带给人热烈而欢快的听觉享受！听着听着，我突然发现歌中有一处平时忽略的地方，今天听起来却特别的美，那就是这段高潮过后伴随着那句"wu～oh～oh～"过渡歌词的间奏音乐。在如急流倾泻而出的高潮后，<u>这一段间奏舒缓而悠扬，如微波荡漾，如细语低吟，由湍急到平缓，由"大江东去"到"小桥流水"，仿佛在蓄势、在期待、在预言那激情重新燃烧的时刻即将到来。</u>

（13）著名英国诗人济慈在《希腊花瓶歌》里说，"听得见的声调固然优美，听不见的声调尤其幽美"。我恍然大悟，原来凡是唱歌奏乐，音调由洪壮急促而变到低微以至于无声的时候，我们的精神就会得到一种沉默肃穆和平愉快的享受；原来音乐之美不止于旋律最高潮最昂扬、歌词最浓烈最抒情的那部分，还存在那安静的和缓的轻柔的间奏里，<u>因为那里，蕴藏着"于无声处听惊雷"的无言之美。</u>

（14）此后的我，还会行色匆匆地继续游走于课堂和试卷之间。此后的我，也会偶尔停下脚步，去领略点点滴滴的文字、绘画与音乐中的美，去收藏点点滴滴的"言有尽而意无穷"的艺术之美。

**策略说明：**

1. 链接感悟与融合造句

（1）段。将课文《无言之美》的内容作为本文构思的起点，确定本文表现的主题是：在学习的压力下，依然要葆有美的眼光、美的能力。由此链接听书

（蒋勋《美的沉思》）中的一句话作为素材，表达"压力之下人容易失去发现美的能力"的感悟。

（2）段。将题目关键词"无言、艺术、美"，与本文选材特征词"停下脚步、文字、绘画、音乐、美"融合思考后造句，点题。

2. 融合造句

（3）（7）（11）段。将题目关键词"艺术、无言、美"，与本文的第一部分的段落内容特征词"安塞腰鼓、文字、美"，第二部分的段落内容特征词"邮票、绘画、美"，第三部分的段落内容特征词"少年、歌曲、美"，融合思考后并分别造句，形成领起段，由（3）段领起（4）—（6）段；（7）段领起（8）—（10）段；（11）段领起（12）（13）段。

3. 链接感悟、选点对话与融合造句

（4）—（6）段。链接课文《安塞腰鼓》作为素材，选取文中"由声入静"的点，再选取能体现"静"的点，如"出奇、陌生、另一个星球、鸡啼、渺远"等，与文本进行对话，将感受和体验到的内容表达，于静中体现无言之美。再将题目关键词、本部分的段落内容特征词融合思考后造句，表达"文字以静呈现此时无声胜有声的艺术之美"的感悟。

（8）—（10）段。链接《辛丑年》"公牛"特种邮票作为素材，选取绘画中体现"动感"的点——进行描绘，再将题目关键词、本部分的段落内容特征词融合思考后造句，表达"绘画呈现以静取动的艺术之美"的感悟。

4. 链接感悟、嫁接情境与融合造句

（12）（13）段。链接歌曲《少年》作为素材，选取音乐中体现声音"由大到小、由急到缓"的点进行体验与描绘，再链接课文《无言之美》中作者引用英国诗人济慈在《希腊花瓶歌》中的话，表达音乐的无声之美；将课文《无言之美》中"凡是唱歌奏乐，音调由洪壮急促而变到低微以至于无声的时候，我们的精神就会得到一种沉默肃穆和平愉快的享受"的句子从原文的语境中剥离出来，嫁接到本段情境中来，表现听"少年"间奏部分的感受；最后将题目关键词、本部分的段落内容特征词融合思考后造句，表达"音乐中蕴藏无声处听惊雷的无言之美"的感悟。

5. 融合造句

（14）段。将本文选材特征词"行色匆匆、游走于课堂和试卷之间、文字、绘画与音乐"，与题目关键词"艺术、无言、美"，与课文《无言之美》中的关键词"言有尽而意无穷"，三者融合思考后造句，在篇末深化主题。

**7 号文本:《海燕》+16 个素材**

[16 个素材]

1. 百日誓师大会

2. "三牛"形象

3.《我相信》歌曲

4. 建党百年 MV《少年》

5. 武汉大学"抗疫医护赏樱专场"

6. 武汉大学"致全体援鄂医疗人员"的公开信

7. 崔护《题都城南庄》

8. 康复患者韩天芑与护士徐健重逢画面

9. 2020 年华西与齐鲁医院"天团会师"喊话;2021 年重逢画面

10. 武汉大学"樱花书签"

11.《山河无恙在我胸》:去时风雨锁寒江/归来落樱染轻裳/漫天飞花中微笑望苍穹/山河无恙在我胸

12.《星辰大海》歌词

13. 建党百年学科融合知识竞赛

14. 历史教材:列宁十月革命+共产党的诞生

15. 电视剧《觉醒年代》第 28 集:陈独秀李大钊"问道"

16. 建党百年活动标识解读


**一、择读文段**

说明:择取表现海燕飞翔形象、呻吟恐惧者形象和暴风雨预言的文段。

1. 在苍茫的大海上,狂风卷集着乌云。在乌云和大海之间,海燕像黑色的闪电,在高傲地飞翔。

一会儿翅膀碰着波浪,一会儿箭一般地直冲向乌云,它叫喊着,——就在这鸟儿勇敢的叫喊声里,乌云听出了欢乐。

在这叫喊声里——充满着对暴风雨的渴望!在这叫喊声里,乌云听出了愤怒的力量、热情的火焰和胜利的信心。

2. 海鸥在暴风雨来临之前呻吟着,——呻吟着,它们在大海上飞窜,想把自己对暴风雨的恐惧,掩藏到大海深处。

海鸭也在呻吟着,——它们这些海鸭啊,享受不了生活的战斗的欢乐:轰隆隆的雷声就把它们吓坏了。

蠢笨的企鹅,胆怯地把肥胖的身体躲藏到悬崖底下……只有那高傲的海燕,勇敢地，自由自在地，在泛起白沫的大海上飞翔！

3. 这是勇敢的海燕，在怒吼的大海上，在闪电中间，高傲地飞翔；这是胜利的预言家在叫喊：

——让暴风雨来得更猛烈些吧！

## 二、读写融合

聚焦"美"的主题，关联命题7半命题《你高傲飞翔的样子，真美》；命题9《花与人相约，美与爱流动》；命题8自拟题《星辰守护大海，微光唤醒黎明》。

## 第1版

### 你高傲飞翔的样子，真美

（1）初三季，中考季，那一天，在百日誓师大会上，全体同学激情宣誓，如勇敢的海燕，叫喊着，箭一般地穿过乌云，热切地迎接六月的暴风雨：你高傲飞翔的样子，真美！

（2）2021年3月16日，星期二上午。我们校在操场举行中考百日誓师大会。我和同学们列队在班级阵里，班级阵又行进在年段阵里。向操场出发的时候，只见各班鲜红的旗帜风中飘展，上面代表班级口号的明黄色标语纷呈抢眼：有"九年磨剑酬壮志，百日攻坚铸辉煌"，有"决战百日，逐梦远方"，有"火力全拼，战必胜"，特别是走在前头的十一班的"敢对苍穹，我是英雄"八个字送入我眼中的时候，一下子霸气暴击，太上头了！

（3）队阵很快排列完毕，抬头直面主席台，一面巨大红幅上五个大字赫然入目："犇向新高度"，大字下面画有三头姿态各异的牛，好像就要冲破画轴向我们飞奔而来，胸膛中一种莫名的热火上升，啊，这个特别的牛年，这个特别的百日誓师的日子已经启航！

（4）奏国歌，校长励志发言，教师代表、学生代表的表态发言，揭开誓师仪式的序幕！

（5）序幕之后，誓师的系列仪式开始了！

（6）仪式一，校长和教师、学生代表共同揭下百日计时牌的红盖头，校长说，这个"百日倒计时"的牌匾将放置在通向初三年段的教学楼层入口处，让我们提示自己：只争朝夕；

（7）仪式二，一曲《我相信》的背景歌声响起，我们按班级顺序依次穿过

"出征门""奋斗门"和"圆梦门",最燃的是,当我们走出三道拱桥门的时候,两旁夹道站立的老师、部分家长,无论相识与不识,都伸出手来与我们击掌,手与手相击的那一瞬,仿佛有一种力量从手掌注入,温暖流动;

(8)而誓师前的最后一个仪式太令人意外:回到班级方阵,让我们观看一个视频,人民日报新媒体制作的"建党百年MV《少年》"。

(9)视频从五四爱国运动的场面开始,一低沉急促男声传出:中国积弱,在今天已到了不可收拾的地步!堂堂华夏,不齿为列邦被轻于异族,中国岂能不思革命?!一深沉殷切女声响起:愿你们永葆这份朝气,中国的未来,拜托了!

(10)话音之间,熟悉的那一曲《少年》响起,音乐还是那样的热情奔放,变换了模样的歌词让我们顿觉好奇和惊奇:1921壮丽篇章开启/自强不息一定能够创造奇迹/每次受挫都是一次收获/勇往直前是我的选择/昨日的成长都是印记/所有的成绩都值得被铭记/未来在即梦想一定可期/乘风破浪我们在一起/我还是从前那个少年/初心从未有改变/百年只不过是考验/美好生活目标不断实现/这个世纪少年/使命永远放心间/面前再多艰险不退却……

(11)这歌词,简直燃爆了!更加上那MV里,南昌起义第一枪、飞夺泸定桥、长征胜利会师、共和国成立、奥运夺冠、探月问天、抗疫战斗,一幅幅画面一一掠过,关于祖国一路走来的一切熟悉的记忆一一被唤起,只觉热血正在翻涌,胸膛将要炸裂!

(12)MV一结束,期待中的最具仪式感的誓师到来!

(13)一个洪亮的声音响起:"让我们用最强的声音向父母宣誓,向老师宣誓,向我们自己宣誓。现在同学们高举右拳,和我一起郑重宣誓——"

(14)我们将手握成拳高高举起,一阵静默之后,紧随着领誓者,齐声呐喊:

(15)世纪少年,使命如山!扬鞭奋蹄,战役百天!不畏难不松劲不懈怠!再坚持再奋斗再冲刺!六月必胜!青春必胜!

(16)千百个声音齐声呐喊,誓言喷薄而出,冲向云霄,扶摇直上。心中的热火再次燃烧——

(17)那一曲改编的《少年》,让我们燃起世纪少年的热血担当!

(18)那一声"不畏难不松劲不懈怠"的誓言,让我们时时提醒自己莫在六月暴风雨来临前变成恐惧的海鸭、吓坏的海鸥、胆怯躲藏的企鹅!

(19)那一声"再坚持再奋斗再冲刺!"的誓言,让我们燃起奋战的力量,热情的火焰和胜利的信心!

（20）这是青春最美的样子：百日誓师之时，你就像胜利的预言家在呐喊："六月，让暴风雨来得更猛烈些吧！"百日誓师之后，你将像勇敢的海燕，在怒吼的大海上，在闪电中间，箭一般地飞翔——愿你我，所有对梦想的喊话，都能回声响亮；所有向未来的冲刺，都能如愿以偿，让我们高傲地飞翔，在更高处见！

**策略说明：**

1. 联想故事与融合造句

（1）段。由课文《海燕》中"海燕迎接暴风雨"的形象联想中考百日誓师大会上学生誓师的形象，据此确定本文选材。将本文选材特征词"誓师大会"与课文《海燕》中描写海燕飞翔的句子，与题目关键词"美"融合思考后造句，开篇点题。

2. （2）—（7）段。誓师大会从整队出发到仪式结束，可以写的内容很多，写什么不写什么，是选择的问题；写的部分详略又怎么处理，是剪裁的问题，这两个问题在下笔前要有一番考量。选择和剪裁可以按以下标准：一、较能体现誓师的精神、意义的细节；二、较能体现时代特征的细节；三、已入选的环节，也并非事无巨细地写，同一个环节中依然是有意义有特色的部分有所侧重地写；四、参考各学校百日誓师的信息报道，挑选有特色的，略去雷同的，力求"人无我有，人有我特"。根据标准，以下内容这样处理详略：

（2）段，班级标语部分，突出"豪气霸气"的标语内容；

（3）段，主席台的描写，突出"牛年"特征；

（4）（5）段，略写发言的过程，详写仪式的过程。从学生的角度看，参与仪式与听各种发言相比，仪式本身更容易引发情绪的感染和心理的共鸣。

（6）段，仪式一，突出揭牌的意义"只争朝夕"；这一个环节中，揭牌的意义侧重写，揭牌的过程反而略写。

（7）段，仪式二，突出过三道门之后力量的传递。这一个环节中，走出门后的欢迎与击掌侧重写，穿三重门的过程反而略写。

3. 链接感悟

（8）—（11）段。仪式三是为表现主题的需要而设计的。由百日誓师的情节而链接引入人民日报新媒体制作的"建党百年MV《少年》"，并详细呈现台词、歌词和画面的内容，为下文表达感悟蓄势。这个素材的引入，目的是表现中考奋斗不仅是为个人的前途奋斗，更是一种时代的使命与担当，此环节的设计，可以深化主题。

4.（12）—（16）段。详写宣誓的过程。其中"誓言"的内容也是为主题而设计的。"世纪少年，使命如山"，对应观看建党百年视频的情节，给中考的奋斗一个时代的大背景；"扬鞭奋蹄，战役百天"，对应牛"不用扬鞭自奋蹄"的特点；三个"不"和三个"再"，从正反两方面宣誓百日奋斗态度和行动；"六月必胜！青春必胜！"则从信念的角度宣誓。

5. 内涵对接与嫁接情境

（17）段，将所链接的素材"建党百年 MV《少年》"歌词的内涵与"世纪少年的热血担当"内涵对接；

（18）段，将"三不"的内涵与课文《海燕》中"海鸭海鸥企鹅"的特点对接；

（19）段，将"三再"的内涵《海燕》中"愤怒的力量、热情的火焰和胜利的信心"内涵对接；将"乌云听出了愤怒的力量、热情的火焰和胜利的信心"一句从原文的语境中剥离出来，嫁接到表达宣誓之后充满斗志的情境中来，将"愤怒"改造为"奋斗"。

6. 融合造句

（20）段。将本文选材特征词"百日誓师"，与《海燕》中的名句"这是勇敢的海燕，在怒吼的大海上，在闪电中间，高傲地飞翔；这是胜利的预言家在叫喊：——让暴风雨来得更猛烈些吧"，与题目关键词"美"，三者融合思考后造句："预言家在呐喊"对应"所有对梦想的喊话，都能回声响亮"；"海燕箭一般飞翔"对应"所有向未来的冲刺，都能如愿以偿"；再用本段的首尾词"青春最美的样子"和"让我们高傲地飞翔"共同点题。

**第 2 版**

## 花与人相约，美与爱流动

（1）一年前的 3 月，武汉大学与驰援湖北的抗疫人员有个三年的春日之约；2021 年 3 月 13 日，第一场"抗疫医护赏樱专场"开启。花与人相约，书写了这个春天最浪漫的故事；美与爱流动，连接成这个时代最美丽的传奇。

（2）一开始，我在武汉大学"致全体援鄂医疗人员"的一封公开信里，看见了一份美丽在流动，一份挚爱在流动。

（3）公开信里，先有一份诚挚的感谢在流动："尊敬的全体援鄂医疗队员……你们临危受命、迎难而上，从祖国的四面八方大驰湖北，成为最美逆行者！一个多月来，你们日夜奋战在抗疫斗争的第一线，用血肉之躯和精诚之医帮助我们筑起了疫情防治的坚固防线……我们对全体援鄂医疗队员以及你们的家人为湖北、为武汉所作出的巨大贡献致以最崇高的敬意和最诚挚的感谢！"

（4）公开信里，再有一份诚挚的感恩在流动："白衣为袍，勇入荆楚。42000余位援鄂医疗队员，你们用自己的行动生动彰显了医者仁心，托起了无数生命的希望，传递了人间最美的大爱！你们的恩情，珞珈山一定永远铭记！"

（5）公开信里，更用一份诚挚的邀约传递报恩之意："（因疫情防控的原因，你在离开前难以到武汉大学赏樱花）江南无所有，聊赠一枝春。在此，我们向全体援鄂医疗队员发出诚挚邀请：明年三月樱花开放时，邀请你们和家人一起到武汉大学看樱花！"

（6）"去年今日此道中，樱花烟锁空自红。逆行有约珞珈会，赏花来归笑春风。"这是我改编的诗，因为我被深深打动了：<u>一年前的3月，逆行者的仁心大爱流动着，江城人的感谢感恩报恩之情流动着累积着期待着，一年后的3月，终于迎接逆行者们"回珈"了！自此一个美丽的约定一份深挚的爱意在天地人间流传着吹动着纵横驰骋着，书写下这个时代的传奇！</u>

（7）紧接着，我在"樱花之会"一个个重逢的镜头里，看见了<u>一份美丽在流动，一份挚爱在流动</u>。

（8）那是谁与谁的重逢？镜头里，99岁新冠康复患者、天文学泰斗韩天芑，身着大红夹克，手指着如雪的樱花请救治过自己的福建援鄂护士徐健细细观赏。韩老的话外音：感谢他们给了我第二次生命，明年春暖花开的时候，请她来武大看樱花。徐健的话外音：樱花好美，武汉好美，武汉人民更美！

（9）那是谁与谁的重逢？镜头里，一年前的2月8日，湖北武汉天河机场人行电梯两侧，身着紫红色外衣的一群人与蓝色外衣的一群人在互相"喊话"——"你们是哪个医院的？""华西医院的！""我们齐鲁的！""我们一起加油！"

（10）十来秒的隔空喊话刷屏了！这是"天团会师"的喊话！<u>这叫喊声，正穿透苍茫的大海，穿越卷集的乌云与狂风，穿行在乌云和大海之间，像一道道黑色的闪电，向乌云叫喊出愤怒的力量、热情的火焰和胜利的信心！</u>去时风雨锁寒江，归来落樱染轻裳，一年后的3月，天团在樱花大道上"再会师"了！摘下口罩重新认识，燃血的记忆瞬间复活；相聚树下共叙温情，微笑望苍穹山河已无恙。

（11）再后来，我在一枚武大学生制作的"樱花书签"里，看见了<u>一份美丽在流动，一份挚爱在流动</u>。

（12）一整枚书签都是浅粉的背景。书签正面，上方横行写着深粉色的"送你一朵小樱花"，这七个字正下方竖行写着深粉色"武大樱花书签"六个大字，这六个字右下角落款竖写薄荷绿色的"珞樱缤纷"四字；书签正中位置上镶嵌了一朵深粉的明媚鲜妍的小樱花，那是生命科学学院学生采下自然掉落的樱花花瓣，经过近一个星期的制作，才将满满的春意封进书签中永久保存的；樱花标本下注明了"采集时间：2021年3月7日"字样。

（13）书签背面，是医生、护士、志愿者、记者、警察等抗疫人物相聚在樱花树下握手祈福的形象。人物群像上写着一首粉色的小诗：你想看花/花也想看你/这朵樱花/盛放在疫后武汉的春天/我们将它轻轻送给你。

（14）凝视这一枚书签，满眼是粉粉的花瓣、粉粉的小诗、粉粉的温馨在流动，"为英雄们留住疫后武汉盛开的第一树樱"，"把武大樱花带回家"，"与逆行者同行，为奉献者奉献"，这样的美，这样的爱，在心中流动着、流动着，连接成春天的故事，连接成时代的传奇，流向生命的深处，流向时光的远方。

**策略说明：**

1. 融合造句

从拟题看，先将本文选材"武大如约为抗疫医护设赏樱专场"，与质检作文题关键词"流动"，与本文将要表达的主题"美和爱"三者融合思考并组词，形成本文的自拟题"花与人相约，美与爱流动"。

（1）段，先交代"春天之约"的故事背景，再将以上拟题三要素融合造句，点出"春天的故事"和"时代的传奇"的主题。

2. 融合造句

（2）（7）（11）段。文章主体分为三部分，将每部分的选材关键词"樱花之约""花下重逢""樱花书签"，分别与主题关键词"美与爱"，与题目关键词"流动"融合思考并造句，成为每部分的领起句，并在段中点题。

3. 内涵对接

（3）—（5）段。将"春天之约"公开信的内容分为三部分，依据每部分的内容，分别与"感谢、感恩、报恩"的内涵一一对接，表现"美与爱的流动"。

4. 嫁接情境与扣词读解

（6）段。将崔护《题都城南庄》诗句"去年今日此门中，人面桃花相映红。人面不知何处去，桃花依旧笑春风"的诗句，从原诗的语境中剥离出来，嫁接到本文的情境中来。"此道"，指"樱花大道"；"桃花"改为"樱花"；因为疫情，一年前樱花盛开时无人欣赏，所以表达为"空自红"；武大与逆行者相约赏樱，而珞珈山就在武大之内，故表达为"逆行有约珞珈会"，一年以后逆行者"回珈"赏花，在春风中笑意盈盈，表达为"赏花来归笑春风"，以这样的改造，表现一年前后的变化，表达美与爱流动的主题；

再扣题目中的"流动"一词，结合本文选材进行内涵的解读：一是逆行者仁心大爱的流动，二是江城人感谢感恩报恩之情的流动，三是这样的流动连结而成的意义是书写时代的传奇。以此来提示主题。

5. 选点对话、嫁接情境、链接感悟与融合造句

（8）（9）段。从"抗疫医护赏樱专场"这个素材中，选取两个典型的重逢的镜头。一是99岁高龄的科学家与护士的重逢，体现守护生命的奇迹，表达用"美与爱连结成时代的传奇"这个主题；二是两支抗疫队伍一年前的相逢与一年后的重逢，以点带面地表现凝心聚力守护山河无恙的人间大爱。

（10）段。先说为什么选取课文《海燕》中"在苍茫的大海上，狂风卷集着乌云。在乌云和大海之间，海燕像黑色的闪电，在高傲地飞翔"和"在这叫喊声里，乌云听出了愤怒的力量、热情的火焰和胜利的信心"这两句作为素材。第一，两支抗疫队伍是在武汉疫情最危急的时候到来的，可以对应原句中"苍茫的大海、狂风卷集着乌云、黑色的闪电"的情境；第二，一年前两支队伍有不到十秒钟的"隔空喊话"，这一特点对应"海燕的叫喊声"。喊话内容虽然简短，却体现"一起战斗"的决心与信心，这一特点对应原句中的"愤怒的力量、热情的火焰和胜利的信心"。联系点找到后，剩下的就是如何融合的问题了。

（10）段。将《海燕》中描写海燕勇敢战斗的这些句子从原文的语境中剥离出来，嫁接到本文的情境中来，直接从"叫喊声"入笔，先描写声音在逆境中穿透穿越穿行的力量，再描写声音中的勇气和信心。有了这部分的表达，一年后的重逢才更能表现出凝心聚力守护山河无恙的人间大爱。

（10）段。本段还链接了一首战"疫"歌曲《山河无恙在我胸》的歌词"去时风雨锁寒江/归来落樱染轻裳/漫天飞花中 微笑望苍穹/山河无恙在我胸/愿君归来若春风"，再将歌词与本段选材特征词"天团再会师"，与主题关键词融合思考后造句，在行文中点题。

6. （12）（13）段。详细描写"樱花书签"的构图、色彩、文字、标注与标本采集与制作等元素，意在从武大学生的角度表现这里也有一份"美和爱在流动"。

7. 链接感悟与融合造句

（14）段。先进一步链接武大学生的三句话作为素材，表现他们如何"为奉献者奉献"。再以"流动"为核心词，将这三句话，与这部分的故事特征词"樱花书签、粉粉、温馨"，与主题和题目关键词融合思考并造句，在篇末深化主题。其中，用自然落下的樱花制作的"标本书签"所具有的纪念意义，可以联想到这样的"美与爱的流动"，在生命和时光的长河里所具有的意义，所以表达为"流向生命的深处，流向时光的远方"。

## 第3版

### 星辰守护大海，微光唤醒黎明

（1）最近很喜欢这首叫作《星辰大海》的歌：会不会我们的爱/像星辰守护大海/不曾离开/我向你奔赴而来/你就是星辰大海/我眼中炽热的恒星/长夜里照我前行……一开始，仅仅是觉得歌中的"爱"很是坚定很有力量，而到后来，我在参加建党百年学科知识融合竞赛的准备过程中发现：有一种美好的存在，如星辰守护大海，遥遥微光唤醒了中国的黎明。

（2）那段日子，我和几个同学被选上参加市里的"建党百年学科融合知识竞赛"后，语文、历史、美术等各学科老师轮番给我们"开小灶"培训。可能是老师们为了让我们脑洞大开吧，我们被全方位科普了建党百年各种知识的同时，也经历了一场思想风暴。

（3）风暴一：从"十月革命一声炮响，给我们送来了马克思主义"一句中，我更懂得了"唤醒"的意义。

（4）那节课，历史老师将九下"列宁与十月革命"一课与八上"共产党的诞生"两课整合起来给我们重新上课。"大家看，俄国十月革命前，其实刚刚胜利完成二月革命，推翻了沙皇帝制，那为什么1917年同年又发生了十月革命呢？假设你在1919年的北大读书，你听到了'俄国十月革命一声炮响'，你会想些什么呢？"老师问完，让我们同时阅读这两节内容并思考。我于是开启脑洞——如果我置身于1919年的中国，如果我也是北大的一个爱国知识分子，在深痛于国家前路迷茫的时候，应该会想：中国的辛亥革命不也胜利推翻了帝制吗？可是七八年来北洋政府却派系林立军阀操纵巴黎和会屡次外交失败，国家积贫积弱已到了孰不可忍的地步！这时候，俄国十月革命胜利了，这一声炮响怎不令人眼前一亮如见光明？这样一想我才发现，原来是"一声炮响"震醒了本已苦苦上下求索多年而未果的中国先进知识分子，唤起了"用暴力而不是仅仅靠改良才能将旧世界打得落花流水"的最初意识。

（5）风暴二：从"让暴风雨来得更猛烈些吧"一句中，我更深地体会到了"唤醒"的力量。

（6）那节课，语文老师在介绍《觉醒年代》后将电视剧第28集播放给我们看，其中有这样一段对话："陈独秀：今天一天事情发生下来，对我刺激很大，我在想，可能从今天起，我们要一起走上一条和反动政府直接对抗的道路。守常，你想，这条路应该怎么走？

（7）李大钊：其实我想了很久，我觉得你说的是对的，我们必须要让民众直接出来解决问题，光靠我们学生不行，我们必须要发动群众进行斗争。

（8）陈独秀：对，今天，只是一个导火索，我们的任务，是要用它引爆整个中国，让全国各行各业都要行动起来，让他们直接参与到改造整个社会的斗争中来，唯此，中国才有希望。

（9）李大钊：过去咱们的新青年，只是关注思想启蒙，现在我们要明确提出从根本上改造社会的任务，这就是我们的责任。仲甫兄，你又让我想起了那句话——

（10）李大钊、陈独秀：让暴风雨来得更猛烈些吧！"

（11）五四运动32名学生被捕之后，两位中国"探路人"在雨夜泥泞路上的这一番对话让我心生震撼！中国共产党后来的奋斗和成功，我们都看见了，可是我从来没有像今天这样去体会过"探路人"的艰难：先唤醒自己，再启蒙民众；从星星之火到点燃五四运动，从一路改良一路受阻到多方求解发现药方，当那一句"让暴风雨来得更猛烈些吧"的呐喊迸发出来的时候，这种因唤醒而产生的力量有多强大？我所能想象的是，那是勇敢的海燕，那是黑色的暴风雨的精灵，在怒吼的大海上，在闪电中间，高傲地飞翔和战斗！我所能想象的是，醒来后的大海，抓住闪电的箭光，抓住青色火焰般的一堆堆乌云，把它们熄灭在自己的深渊里！

（12）风暴三：从"建党百年活动标识"的一组数字中，我更深地体会到了"唤醒"的幸福。

（13）那节课，老师从"数字美术"的角度切入教我们欣赏活动标识。问，数字"100"构成标识基本造型，56根光芒线将数字"100"连接成一个有机整体，你能想起什么？百年历程！引领56个民族！奋进之光！又问，"100"数字中有两个"0"，这两个大大的"0"的正中，分别有"1921"和"2021"的数字在两个小圆圈里，你能想起什么？从1921年到2021年建党刚好一百年啊！老师说，这样的回答是不需要智商的，再从数字的位置和造型上想想，或想象一下这些元素动起来的样子？我们恍然大悟：两个大圆中分别两个带数字的小圆，如果动起来，不就像滚滚的历史车轮，行驶过了百年，而且还在勇往直前吗？而我们就位于百年后的这个车轮上，前轮已唤醒了并带动着后轮坚定有力地奔赴远方，何其有幸！

（14）其实，那首叫作《星辰大海》的歌，第一句是"我愿变成一颗恒星，守护海底的蜂鸣"。而"海底的蜂鸣"是什么？上网一查，是海底岩浆的涌动、浮沉、断裂与共振。于是我明白了，百年以来，一直有一种美好的存在，就如一颗恒星守护着海底的蜂鸣，是这份深远的爱，唤醒了中国的黎明，是这份爱的光芒，照亮在星辰大海梦的远方。

**策略说明：**

1. 融合造句

从拟题看，将本文选材"建党百年学科竞赛"，与命题关键词"唤醒"，与歌词《星辰大海》，与本文要表现的主题"有一种美好的存在，唤醒中国的黎明"，四者融合思考并组词，形成自拟的作文题《星辰守护大海，微光唤醒黎明》。

（1）（2）段，先将以上拟题四要素融合造句，点出"有一种美好的存在，如星辰守护大海，是这份深远的爱，唤醒了中国的黎明"的主题；再交代"参加建党百年学科竞赛"的故事背景，引出下文三个思想风暴内容。

（3）（5）（12）段。正文主体分为三部分，将这三部分的特征词"十月革命一声炮响""让暴风雨来得更猛烈些吧""建党活动百年标识"，分别与题目关键词"唤醒"融合思考造句，作为段中点题句与该部分的领起句。

2. 换位体验

（4）段。先设计历史老师课堂"问"的情境，在学生"思"的情境里，"我"进入换位体验与思考，领悟十月革命对于中国先进知识分子选择救国道路"唤醒"的意义。

3. 嫁接情境

（6）—（10）段。设计课堂观看电视剧片段的情境，引出陈独秀李大钊"问道"的对话。（11）段。将课文《海燕》中"这是勇敢的海燕，在怒吼的大海上，在闪电中间，高傲地飞翔"，"看吧，它飞舞着，像个精灵，——高傲的、黑色的暴风雨的精灵"，"一堆堆乌云，像青色的火焰，在无底的大海上燃烧。大海抓住闪电的箭光，把它们熄灭在自己的深渊里"，这三个句子从原文的语境中剥离出来，嫁接到本文想象的情境中来，三个句子组合为描写"勇敢的海燕"

和"醒来的大海"的形象，表现"唤醒的力量"。

4. 扣词读解

（13）段。设计美术老师和学生课堂"问与答"的情境，从"数字美术"的角度切入，扣"100、56、1921、2021"等数字词读解建党百年活动标识的内涵，表现唤醒的幸福。

5. 扣词读解与融合造句

（14）段。照应开篇引用的歌词。扣"海底的蜂鸣"读解含义，再结合"蜂鸣"含义，将歌词《星辰大海》，与命题关键词"唤醒"，与本文要表现的主题"有一种美好的存在，唤醒中国的黎明"，融合思考造句，在篇末深化点题。


**8 号文本：《在长江源头各拉丹东》《壶口瀑布》+14 个素材**

［14 个素材］

1. 2021 年 3 月三星堆"上新"

2. 成都金沙遗址"太阳神鸟"

3. 央视《三星堆新发现》特别节目

4. 时光匠人郭汉中修复 6000 多件文物

5. 仓央嘉措诗《见与不见》

6. 人民日报 2021 年 4 月时评：三星堆丝绸遗迹的发现，拓展了人们对"蚕丛及鱼凫"的认知；象牙残片上的云雷纹和羽毛纹微雕，印证着古蜀国与中原地区的频繁交流；青铜神树、鸟形金饰片等，丰富着人们对古蜀文明的想象

7. 新疆图瓦人村落：草原毡房

8. 新疆喀纳斯湖观鱼台

9. 喀纳斯湖水怪传说、成吉思汗、嫦娥传说

10. 老子：上善若水，善利万物而不争

11. 孟子：观水有术，必观其澜

12. 孙子：兵无常势，水无常形

13. 曹操《观沧海》

14. 柳宗元《小石潭记》


**一、择读文段**

说明：择取表现不辞艰辛朝圣大自然以及表现自然美、地域文化美的文段。

1. 手背生起冻疮，肩背脖颈疼痛得不敢活动，连夜高烧，不思饮食，……

活动时只能以极轻极慢动作进行，犹如霹雳舞的"太空步"。

2. 拍一座完整的冰山，要退出很远。正是在后退的当儿，脚下一滑，分外利落地一屁股坐在冰河上，裂骨之痛随之袭来。这一跤，使我在后来的旅行中备受折磨。回那曲拍了片才知道，娇贵而无用的尾椎骨已经折断，连带第八节腰椎也错了位。

"我要死了。"我少气无力地说，声音空空荡荡，随即散失在冰原上。

3. 是琼瑶仙境，静穆的晶莹和洁白。永恒的阳光和风的刻刀，千万年来漫不经心地切割着、雕凿着，缓慢而从不懈怠。冰体一点一点地改变了形态，变成自然力所能刻画成的最漂亮的这番模样：挺拔的，敦实的，奇形怪状的，蜿蜒而立的。那些冰塔、冰柱、冰洞、冰廊、冰壁上徐徐垂挂冰的流苏，像长发披肩。小小的我便蜷卧在这巨人之发下。太阳偶一露面，这冰世界便熠熠烁烁，光彩夺目。端详着冰山上纵横的裂纹，环绕冰山的波状皱褶想象着在漫长的时光里冰川的前进和后退，冰山的高低消长，这波纹是否就是年轮。

4. 过午的太阳强烈，冰面疏松多了，有流水漫溢出来。此刻除了风声，还有一种声音轻易便可辨别出来。那是坚冰之下的流水之声，它一刻不停，从这千山之巅、万水之源的藏北高原流出，开始演绎长江的故事——《在长江源头各拉丹东》

5. 当然这么窄的壶口一时容不下这么多的水，于是洪流便向两边涌去，沿着龙槽的边沿轰然而下，平平的，大大的，浑厚庄重如一卷飞毯从空抖落。不，简直如一卷钢板出轧，的确有那种凝重、那种猛烈。尽管这样，壶口还是不能尽收这一川黄浪，于是又有一些各自夺路而走的，乘隙而进的，折返迂回的，它们在龙槽两边的滩壁上散开来，或钻石觅缝，汩汩如泉；或淌过石板，潺潺成溪；或被夹在石间，哀哀打漩。还有那顺壁挂下的，亮晶晶的如丝如缕……而这一切都隐在湿漉漉的水雾中，罩在七色彩虹中，像一曲交响乐，一幅写意画。——梁衡《壶口瀑布》

## 二、读写融合

聚焦"美"的主题，关联命题9自拟题《来自"三星堆"的唤醒》；命题6自拟题《观鱼台观喀纳斯湖》；命题1《景致》。

### 第1版

### 来自"三星堆"的唤醒

（1）2021年3月，三星堆遗址"上新了"！一时间，B站啊抖音啊直播啊，刷屏之处都是各种科普各种 VR（三维立体虚拟现实）全景展览，全国掀起一场梦幻联动，就连我们的课上各学科老师也言必举三星堆，我不由自主地被这波浪潮推着走，不时盯着那些"可可爱爱奇奇怪怪"的出土文物补课打卡"云考古"。一段日子以来，拆开盲盒，拨开泥土，从前对"文物、考古"的无感无视无意变为一路的惊奇惊艳惊叹：三星堆唤醒了历史这个"美人"，也唤醒了我对人类文明的热爱与敬畏！

（2）2019 年 7 月，与父母去成都旅行。那憨憨的熊猫、琳琅的宽窄巷子，湍急的都江堰流水是真有趣真热闹真壮观！而最后一站"金沙遗址"，一进博物馆我就有些提不起兴致了。漫不经心地跟在大人后面转来转去，漫不经心地听着导游说着这是金器玉器那是陶器石器什么的，最后漫不经心地在入口处一个叫作"太阳神鸟"的标志前拍照，总算"到此一游"。哦，对了，倒是还记得"太阳神鸟"那圆圆的金灿灿的样子还是蛮漂亮的。

（3）2021 年 3 月，历史课上，老师播放央视《三星堆新发现》特别节目给我们看。其中有个片段，由 3 号坑挖出青铜人而引出 1986 年"醒来"的青铜人现身。屏幕里，172 厘米高长着高鼻粗眉宽嘴大眼大招风耳的被称为"世界青铜之王"的大立人动起来了，他说：

（4）我是谁？考古学家们都称我为青铜大立人！我的手中握着啥？有的专家认为我手中握的是玉琮，还有学者猜测我手里拿着象牙——我的基座上有象头，我站在象头上，手握牙尖向下的象牙，完美！那么你们猜呢？说到我的身份更扑朔迷离。有些专家认为在古代蜀国我是大巫师，就是部落的大首领，甚至是古蜀国的国王。我刚听说，这次的发掘有新的立人，我有小伙伴了！据说，他并非两手空空，那么他手里有什么呢？让他来揭晓答案吧！

（5）这个 VR 灵境技术也太赞了！复活了古老的残缺的蚀腐的青铜人！青铜人调皮地抛出一个又一个梗让我们接，集独特、神秘和沙雕（网络语：有趣）的气质于一身，瞬间刷新了我对"文物"和"考古"的认知！

（6）从前，我看山是山，看水是水，看文物就是文物，而今我惊叹：文物是有生命的！每一件文物，在时间的沉淀后醒来，它的眼神、动作、衣着、服饰都会说话：嗨，你们好！你们是否听到我在时间长河里曲折的故事？你们是否触碰到我在漫长岁月里埋藏的伤疤？你们是否看见了我在历史浮沉中风干消逝的荣耀和血泪？

（7）从前，无法理解考古人的日常：下坑、扒土、拼接、修复，那种慢得不能再慢、细得不能再细的活，那份漫长时光里熬了又熬的寂寞，谁能受得了！而今我惊叹：对历史和文明心中有热爱眼中有敬畏的考古人却甘之如饴视为乐趣！你能想象吗？30多年前，16岁的郭汉中作为考古队帮手趴在三星堆1、2号祭祀坑边看文物发掘；30多年后，修复过6000多件文物的郭汉中作为专家又在三星堆3号坑"下坑"了！而这一位时光匠人依然意气风发，还是从前那个16岁时初遇文物发掘的少年，种在心中的热爱丝毫未变。

（8）不由得想起，从前在读到"作家马丽华跟随摄制组浏览各拉丹东，途中遭遇手背冻疮、连夜高烧、饮食不思、摔断尾椎骨、高海拔缺氧到几乎感觉要死了却还是要去"的这段故事的时候，实在是无法理解：为赏美景受些旅途艰辛也正常，可摔断尾骨了感觉快死了还要去，到底是什么样的情怀支撑着她挣扎着也要到那个不见自然生物痕迹的地方，去卧听坚冰之下的流水声？

（9）而今我才知，答案也许在于，她能看见琼瑶仙境里雕凿着千万年阳光和风的刻刀的痕迹；答案也许在于，她能读懂那进退消长的皱褶里藏着的漫长的时光年轮；答案也许还在于，她能听见那坚冰之下的流水声里，正流淌和演绎着长江的故事……

（10）是的，这世上有一种人，对时光和大自然孕育的历史与文化有着天然的敏锐和热爱。那千年岁月中沉淀下的文物，那万里宇宙间流转的山河，埋藏着时光的沧桑与美丽，书写着人类文明的源起与变换；而世上就有这样的人，怀着一份热爱和敬畏，穿越时间的千山万水，穿越空间的万水千山，与之默然相爱，寂静而欢喜。

（11）这是我的领悟，这是来自"三星堆"的唤醒。从"三星堆丝绸遗迹"中重新认知了"蚕丛及鱼凫"的诗句；从"象牙残片上的云雷纹和羽毛纹微雕"开启认知了古蜀国与中原地区的频繁交流；从那些"青铜神树鸟形金饰片"中更是开启了古蜀文明的无穷想象。也许将来有一天我有缘再到成都金沙遗址，我会庄重地站在"太阳神鸟"面前，用敬畏的眼神看着逆飞于12条芒饰上的4只飞鸟，说："嗨，你好，我来看看你，我想听你讲点故事。"

**策略说明：**

1. 内涵对接

（1）段。首先思考，课文《在长江源头各拉丹东》与"三星堆"可以联系吗？如果可以，对接点是什么？第一，从景和物的本身来看，各拉丹东是长江源头，是中华文明的发源地之一。而三星堆文明，也是中华文明浩天星辰中的一颗；第二，从探寻者和考古者的角度看，马丽华寻找长江的源头，是对神奇的大自然、对诞生中华文明的地方心怀朝拜与敬畏；考古者要守住岁月的静默去重复发掘与修复，是对埋藏的文明和历史心怀热爱与敬畏。据此，本文的主题定为：三星堆唤醒了历史，唤醒我对人类文明的热爱与敬畏。

在推出主题句之前，交代三星堆上新的背景，同时在构思好全文的基础上做三个铺垫。一、VR 全景，为下文看"青铜大立人说话"铺垫；二、学科老师言必举三星堆，为下文历史老师课上放视频铺垫；三、我从前对文物和考古的无感无视无意，从反面为下文的"唤醒"与思考铺垫。

2. 联想故事

（2）段。承上文"对文物和考古的无感无视无意"联想成都旅行的故事，用别处的"有趣好玩"反衬，再用"漫不经心"组成的排比句，表现我对参观文物的敷衍和随意；其中，觉得"太阳神鸟"外观漂亮的细节，表现我对考古和文物肤浅的认知，并为文末（11）段表达"认知被唤醒后与文物对话"的情节形成对比，此处成为反面伏笔。

3. 链接感悟

（3）—（5）段。从"三星堆"的众多素材中链接其中一个素材，为下文的感悟蓄势。如何选择要链接的素材？关于三星堆的直播和新闻等素材，在阅览了海量的信息之后，就要精心选择。

第一，为体现主题服务。主题是"唤醒"，考古者唤醒了文物，文物唤醒了我的认知。据此，从海量的信息中筛选出能体现"文物"被唤醒的那些内容。

第二，从中学生的视角去选择。"三维虚拟大立人与参观者的对话"这个细节，更可能引发中学生的兴趣和关注，且能与下文感悟"文物有生命"的内容对接。

第三，对选中的素材进行再次剪裁。"大立人"说的话很多，不可能全部引用。剪裁原则，一是那些大家可能不太熟悉的和感兴趣的内容；二是那些与观众对话情境比较明显的内容；三是那些"让你猜"的体现神秘气质的内容。

素材不在多，而在精准选择。这个素材引入后，再表达"刷新了我对文物和考古的认知"这个感悟，领起下文（6）（7）段的思考。

4. 换位体验

（6）段。从"文物有生命"的角度，去换位体验、想象文物的内心独白，并用一组排比句表达。

5. 链接感悟和嫁接情境

（7）段。从"考古人的寂寞"的角度，精心选择与链接郭汉中的典型素材，再将歌曲《少年》中"我还是从前那个少年/没有一丝丝改变/时间只不过是考验/种在心中信念丝毫未变"的歌词从原来的语境中剥离出来，嫁接到表现考古人对历史和文明的热爱和敬畏的情境中来。在"那个少年"中间加上"16岁时初遇文物发掘"的定语；将"种在心中信念"改为"种在心中的热爱"，来突出主题。

6. 选点对话、追问推理、嫁接情境

（8）（9）段。选取课文《在长江源头各拉丹东》中体现马丽华途中困境的几个点：手背冻疮、连夜高烧、饮食不思、摔断尾椎骨、高海拔缺氧、感觉要死了，与人物的内心进行对话，就其中不合常情的点进行追问，在对话与解答中，体现"马丽华对大自然和文明源头的朝拜与敬畏"。在解答的部分，将原文的句子摘录出来，嫁接到本文的情境中来。

请注意以下课文原句嫁接入情境后（见加线句）呈现的变化：

"是琼瑶仙境，静穆的晶莹和洁白。永恒的阳光和风的刻刀，千万年来漫不经心地切割着、雕凿着，缓慢而从不懈怠"；

"端详着冰山上纵横的裂纹，环绕冰山的波状皱褶，想象着在漫长的时光里冰川的前进和后退，冰山的高低消长，这波纹是否就是年轮"；

"我挣扎着去那冰河中间的砾石堆，除了风声，还有一种声音轻易可以辨别出来。那是坚冰之下的流水声。它一刻不停，从这千山之巅、万水之源的藏北高原流出，开始演绎长江的故事"。

7. 融合造句与嫁接情境

（10）段。将本文选材特征词"三星堆、考古人、历史、文明"，与课文素材关键词"时光、大自然、文明、源头"，与主题关键词"热爱与敬畏"，与仓央嘉措《见与不见》"来我怀里/或者让我住进你的心里/默然相爱/寂静欢喜"中提取的"默然相爱，寂静欢喜"，四者融合思考，聚焦"热爱与敬畏"，从时间的角度，从空间的角度，融合造句并深化点题。

（11）段。以想象中的未来与文物对话的情景，体现从"无感"到"惊叹"的变化，体现"唤醒"的主题。至此，<u>聚焦"语言的建构与运用"，同时培植求异求同的思维，培植对"文物"对"大自然"的鉴赏能力，更培植对中华文明的理解力感知力。</u>

**第 2 版**

### 观鱼台观喀纳斯湖

（1）2021 年 7 月，我随父母与大姨一家到新疆。正在昌吉州援疆的医生表姐夫（大姨的女婿），专门请了探亲假带我们狠狠地玩了十天，<u>那十天，感觉眼</u>

晴都在天堂，而登上观鱼台俯瞰喀纳斯湖，更觉得那也许会是我此生见过的最美湖泊了，没有之一。

（2）无限风景在远方。在新疆旅行，姐夫让我们做好只要一上车就可能是十万八千里的心理准备。早上十点多，在前往喀纳斯湖的路上，车画着无数个S形穿行在山林与草原间，经过一处云带飘绕毡房错落的地方时，司机特意告知：我们不是在雾里行走，而是直接行走在云里的。表姐夫赶紧补课，说，这是图瓦人的村落。我们看见上面是阳光和蓝天，下面是毡房和草原，云团高高低低就穿行其中，他们看我们也是一样，车就是穿行在阳光蓝天下和游动的云里的。

（3）太神奇了！不知匆匆经过多少这样的神奇，我们抬眼时终于在视线的最高处望见观鱼台了！要上观鱼台，得徒步登1068级台阶，有趣的是，沿着石阶和木阶交错的台阶拾级而上，沿途都有数字标记，到50级了！200级了！999级了！一点点增加的数字不断地在激发斗志加油打call，更何况喀纳斯湖水时隐时现一路相伴，到了黄色地标呈现1068的时候，我们兴奋地对着数字拍照纪念，又以余秋雨先生所题的"观鱼台"三个字为背景拍了合照。

（4）喀纳斯旅行必定要打卡的地方就是观鱼台，姐夫说：海拔有2000多米，与湖面的垂直落差600多米，闻名天下的"喀纳斯湖怪"传说是体型巨大的大红鱼，所以这里叫观鱼台。我们驻足台沿，俯瞰喀纳斯湖全景，果然人间仙境，神的花园，怎一个"美"字了得！

（5）那种美，美得幽远。那湖水从原始森林中走来，从云杉冷杉落叶松胡杨林白桦林中走来，从世纪冰川和千年雨水中走来，浸润了天地灵气从绿坡墨林山涧蜿蜒流转数十千米而来，仿佛群仙踏着凌波微步从远古向我们走来，那阵容浩渺而盛大，那气质高贵而清远，令人望而屏息不忍移目。

（6）那种美，美得幽深。观鱼台在高处，猎风阵阵，下视600米下的湖泊，更觉幽深和静谧。那湖泊有如温润的碧玉平铺着，厚积着，滑滑地明亮着，只是清清的一片绿，但你却看不透她！那成吉思汗的西征兵还在湖底守卫王陵吗？那嫦娥飞天的脚印当年如何留在月亮湾畔的？那53亿立方米的湖水里，收纳了多少汇聚淘洗过的生命源泉？那180多米的最深处，又蕴积了多少沉浮离合的时光和岁月？静水而流深，令尘世之人望而生问不忍移目。

（7）那种美，美得幽幻。仅仅是一种绿，她也能呈现出幽幽远远深深浅浅变幻莫测的千姿百态。她的绿在视线的远近下变幻：远处，绿糅进了乳白的丝绒。由远而近，白色渐弱，绿中泛蓝，直到湖岸边呈现微微的墨绿；她的绿在阳光白云的游动下变幻：湖在山谷间，山林的深绿倒映湖泊的翠绿中，阳光朗照之下，湖水的绿就有墨绿、蓝绿、浅绿、淡青、白绿，宛如一块色彩斑驳的翡翠；当湖面上空不时有云团变化着游走着经过，阳光就从云隙中漏下，洒在湖面上，那薄荷一般的绿色就亮闪闪地泛起一波细碎的光，云携着阳光与湖面来回嬉戏，那湖面的绿就忽明忽暗时深时浅幻化着，真不知到了阴天或雨天，又会有怎样的变幻？据说她的绿还会因季节不同而变幻：5月主打青灰色，6月碧蓝色，7月微带乳白的蓝绿色，8月墨绿色，而到9、10月之后，映着周围林木斑斓的秋色，更是一池夺目的光彩了！

（8）喀纳斯湖，怎一个"美"字了得?!

（9）我读过梁衡笔下的黄河之水。那一川大水向龙槽隆隆冲去，在石上一跌再跌，跌得粉碎；又沿着龙槽的边沿轰然而下，如一卷钢板出轧凝重而猛烈；那一川黄浪在龙槽两边的滩壁上或钻石觅缝汩汩如泉，或淌过石板潺潺成溪，或被夹在石间哀哀打漩——<u>壶口瀑布，极尽水的壮美！</u>

（10）我读过马丽华笔下的长江之水。在长江源头各拉丹东，水的模样是阳光和风的刻刀切割雕凿成的冰塔林的模样：挺拔的，敦实的，奇形怪状的，蜿蜒而立的。那些冰塔、冰柱、冰洞、冰廊、冰壁上徐徐垂挂冰的流苏，像长发披肩。太阳偶一露面，那冰世界便熠熠烁烁光彩夺目如琼瑶仙境——<u>各拉丹东冰塔林，极尽水的奇美！</u>

（11）天地之间，江河湖海，各美其美。于是我找到了喀纳斯湖独有的美：壶口瀑布如一幅写意画，纵笔挥洒着水的壮美；各拉丹东冰塔林如一幅白描画，工笔勾勒出水的奇美；而新疆喀纳斯湖则如一幅油画，光影与色彩晕染出水的幽美：流出冰川高山，流过远古森林，流过辽阔草原，盛大而幽远、静谧而幽深、神秘而幽幻，一湾湾湖水无尽地诉说着关于时光与岁月的那些幽美的神话。

**策略说明：**

1. 内涵对接与链接感悟

以课文《在长江源头各拉丹东》为构思起点。此文的精品段是描写"冰塔林"的片段，呈现水的凝固的美，作者在文中自写为"奇美"；再链接《壶口瀑布》，此文的精品段是描写黄河冲出壶口时的片段，呈现水的动态的美，可概括为"壮美"。天地人间，江河湖海，各美其美，同样呈现"水"的美，那么，新疆喀纳斯湖体现的是"水"的哪一种美？依据亲历浏览喀纳斯湖的体验，湖泊体现水的静态的美，概括为"幽美"二字，并从"幽远、幽深、幽幻"三个角度表现"幽美"的内涵。这里，<u>开启异中求同和同中求异的思维，可以帮助我们在学习过的文章和经历过的生活之间找到链接的点，并得到新的发现。</u>

（1）段。据此，首段交代故事背景，点出"最美湖泊，没有之一"的体验。

（2）段。为什么要写"毡房云雾"这一段？第一，这是以游记体裁呈现的作文，故以途中所见感受尤深的人文；第二，阳光毡房流云能体现新疆的风景独特之处；第三，重点写"不是在雾里是在云里走"，云也是"水"的一种气态呈现的方式，与本文表现"水"的不同形态的美相关。

（3）（4）段。登观鱼台的过程同样体现游记的特点。重点写1068级台阶，体现观台之高，是赏景的最佳平台；再特写"观鱼台"三个字的题词，以及喀纳斯湖怪的传说、命名的由来，呈现一定的文化内涵。

2. 内涵对接与融合造句

我们在浏览某个景点时，通常当时并不太了解景点的综合背景。我们可以浏览之后上网查阅相关科普资料，如"最深处达到188.5米，蓄水量达53.8亿立方米，是一个坐落在阿尔泰深山密林中的高山湖泊；湖水来自奎屯、友谊峰等山的冰川融水和当地降水，从地表或地下泻入喀纳斯湖；周围有原始森林、云杉、冷杉、白桦林、西伯利亚落叶松、胡杨林"，以及湖的相关神话和传说、水色随季节变化等，<u>掌握这些资料后，不能简单粗暴地将资料内容"抄"进文章里，如果这样做，文章就和"科普资料"没什么区别</u>。而作文是要表达所见所闻所思所感的，所以这些资料要根据内涵的不同，分别与行文每个段落的内涵进行对接，然后与每个段落的关键词融合思考并造句，成为该段落的自然的有机组成部分。

（5）段。要表现湖的"幽远"，先将资料中能体现湖水来源的内容提取出来，再从时间的远与空间的远两个角度融合思考并造句，表现"盛大而幽远"的美；

（6）段。要表现湖的"幽深"，先将资料中能体现湖水的多和深的数据，以及体现文化深度（神话传说）等内容提取出来，与幽深的关键词融合思考造句，体现"静谧而幽深"的美；

（7）段。要表现湖的"幽幻"，先将资料中能体现湖水随季节变换的信息提取出来，结合自己的浏览体验，分别从湖水的绿"在视线的远近下变幻、在阳光白云的游动下变幻、因季节不同而变幻"三个角度融合思考并造句，表现"神秘而幽幻"的美。

3. 选点对话、内涵对接、融合造句

（9）（10）段。从课文《壶口瀑布》和《在长江源头各拉丹东》中分别选取能体现水之"壮美"与"奇美"的片段，与美的不同内涵对接表达，为下文发现喀纳斯湖的特点铺垫。

（11）段。依据两篇课文所引用片段的内涵，分别与"写意画"（作者在文中自述像"交响乐和写意画"）、"白描画"的特点对接；依据上文描写的喀纳斯湖的特点，将之与"油画"的特点对接；再扣"油画光影与色彩晕染"的特征，与喀纳斯湖的"幽美"的特征融合思考造句，在篇末深化点题，表现大自然的美和造物主的神奇。

**第3版**

### 景致
——水中景致各美其美

（1）一个"水"字，景致深深。老子观水的领悟是：上善若水，水善利万物而不争；孙子观水的领悟是：兵无常势，水无常形；孟子观水的领悟是：观水有术，必观其澜。怀着对"水"的膜拜与敬畏，我也曾开启观水之旅，领略水的种种景致之美。

（2）观"江水"的景致，我从马丽华的《在长江源头各拉丹东》中看见长江之水的"奇丽之美"。

（3）马丽华观长江之水，水的模样是阳光和风的刻刀切割雕凿成的冰塔林的模样：挺拔的，敦实的，奇形怪状的，蜿蜒而立的。那些冰塔、冰柱、冰洞、冰廊、冰壁上徐徐垂挂冰的流苏，像长发披肩。太阳偶一露面，那冰世界便熠熠烁烁光彩夺目。她能看见琼瑶仙境里雕凿着千万年阳光和风的刻刀的痕迹；她能读懂那进退消长的皱褶里藏着的漫长的时光年轮；她能听见那坚冰之下的流水声里，正流淌和演绎着长江的故事——各拉丹东长江源头，有着奇丽的景致之美。

（4）观"河水"的景致，我从梁衡的《壶口瀑布》中看见黄河之水的"刚硬之美"。

（5）梁衡观黄河之水，那一川大水由宽到窄，向龙槽隆隆冲去，在石上一跌再跌，跌得粉碎；又沿着龙槽的边沿轰然而下，如一卷钢板出轧凝重而猛烈；那一川黄浪在龙槽两边的滩壁上或钻石觅缝汩汩如泉，或淌过石板潺潺成溪，或被夹在石间哀哀打漩。他发现至柔至和的水一旦被压迫也会变得怒不可遏，他悟出柔和之中只有宽厚但绝无软弱，他更读出黄河的博大宽厚与柔中有刚；挟而不服与压而不弯；不平则呼与遇强则抗；死地必生与勇往直前——壶口瀑布黄河之水，有着刚硬的景致之美。

（6）观"湖水"中的景致，我在新疆旅行途中看见喀纳斯湖"幽远之美"。

（7）2021年7月，我曾随父母到新疆喀纳斯湖旅行。我观喀纳斯湖，那湖水从原始森林中走来，从云杉冷杉落叶松胡杨林白桦林中走来，从世纪冰川和千年雨水中走来，浸润了天地灵气从绿坡墨林山涧蜿蜒流转数十千米而来，仿佛群仙踏着凌波微步从远古向我们走来，那阵容浩渺而盛大，那气质高贵而清远；对着那温润如碧玉、散发着神秘气息的湖泊，我会忍不住问：那成吉思汗的西征兵还在湖底守卫王陵吗？那嫦娥飞天的脚印当年如何留在月亮湾畔的？那53亿立方米的湖水里，收纳了多少汇聚淘洗过的生命源泉？那180多米的最深处，又蕴积了多少沉浮离合的时光和岁月？——新疆喀纳斯湖泊之水，有着幽远的景致之美。

（8）我们还可以一观"海水"的景致。曹操观沧海，他看见水何澹澹山岛竦峙，他听见秋风萧瑟洪波涌起，他眼中的海是"日月之行，若出其中；星汉灿烂，若出其里"，吞吐日月，包容万物，沧海之水，有着雄奇壮阔的景致之美；

（9）我们还可以一观"潭水"的景致。柳宗元观小石潭，他看见"潭中鱼可百许头，俶尔远逝，往来翕忽。似与游者相乐"，他听见"水声如鸣珮环而心乐之"，然而当他坐潭上时，却在"四面竹树环合，寂寥无人"中感到"凄神寒骨，悄怆幽邃"，石潭之水，有着幽静而凄清的景致之美。

（10）天地之间，江河湖海，各美其美；又因观者不同、心境不同、情怀不同，又各见其美。怀着对"水"的膜拜与敬畏，我在江河湖海潭的观水之旅中，看见了水的种种景致，仿佛也听见了那流水之声正无尽地诉说着关于时光与岁月的那些美丽的神话。

**策略说明：**

本文从"审美的鉴赏与创造角度"展开写作。从教材中选择4篇与"水"有关的课文，从生活中选取浏览一个与"水"有关的景点，围绕"领略不同的景致之美"这一主题进行融合写作。课文与景点分别表现"江河湖海潭"5种水的形态，也呈现5种不同的景致。

1. 链接感悟

（1）段。由课文而链接"诸子观水的领悟"的素材，引出"领略水的种种景致之美"的话题，领起下文。

2. 融合造句

（2）（4）（6）段。先将马丽华《在长江源头各拉丹东》、梁衡《壶口瀑布》、"我"浏览新疆喀纳斯湖三个素材，分别与题目关键词"景致"融合思考造句，从江、河、湖三个角度概括出不同的景致之美，并分别领起下文（3）（5）（7）段。

3. 选点对话与嫁接情境

（3）段。选取课文中描写"冰塔林"形态的句子，从作者观水的角度，去对话文本，以"她能看见、能读懂、能听见"表达与作者的对话内容；将课文中"是琼瑶仙境，静穆的晶莹和洁白。永恒的阳光和风的刻刀，千万年来漫不经心地切割着、雕凿着""端详着冰山上纵横的裂纹，环绕冰山的波状皱褶想象着在漫长的时光里冰川的前进和后退，冰山的高低消长，这波纹是否就是年轮""那是坚冰之下的流水之声，它一刻不停，从这千山之巅、万水之源的藏北高原流出，开始演绎长江的故事"这三个句子，分别从原文的语境中剥离出来，嫁接到本文对话作者"能看见、能读懂、能听见"的情境中，改为"能看见雕凿着千万年阳光和风的刻刀的痕迹""能读懂进退消长的皱褶里藏着的漫长的时光年轮""能听见坚冰之下的流水声里，正流淌和演绎着长江的故事"，再得出"奇丽的景致之美"的感悟。

（5）段。选取课文中描写"壶口瀑布"动态的句子，从作者观水的角度，去对话文本，以"他发现、他悟出、他更读出"表达与作者的对话内容；将课文中"人常以柔情比水，但至柔至和的水一旦被压迫竟会这样怒不可遏。原来这柔和之中只有宽厚绝无软弱""黄河博大宽厚，柔中有刚；挟而不服，压而不弯；不平则呼，遇强则抗，死地必生，勇往直前。正像一个人，经历了许多磨难便有了自己的个性"，这两个句子分别从原文的语境中剥离出来，嫁接到本文对话作者"他发现、他悟出、他更读出"的情境中，改为"他发现至柔至和的水一旦被压迫也会变得怒不可遏，他悟出柔和之中只有宽厚但绝无软弱，他更读出黄河的……"，再得出"刚硬的景致之美"的感悟。

4. （6）段。与第2版的《观鱼台观喀纳斯湖》进行对比后可以发现，同一生活素材运用到不同的作文题中，也存在一个选择、剪裁、嫁接情境的问题。第一，与4篇课文中水的不同景致形成对比的，可以是喀纳斯湖的"幽远"（可将"幽远幽深"两个特点合二为一，统一到"幽远"的概括中来），也可以是喀纳斯湖的"幽幻"的特点，这里选择第一个特点来写。假如选择"幽幻"来写，则可以调整表现"湖泊"的秀美的景致；第二，将第2版中描写"幽远"的部分保留，将表现"幽深"的部分转为我与"湖泊"的对话，这样，第2版中的两部分内容就合二为一，并在对话中表现幽远的景致之美。

5. 选点对话与融合造句

（8）选取本段的课文素材《观沧海》中体现海的雄壮的诗句，与题目关键词"景致"融合思考，对话并造句，表现海雄奇壮阔的景致之美。

（9）选取本段的课文素材《小石潭记》中体现潭水清和凄的句子，与题目关键词"景致"融合思考，对话并造句，表现潭水幽静而凄清的景致之美。

6. 融合造句

（10）段。将本文的选材"江河湖海潭的观水之旅"与题目关键词"景致"融合思考造句，在篇末深化主题。

# 第四章　主题字：思

思，会意兼形声字。本义为"深想、考虑"，引申"怀念，想望""悲伤，哀愁""心情，意念""创作的构想"等，可组成"思想、思虑、思念、思绪、思考、思路、思潮、思维、构思、沉思、反思、退思"等词语。"思维能力的发展与思维品质的提升"是语文学科核心素养的重要内涵。

要求：请以"思"为主题进行写作。可以抒写对人、事、物、景的思念思绪与思考，也可以表达来自书本的、人生的、世界的、历史的或时代的思索沉思与反思，还可以发表你对思维方式方法的认知和见解。凡与"思"相关的内容皆可入文。既可以从正面描述，也可以从反面分析。（此题为笔者自拟）

## 第一讲　聚焦主题　关联命题

### 一、聚焦主题

本章"思"主要从感悟、思考的角度择读文本与关联命题。文体包括：议论文、发言稿、演讲稿、书信体、倡议书、推介文等。

聚焦"思"的主题，感悟与思考的内容涉及：铭记与遗忘；五四精神与青年担当；奋斗与成功；平凡人与英雄；小我与大我；科学与素质；学习与性格；青春的痛苦与美好；追星现象；红色文化；爱的能力；跨越自我；人生的答卷；人生的先机等与时代生活关联较为紧密的内容。

### 二、关联命题

关联的命题主要来自2020年各地中考题或2021年各地初三质检或高三质检

作文题。作文题指向议论文写作，或情境任务类写作、应用文体写作。

1. 记住该记住的，忘记该忘记的，改变能改变的，接受不能改变的。（选自塞林格《麦田守望者》）

根据你的生活体验，选择上面四个分句中的一句，作为题目，写一篇文章，可讲述经历，可阐述观点，也可抒发感想。〔2020年浙江湖州市中考题〕

说明：如果写第一分句，阐明什么是该记住的、为什么该记住、怎么去记住、记住的意义是什么。四者可以都写，也可以侧重某一两个角度写。本章选择从议论文文体角度写，并呈现写作的一种思路架构范式和思维方法。

2. 2020年11月，钟南山、袁隆平、李兰娟走进高校校园，师生夹道迎接，高喊欢迎口号，现场秒变"追星"现场，引发热议。

追什么样的星，关乎个人选择，也关乎社会的价值取向。学校将以"追星"为话题开展演讲活动，请以"我追这样的星"为题，写一篇不少于600字的演讲稿，与同学交流分享自己的经历体验和思考。〔2021福建南安市中考联考题〕

说明：情境是"学校以追星为话题开展演讲活动"，任务是分享经历体验和思考，体裁是演讲稿，核心内容是"我追这样的星"，"这样"二字，提示思考与表达的重点是表达要追什么样的星，以及追这样的星意义与价值是什么。除了演讲稿的一般格式，行文过程中，还要有交流对话意识；演讲思路上，要注重清晰和层次感；语言表达上，要注意形成一定的感染力。

3. 1921年，中国共产党第一次全国代表大会召开，一大会址、南湖红船成为红色梦想起航的地方。1929年，古田会议胜利召开，从此中国革命从胜利走向新的胜利。20世纪60年代，河南林县人民历尽千辛万难，在太行山腰修建了全长70.6千米的红旗渠。深圳从40年前的小渔村，不断改革创新，成长为一座国际化大都市，创造了世界发展史上的奇迹。

为纪念中国共产党成立100周年，学校组织"英雄从未走远，精神薪火相传"主题研习活动，请选择一处你印象深刻的红色纪念场馆推介给同学，并结合你的感受和思考，阐述你推介的理由。〔2021年福建泉州市高三质检题〕

说明：情境是学校组织"英雄从未走远，精神薪火相传"主题研习活动，任务是选择推介一处红色纪念场馆给同学，并阐述推介理由，体裁是推介文，核心内容是"英雄从未走远，精神薪火相传"。综合命题的提示语料，推介文一要选择具体的纪念馆，二要介绍其中的历史事件与人物，三要呈现历史与时代的变化，四要提炼精神内涵，阐明推介理由。

4. 青春洋溢的年轻人，要敢于发出自己的宣言。属于年经人的宣言，是风风雨雨的奋勇搏击，是奋勇搏击中的坚韧、苦干、奔波、希望、幸福……这，是我们新一代年轻人对世界最好的宣言。

以上文字给你什么联想和感悟，请以"最好的宣言"为标题，写一篇不少于600字的文章，在"五四青年节"主题班会中发言，与同学交流分享。[2021年福建南安市中考联考题]

说明：情境是"五四青年节主题班会"，任务是交流分享，体裁是发言稿，核心内容是"最好的宣言"，综合命题的提示语料，文章要设计合乎提示语精神的具体的宣言，再阐述为什么是"最好"的宣言。此外，与演讲稿相同，除了格式，行文中要有对话交流意识。

5. 奋斗是成功的必经之路。冰心说过："成功的花，人们只惊美她现时的明艳！然而当初她的芽儿，浸透了奋斗的泪泉，洒遍了牺牲的血雨。"

习近平主席在2021年新年贺词中指出："征途漫漫，惟有奋斗。"我们通过奋斗，披荆斩棘，走过了万水千山。我们还要继续奋斗，勇往直前，创造更加灿烂的辉煌！

对此，你有怎样的经历、体验和思考？请以"奋斗与成功"为标题，写一篇不少于600字的文章，在主题班会上与同学交流分享。[2021年福建南安市中考联考题]

说明：情境是"主题班会"，任务是交流分享，体裁是发言稿，核心内容是"奋斗与成功"，综合命题的提示语料，发言稿要注意不能只写"奋斗"或过于偏重写"奋斗"，要表达奋斗对于成功的意义，也要阐述成功对于奋斗的作用。

6. 也许我是一道微光，却想要给你灿烂的光芒……疫情期间，不能集合排练，厦门六中合唱团的同学们借用爸妈的手机，各自在家翻唱歌曲《微光》，希望把"微光"汇集起来，致敬每一位平凡的英雄，照亮阴霾，温暖世界。

生活中，每一位平凡人都是一道微光，可以是你，可以是我，可以是我们身边的每一个他，即使微小，也可以为世界贡献自己的光和热。请以"成为一道微光"为题，写一篇演讲稿，与同学们分享自己的经历体验和思考。[2021年福建南安市中考联考题（有改造）]

说明：情境是"给同学们演讲"，任务是分享自己的经历体验和思考，体裁是演讲稿，核心内容是"成为一道微光"，选材的对象特点既是"平凡"的又是"英雄"的，思考的重点是"微光产生的力量"，再综合命题的提示语料，文章可以尽量从小我和大我、微光和力量的关系角度展开思考。

7. 材料一：

### 中华人民共和国部分科技成就

| 时间 | 成就 | 意义 |
|---|---|---|
| 1964 年 | 第一颗原子弹试爆成功 | 防御核威胁，打破核垄断 |
| 1973 年 | 世界上第一个杂交水稻品种"南优 2 号"培育成功 | 帮助中国和世界解决温饱问题 |
| 2018 年 | 全球规模最大的跨海工程港珠澳大桥建成通车 | 创下多项世界之最 |
| 2021 年 | "天问一号"继续火星探测之旅，计划于 5 月至 6 月择机实施火星着陆 | 探索浩瀚宇宙，空间技术跻身世界前列 |

**材料二：**

"奋斗者"号全海深载人潜水器成功完成万米海试并于 2020 年 10 月 28 日胜利返航。应对极端环境挑战，需要极其先进的设备做支撑。正是科研工作者的严谨求实，造就了"奋斗者"号的成功。"奋斗者"号总设计师叶聪，在深海载人潜水世界"翱翔"近 20 年。正是在许多像他这样的人的拼搏奉献下，中国"潜力"一次次被刷新，中国"深度"一次次被突破。

上述材料引发你怎样的联想与思考？请你结合材料内容，以振华中学学生代表的身份，写一篇主题为"弘扬科学精神，增强综合素质"的倡议书，用于学校科技节开幕式上发言。[2021 年福建泉州市高三质检题]

说明：材料一以图表形式呈现中华人民共和国部分科学成就和意义，暗含敢于担当、造福人类、探索创新等科学精神；材料二强调科研工作者严谨求实、拼搏奉献等科学精神。两则材料共同指向当下的时代热点——党领导下的中国科技发展，蕴含着敢于担当、造福人类、探索创新、严谨求实、潜心钻研、不惧挑战、拼搏奉献等科学精神。从倡议书的体裁角度看，一般是先写倡议的背景和理由，再分条提出倡议的具体内容，最后给出一定的号召。

8. 2021 年 3 月，某校举行开学典礼，校长在发言中说到，2020 年的春天不够完美。新型冠状病毒疫情让全球都蒙上了一层阴云。但在阴云之下，我们依然能看到希望，看到光明，这让我想起了加拿大歌手莱昂纳德·科恩《颂歌》里的一句歌词，"不够完美又何妨？万物皆有裂缝，那是光得以进入的地方。"

你受邀在国旗下讲话，请以《在裂缝中寻找光亮》为题写一篇不少于 600 字的演讲稿。[2021 年福建南安市联考题]

说明：从提升思维品质的角度看，尽量避免将"裂缝"简单等同于"挫折"的公式化思维方式，尽量避免太多呈现个人的小奋斗小辛酸小纠结小挫折的套路化选材方式。综合材料内容与写作要求，如果能结合掌握的具体素材去提炼"裂缝"的不同具体内涵，并挖掘"寻找光亮"之于他人、社会、家国的意义，文章会更深刻有力。

9. 每个人都可以成为英雄。

作曲家贝多芬说："在全人类之中，凡是坚强、正直勇敢、仁慈的人，都是英雄！"英雄，是一个比较主观的概念。所有懂得畏惧并最后战胜畏惧的人都是英雄——关键只在于那畏惧的一刻，你是选择战胜它，还是躲避它。所谓的英雄，其实就是勇于挺身而出的普通人。

小明同学"每个人都可以成为英雄"的看法及演讲内容，在同学间引起了热烈的讨论。对此，你有怎样的经历、体验和思考？请写一篇不少于600字的文章，在主题班会上与同学交流分享。[2021年福建泉州市初三质检题]

说明：综合语料内容与写作的任务要求，如果这三方面阐述清楚了，文章内容会更充实有力：一、平凡的人如何成为英雄？二、不同英雄的不同精神特质是什么？三、每个人都可以？比起把重点放在罗列谁谁谁是英雄，如果把重点放在讨论为什么"平凡人也可以"，会更有议论的价值。

10. 材料一：1900年，梁启超激情宣告"少年智则国智，少年富则国富，少年强则国强……少年雄于地球，则国雄于地球"，期盼少年奋发有为，中国豪迈崛起；1921年，小小红船载着满怀梦想的青年，从南湖启航，穿过岁月的惊涛骇浪，成为领航中国的巍巍巨轮……

材料二："我还是从前那个少年，没有一丝丝改变；时间只不过是考验，种在心中信念，丝毫未减，眼前这个少年，还是最初那张脸，面前再多艰险不退却……"2021年央视网络春晚，七旬清华老校友们的一曲《少年》活力满满，激荡全场。半生实践报国志，归来依旧是少年。

学校组织"扬五四精神　展青年风采"演讲活动，请结合以上材料，以"我们在"为题，写一篇演讲稿。[2021年厦门市初三质检题]

说明：材料一表意有两层。一、少年与国家的关系；二、从"小小红船"到"领航巨轮"，呈现由小到大，由弱到强的关系，从中可提炼出五四精神的具体内涵。材料二表意有两层。一、半生实践，体现"坚守与践行"；二、依旧少年，体现初心不改。综合以上材料内容与写作的任务要求，如果能结合掌握的具体素材去提炼其中体现的五四精神的具体内涵，就可一定程度上避免写那种"喊空口号"的文章。

11. 2019 年热播影片《少年的你》选材上另辟蹊径：不是以过来人的眼光回味青春的美好，而是直面青春的痛苦和无奈，给予人们更多的青春的思考。青春，既有美好，也有无奈，青春的美好，给我们阳光雨露的滋润；青春的痛苦，同样也能给我们砥砺前行的韧劲。

请结合材料内容，以"正青春"为标题，写一篇面向全体师生的国旗下讲话的发言稿。分享交流你的青春经历，或认识思考。[2021 年福建南安市初三质检题]

说明：就写作情境来看，"国旗下讲话"与"主题班会上的讲话"还是有所不同的。其一，"国旗下讲话"面对全体师生，又是"国旗下"，发言内容既要贴近师生特别是大多数学生的实际，又要适当地"站得更高，看得更远，说得更深"，更多体现"正能量、正思考"；其二，从材料内容的表述来看，从"青春的痛苦和无奈对于青春的意义"角度来写会更合题意也更深刻；其三，"正青春"的"正"，可以理解为"正值青春"，还可以定义为"青春正能量、青春正方向"。

# 第二讲　聚焦文本　读写融合

**1 号文本：《鱼我所欲也》+27 个素材**

[27 个素材]

第 1 版：+7 个

1. 固原二中 2000 师生徒步 54 千米祭奠英烈坚持 26 年

2. 2020 年 4 月 4 日上午全国性哀悼活动

3. 腾讯游戏、网易游戏全国性哀悼日当天停服一天

4. 2021 年全国各地"缅怀英烈，铭记历史"系列云祭扫活动

5. 南安市柳城中学精心设计"不忘来时路，薪火相传"主题活动

6. 央视主持人撒贝宁背诵人民英雄纪念碑碑文

7. 电影《八佰》

第 2 版：+11 个

1. 歌曲《夜空中最亮的星》

2. 偶像明星易烊千玺、王一博等

3. 钟南山两次疫情中的事迹

4. 《经典咏流传》第四季"英雄的本色"

5. 喀喇昆仑高原戍边英雄的事迹

6. 歌曲《清澈的爱只为中国》

7. 习近平总书记 2019 年纪念五四爱国运动一百年的讲话

8. 刘禹锡"天地英雄气，千秋尚凛然"

9. 张载《横渠四句》："为天地立心"句

10. 《觉醒年代》登长城朗诵"青春"剧情

11. 课文《邓稼先》"中国男儿"诗句

第 3 版：+9 个

1. 人民日报新媒体制作的建党百年 MV《少年》歌词

2. 泉州华侨革命历史博物馆叶飞专题陈列解说词中关于九个专题的概括介绍（由该馆工作人员提供）

3. 电视剧《觉醒年代》陈延年"舍生取义"情节

4. "学党史"素材"9 个人物故事"之刘仁堪烈士就义

5. 《泰兴日报》2015-03-03："叶飞与《沙家浜》的历史渊源"

6. 统编音乐教材八下之京剧欣赏《沙家浜》"智斗"

7. 2020 年 8 月深圳建立经济特区 40 周年

8. 叶飞与"蛇口模式"相关新闻

9. 舒婷：野火在远方，远方在我琥珀色的眼中


## 一、择读文段

鱼，我所欲也；熊掌，亦我所欲也。二者不可得兼，舍鱼而取熊掌者也。生，亦我所欲也；义，亦我所欲也。二者不可得兼，舍生而取义者也。生亦我所欲，所欲有甚于生者，故不为苟得也；死亦我所恶，所恶有甚于死者，故患有所不辟也。


## 二、读写融合

聚焦"思"的主题，关联命题 1《记住该记住的》；命题 2《我追这样的星》；命题 3 自拟题《循英雄足迹　承红色薪火》。

### 第 1 版

#### 记住该记住的

（1）2021 年 4 月 2 日，一则"风雨无惧祭奠英烈坚持 26 年"的视频刷爆网

络，引来无数点赞。视频中，宁夏固原二中 2000 多名师生清晨 6 点出发，冒着风雨，爬坡过坎，翻山越岭，徒步 54 千米前往彭阳县任山河烈士陵园，敬献鲜花清洁墓碑缅怀革命先烈。对于生逢盛世的我们来说，那些为共和国捐躯赴难的革命英烈，当然是我们"该记住的"。而该记住的，我们如何去记住？也许这则新闻在传递给我们一个答案：敬畏地参与、深度地解读、持续地传播。

（2）为了记住该记住的，如果我们参与了某种仪式，请心怀敬畏地参与。

（3）近两年，从国家到地方到学校，清明祭奠英烈的仪式特别隆重特别丰富。为表达对抗击新冠肺炎疫情斗争牺牲烈士和逝世同胞的深切哀悼，2020 年 4 月 4 日上午 10 时举行全国性哀悼活动，仪式有下半旗志哀、全国停止公共娱乐、汽车火车舰船鸣笛、防空警报鸣响、全国人民默哀 3 分钟等；2021 年建党百年，中国文明网和地方文明办都推出"缅怀英烈，铭记历史"系列云祭扫活动，进入活动页面后，仪式有浏览英烈事迹、献花留言、生成分享等。

（4）什么是心怀敬畏地参与？敬为尊敬，畏为畏惧。曾国藩说："敬则无骄气，无怠惰之气。"心怀敬畏，才能身有所正，言有所归，行有所止，偶有逾矩，亦不出大格。所以如果你参与了祭奠英烈的某种仪式，是集体组织的也好，是自愿参加的也罢，仪式中的你是庄重的、真诚的、一丝不苟的，而不是敷衍的、随意的和怠惰的。

（5）从这样的角度去审视固原二中徒步祭奠仪式的参与者，我们会发现：那个绑着绷带膝盖受伤坚持走完全程还挥舞着围巾给走不动的同学加油鼓劲的体育委员李一凡是心怀敬畏地参与；那个一累着就会起过敏性紫癜被老师反复叮嘱"可以随时停止"却坚持着走完全程的不知名的小女生是心怀敬畏地参与；那在清明时节雨夹雪的恶劣天气中戴上帽子披上雨衣高举旗帜坚持徒步往返 108 千米的学生群体是心怀敬畏地参与。

（6）再从这样的角度去审视去年今年各种祭奠仪式的参与者，我们还会发现：2020 年清明全国哀悼日当天，让王者荣耀、英雄联盟等游戏头像集体变灰宣布游戏软件停服一天的腾讯游戏、网易游戏等运营商是心怀敬畏地参与；而在今年云祭扫活动中，作为参与者的你，打开电脑或手机页面按下"点击参与"后，你在浏览、献花、留言和分享一系列环节中，是心中虔诚眼中仔细地完成，还是带着完成任务的心态匆匆地点击生成？那页面里缅怀了多少个历史时期的多少种英雄人物，你是否跟着屏幕一一细数？当疫情防控背景下的"云祭扫"成为一种清明新俗，让自己参与时心有所敬、身有所正、言有所归、行有所止，恐怕是我们更要倡导的态度。

（7）为了记住该记住的，如果我们去了解英烈事迹，请做真诚地深度地解读。

（8）立于纪念碑前，或立于烈士陵园前，或浏览屏幕中的事迹文字时，你是否了解你所祭扫的是谁？他牺牲前经历了什么？也许了解还不够，你是否和那墓碑上的文字对话过，和那文字背后的英魂对话过？

（9）祭扫不止于仪式，深度地解读才更能铭记。

（10）你看，宁夏固原二中随行教师勉有录会告诉孩子们说：你们前往任山河烈士陵园要祭奠的是1949年7月31日中国人民解放军第一野战军第19兵团64军在解放宁夏第一仗中牺牲的391位英雄，其中不少人牺牲时只是十几岁的孩子，甚至名字都没有留下；

（11）你看，南安市柳城中学精心设计的"不忘来时路，薪火相传承"主题活动：朗读四封革命英烈的家书，邀请叶挺将军的孙女叶莲、开国大将黄克诚之子黄晴、开国大将张云逸孙子张晓龙、开国上将陈士榘之子陈人康亲临现场讲述家书背后的故事，再由学生齐声朗诵《囚歌》与《可爱的中国》；

（12）你再听，央视主持人撒贝宁说，他上学时到人民英雄纪念碑前祭奠英烈，就真的把纪念碑上"三年以来，在人民解放战争和人民革命中牺牲的人民英雄们永垂不朽"的碑文一字不落地背下来了！

（13）一寸山河一寸血，一抔热土一抔魂。如果你和那一件件实物、一张张图片、一个个名字对话过，你就能唤醒一段段烽火连天的革命历史记忆。最终凝聚成强大的力量成为心中最闪亮的坐标，这也许就是深度解读的意义所在。

（14）为了记住该记住的，如果我们去讲述英雄的故事，请用大家更能记住的方式持续地传播。

（15）譬如，固原二中师生在清洁墓碑敬献鲜花后立于墓碑前，齐诵：天地苍苍，乾坤茫茫，中华少年顶天立地当自强，美哉我少年中国与天不老！这样的声音已经传播了26年。可以想象，26年持续地传播，已形成一种校园文化传承和积淀，更对社会产生深远的正能量辐射。

（16）譬如，电影《八佰》中那个最炸裂胸膛的镜头：日军上钢板攻坚射击，要强行攻破四行仓库。死守在里面的八十八师五二四团组成一支敢死队，21岁的陈树生写下遗书"舍生取义，儿所愿也"之后，背上炸药拉开导索纵身跳入钢板中，一个个队员排队依次跳入，以肉身炸开日军的钢板阵。那一刻，我们在课堂上所读到的"生，亦我所欲也；义，亦我所欲也。二者不可得兼，舍生而取义者也"，我们所读到的"死亦我所恶，所恶有甚于死者，故患有所不辟也"，瞬间化为最具冲击力的画面，深刻而久远地铭记于心。

（17）鲁迅在《纪念刘和珍君》中写道：刘和珍是我的学生。我应该对她奉献我的悲哀与尊敬。她不是"苟活到现在的我"的学生，是为了中国而死的中国的青年。"鲁迅纪念刘和珍君，是为了启迪世人"更奋然而前行"，而生逢盛世的我们，之所以要记住该记住的，并且尝试去真正地"记住"，也是为了追随那些真的猛士，更加奋然地前行。

**策略说明：**

这是议论文写作。

1. 通过这篇议论文，将课文《鱼我所欲也》与七个时代素材融合写作，表达"用敬畏地参与、深度地解读、持续地传播的方式去记住革命英烈"的观点。

2. 通过这篇议论文，尝试给师生提供一种议论文写作的范式。范式可以是：

（1）段：一则新闻+依据命题核心内容提出的中心观点

（2）—（6）段：提出分论点 1——引用名言解释分论点 1 中的概念内涵——从正反两面举例论证分论点 1

（7）—（13）段：提出分论点 2——以设问方式解释分论点 2 的概念内涵——列举三个时代素材论证分论点 2——提示意义

（14）—（16）段：提出分论点 3——列举两个时代素材论证分论点 3

（17）段：引用名家言论论证中心观点，归结意义和价值。

3. 通过这篇议论文，尝试主打训练一种辩证思维的方法。这个思维方法是：用联系的观点分析问题，防止看问题片面化、绝对化，导致说"过头话"。

任何事物都不是孤立存在的，它总是和外界事物有着千丝万缕的联系。我们做分析时，要横向了解事物间的联系，拿捏事物的分寸，把握评论的尺度，呈现客观的认识。

比如：

（1）段。从联系的观点看，固原二中的这则新闻传递给我们的，会有很多答案，仁者见仁，智者见智，而这里提出的观点只是其中之一，所以在提出中心观点时，就要注意表达的尺度：也许这则新闻在传递给我们一个答案：敬畏地参与、深度地解读、持续地传播。加上"也许"，就显得相对客观，就更能让读者接受。

（2）（7）（14）段。从联系的观点看，"缅怀先烈"的活动参与者们是在做一件有引领价值的有意义的事，所以不能过分苛求参与者一定要如何如何，这会令人难以接受。意识到这个现实的存在，在分论点的表达时，就从倡导的角度去对参与者做进一步的要求，用这样的句式"为了记住该记住的，如果……请……"，就适当地拿捏住了表达的分寸。

又如（6）段，从联系的观点看，用"敷衍随意"的态度对待云祭扫活动，只是种种情况当中的可能存在的一种，且这种参与者也不宜从道德高度去怀疑和指责，意识到这一点，用"你是否……恐怕是……我们更要倡导的态度"这样的表达，就适当地拿捏住了表达的分寸。

依此类推，（8）段中的"你是否了解……也许了解还不够，你是否……"的表达，（13）段中"这也许就是……意义所在"的表达，（17）段中"尝试"一词的表达，就是基于事物间的联系、各种客观存在的现实，而去拿捏表达的分寸，把握评论的尺度。

4. 融合造句

（16）段。将课文《鱼我所欲也》，与电影《八佰》"舍生取义"的镜头融合思考，再与"记住"这个论证的核心词融合思考并造句，用来论述如何"用大家更能记住的方式持续地传播"这个分论点。

**第2版**

## 我追这样的星

亲爱的同学们：

（1）早上好！我演讲的题目是《我追这样的星》。

（2）同学们，你是否听过这首歌《夜空中最亮的星》：每当我找不到存在的意义/每当我迷失在黑夜里/夜空中最亮的星/请指引我靠近你/夜空中最亮的星/请照亮我前行……

（3）同学们，你眼中最亮的星是谁呢？是《青春有你》第二季以第一名成绩中心位出道的刘雨昕？是从《少年的你》到《送你一朵小红花》演技流量兼备的易烊千玺？还是牛年春晚踩着无敌的卡点跳着《牛起来》炸裂热舞的王一博？

（4）是的，仰望天空，总有这样的一颗颗星，闪耀在我们的青葱岁月里；而今天，我想告诉大家的是，我还要奋力去追一颗叫作"英雄"的星，那是夜空中最亮的一颗星，那是指引我靠近光明的星，那是值得我一生追逐的照我在生命里前行的星！

（5）我追这样的星，这颗叫作"英雄"的星，就是抗疫英雄钟南山的样子！

（6）当我用目光追逐着这位"无双国士"，我看见他从18年前的非典走来，年近七旬，一声"把最危重的病人送我这儿来！"时不畏不惧的样子；我看见他在非典消失后"消失"，深藏身与名，事了拂衣去的样子；而当时光流转至2020年，我又看见他从肆虐的疫情中走来，一声"没什么事，别去武汉！"之后自己"逆行"武汉的样子。

（7）同学们，让我们一起追这样的星，因为这颗叫作"抗疫英雄"的星，闪耀着"生民百遗，念之断人肠"的悲悯之光，闪耀着"为有牺牲多壮志，敢教日月换新天"的奉献之光，还闪耀着"安得广厦千万间，大庇天下寒士俱欢颜"的担当之光！追这样的星，让这样的光，照亮我们前行的路！

（8）我追这样的星，这颗叫作"英雄"的星，就是戍边英雄"钢铁团"队员的样子！

（9）当我用目光追逐着这个喀喇昆仑高原的"钢铁团"，我看见团长祁发宝身先士卒立于队阵前张开双臂与印军对峙，把坚强的后背留给战友和身后祖国的样子；我看见那个执行任务前刚写完"爹妈，儿子不孝，可能没法给你们养老送终了"家书的王焯冉救助冲散的战友脱险，自己淹没在加勒万河谷冰冷雪水中的样子；我还看见那个照片里吃橘子的笑着的19岁的陈祥榕瞬间化作盾牌在我军最前沿战斗到牺牲的样子。

（10）清澈的爱/只为祖国/妈妈的嘱托/记在了心上/清澈的爱/只为祖国/战士的赤诚/压进了枪膛。同学们，让我们一起追这样的星，因为这颗叫作"戍边英雄"的星，闪耀着"一寸丹心图报国，两行清泪为思亲"的挚爱光芒，闪耀着"男儿何不带吴钩，收取关山五十州"的壮志光芒，还闪耀着"舍鱼而取熊掌、舍生而取义"的无畏光芒！追这样的星，让这样的光，照亮我们前行的路！

（11）我还要追这样的星，这颗叫作"英雄"的星，就是青年英雄雄起辈出的样子！

（12）当我用目光追逐着中国革命、建设、改革的历史进程，我看见中共一大召开时二十八岁的毛泽东，参加中国共产党时二十三岁的周恩来，参加旅欧中国少年共产党时十八岁的邓小平；我看见守岛三十二年而第一次登上开山岛时二十六岁的王继才，平均年龄三十三岁的航天嫦娥团队、神舟团队，平均年龄三十五岁的北斗团队；而所有这一个个"恰同学少年"的样子，最终化成《觉醒年代》中的那一副长城之上，李大钊陈独秀带领进步学生高声朗诵《青春》的样子："为世界进文明，为人类造幸福，以青春之我，创建青春之家庭，青春之国家，青春之民族，青春之地球，青春之宇宙……

（13）同学们，让我们一起追这样的星，因为这颗叫作"青年英雄"的星，闪耀着"雨打灯难灭，风吹色更明"的坚韧之光，闪耀着"一年三百六十日，多是横戈马上行"的奋进之光，还闪耀着"志之所趋，无远弗届，穷山距海，

不能限也"的热爱之光！<u>追这样的星，让这样的光，照亮我们前行的路！</u>

（14）一路追逐着这样的星光，当你学得累了，耳际挣扎着响起钟南山在共和国勋章颁奖典礼上眼噙热泪的一句"欣逢盛世当不负盛世"的殷殷嘱咐，也许你会心生愧疚；当你沉溺刷屏不能自拔了，想想多少戍边将士正在昆仑高原上用热血青春染绿边疆的样子，也许你将不再放纵；当你想要放弃了，听听那首"中国男儿 中国男儿／要将只手撑天空／长江大河 亚洲之东 峨峨昆仑／古今多少奇丈夫／碎首黄尘 燕然勒功 至今热血犹殷红"的歌，也许你就不敢停下，重拾脚步，一路向北。

（15）天地英雄气，千秋尚凛然！同学们，当我们仰望星空，请一定要看见一颗星，一颗叫作"时代英雄"的星，一颗"为天地立心，为生民立命，为万世开太平，为往圣继绝学"的星；让我们一起去追这样的星，因为那是夜空中<u>最亮的一颗星，那是指引我们靠近光明的星，那是值得我们一生追逐的照我在生命里前行的星！</u>

（16）我的演讲到此结束，谢谢大家！

**策略说明：**

这是演讲稿写作。

除了呈现较为规范的文体格式，本文还要从内容上呈现演讲稿特定的表达要求：清晰的演讲思路，如开头的中心句，体现并列或递进的过渡句，结尾的呼应句等；热场的语言表达，如开头的镇场力，中间的感染力，结尾的号召力等。

**一、演讲思路**

第一部分：（1）—（4）段。由歌词《夜空中最亮的星》引出全文点题句：追一颗叫作"英雄"的星，照亮我在生命里前行。

第二部分：（5）—（12）段。描述三类"英雄"之星的样子，概括三类"英雄"之星的精神特质，表达追"这样"的星的意义。

（5）—（7）段。追"抗疫英雄"之星，学"悲悯、奉献、担当"。

（8）—（10）段。追"戍边英雄"之星，学"挚爱、壮志、无畏"。

（11）—（13）段。追"青年英雄"之星，学"坚韧、奋进、热爱"。

第三部分：（14）段。追这样的星如何照亮前行的路。

第四部分：（15）（16）段。总括英雄之星作为"时代之星"的精神特质，由"我"到"我们"，号召一起追这样的星。

**二、融合策略**

1. 融合造句

（2）（3）（4）段。将歌词《夜空中最亮的星》与时代素材"偶像明星"融合思考造句，表现生活中的追星；再与题目关键词（我追这样的星）融合思考，用排比句式创造点题金句，点出追"英雄之星"的意义。

2. 选点对话与融合造句

（6）段。聚焦题目核心词"这样的"，从钟南山的事迹中选取与"样子"有关的细节，进入"我看见……的样子"的句式中，组成排比句；

（9）段。聚焦题目核心词"这样的"，从三个戍边英雄的事迹中选取与"样子"有关的细节，进入"我看见……的样子"的句式中，组成排比句；

（12）段。聚焦"青春"，从一组青春英雄中选取与体现"青春"有关的数字细节和场景细节，再选取《觉醒年代》中长城上诵"青春"的素材，一齐进入"我看见……而最终化为……的样子"的句式中，组成排比句。

对从网上查询的原生态素材需要进行筛选、提取与整合。提取信息原则是：聚焦作文的命题、主题或话题的关键词去——选取相关信息，将这些有效信息放进行文中的某个统一句式中，或与主题等关键词融合造句。这样，素材就能为我所用，而不是被素材的庞杂内容牵着走。

3. 内涵对接

（7）段。提炼抗疫英雄"悲悯、奉献、担当"的精神特质，与素材《经典咏流传》第四季"英雄的本色"中的诗句——对接；

（10）段。提炼戍边英雄"挚爱、壮志、无畏"的精神特质，与素材《经典咏流传》第四季"英雄的本色"中的诗句——对接；

（13）段。提炼青年英雄"坚韧、奋进、热爱"的精神特质，与素材《经典咏流传》第四季"英雄的本色"中的诗句——对接。

4. 融合造句

（14）段。将"欣逢盛世当不负盛世"、昆仑高原戍边将士青春染绿边疆、"中国男儿"歌词这三个素材，分别与"当你学得累了""当你沉溺刷屏不能自拔了""当你想要放弃了"三个生活情境融合思考并造句，表达追这样的星如何"照亮"前行的路。

（15）段。将9号、10号、11号素材融合思考造句，三类英雄合称为"时代英雄"，凝练共同的精神特质："为天地立心，为生民立命，为万世开太平，为往圣继绝学";再通过排比反复,由"我"追这样的星进一步提升为"我们"追这样的星,在篇末深化点题。

**第 3 版**

## 循英雄足迹　承红色薪火

亲爱的同学们:

大家好!

(1) 不知大家是否听过? 2021 年,人民日报新媒体制作的"建党百年 MV",用歌曲《少年》的旋律改编了歌词:1921 壮丽篇章开启/自强不息一定能够创造奇迹/每次受挫都是一次收获/勇往直前是我的选择/昨日的成长都是印记/所有的成绩都值得被铭记……

(2) 是的,自从 1921 南湖红船起航红色梦想,开启壮丽篇章,百年间受过多少挫折? 创造多少奇迹? 刻下多少成长的印记? 又留下多少值得被铭记的故事? 今天,我想向同学们推介一处红色纪念场馆,叫作"泉州华侨革命历史博物馆",尤其是博物馆里的华侨将军叶飞专题展馆。因为,这个展馆在展示开国上将叶飞将军一生(1914—1999)的同时,也展示了中国共产党近百年的光辉岁月!

(3) 同学们,现在,就让我们循着这位英雄的足迹去研习那薪火燃烧的历程。

(4) 请跟我一起,来到我的家乡福建省泉州市南安市金淘镇占石村,在台阶前你抬头仰望,那白色大理石柱上两颗红色五角星中间就是红色大字"泉州华侨革命历史博物馆",在蓝天下格外醒目,更令人心生敬意。

(5) 华侨将军叶飞展馆共有九个专题。我特别想推介给你们第一个专题:"海外赤子　投身革命",这个时期的叶飞跟我们一样的年纪,却早已投身革命,志比金坚。让我们循着英雄的足迹,去体会一种叫作"坚守信仰"的精神。

(6) 当我们浏览五岁后从菲律宾返乡的叶飞就读的厦门港中山中学、厦门十三中(今厦门一中)照片,浏览过他学生时代榕树下读《新青年》《向导》的照片后,就会来到一个长廊:厦门思明监狱牢房的一角,牢房狭小局促一片灰黑,各种刑具就悬挂在墙壁两边,那些刑具长长短短,令人想看又不忍细看——那狱中曾经关押的是因团机关遭破坏而被捕的时任省委宣传部部长的叶飞,那刑具曾经凌虐的是一个 15 岁的少年,而那 500 多天的漫漫长夜对少年叶飞来说只不过是一场考验，心中信念丝毫未变！

（7）同学们，你们知道吗？当我在展区长廊看到这一幕，我就会联想起电视剧《觉醒年代》里记述 29 岁的共产党人陈延年宁死不跪被乱刀砍死的惨烈场景，心中涌起震悚和悲愤，又忍不住去探寻那个叫作"信仰"的词：生亦我所欲，所欲有甚于生者，故不为苟得也。死亦我所恶，所恶有甚于死者，故患有所不辟也。那么，什么是这些革命者的所欲？什么是这些革命者的所恶？答案也许就如刘仁堪烈士就义前用鲜血写下的"革命成功万岁"六个字，所欲者，革命成功也；所恶者，背叛革命也。这样的信仰，让无数的叶飞们和陈延年们能慷慨赴难慷慨赴死！

（8）同学们，我还特别想推介给你们第二个专题："创建苏区 南征北战"，这个时期的叶飞从领导闽东三年游击战争到领导新四军第 3 支队第 6 团东进抗日，转战南北。让我们循着英雄的足迹，去体会一种叫作"艰苦卓绝"的精神。

（9）来到这个展区，你会被一张京剧《沙家浜》的剧照所吸引，剧照中美丽智慧的"阿庆嫂"正智斗"刁德一"，唱着"垒起七星灶，铜壶煮三江"。同学们，如果你们问你的父母或身边的长辈是否知道京剧《沙家浜》，相信他们一定会给你确认的眼神。是的，当时的中国人都看过听过甚至唱过《沙家浜》。那么，这一出剧和叶飞将军有什么联系呢？

（10）可以说，叶飞，是《沙家浜》的历史导演。1939 年，受陈毅派遣，叶飞率"江抗义勇军"在常熟地区一带开辟抗日根据地。烧碉堡，炸桥梁，深入芦荡，军民同心，水上游击，从无到有，为新四军在长江三角洲创建了巩固的立足点。后来"江抗"奉命撤军，夏光和 30 多名伤病员留在阳澄湖，一边养伤一边继续发展了六个支队的抗日武装。《沙家浜》中郭建光的原型就是叶飞的作战处长夏光！同学们，这样一路追根溯源下来，你是否可以想象到无数将士经历了何等的惊心动魄、开天辟地与艰苦卓绝的斗争？而当我们回顾八年级下音乐课上欣赏京剧"智斗"片段时，如果把它和叶飞将军这个来自我们家乡的"历史导演"联系在一起，是不是会多一分兴趣多一分骄傲也更多一分深刻的体会呢？一次历史的回眸，就如一次精神的整队，承袭着这样的薪火，也许我们的前路才会更明晰！

（11）2020 年 8 月，深圳举行经济特区建立 40 周年庆典，这一天深圳人特别怀念一个人：深圳四十年，至今思袁庚。而这位"蛇口之父"，和这个创造奇迹的城市，与叶飞又有着怎样的联系呢？在此，我更要特别将展区的第五个专题"执掌交通　整顿改革"推介给同学们，让我们循着英雄的足迹，去体会一种叫作"再造奇迹"的精神。

（12）1978年，中央赴国外考察团同感国内发展经济之迫切，时任交通部部长的叶飞将61岁的正准备解甲归田的袁庚叫到跟前："愿不愿到香港招商局去打开局面？"于是袁庚到香港摸家底搞调研，将一份建议设立蛇口工业区的报告递交中央，1979年7月8日，蛇口工业区基础工程"开山第一炮"如同春雷炸响神州，从此移山填海，改天换地，"蛇口模式"载入史册！中国开启改革开放破冰之旅！我们的叶飞将军，正是这一奇迹工程的倡导者、组织者和奠基者！

（13）同学们，请再跟我一起离开展厅，来到博物馆前方广场，你会看见一棵大榕树，那正是叶飞小时候读书的地方，这棵树见证了叶飞80多年的光辉岁月。所以，如果你问我，为什么我要倾情推介泉州华侨革命历史博物馆华侨将军叶飞展馆？当我们一路追寻着叶飞将军的足迹，你们是否也看见了，叶飞将军一生的脚步，正铭刻着我们的祖国和党砥砺前行近百年的脚步？你们是否也看见了，那足迹里和脚步里就写着：坚守信仰、艰苦卓绝和再造奇迹？！

（14）同学们，当我们循英雄足迹一路，我们就会发现，其实，英雄从未走远，就在你唱的歌、你观的剧、你去过的某个城镇、你到过的某处场馆、你听说过的某所学校、你经过的某棵树中；而当我们承红色薪火一束，我们更会看见，野火就在远方，而远方就在我们琥珀色的眼中，我们更能精神如炬，去照亮前路。

**策略说明：**

这是一篇表达推介理由的作文。

借2021年4月泉州高三语文第四次质检作文题，根据笔者2020年12月参观该馆的经历和记录，以一位"初中生"的人设，为坐落于南安市金淘镇的泉州华侨革命历史博物馆之华侨将军叶飞专题展馆写成这篇推介文章。

**一、写作思路**

首先综合命题材料关键词拟题：《循英雄足迹，承红色薪火》。前半句体现研习纪念馆的路径；后半句体现研习中所领悟的精神；行文中呈现"为同学推介的交际语境"。

第一部分：

（1）（2）段。由建党百年MV《少年》改编歌词引出红色纪念场馆话题，表明推介的场馆及理由：叶飞博物馆同时也记录了党近百年的光辉岁月。

第二部分：

（3）—（12）段。选取博物馆三个专题进行推介，从三段历史时期"坚定信仰、艰苦卓绝和再创奇迹"的三种精神特质的角度，表明推介理由。

（5）—（7）段。推介第一个专题："海外赤子　投身革命"，循英雄足迹去体会"坚守信仰"的精神。

（8）—（10）段。推介第二个专题："创建苏区　南征北战"，循英雄足迹去体会"艰苦卓绝"的精神。

（11）（12）段。结合"深圳经济特区建立40周年"时代背景，推介第五个专题："执掌交通　整顿改革"，循英雄足迹去体会"再造奇迹"的精神。

第三部分：

（13）（14）段归结倾情推介的理由：铭刻脚步、铭刻精神。点题目"循英雄足迹，承红色薪火"的意义。


## 二、融合策略

融合造句

（2）段。将1号歌词素材与命题要求的研习主题"英雄从未走远，精神薪火相传"融合思考并造句，呈现推介内容和推介理由。

（6）（7）段。将展区中"刑具"细节，与"15岁的少年叶飞被捕入狱"背景素材，与4号素材《觉醒年代》陈延年"舍生取义"的情节，与5号素材刘仁堪烈士的就义血书等融合思考并造句，提炼"坚守信仰"的革命精神。

（9）（10）段。将展区中的《沙家浜》剧照细节，与6号素材"叶飞与《沙家浜》的历史渊源"，与7号素材统编音乐教材《沙家浜》"智斗"，融合思考并造句，提炼"艰苦卓绝"的革命精神。

（11）（12）段。将展区中的"执掌交通　整顿改革"主题内容，与8号素材深圳建立经济特区40周年，与9号素材"蛇口模式"等融合思考并造句，提炼"再创奇迹"的精神。

（13）（14）段。将展区中的"榕树"细节，与作文题目"循英雄足迹，承红色薪火"，与研习主题"英雄从未走远，精神薪火相传"，与10号素材舒婷诗句等融合造句，表达倾情推介的理由和意义。其中，"你唱的歌、你观的剧、你去过的某个城镇、你到过的某处场馆、你听说过的某所学校、你经过的某棵树"，与上文《少年》的歌、《觉醒年代》的剧、深圳与南安金淘的城镇、叶飞博物馆、叶飞就读过的原十三中今厦门一中、大榕树等一一对应，表现"英雄从未走远"的内容。

**2 号文本：《创造宣言》《祖国啊我亲爱的祖国》《土地的誓言》《沁园春·雪》《海燕》+12 个素材**

关联命题 4《最好的宣言》。

**一、择读文段**

择读说明：选择呈现奋斗宣言的人物故事或语言素材。

1.《创造宣言》：可改造为"奋斗宣言"；可仿用"有人说+举例反驳"式的写作思路

有人说：我是太无能了，不能创造，但是鲁钝的曾参传了孔子的道统。不识字的慧能，传了黄梅的教义。慧能说："下下人有上上智。"我们岂可以自暴自弃呀！可见无能也是借口。

有人说：山穷水尽，走投无路，陷入绝境，等死而已，不能创造。但是遭遇八十一难之玄奘，毕竟取得佛经；粮水断绝，众叛亲离之哥伦布，毕竟发现了美洲；冻饿病三重压迫下之莫扎特，毕竟写出了安魂曲。

所以：处处是创造之地，天天是创造之时，人人是创造之人，让我们至少走两步退一步，向着创造之路迈进吧。

创造之神！你回来呀！只要你肯回来，我们愿意把一切——我们的汗，我们的血，我们的心，我们的生命——都献给你！

2.《土地的誓言》：九一八"事变以后东北流亡青年的誓言

故乡有一种声音在召唤着我。她低低地呼唤着我的名字，声音是那样的急切，使我不得不回去。

当我记起故乡的时候，我便能看见那大地的深层，在翻滚着一种红熟的浆液，这声音便是从那里来的。在那亘古的地层里，有着一股燃烧的洪流，像我的心喷涌着血液一样。

没有人能够忘记她。我必定为她而战斗到底。土地，原野，我的家乡，你必须被解放！你必须站立！夜夜我听见马蹄奔驰的声音，草原的儿子在黎明的天边呼唤。我向那边注视着，注视着，直到天边破晓。我永不能忘记，因为我答应过她，我要回到她的身边，我答应过我一定会回去。为了她，我愿付出一切。我必须看见一个更美丽的故乡出现在我的面前——或者我的坟前。而我将用我的泪水，洗去她一切的污秽和耻辱。

3.《祖国啊我亲爱的祖国》：奉献给祖国的宣言

我是你簇新的理想/刚从神话的蛛网里挣脱/我是你雪被下古莲的胚芽/我是你挂着眼泪的笑涡/我是新刷出的雪白的起跑线/是绯红的黎明/正在喷薄/——祖国啊！/那就从我的血肉之躯上/去取得/你的富饶、你的荣光、你的自由。

4.《海燕》：奋斗者的宣言

这是勇敢的海燕，在怒吼的大海上，在闪电中间，高傲地飞翔；这是胜利的预言家在叫喊：——让暴风雨来得更猛烈些吧！

## 二、选择素材

1. 黄国平《致谢》：奋斗者的宣言

评价信息：附在博士论文后的这一封《致谢》信，是当代版《送东阳马生序》，媒体称赞"追着光，靠近光，成为光"，凭借努力拼搏改写自己的命运，成为励志典型。

身份信息：2014年进入中国科学院自动化研究所攻读博士研究生。

语言信息：我走了很远的路，吃了很多的苦，才将这份博士学位论文送到你的面前。

背景信息：十七岁，父亲因交通事故离世，同年，婆婆病故，老狗小花不知所踪；启蒙老师邱浩，照顾有加的师母离世。

语言信息：每次回去看他们，这一座座坟茔都提示着生命的每一分钟都弥足珍贵。

细节信息一：贫穷则可能让人失去希望。家徒四壁，在煤油灯下写作业或者读书都是晚上最开心的事。如果下雨，保留节目就是用竹笋壳塞瓦缝防漏雨。高中之前的主要经济来源是夜里抓黄鳝、周末钓鱼、养小猪崽和出租水牛。那些年里，方圆十千米的水田和小河都被我用脚测量过无数次。被狗和蛇追，半夜落水，因蓄电瓶进水而摸黑逃回家中。

细节信息二：人后的苦尚且还能克服，人前的尊严却无比脆弱。上课的时候，因拖欠学费而经常被老师叫出教室约谈。雨天湿漉着上课，屁股后面说不定还是泥。夏天光着脚走在滚烫的路上。冬天穿着破旧衣服打着寒颤穿过那条长长的过道领作业本。

语言信息：我也记不清有多少次因为现实的压力而觉得快扛不下去了。这一路，信念很简单，把书念下去，然后走出去，不枉活一世。

理想不伟大，只愿年过半百，归来仍是少年，希望还有机会重新认识这个世界，不辜负这一生吃过的苦。最后如果还能做出点让别人生活更美好的事，那这辈子就赚了。

2. 中国女足：铿锵玫瑰铿锵宣言

数据信息：2021 年 4 月 13 日，中国女足苦战 120 分钟，历经 0∶2 落后，1∶2 获得机会，到 2∶2 追平，总比分 4∶3 淘汰了韩国女足，获得东京奥运会入场券，历史上第六次"杀"进奥运会！

语言信息："即使在场上，把这条命豁出去，拼在场上我们都要把这个球保住！"王霜；"我们的努力和付出都得到了回报，在困境中重生，顽强不放弃的团队精神感动所有，一切都是值得的！"娄佳慧。

中国女足官方发布："晋级之路，感谢有你；征战东京，继续相伴！"

王霜："女足备战过程很辛苦，几乎每天的跑动距离都在一万米以上。也正是因为有这么出色的体能，才能在加时赛中冲垮对手。"

评价信息：我们看到了有一种精神叫中国女足，有一种希望叫铿锵玫瑰。

3. 《觉醒年代》：青春宣言

长城之上，李大钊陈独秀带领进步学生高声朗诵《青春》："吾愿吾亲爱之青年，进前而勿顾后，背黑暗而向光明，为世界进文明，为人类造幸福，以青春之我，创建青春之家庭，青春之国家，青春之民族，青春之人类，青春之地球，青春之宇宙……

4. 《经典咏流传》

岁月新，时节新，脚步新，在通往幸福的路上，我们都是追梦人，"东方欲晓，莫道君行早，踏遍青山人未老，风景这边独好。"

真正的英雄，他们有"遥知百战胜，定扫鬼方还"的决绝；他们有"谓我不愧君，青鸟明丹心"的赤诚；他们有"驰驱一世豪杰，相与济时艰"的担当；他们有"衣沾不足惜，但使愿无违"的执着；他们有"封侯非我意，但愿海波平"的纯粹。

月缺不改光，剑折不改刚，有志向的人，自信自强；

君子量不及，胸吞百川流，有志向的人，心有远方；

愿君学长松，慎勿作桃李，新时代，新舞台，让我们共矜然诺心，各负纵横志。

5. 人民日报《把青春融进祖国的江河》：青春宣言

细节信息："我还是从前那个少年，没有一丝丝改变，时间只不过是考验，种在心中信念丝毫未减……"前段时间，一群银发老人合唱这首《少年》的视频在网络热传。他们系着领结、挽起袖子，在舞台上欢快地开唱，台下的年轻观众热泪盈眶、起立鼓掌。

数据信息：这些老人来自清华大学上海校友会自发组建的艺术团，平均年龄已达74.5岁。

背景信息：他们当中，有矢志"造飞机"的设计者，一干就是一辈子；有毕业后赶赴核试验基地的伉俪，"干惊天动地事，做隐姓埋名人"。校园中，他们是志存高远的学子，在教室、实验室刻苦钻研；工作中，他们是奋发图强的劳动者，在平凡的岗位上孜孜以求。

语言信息：在征服宇宙的大军里，那默默奉献的就是我；在辉煌事业的长河里，那永远奔腾的就是我。不需要你认识我，不渴望你知道我，我把青春融进祖国的江河。

评价信息："少年气"无关年龄、无关境遇，只要心中有爱、热烈生长，平凡的岗位上也能做出不平凡的业绩，平淡的生活中也能活出不平淡的滋味。

"红日初升，其道大光；河出伏流，一泻汪洋……美哉我少年中国，与天不老！壮哉我中国少年，与国无疆！"《少年中国说》里的蓬勃朝气，属于每一个志不变、心不老的人。只要"种在心中信念丝毫未减"，我们就能走遍万水千山，心态永远年轻。

6. 人民日报新媒体建党百年MV《少年》：不忘初心的宣言

1921壮丽篇章开启/自强不息一定能够创造奇迹/每次受挫都是一次收获/勇往直前是我的选择/昨日的成长都是印记/所有的成绩都值得被铭记/未来在即梦想一定可期/乘风破浪 我们在一起/我还是从前那个少年/初心从未有改变/百年只不过是考验/美好生活 目标不断实现/这个世纪少年/使命永远放心间/面前再多艰险不退却……

7. 2021年《辛丑年》特种邮票：奋斗宣言

公牛目光炽烈，昂首望远，四蹄腾起时，全身肌肉绷紧，鬃尾飞扬，如风，如电，呈现出昂扬奔腾、雄健有力的美。这枚邮票名为"奋发图强"。

8. 王蒙《青春万岁》：青春宣言

所有的日子/所有的日子都来吧/让我编织你们/用青春的金线/和幸福的璎珞/编织你们！

9. 红船精神：党的宣言

1921年7月底的一天，南湖浩渺烟波上，停泊一艘单夹弄中型画舫，舫中十多位外地青年从中午11时开会直到傍晚6时。他们在小船上庄严宣告了中国共产党的诞生。面对满天风雨阴霾，会议闭幕时他们轻呼出时代的强音：共产党万岁！世界劳工万岁！第三国际万岁！共产主义万岁！一湖烟波无声，有幸见证阴霾中"开天辟地大事变"。红船，成为中国革命源头的象征，是中国共产党的"母亲船"。"红船精神"是教育当代中国共产党人的无价瑰宝。

10. 《人民日报》"丧文化"：丧者的宣言、心理、危害

现象信息："我差不多是个废人了""其实并不是很想活""漫无目的地颓废""什么都不想干""躺尸到死亡""颓废到忧伤""丧""佛系""人间不值得"成为一些90后和00后的口头禅。前进的路太过迷茫太过曲折，我们洞悉并受困于自身无能。孤独感、渺小感、无力感齐来，既然如此，就让我们躺一躺，就这样躺尸到死亡。"丧文化"是青年群体在网络上、生活中表达或表现出的带有颓废、绝望、悲观等情绪和色彩的语言、文字或图画。

分析信息：一些青年人持有"丧"的态度，有时只是为了营造一种自我形象。"让大家心疼一下自己"，为了引起特定人的关注。

"我都已经认怂，你还要说我怂吗？"这样一种以退为进的防御姿态看似能够避免伤害，但也容易落入得过且过、玩世不恭的陷阱。因为消极的心理暗示一旦形成，会对决心和勇气产生巨大挫伤。

很难想象，一个整天喊着"生活不止眼前的苟且，还有远方的苟且"的人在遇到困难的时候不会轻易放弃；很难想象，一个整天叫着"比你优秀的人还在努力，你努力还有什么用"的人还能点灯熬油加班学习。从"丧"到堕落，看似相距甚远，但每一次的下滑，也就在选择坚持或放弃的犹豫瞬间。

"感觉身体被掏空/不要加班不要加班不要加班/我累得像条狗"互联网时代，各类"丧状态""丧表达"，会因找到共情的同伴或得到亲友的宽容而使青少年在"不自知"的状态下沉浸在温暖的舒适区里，一旦失控，负能量爆棚。"丧文化"所表现出来的"习得性无助"和"自我反讽"只能作为暂时的安慰剂而不是前进的发动机。丧，是人生的小插曲，奋斗才是生命的主旋律。

11. 人民日报《在奋斗中定义时间》：奋斗宣言

时间是万事万物存在的刻度。1秒钟，电影放映24帧画面，猎豹在草原上飞奔28米，蜂鸟振动翅膀55次；1分钟，登山队员攀登珠峰顶峰58.3厘米，"复兴号"前进5833米，6000万元的货物完成进出口。

12. 表胸怀、表决心、表斗志的宣言

李白《赠裴十四》：黄河落天走东海，万里写入胸怀间；

《尚书》：功崇惟志，业广惟勤；

《周易》天行健，君子以自强不息。

### 三、读写融合

聚焦"思"的主题，关联命题4《最好的宣言》演讲稿写作。

**第1版**

写作思路：提出"我的宣言"——第一层，体现这是"时代的宣言"；结合一个视频解读——第二层，体现这是"奋斗的宣言"，结合一首诗、一幅画解读——第三层，体现这是"青春的宣言"，结合青春的三个困惑解读——归结这是最好的宣言。

**最好的宣言**

亲爱的同学们：

你们好！

（1）同学们，我想告诉你们，在第102个五四青年节到来之时，我想起了热播电视剧《觉醒年代》里的一个镜头：那一天，李大钊陈独秀带领后辈们登长城，这些参加五四爱国运动的进步青年立于蜿蜒绵亘的长城烽台，齐声高诵："以青春之我，创建青春之家庭，青春之国家，青春之民族，青春之人类，青春之地球，青春之宇宙……"当年，那一声青春的宣言，那一个时代最美的声音，穿过广袤的崇山峻岭，穿透百年的时光，来到今天，火传穷薪，生生不息！

（2）所以，今天的我，要和大家分享我的宣言。我的宣言是青春的宣言，是奋斗的宣言，愿，也是我呈给这个时代最好的宣言，请听：世纪少年，使命如山！深耕细作，奋蹄扬鞭！不畏难不惧苦不懈怠！再坚持再拼搏再奋斗！梦想必胜，青春必胜！

1. 将《觉醒年代》里的宣言，与题目"最美的宣言"，与本文的情境"在五四青年节分享宣言"三者融合思考造句，点题。

2. 先构思好全文的主题，再设计宣言的内容。根据命题材料要求，这份宣言有以下特点：是青春的、奋斗的、时代的，所以也是"最好的"宣言。

要体现时代特点，就要把个人的小奋斗与时代的大担当结合（世纪少年，使命如山）；再把"牛"年和"老黄牛"的奋蹄扬鞭结合，体现时代的奋斗

（深耕细作，奋蹄扬鞭）；再从当前中学生的困境和现状入笔，去表现如何做到青春有梦无悔奋斗（"三不"与"三再"）。将这些元素融合思考打造宣言的内容。

（3）为什么宣言的首句是"世纪少年，使命如山"？同学们，请让我们一起观看一个视频：人民日报新媒体制作的"建党百年MV《少年》"。

（4）听，五四爱国运动的场景里，一低沉急促男声传出：中国积弱，在今天已到了不可收拾的地步！堂堂华夏，不齿于列邦被轻于异族，中国岂能不思革命？！一深沉殷切女声响起：愿你们永葆这份朝气，中国的未来，拜托了！话音刚落，一曲熟悉的《少年》旋律响起，歌词变换了模样：我还是从前那个少年/初心从未有改变/百年只不过是考验/美好生活目标不断实现/这个世纪少年/使命永远放心间/面前再多艰险不退却……

（5）看，南昌起义第一枪、飞夺泸定桥、长征胜利会师、共和国成立、奥运夺冠、探月问天、抗疫战斗……当一幅幅画面一一掠过，同学们，你们是否也和我一样，关于祖国一路走来的一切熟悉的记忆一一被唤起？而那一句"中国的未来，拜托了！"是否会让你瞬间承接了一份"肩挑重担背负使命"的嘱托？

（6）于是，我以一句"世纪少年，使命如山"，呈上了一份"黄河落天走东海，万里写入胸怀间"的襟怀，更呈上了一份"驰驱一世豪杰，相与济时艰"的担当！这是从我心底发出的给予这个时代的最好的宣言！

如何"把泛泛讲道理变为生动讲故事"？

（4）（5）段：引入视频素材，分层推出素材中体现"时代使命"的元素，表达体验；

（6）段：将"宣言"内容，与内涵对接的诗句内容，与题目关键词"时代、最好、宣言"，从"襟怀与担当"的角度，融合思考造句，段中金句点题。

（7）为什么宣言里有埋头"深耕细作"，也有抬首"奋蹄扬鞭"？同学们，请让我们一起走进一首诗、一幅画。

（8）你知道吗？当我们说"青春很贵，不能浪费"的时候，诗人臧克家是这样写《咏牛诗》的：块块荒田水和泥，深耕细作走东西。老牛亦解韶光贵，不待扬鞭自奋蹄。你是否想过，诗中的牛是一头"老黄牛"，一个"深"字，可见它并不计较自己年老体弱，依然用尽全力；一个"细"字，可见它并不在意自己辈高年长，依然"一丝不苟"；而"不用扬鞭自奋蹄"的潜台词又是什么呢？也许就是："主人在与不在又如何？我自有田耕，我自有路走，我本当自强！"

（9）让我们再一起来看一张 2021 年春节发行的一张《辛丑年》特种邮票：画面中，公牛目光炽烈，昂首望远，四蹄腾起，全身肌肉绷紧，鬃尾飞扬，如风，如电，呈现出昂扬奔腾、雄健有力的美。这枚邮票名为"奋发图强"。

（10）同学们，读着这样的诗，品着这样的图画，来到牛年的我们，如果要发表青春的宣言，是否可以这样说：块块荒田书和题，深耕细作争朝夕。牛年当知韶光贵，不待扬鞭自奋蹄?! 于是，我以一句"深耕细作，奋蹄扬鞭"，呈上了一份"功崇惟志，业广惟勤"的决心，更呈上了一份"天行健，君子以自强不息"的斗志！这是从我心底发出的给予青春的最好的宣言！

（8）（9）段：引入一首诗、一幅画，分别描写诗画中体现"牛年奋斗"的元素，表达对话和体验；

（10）段：将"宣言"内容，与内涵对接的诗句内容，与题目关键词"时代、青春、最好、宣言"，从"决心与斗志"的角度融合思考造句，成为段中点题金句。

（11）为什么宣言里特意呈现"三不"和"三再"呢？让我们一起听听这样的声音：

（12）有同学说：我太落后了，坚持能有望？落后？你看看 4 月 13 日的中国女足，都 0 : 2 落后了还苦战不放弃，坚持到最后一刻 4 : 3 "绝杀"进东京奥运会！

（13）有同学说：学习太苦了，拼搏又如何？太苦？你苦得过 12 岁失母 17 岁失父、每天煤油灯下读书、靠自己周末抓鱼出租水牛赚学费、冬天穿破衣服众目睽睽之下走过教室长廊的黄国平吗？他硬是"把书念下去"一路拼搏拼成中科大的博士生了！

（14）有同学说：且玩会吧，明日再奋斗。明日？你可知 1 秒钟，电影放映 24 帧画面，猎豹在草原上飞奔 28 米，蜂鸟振动翅膀 55 次；你可知 1 分钟，登山队员攀登珠峰顶峰 58.3 厘米，"复兴号"前进 5833 米，6000 万元的货物完成进出口。你不在奋斗中定义时间，你要在懈怠中耗损青春？

（15）于是，我以一句"不畏难不惧苦不懈怠！再坚持再拼搏再奋斗"，呈上了一份"月缺不改光，剑折不改刚"的坚持，更呈上了一份"东方欲晓，莫道君行早"的勤勉！这是从我心底发出的给予青春的最好的宣言！

（12）—（14）段：仿课文《创造宣言》"分别提出有人说+分别以事例反驳"式的思路，"分别提出有同学说+分别以事例或数据反驳"；

（15）段：将"宣言"内容，与内涵对接的诗句内容，与题目关键词"时代、青春、最好、宣言"，从"坚持与勤勉"的角度融合思考造句，段中金句点题。

（16）同学们，我们都是青春洋溢的年轻人，让我们在"五四"这个特别的日子里，一起发出最好的宣言：青春之神！让我们拥抱你！我们愿意把一切——我们的汗，我们的血，我们的心，我们的生命——都献给你！在这个新时代里，在这个新舞台上，让我们共矜然诺心，各负纵横志！梦想必胜！青春必胜！

我的演讲到此结束，谢谢大家！

（16）段。此段有两个素材。一、课文《创造宣言》的宣言"让我们拥抱你！我们愿意把一切——我们的汗，我们的血，我们的心，我们的生命——都献给你"，把文中的"创造之神"依据本文内容特点改成了"奋斗之神"；二、《经典咏流传》中引用唐代虞世南《结客少年场行》的句子"共矜然诺心，各负纵横志"，在本文的文末表达少年人看重相互立下的承诺、立下的宣言，然后各负凌云之志。

将以上两个素材，与命题材料句"我们都是青春洋溢的年轻人"，与"五四青年节"语境，与我的宣言内容，全部融合思考并造句，在文本深化点题。

**第 2 版**

## 最好的宣言

### 代替第 1 版（1）（2）段

亲爱的同学们：

你们好！

同学们，你们还记得吗？

1919 年，北京高校 3000 多名学生在天安门前举行集会和游行示威，发出宣言："誓死力争，还我青岛""外争主权，内除国贼""宁肯玉碎，勿为瓦全！"——那是爱国青年为觉醒年代呐喊的最美的宣言；

1936 年，红军东征，东渡黄河，对日作战，毛泽东发出宣言，"俱往矣，数风流人物，还看今朝！"——那是领袖毛泽东为革命书写的最美的宣言；

1979 年，站在历史与现实的路口，诗人舒婷发出宣言："那就从我的血肉之躯上／去取得／你的富饶、你的荣光、你的自由／祖国啊！"，那是诗人代表时代为祖国母亲呈上的最美的宣言。

当年，那一声声青春的宣言，那一个个时代最美的声音，穿过广袤的崇山峻岭，穿透百年的时光，来到今天，火传穷薪，生生不息！

所以，今天的我，要和大家分享我的宣言。我的宣言是青春的宣言，是奋斗的宣言，愿，也是我呈给这个时代最好的宣言，请听：世纪少年，使命如山！深耕细作，奋蹄扬鞭！不畏难不惧苦不懈怠！再坚持再拼搏再奋斗！梦想必胜，青春必胜！

**策略说明：**

第 1 版：1 个《觉醒年代》中的宣言引出"我"的 1 个宣言；

第 2 版：3 个素材中的宣言引出"我"的 1 个宣言。

聚焦"宣言"，选取三个时代的三个宣言，从"时代的、革命的、祖国的"角度表现"最美"的特质。素材运用原则一，大家熟悉的，不写或简写。如五四运动的时代背景等。原则二，能体现主题和核心内容的，详细写。原则三，引用素材后要紧扣关键词表达"我"的思考和感悟。

### 代替第 1 版 （12）（13）段

有同学说：我太难了，坚持能有望？太难？1921 年，中共一大召开，第一批共产党人宣言"共产主义万岁"的时候，一南湖一红船十几人而已！面对满天风雨阴霾，难吗？坚持有望吗？从石库门到天安门，从兴业路到复兴路，从50 多人到 9000 多万人，如今已站在"两个一百年"的历史交汇点！当年的红船已成为中国共产党的"母亲船"！

有同学说：学习太苦了，拼搏又如何？太苦？你苦得过冻饿病三重压迫下之莫扎特吗？他写出了安魂曲，他 35 年的生命里很拼地创作了 600 多个作品，给世界留下永恒。你苦得过每天跑动距离都在一万米以上的中国女足吗？她们同韩国女足拼到最后一刻 4：3"绝杀"进了东京奥运会！

**策略说明：内涵对接**

1. 聚焦"难"和"坚持"，将"红船"素材中与"难"对接的信息提取出来，再将素材中因"坚持"而呈现的变化信息提取出来，表现"坚持"的意义。

2. 聚焦"苦"和"拼搏"，分别提取《创造宣言》中莫扎特的素材、女足杀进奥运会的素材中与"苦"对接的内容，与"拼"对接的内容进行表达，表现"拼"的意义。

### 代替第 1 版（16）段

同学们，我们都是青春洋溢的年轻人，让我们在"五四"这个特别的日子里，一起发出最好的宣言：所有的日子/所有的日子都来吧/让我编织你们/用青春的金线/和奋斗的璎珞/编织你们！在这个新时代里，在这个新舞台上，让我们共矜然诺心，各负纵横志！梦想必胜！青春必胜！

**策略说明：融合造句**

1. 将第 1 版中课文《创造宣言》的宣言内容改为王蒙《青春万岁》的宣言内容。其中，"用青春的金线/和幸福的璎珞"依据本文内容特点改成了"用青春的金线/和奋斗的璎珞"；

2. 将素材《青春万岁》，与《经典咏流传》中的诗句，与命题材料句"我们都是青春洋溢的年轻人"，与"五四青年节"语境，与我的宣言内容，全部融合思考并造句，在文本深化点题。

### 第 3 版

## 最好的宣言

### 替代第 1 版（1）（2）段

亲爱的同学们：

你们好！

同学们，在表达我的宣言之前，我想先和你们分享三个最美的宣言。

你听，长城之上，一群年轻人正齐声高诵："进前而勿顾后，背黑暗而向光明，为世界进文明，为人类造幸福。以青春之我，创建青春之家庭，青春之国家，青春之民族，青春之人类，青春之地球，青春之宇宙……"这是五四爱国运动进步青年呈给时代最美的宣言；

你听，流亡之中，一个青年悲愤呐喊："为了她，我愿付出一切。我必须看见一个更美丽的故乡出现在我的面前——或者我的坟前。而我将用我的泪水，洗去她一切的污秽和耻辱！"这是"九一八"事变以后东北流亡青年端木蕻良呈给土地最美的宣言；

你再听，在怒吼的大海上，在闪电中间，海燕像胜利的预言家在叫喊："让暴风雨来得更猛烈些吧！"这一声叫喊从此成为勇敢的战斗者和奋斗者呈给每一个时代的最美的宣言！

**策略说明：融合造句**

将素材11《觉醒年代》中的青春宣言，与题目关键词"时代、青春、最美、宣言"融合思考并造句；

将素材3《土地的誓言》中的救国宣言，与题目关键词"时代、青春、最美、宣言"融合思考并造句；

将素材5《海燕》中的战斗宣言，与题目关键词"时代、青春、最美、宣言"融合思考并造句；

将以上三个素材，分别放进"你听+情境+宣言内容+这是最美的宣言"的句式中，形成排比段，层层点题。

### 代替第1版（12）（13）（14）段

有同学说：青春苦短，及时行乐，平凡也幸福，何须坚守何必太拼又何苦奋斗？且住，你说的是平凡还是平庸？你可知什么是真正的"平凡"？2021年央视网络春晚上，来自清华大学上海校友会平均年龄74.5岁的一群银发老人，系着领结、挽起袖子，在舞台上欢快地合唱《少年》的样子看哭无数网友。你知道吗？他们当中，有矢志"造飞机"的设计者，一干就是一辈子；有毕业后赶赴核试验基地的伉俪，在平凡的岗位上孜孜以求……"不需要你认识我，不渴望你知道我，我把青春融进祖国的江河"，这就是他们的宣言！干惊天动地事，却做隐姓埋名人，在这样的"平凡"面前，你能确定你说的是"平凡"不是"平庸"？你能确定身为少年的你，你所谓的"不守不拼不奋斗"，比起那一群"心中有爱、热烈生长"的银发老人来说，更有"少年气"？！

**策略说明：**

把"三不"与"三再"的宣言内容三合为一，先集中呈现当下中学生的一种不思进取、甘于平庸的心理现象，再用素材10充满"少年气"的清华老人的事例进行反驳，辨析平凡与平庸的不同，辨析身为少年而未必有"少年气"的现实。

### 代替第1版（16）段

同学们，我们都是青春洋溢的年轻人，让我们在"五四"这个特别的日子里，一起发出最好的宣言："红日初升，其道大光；河出伏流，一泻汪洋……美哉我少年中国，与天不老！壮哉我中国少年，与国无疆！"在这个新时代里，在这个新舞台上，让我们共矜然诺心，各负纵横志！梦想必胜！青春必胜！

**策略说明：融合造句**

1. 将第 1 版中课文《创造宣言》的宣言内容改为梁启超《少年中国说》的宣言内容。

2. 将素材《少年中国说》，与《经典咏流传》中的诗句，与命题材料句"我们都是青春洋溢的年轻人"，与"五四青年节"语境，与我的宣言内容，全部融合思考并造句，在文本深化点题。

**3 号文本：《走一步，再走一步》《美丽的颜色》+9 个素材**
关联命题 5《奋斗与成功》。

**一、择读文段**

择读说明：体现从奋斗到成功的人与事，表达奋斗与成功关系的言论。

1.《走一步，再走一步》：奋斗，是一步一个脚印，向成功靠近

2.《美丽的颜色》：成功呼唤奋斗；镭的美丽的颜色召唤奋斗的勇气

**二、选择素材**

1. 中国女足：大奋斗赢得大写的成功；成功的渴望召唤奋斗的力量

背景信息：4 月 13 日中国女足以 4 比 3 的成绩成功击败韩国队晋级东京奥运会。

数据信息：韩国女足主要败在体能方面。论体能的话，中国女足绝对占优势的。她们在备战的时候，每天都是上万米的跑步训练，120 分钟的比赛真的不算啥，之前训练时 150 分钟都踢过，最多一场跑了 1.7 万米。

语言信息："女版 C 罗"王霜：中国女足从来没有放弃，即使上半场以 0 比 2 的成绩落后，但是我们坚信比分一定会扳回来，就算是跑动也要冲垮她们。

细节信息：中国球迷赛后万人合唱《怒放的生命》，现场燃爆。

2. 人民日报时评：奋斗诠释拼搏之美、开拓之美、奉献之美、时代之美

在云南丽江，华坪女中校长张桂梅致力于"把大山女孩送进大学"，自觉担负起立德树人的光荣使命。在江西寻乌，一名名"农民网红"借助互联网，让脐橙、百香果、猕猴桃走向全国各地、走进千家万户……一个个执着坚定的奋斗身影，诠释着拼搏之美、开拓之美、奉献之美、时代之美，给人以前行的信

心和力量。

3. 2021年新年贺词：民族的奋斗构筑起守护生命的铜墙铁壁

无数人以生命赴使命、用挚爱护苍生，将涓滴之力汇聚成磅礴伟力，构筑起守护生命的铜墙铁壁。一个个义无反顾的身影，一次次心手相连的接力，一幕幕感人至深的场景，生动展示了伟大抗疫精神。

艰难方显勇毅，磨砺始得玉成。

征途漫漫，惟有奋斗。我们通过奋斗，披荆斩棘，走过了万水千山。我们还要继续奋斗，勇往直前，创造更加灿烂的辉煌！

4. "落日余晖"照片

5. 2021年春节《辛丑年》特种邮票

6. 《夜空中最亮的星》：成功在远方召唤奋斗，如夜空中最亮的星

7. 臧克家：《老黄牛》

8. 人民日报《谱写新时代的青春之歌》

曾经有人说，"90后""00后"是娇滴滴的一代，是"长不大的孩子"，但广大青年用行动证明，新时代的中国青年是好样的，是堪当大任的！开山岛上的年轻人接过守岛接力棒，用青春奋斗续写爱国奉献的崭新篇章；扎根农村的扶贫干部把"办公室"搬到田间地头，用坚定脚步丈量脱贫攻坚之路；在故宫博物院深耕的年轻人，以匠心独运的创造，让古老的紫禁城焕发新的活力……各行各业的青年把理想和抱负熔铸于脚踏实地的奋斗，实现了自己的人生价值，也为国家发展和社会进步不断注入正能量。

9. 人民日报《奋楫扬帆正当时》

北斗全球组网，"九章"横空出世，嫦娥五号飞天揽月，"奋斗者"号勇闯深海，神州大地处处生长着新成就、激荡着新气象。

### 三、读写融合

聚焦"思"的主题，关联命题5《奋斗与成功》发言稿写作。

**第1版**

### 奋斗与成功

尊敬的班主任、亲爱的同学们：

（1）下午好！我分享发言的题目是《奋斗与成功》。中考季的第一次月考，

我进入了英语学科前五。老师和同学们推荐我上来分享学习心得，作为英语学科逆袭者，我如何理解奋斗与成功的关系呢？我确实有很多心里话想对大家说。

**策略说明：**

融合造句。根据清单各要素：主题班会、分享发言、主题关键词"奋斗与成功"、我的人设"英语逆袭生"，将以上要素融合思考造句。点题句以问句出现"如何理解奋斗与成功的关系呢"，引出下文发言内容。

（2）我分享发言的题目是《奋斗与成功》。总书记曾说：<u>征途漫漫，惟有奋斗</u>。对于这句话，我有着自己别样的理解。现在，<u>请允许我分享我的第一层理解：只有奋斗，才能走过万水千山，到达成功的远方</u>。

（3）大家都知道，上学期末的统考，我的学习成绩排名下滑到中游，语数英全面战败，尤其是英语！那一段日子，我心中常常感到"凉凉"无比！一时之间欠下这么多的学习之"债"，我何年何月才还得清呢？可是还不清也得还啊，否则本金加上利息，到中考就更"还不起"更"伤不起"了！

（4）这一身的"债"怎么还呢？中考路上的万水千山怎么走过去呢？我不能假装很努力，因为结果不会陪你演戏，我只能制定奋斗的目标和奋斗的计划然后一步一步往前走，才能向成功一步步靠近。

（5）"伤其十指不如断其一指"。痛定思痛之后，我决定，从败得最惨欠账最多的英语科开始补债。于是，我定下目标：新学期第一次质检英语成绩争取进步10名，然后，在保证其他科目正常运行的基础上，我点下奋斗的播放键，向成功一点点靠近。

（6）每天，作业依然那么多，小测依然那么多，旧账未还，新账又添，我精心地捡取一个个碎片时间，专攻英语：

（7）走一步，完成第一个小目标，拿下单词！于是我捡拾提前起床的早晨半小时，天还暗着的时候，我已在家中轻声背单词，新的旧的，各来几遍，和着初春的寒气，日复一日，向成功靠近；

（8）再走一步，完成第二个小目标，拿下语法！于是我捡拾课间十分钟，同学们打闹的时候，我正对着借来的笔记一点点核对和补漏，新的旧的，修修补补，和着一片喧哗和嘈杂声，日复一日，向成功靠近；

（9）再走一步，完成第三个小目标，拿下句型！于是我捡拾睡前二十分钟，疲倦袭来的时候，我就着几张试卷努力寻找反复出现的句型，新的旧的，边抄边记，和着入窗的月色与床前的灯光，日复一日，向成功靠近。

（10）就这样，踩着坚实的脚步，我一点点地向成功靠近，这次月考英语排名终于上了"琅琊榜"了！今天在这里与大家分享，我对自己走过的这段漫漫长路依然感到惊讶和骄傲！

**策略说明：**

1. 分层写事。紧扣第一层理解"只有奋斗，才能走过万水千山，到达成功的远方"，将奋斗的过程分解为三个"一小步"。详细具体地描写"一步步走向成功"的过程，突出主题。

2. 内涵对接。将我一步步提高英语成绩的过程细化为三层，一层从触觉角度、二层从听觉角度、三层从视觉角度进行情境描写。每层情境不同、角度不同，难度递进；根据每层的内涵和进度，分别与"走一步、再走一步"对接，将"用奋斗向成功靠近"化为具体可感的过程。

（11）也许有的同学会嘀咕，难道这期间你就没有过想偷懒或放弃的时候吗？是的，我也是普通人，我也的确有"熬"不下去的时候，也正因为我"熬"过去了，所以对于"征途漫漫，惟有奋斗"这句话，我想分享我的第二层理解：让成功的渴望，穿越千山万水而来，成为召唤自己坚持奋斗的力量。

（12）正像那首歌所唱：每当我找不到存在的意义/每当我迷失在黑夜里/夜空中最亮的星/请指引我靠近你。是啊，同学们，我们奋斗的力量来自何方？是来自你对成功的渴望，那份渴望会长成夜空中最亮的星，指引着我们在奋斗的道路上坚定地走下去。

**策略说明：**

融合造句。将歌词的内容，与"成功的渴望召唤奋斗的力量"的这层内涵融合思考并造句，段中点题。

（13）同学们，你看见了吗？4月13日，王霜带领中国女足在上半场以0比2落后的战况下依然不懈拼搏，以4比3的成绩成功击败韩国队晋级东京奥运会。当你看见王霜比着C罗一样胜利的姿势在球场上兴奋地幸福地奔跑的时候，当你看见中国球迷赛后万人合唱着《怒放的生命》的时候，你怎能不泪流满面？你怎能不在心中燃起对成功的渴望？"我们从来没有放弃，我们坚信比分一定会扳回来！"对成功的渴望化为心中必胜的信念，召唤着女足姑娘们释放无穷的斗志和巨大的力量！

**策略说明：**

融合造句。将女足的素材，与"成功的渴望召唤奋斗的力量"的这层内涵融合思考并造句，段中点题。

（14）同学们，你们知道吗？2021年春节前夕，一张《辛丑年》特种邮票发行，邮票上是一只公牛：目光炽烈，昂首望远，四蹄腾起时，全身肌肉绷紧，鬃尾飞扬，如风，如电，呈现出昂扬奔腾、雄健有力的美。这枚邮票名为"奋发图强"。征途漫漫，惟有奋斗。愿我们在这个中考季里，用一个成功的信念召唤自己奋斗的力量，像邮票中那头奋发图强的公牛一样，深耕细作争朝夕，不待扬鞭自奋蹄；愿我们用坚实的奋斗去走过万水千山，到达成功的远方；愿我们用一个个执着坚定的奋斗身影，去诠释青春的拼搏之美、开拓之美、奉献之美、时代之美！

（15）我的发言到此结束，谢谢大家！

**策略说明：**

融合造句。将特种邮票的素材，与《老黄牛》的诗句，与"征途漫漫，惟有奋斗"的两层内涵融合思考并造句，篇末深化点题。

**第2版**

### 替代第1版（13）（14）段

同学们，你们还记得《美丽的颜色》中的居里夫妇吗？没有钱，没有实验室，没有助手，没有财力物力与人力；长年住在简陋棚屋，每天搬运容器，移注溶液，连续几小时搅动熔化锅里沸腾着的材料；工作日变成工作月，工作月变成工作年！是什么支撑着他们不懈地奋斗？是"镭"的美丽的颜色！是那悬在夜的黑暗中的蓝色光！对成功的渴望化为心中必胜的信念，召唤着居里夫妇释放无穷的斗志和巨大的力量，带他们渡过千山万水，奋斗不息！

同学们，曾经有人说，"90后""00后"是娇滴滴的一代，是"长不大的孩子"，但是我们分明看见了，开山岛上的年轻人接过守岛接力棒，用青春奋斗续写爱国奉献的崭新篇章；我们分明看见了，扎根农村的扶贫青年干部把"办公室"搬到田间地头，用奋斗的脚步丈量脱贫攻坚之路；我们分明看见了，在故宫博物院深耕的年轻人，匠心独运的奋斗与创造让古老的紫禁城焕发新的活力……这一切，都让我们见证了，经历青春的奋斗，我们才能走过万水千山，到达成功的远方；

同样的，我们"90后""00后"又何其有幸，已然生活在这样一个盛世华年！你看，北斗全球组网，"九章"横空出世，嫦娥五号飞天揽月，"奋斗者"号勇闯深海，天问一号着陆火星，华为领跑5G发布鸿蒙操作系统，你是否一次次地被那些"成功的花儿"惊艳了时光？这一切，<u>都化为成功的一种渴望，穿越千山万水而来，告诉我们奋楫扬帆正当时，召唤我们燃烧奋斗的力量</u>！

征途漫漫，惟有奋斗。愿我们在这个中考季里，用一个成功的信念召唤自己奋斗的力量，深耕细作争朝夕，不待扬鞭自奋蹄；愿我们用坚实的奋斗去走过万水千山，到达成功的远方；愿我们用一个个执着坚定的奋斗身影，去诠释青春的拼搏之美、开拓之美、奉献之美、时代之美！

**策略说明：**

融合造句。将《美丽的颜色》的素材，与"成功的渴望召唤奋斗的力量"的这层内涵融合思考并造句，段中点题。

从"通过奋斗走向成功"的角度，引入人民日报《谱写新时代的青春之歌》"90后""00后"的奋斗素材，用"我们分明看见了"造成排比句；再从"成功召唤奋斗的力量"的角度，引入人民日报《奋楫扬帆正当时》"科技强国"成功硕果的素材。这样，就从"奋斗与成功"的关系角度，阐明当代青年的奋斗使命。

### 第3版

#### 替代第1版（13）（14）段

同学们，你们是否记得去年抗疫期间曾网传一张"落日余晖"的照片？照片里，支援湖北医疗队的90后刘凯医生护送一位87岁的病人做CT途中，特意停下来，两人一起欣赏了一次久违的日落：夕阳弥漫金光，金光点染在白云、高楼和病床前方的路上。老人的手颤巍巍地指向夕阳，那金光上面仿佛浮现一行字：只要夕阳还在，人间一切值得。凝视这张照片，我们可以发现，<u>正是心中怀着对美好的夕阳、美好的生命、美好的安宁的这份渴望，并将这份渴望化为战"疫"必胜的信念，才能召唤起无数人以生命赴使命、用挚爱护苍生，召唤起无数人将涓滴之力汇聚成磅礴的伟力，召唤起无数人凝心聚力去构筑守护生命的铜墙铁壁</u>！

**策略说明：**

融合造句。将抗疫的素材，与"成功的渴望召唤奋斗的力量"的这层内涵融合思考并造句，放在"召唤起……"的排比句式中，段中点题。

**4号文本：《植树的牧羊人》《木兰诗》+9个素材**
关联命题6《成为一道微光》。

## 一、择读文段

说明：择读表现"平凡而给人给世界以光和热"的故事或语言。

1. 植树的牧羊人：一道微光，久久为功，也能创造奇迹。

我问他，这块地是你的吗？他摇摇头说，不是。那是谁的地？是公家的，还是私人的？他说不知道。看起来他并不在意，他只是一心一意地把一百颗橡子都种了下去。

他说，这地方缺少树；没有树，就不会有生命。他决定，既然没有重要的事情做，就动手种树吧。

每当我想到这位老人，他靠一个人的体力与毅力，把这片荒漠变成了绿洲，我就觉得，人的力量是多么伟大啊！可是，想到要做成这样一件事，需要怎样的毅力、怎样的无私，我就从心底里，对这位没有受过什么教育的普通的农民，感到无限的敬佩。他做到了只有上天才能做到的事。

2. 木兰诗：替父从军，成为一道微光，为国尽忠为家尽孝为世人书写传奇。

问女何所思，问女何所忆。女亦无所思，女亦无所忆。昨夜见军帖，可汗大点兵，军书十二卷，卷卷有爷名。阿爷无大儿，木兰无长兄，愿为市鞍马，从此替爷征；归来见天子，天子坐明堂。策勋十二转，赏赐百千强。可汗问所欲，木兰不用尚书郎，愿驰千里足，送儿还故乡。

## 二、选择素材

1. 清华老人合唱《少年》：献我青春之微光，令祖国熠熠生辉。

2. 鲁迅：中国青年，心有一分热，就发一分光。

愿中国青年都摆脱冷气，只是向上走，不必听自暴自弃者流的话。能做事的做事，能发声的发声。有一分热，发一分光，就令萤火一般，也可以在黑暗里发一点光，不必等候炬火。

3. "最美快递员"汪勇：平凡"逆行者"，微光成炬，点亮时空。

信息分层：

第一层：顺丰小哥汪勇成志愿者汪勇

过年了，放假了，外面还有传说中可怕的病毒，那就好好待在家里陪陪家人吧。可就在当晚的十点，他无意间刷到了这样一条从金银潭医院发出的"求助信息"，医生在问：有没有顺风车能送我们回家？没有人敢回应，也没有人愿意此时去接这个单。可他却上心了，既然看到了，就不能当作没看见。他越想越坐不住了，可怕家人担心，于是他撒了个谎便急忙出门了，决定到医院去接这些医生回家。勇敢，不是没有恐惧，而是心怀恐惧仍然前行！他成了武汉金银潭医院的"专职司机"。

第二层：志愿者汪勇又变成了"领导者"汪勇

疫情越来越严重，来武汉的医生也越来越多，他自发组织协调，竟建立起了一支二三十人的志愿者司机小分队；再后来，小分队不够用（也许善良就是一粒种子吧，它总会激发出更多的善良！医护人员在前线拼死拼活救人，志愿者不辞辛苦地在后方支援，这些壮举、这些善行，总是能感染更多人的），近千辆共享单车、400辆电动车，网约车公司一点点组织起来。

第三层：成为武汉金银潭医院"后勤服务保障中心"

他又发现了另一个问题：医护人员吃饭难。2月5日，"汪勇志愿者餐厅"开张了，每天量产盒饭700份，全部免费。又找便利店增加盒饭供给量，每天要供给15000多份。他所组建带领的志愿者团队，医护人员换眼镜片、修手机屏幕、买拖鞋，要指甲钳、充电器甚至秋衣秋裤都可以找他。

4. 戍边英雄：挺身而出的凡人，微光凝聚璀璨。

人物事迹：2020年6月15日，加勒万河谷。印军违背双方共识越线挑衅。祁发宝双臂张开挡在外军面前，呵斥道：你们破坏共识，要承担一切后果。对峙中，印军钢管棍棒石块重点攻击，他受重创晕倒。陈红军营长，突入重围营救牺牲。陈祥榕作为盾牌战斗在最前面牺牲，吃橘子笑着的19岁的少年，18岁时写下：清澈的爱，只为中国。肖思远突围后返回营救战友牺牲。王焯冉渡河支援途中救助冲散的战友脱险自己淹没河水中牺牲，执行任务前家书：爹妈，儿子不孝，可能没法给你们养老送终了。如果有来生，我还给你们当儿子，好好报答你们。

相关言论：男儿何不带吴钩，收取关山五十州。

没有从天而降的英雄，只有挺身而出的凡人。

我们不是生而英勇，只是选择无畏。

天地英雄气，千秋尚凛然。（刘禹锡）

歌曲《清澈的爱，只为中国》：清澈的爱啊，只为祖国，妈妈的嘱托，记在了心上；清澈的爱啊，只为祖国，战士的赤诚，压进了枪膛……

5. 张桂梅：成为一道光，点点凝聚，照亮大山女子的人生。

感动中国 2020 年度人物、全国优秀共产党员、时代楷模张桂梅，是全国第一所全免费女子高中——华坪女子高中的校长。

细节一：刚走上颁奖台的张桂梅，就被刚要和她握手的主持人白岩松问"您这手？"她的双手，手心、手背、手腕，贴着缠着大大小小的膏药，她说"手关节疼"，白岩松握住她的手说"您太拼了"，她略微笑着说"拼就拼一点吧"。

细节二：一条洗得褪色的牛仔裤，一件老气的花衬衫，一双旧旧的黑皮鞋，一副厚厚的近视眼镜，一双贴满膏药的手。除了多病的身躯是自己的以外，她没有孩子，没有亲人，没有家，她笑着说，我是一名共产党员，我有一颗火热的心，这颗心里面有党有人民有学校有国家，有千千万万的孩子，我什么都有！

细节三：华坪女中校训：我生来就是高山而非溪流，我欲于群峰之巅俯视平庸的沟壑。我生来就是人杰而非草芥，我站在伟人之肩藐视卑微的懦夫！

细节四："自然击你以风雪，你报之以歌唱。命运置你于危崖，你馈人间以芬芳。她的故事，值得你讲给孩子听。"感动中国组委会对张桂梅的颁奖词。

6. 疫情中的"微光传递"

第一层：陕西眉县职业教育中心高二年级的学生朱如归看到一张照片，深受触动：84 岁高龄的钟南山院士在奔赴武汉的高铁上闭目休息。"我一个 18 岁的青年，也应该在这个时候为国家、为湖北做点什么！"

第二层：18 岁的朱如归于 2020 年大年初一瞒着家人独自乘火车到西安、转火车到河南信阳，再从信阳往武汉方向步行了 100 多千米。在了解到湖北省孝感市孝昌县的定点医院病患不少、压力较大后，他选择留在那里，成为一名志愿者，一干就是近两个月。

第三层："钱出不了，技术出不了，我可以出力。"朱如归为病人送餐、清理餐余，帮病人翻身、如厕，观察危重症病人的生命体征……在医院，穿着防护服的他，每天工作 6 个小时也不觉累，学方言、讲笑话，想方设法地给病房带来生机与活力。尽己所能、不怕辛苦的朱如归，用自己的一言一行，提振大家的战"疫"信心。

第四层：一位医生说，病人心情不好、感到恐惧的时候，就给他们讲朱如归不远千里进入隔离病区的故事，知道社会在帮助他们，使他们更有信心战胜疾病。

每个散发光芒的人，用"我"之奉献终能成就"我们"的胜利。

7. 黄国平《致谢》：追着光，靠近光，成为光。

8. "丧文化"：微光的反面，黑灰状态，黑暗系。

9. 《微光》歌词：让我是一道微光，能让你拥有灿烂的锋芒。

也许我是一道微光/却想要给你灿烂的光芒……就让我是一道微光/能让你拥有灿烂的锋芒/在寂寞的时分/无论飞向何方/我也会绽放/给你无限微光

## 三、读写融合

聚焦"思"的主题，关联命题6《成为一道微光》发言稿写作。

### 第1版

## 成为一道微光

亲爱的同学们：

你们好！

（1）我特别喜欢《微光》里的这部分歌词："就让我是一道微光/能让你拥有灿烂的锋芒/在寂寞的时分/无论飞向何方/我也会绽放/给你无限微光"。这歌词特别燃，仿佛在告诉我们：即使生而平凡，也要让自己成为一道光，哪怕只是一道微光，也要绽放光芒，给予这世界灿烂！

（2）听着这首歌，还会想起鲁迅先生的一句话："愿中国青年都摆脱冷气，只是向上走，不必听自暴自弃者流的话。能做事的做事，能发声的发声。有一分热，发一分光，就令萤火一般，也可以在黑暗里发一点光，不必等候炬火。"

（3）是的，身为青年，即使生而平凡，但有一分热，就发一分光，哪怕只是萤烛之光！是的，身为青年，即使生而渺小，也不必等候炬火，就让自己直接成为一道光，哪怕只是黑暗里的点点微光！

### 策略说明：融合造句

（1）段。提取歌词《微光》的关键词，与题目《成为一道微光》融合造句，表达第一层思考；在本演讲稿里，选择歌曲后半段的歌词，并据此拟题目，更有感召力。

（2）段。链接鲁迅的名言，提取名言的关键词，区分与上文歌词的相同点（发一分微光），不同点（青年、摆脱冷气、不必等候炬火自己成为光），就不同点与题目融合思考造句，进一步表达思考。

（4）请看，有平凡的人，让自己成为一道微光，持续地闪亮，璀璨了世界。

(5) 还记得那个植树的牧羊人吗？那个叫作艾力泽布菲的牧羊人，那个在失去了亲人后搬到高地独自生活的55岁的中年人，也许他也觉得自己的生命仿如微尘，因为他说"没有重要的事情做"，但是他的眼中看见了"这里缺少树"，他的心里想到了"没有树，就不会有生命"，于是他决定"就动手种树吧"。从此，一个人，一双手，从55岁到87岁，一点微光，持续地闪亮在荒园里，一个人的荒园，最终成了一万多人的家园，美丽了人间，璀璨了世界！

**策略说明：**

融合造"段首句"——提取信息——换位体验——融合造"点题句"；

将关键词"平凡、微光、璀璨"以及素材特点词"持续闪亮"融合造句，成为段首句；

从素材中提取体现关键词的信息：平凡（没有重要的事情做），微光（没有树没有生命，种树）、持续闪亮（55岁到87岁）；换位体验人物所思所行；再将植树人的故事与段首句关键词融合思考造句，形成段中点题句。

(6) 请看，有平凡的人，让自己成为一道微光，危难之际挺身而亮，璀璨了世界！

(7) 大家是否和我一样，是因为一场边境冲突，才认识了喀喇昆仑高原的"钢铁团"，才知道了祁发宝王焯冉陈祥榕等几位"戍边英雄"的名字？在这之前，他们本是平凡的戍边将士，是在那一天，中印边境那场冲突骤起时，我们才看见了团长祁发宝身先士卒立于队阵前张开双臂与印军对峙，把坚强的后背留给战友和身后祖国的样子；才看见了那个执行任务前刚写完"爹妈，儿子不孝，可能没法给你们养老送终了"家书的王焯冉救助冲散的战友脱险，自己淹没在加勒万河谷冰冷雪水中的样子；才看见了那个照片里吃橘子的笑着的19岁的陈祥榕瞬间以年轻的身躯化作盾牌在最前沿战斗到牺牲的样子。

(8) 而当我们耳边响起那首歌"清澈的爱/只为祖国/妈妈的嘱托/记在了心上/清澈的爱/只为祖国/战士的赤诚/压进了枪膛"，我们才蓦然发现，是一群热血男儿，于家国危难之际挺身而亮，用"男儿何不带吴钩，收取关山五十州"的点点光芒，用"舍鱼而取熊掌、舍生而取义"的点点光芒，璀璨了我们的世界！

**策略说明：**

融合造"段首句"——提取信息——链接素材——融合造"点题句"；

将关键词"平凡、微光、璀璨"以及素材特点词"危难之际挺身而亮"融合造句，成为段首句；

从素材中提取体现关键词的信息：平凡（在边境冲突前不知名），危难之际挺身而亮（三个人物挺身而出的样子，放进同一个句式"才看见了"中，组成排比句）；

链接"清澈的爱只为中国"歌词，与"经典咏流传"中的对应诗句，与"微光、璀璨"等关键词融合造句，成为段中点题句。

（9）请看，有平凡的人，让自己成为一道微光，再汇聚一道道微光，璀璨了世界！

（10）当疫情的阴霾骤然笼罩，你是否想过，一个平凡的人，一份渺小的力量，一点微弱的光芒，又如何微光成炬点亮世界？请跟我一起见证一道微光凝聚成璀璨的历程：

（11）你看，一开始，只是一点微光！顺丰小哥汪勇因武汉金银潭医院发出的"求助信息"心怀恐惧又心怀不忍接单接送，一次，又一次，成了医院医生的"专职司机"，于是顺丰小哥汪勇变成"志愿者"汪勇！

（12）你看，又汇聚点点微光！疫情越发严重，汪勇一番组织协调又建立起一支二三十人的志愿者司机小分队，小分队不够用了，又组织起近千辆共享单车、400辆电动车和网约车公司，于是志愿者汪勇又变成"组织者"汪勇！

（13）你再看，点点微光已然成炬！"志愿者餐厅"开张，每天供给15000多份盒饭！志愿者团队成立，医护人员换眼镜片、修手机屏幕、买拖鞋，要指甲钳、充电器通通可以做！于是，"组织者"汪勇又成了武汉金银潭医院"后勤服务保障中心领导者"汪勇！

（14）因为生而平凡，因为生而渺小，所以等待炬火来照亮自己吗？不！我们已经共同见证，有的人，但有一分热，就发一分光；有的人，不但让自己成为一道微光，更将微光一点点聚拢，更将温暖一点点聚拢，守护英雄，守护美好，照亮阴霾，璀璨世界！

**策略说明：**

1. 确定关键词——提取有效信息——信息分层分类——扣关键词造排比段

（11）—（13）段。成为光，汇聚光——体现成为光和凝聚光的细节、数字、言论信息——信息按"成为光再汇聚光再成为炬火"的顺序分成三层——放进排比段中。

2. 融合造段首句与点题句

（9）（10）段将关键词"平凡、微光、璀璨"以及素材特点词"成为光汇聚光"融合造句，成为段首句；

（14）段将汪勇的素材故事与鲁迅的名言融合思考造句，成为段中点题句。

（15）段那么，身为平凡的我们，是否可以靠近光，追着光，再努力让自己成为一道光，哪怕只是一道微光呢？当我们靠近光，在发泄着说完"颓废到忧伤，感觉身体被掏空、累得像条狗"之后，请把这样的"丧"当作暂住黑暗系而继续寻找燃烧的火苗；当我们追着光，在收集一路上的那些温暖过自己、照亮过自己的平凡故事之后，请把这样的"光"种在心底而尝试点燃星星之光；而当我们如厦门六中合唱团同学疫情间借用手机各自在家翻唱歌曲《微光》致敬英雄的时候，请相信此时的我们，<u>已然成为一道微光，作为无数微光的万分之一，融入一片灿烂的世界！</u>

我的演讲到此结束！谢谢大家！

**策略说明：**

（15）段。

第一，由别人的故事转到自己的反思，提出"靠近光、追着光、成为光"的思考；

第二，引入"丧"的素材，与"靠近光"融合思考造句；

第三，呼应上文三类平凡人的微光故事，与"追着光"融合思考造句；

第四，引入命题材料中厦门六中学生的微光故事，与"成为一道微光"融合思考造句，篇末深化点题。

**第2版**

### 替代第1版（4）（5）段

请看，有平凡的人，让自己成为一道微光，持续地闪亮，璀璨了世界。

<u>张桂梅有多平凡？</u>常是一条洗得褪色的牛仔裤，一件老气的衬衫，一双贴满膏药的手，一副厚厚的近视眼镜，除了多病之身是自己的，没有孩子，没有亲人，没有家！当年她决定办一所免费女子高中时力量有多微弱？多方筹款，被人放狗咬过，脚上鲜血直流；街头募捐，别人怀疑是骗子，朝脸上吐口水；挨户家访，行程十万多千米摔断过肋骨发过高烧迷过路虚弱晕倒在路上！而她就是让自己成为一道光，哪怕如此的微弱，也持续地闪亮，12年的时光里让1800多名大山里的女孩考上大学回馈世界以芬芳！她说：如果我是小溪，就流向沙漠，去造就一片生命的绿洲！而我要说：你虽只是萤火，却不吝微芒造炬成阳，去闪亮大山女子的人生，去回馈世界以璀璨！

**策略说明：**

锁定关键词提取有效信息——融合造句

锁定关键词："平凡、微光、持续闪亮、璀璨世界"，从"张桂梅"的素材中先提取体现"平凡"的细节信息；再提取体现"微光"的信息，再提取体现"持续闪亮"的信息。再将以上信息与段首句关键词融合思考造句，形成段中点题句。

### 替代第1版（6）—（8）段

请看，有平凡的人，让自己成为一道微光，危难之际挺身而亮，璀璨了世界！

还记得《木兰诗》吗？木兰有多平凡？如果不是一纸军帖，如果不是"阿爷无大儿，木兰无长兄"，如果不是家国有难，她只是坐在家中守着机杼每日里当户织的闺阁女子！可是家国危难之际，她收起女儿态，藏起女儿身，备好男儿装，从今而后，替父亲、为国家，跃马沙场，不计归时！这名平凡的女子从此演绎了一段"忠孝两全"的故事，演绎了一段"刚柔并济"的佳话，更演绎了一段"巾帼英雄"的传奇，流芳百世，闪耀千古，至今依然光芒万丈，璀璨如星！

**策略说明：**

锁定关键词提取有效信息——融合造句

锁定关键词："平凡、微光、危难之际挺身而亮、璀璨世界"，从"花木兰"的素材中先提取体现"平凡"的细节信息；再提取体现"危难之际"的信息，再提取"挺身而亮"的信息，再将以上信息与段首句关键词融合思考造句，形成段中点题句。

### 替代第1版（9）—（14）段

请看，有平凡的人，让自己成为一道微光，再汇聚一道道微光，璀璨了世界！

当疫情的阴霾骤然笼罩，你是否想过，一个平凡的人，一份渺小的力量，一点微弱的光芒，又如何微光成炬点亮世界？请跟我一起见证一道微光凝聚成璀璨的历程：

你看，有个平凡的人，一开始，只是被一道微光照进心怀！那一天，陕西眉县高二年级的学生朱如归看到一张照片：84岁高龄的钟南山院士在奔赴武汉的高铁上闭目休息。他深受触动，好想让自己也成为一道光：我一个18岁青年，也应该在这个时候为国家、为湖北做点什么！"

你看，这个平凡的高中生，让自己发出道道微光！大年初一步行武汉100多千米到孝昌县定点医院当志愿者！为病人送餐、清理餐余，帮病人翻身、如厕，观察危重症病人的生命体征，每天工作6个小时！学方言、讲笑话、逗病人，想方设法将道道微光传递给病人！

你再看，一道微光传递之间汇聚成道道微光！医生们从这个高中生身上感受到一道光，又把这道光传递给陷于忧惧之中的病患：你们知道朱如归吗？18岁的高中生哎，人家都不远千里来隔离病区帮我们了，我们能不好好治病吗？于是每个散发光芒的人，用"我"之微光成就了"我们"的璀璨！

因为生而平凡，因为生而渺小，所以等待炬火来照亮自己吗？不！我们已经共同见证，有的人，但有一分热，就发一分光；有的人，不但让自己成为一道微光，更将微光一点点聚拢，更将温暖一点点聚拢，守护英雄，守护美好，照亮阴霾，璀璨世界！

**策略说明：**

锁定关键词提取有效信息——融合造句

锁定关键词："平凡、微光、汇聚微光、璀璨世界"，从"朱如归"的素材中先提取体现"平凡"的细节信息；再提取体现"发出微光"的信息，再提取"传递与汇聚微光"的信息，再将以上信息与段首句关键词融合思考造句，形成段中点题句。

**第3版**

### 替代第1版（6）—（8）段

请看，有平凡的人，身陷暗夜，却让自己成为一道微光，闪亮了人生，璀璨了世界！

不妨看看书写当代版《送东阳马生序》的黄国平。他何止出身平凡，他一度如上天的弃儿：12岁失母17岁失父、每天在煤油灯下读书、靠自己周末抓鱼出租水牛赚学费、冬天穿破衣服众目睽睽之下走过教室长廊……因为上天弃我，孤独无依，所以心陷黑夜吗？因为学路漫漫，难以为继，所以等待炬火来照亮自己吗？不！我们看见他摆脱冷气，只是向上走，一路追着光"把书念下去"，一路追着光"走出去"，然后让自己成为一道光，在成为中科院博士生后发出心声：如果还能做出点让别人生活更美好的事，那这辈子就赚了"，是的，当自己成为光，就想着做点灿烂别人的事！这一道光也许微弱，却闪亮了人生，璀璨了世界！

**策略说明：**

1. 将关键词"平凡、微光、璀璨"以及黄国平的素材特点词"身处暗夜却追着光成为光"融合造句，成为段首句。

2. 锁定关键词提取有效信息——融合造句

锁定关键词："暗夜、成为微光、闪亮人生"，从"黄国平"的素材中先提取体现"暗夜"的细节信息；再提取体现"追着光成为光"的信息，再提取"灿烂别人"的信息，再将以上信息与段首句关键词融合思考造句，形成段中点题句。

### 替代第 1 版（9）—（14）段

请看，有平凡的人，就在自己的位置上，让自己成为一道微光，寂静而欢喜地，璀璨了世界！

2021 年央视网络春晚，你是否看见了来自清华大学上海校友会平均年龄 74.5 岁的一群银发老人，系着领结挽起袖子在舞台上欢快地合唱《少年》的样子？那一刻，他们全身熠熠生辉，自带光芒！而我们至今并不知道他们的名字！我们只是听说，他们曾是校园中志存高远的学子，曾是实验室里刻苦攻关的研究者；他们当中有矢志"造飞机"的设计者，有核试验基地的科学家……他们干着惊天动地的事，却一直做着隐姓埋名的人！他们至今平凡而无闻，却一直就在自己的位置上，成为那一道微光，或默默地奉献，或不息地奔腾，或热烈地生长，寂静而欢喜地，璀璨了世界！

**策略说明：**

1. 将关键词"平凡、微光、璀璨"以及清华老人的素材特点词"在自己的位置上成为光"融合造句，成为段首句。

2. 锁定关键词提取有效信息——融合造句

锁定关键词："自己的位置、成为微光、寂静欢喜"，从"清华老人"的素材中先提取体现"在自己的位置上发光"的细节信息；再提取体现"寂静无闻"的信息，再提取"热爱奉献"的信息，再将以上信息与段首句关键词融合思考造句，形成段中点题句。

**5 号文本：《应有格物致知精神》《一着惊海天》《邓稼先》《谈创造性思维》《美丽的颜色》+15 个素材**

关联命题 7《崇尚科学精神，涵养科学素质》

### 一、择读文段

说明：择读体现科学精神的人物或理论。

1.《邓稼先》：崇尚<u>敢于担当不惧挑战拼搏奉献的科学精神，涵养科学素质</u>

邓稼先于 1924 年出生在安徽省怀宁县。在北平上了小学和中学，于 1945 年自昆明西南联大毕业。1948 年到 1950 年赴美国普渡大学读理论物理，获得博士学位后立即乘船回国，1950 年 10 月到中国科学院工作。1958 年 8 月奉命带领几十个大学毕业生开始研究原子弹制造的理论。

这以后的 28 年间，邓稼先始终站在中国原子武器设计制造和研究的第一线，领导许多学者和技术人员，成功地设计了中国的原子弹和氢弹，把中华民族国防自卫武器引导到了世界先进水平。

中国男儿/中国男儿/要将只手撑天空/长江大河/亚洲之东/峨峨昆仑/翼翼长城/古今多少奇丈夫/碎首黄尘/燕然勒功/至今热血犹殷红

2.《美丽的颜色》：<u>崇尚探索创新潜心钻研不惧挑战的精神，涵养科学素质</u>

3.《一着惊海天》：崇尚潜心钻研不惧挑战拼搏奉献的精神，涵养科学素质

渤海某海域，海风呼啸，海浪澎湃。辽阔的海面上，我国第一艘航空母舰——辽宁舰斩浪向前。舰岛的主桅杆上，艳红的八一军旗迎风招展。

着舰指挥员从容地走上甲板指挥平台。"刀尖上的舞蹈"就要开始了，现场所有的人都捏着一把汗。

塔台内，时钟指针的每一次跳动，都在揪着人心。

"航向××，航速××节……"口令声中，辽宁舰官兵娴熟地操纵着航空母舰，舰艇留下一道宽阔笔直的航迹……声如千骑疾，气卷万山来。刹那间，疾如闪电的舰载机在阻拦索系统的作用下，滑行数十米后，稳稳地停了下来。

记者眼前的飞行甲板上，定格着一个象征胜利的巨大"V"字：阻拦索的两端构成"V"上边的两头，尾钩钩住处，则是"V"字的底尖。

"成功了！

为了这一着，面对技术封锁，多少人殚精竭虑，青丝变白发；多少人顽强攻关，累倒在试验场；多少人无怨无悔、默默奉献……

4.《应有格物致知精神》：崇尚严谨求实的实验精神，涵养科学素质

我是研究科学的人，所以先让我谈谈实验精神在科学上的重要性。

实验的过程不是消极的观察，而是积极的、有计划的探测。比如，我们要知道竹子的性质，就要特地栽种竹树，以研究它生长的过程，要把叶子切下来

拿到显微镜下去观察，绝不是袖手旁观就可以得到知识的。

在环境激变的今天，我们应该重新体会到几千年前经书里说的格物致知真正的意义。这意义有两个方面：第一，寻求真理的唯一途径是对事物客观的探索；第二，探索的过程不是消极的袖手旁观，而是有想象力的有计划的探索。希望我们这一代对于格物和致知有新的认识和思考，使得实验精神真正地变成中国文化的一部分。

5.《谈创造性思维》：崇尚探索创新潜心钻研的精神，涵养科学素质

任何人都拥有创造力，首先要坚信这一点。关键是要经常保持好奇心，不断积累知识；不满足于一个答案，而去探求新思路，去运用所得的知识；一旦产生小的灵感，相信它的价值，并锲而不舍地把它发展下去。如果能做到这些，你一定会成为一个富有创造性的人。

### 二、选择素材

1. 华为应对美国管制提前研发技术备胎：崇尚勇于担当探索创新不惧挑战的精神，涵养科学素质

背景信息：5月16日，美国商务部工业和安全局（BIS）正式宣布，把华为列入"实体名单"。针对华为的禁令，涉及软件产品、硬件产品、制造、供应链、知识产权、贸易、法律、政治等多个方面。

语言信息：5月17日凌晨，华为旗下的芯片公司海思半导体总裁何庭波发布了一封致员工的内部信：

多年前，还是云淡风轻的季节，公司做出了极限生存的假设，预计有一天，所有美国的先进芯片和技术将不可获得，而华为仍将持续为客户服务。为了这个以为永远不会发生的假设，数千海思儿女，走上了科技史上最为悲壮的长征，为公司的生存打造"备胎"。数千个日夜中，我们星夜兼程，艰苦前行。华为的产品领域是如此广阔，所用技术与器件是如此多元，面对数以千计的科技难题，我们无数次失败过、困惑过，但是从来没有放弃过。

今天，是历史的选择，所有我们曾经打造的备胎，一夜之间全部"转正"！多年心血，在一夜之间兑现为公司对于客户持续服务的承诺。是的，这些努力，已经连成一片，挽狂澜于既倒，确保了公司大部分产品的战略安全，大部分产品的连续供应！今天，这个至暗的日子，是每一位海思的平凡儿女成为时代英雄的日子！

华为立志，将数字世界带给每个人、每个家庭、每个组织，构建万物互联

的智能世界，我们仍将如此。今后，为实现这一理想，<u>我们不仅要保持开放创新，更要实现科技自立</u>！前路更为艰辛，我们将以勇气、智慧和毅力，在极限施压下挺直脊梁，奋力前行！滔天巨浪方显英雄本色，艰难困苦铸造诺亚方舟。

数据信息：国际权威专利数据统计公司发布的《谁领跑5G专利?》报告显示，截至今年4月，全球5G标准必要专利总量约6万多件，中国企业申请的5G标准必要专利数约占35%，华为以15%的占比，名列第一。

语言信息：任正非："华为目前已经在全球范围内获得30个5G合同，全世界把5G做得最好的是华为。"当凛冬将至，"谁有棉衣，谁就活下来了。"

2. 航天"花木兰"周承钰：崇尚勇于担当不惧挑战拼搏奉献的精神，涵养科学素质

身份信息：周承钰1996年生，身高1米58，国防科技大学飞行器系统与工程专业毕业。文昌空中发射场最年轻的女指挥员。

细节信息：长征五号遥三火箭测试任务中，定岗在位于脐带塔15层的二级连接器配气台。通往15层的路，是倾角接近90°的180多级钢铁台阶，很多地方难以直立行走，必须手脚并用才能爬上去，这样的"天梯"要一天来回四趟。毕业两年共参加5次测发任务，从一级连接器配气台、二级连接器配气台、后端工作站、动力箭上到连接器指挥，整个连接器系统，30多个操作手团队中，是唯一的一位女性，航天"花木兰"。

3. 人民日报《把青春融进祖国的江河》：崇尚勇于担当潜心钻研拼搏奉献的精神，涵养科学素质

一群银发老人合唱这首《少年》的视频在网络热传。

在征服宇宙的大军里，那默默奉献的就是我；在辉煌事业的长河里，那永远奔腾的就是我。不需要你认识我，不渴望你知道我，我把青春融进祖国的江河。

4. "熟鸡蛋返生"论文事件：崇尚科学精神，涵养科学素质

背景信息："人民日报评论"微信公众号2021年4月27日消息，河南郑州春霖职业培训学校校长郭萍发表的关于熟鸡蛋返生、煮熟绿豆芽返生发芽、物体隐形传输的论文引发广泛争议。在文章中，学生们利用超心理意识能量的方法使得鸡蛋返生，试验者则在意念下传输GPS。春霖学校曾举办"第六感大赛专项教练培训"等，包括"特异制动（意念拧钢勺）"等项目。

分析信息：从"熟鸡蛋返生"涉事各方的反应来看，要防止"反智"、普及科学，首先要真正理解何为科学精神。很多发表"反智"观点的人，恰恰因

为他们对科学精神的理解出现了偏差，因此才会以"科学"之名、行"反智"之实。

评价信息：科学精神可以体现为大胆假设和小心求证两个方面。实现科学创新确实需要进行大胆设想，但这种设想要基于已被证明的科学原理、科学范式以及科学发现，不是"反智"观点那种违背原理、毫无根据的胡思乱想，而且科学假想还需要经过科学理论的推导、科学实验的验证、科学共同体的同行评议，而不像"反智"观点那样未经严格论证。

五四运动把"赛先生"请进来已逾百载，我们应该接力让科学精神继续在中国大地生根发芽。从社会舆论对"熟鸡蛋返生"的反应来看，秉持科学精神仍然是社会的主流。

5. 天和核心舱发射成功，中国真正迎来"空间站时代"：崇尚造福人类探索创新不惧挑战的科学精神，涵养科学素质

人民日报评论 4 月 29 日消息，"天和出征，翱翔外空""古有望嫦娥，今朝看天和，唯有续奋进，方能奏凯歌""上天入地潜海，中国力量攻无不克、战无不胜"……今天 11 时 23 分，在中国文昌航天发射场，长征五号 B 遥二运载火箭以万钧之力，将我国空间站核心舱成功送入太空。

仰望星空，"天和"正在沿地球轨道翩然而飞，中国人探索浩瀚宇宙的梦想创造的不凡业绩，再次让世人惊叹。

我国载人航天进入空间站时代，走的是一条艰苦卓绝的科技自立自强之路，彰显中国人的智慧和勇气，凝聚着无数人的心血和汗水。经过近 30 年的不懈努力，载人航天工程通过"神舟""天宫""天舟"等历次飞行任务，先后突破掌握了天地往返、空间出舱、交会对接、"太空加油"等关键技术，为空间站建造奠定了坚实基础。

对无止境的太空探索来说，空间站只是未来征程中的一个新起点。仰望星空，脚踏实地，我们一定能够探寻到更多的宇宙奥秘，收获更加美好的未来。

6. （人民论坛）《在独创独有上下功夫》：崇尚探索创新、潜心钻研、拼搏奉献的科学精神，涵养科学素质

事例信息：在抗击新冠肺炎疫情过程中，广大科技工作者在病患治疗、疫情防控、疫苗研发等多个重要领域开展科研攻关，为统筹推进疫情防控和经济社会发展作出了重大贡献。创新之重要，再怎么强调都不为过。

外练筋骨皮，内练一口气。只有气势壮才能本领强。提高自主创新能力，激发胸怀祖国、服务人民的热血气概很重要。"搞科技，必须敢搞最尖端的，必

须用勇气搏击科技'浪尖'",陈定昌院士主动到高精尖领域中流击水,遂成为精确制导领域的中流砥柱。

语言信息:科学成就离不开精神支撑。面对艰险挑战、繁重任务,有"力拔山兮气盖世"的壮志,有"气吞万里如虎"的果敢,方能唤起磅礴之力,打开科技新局面。

事例信息:科技创新永无止境,也没有坦途,关键要沉潜心志、打磨功底。"两弹元勋"邓稼先常年风餐露宿,不仅披肝沥胆制定核试验理论方案,还时常深入西北戈壁滩试验场掌握第一手试验资料。长征五号火箭总设计师李东十年磨一"箭",率领技术团队解决了复杂力热环境、大质量多干扰分离等世界性难题,探索出大推力火箭研制之路。

评价信息:科技工作者进军前所未知的"无人区",攀登人迹罕至的"高寒带",不是因为有奇计妙招,而是因为有"更上一层楼"的韧劲,有"独钓寒江雪"的毅力。"一其心"心无旁骛,"冷板凳"沉静稳坐,"刨根问底"上下求索,"磨杵成针"独具匠心,最终才会有所发现、有所发明、有所创造。

7. 全民科学素质行动规划纲要(2021—2035年)编制工作启动:科技创新、科学普及是实现创新发展的两翼

中国科协 2020 年 6 月 3 日通过官网公布,未来 15 年是中国发展的关键时期,《全民科学素质行动计划纲要(2021—2025—2035年)》编制工作已正式启动,以助力世界科技强国建设。(全面贯彻落实习近平"科技创新、科学普及是实现创新发展的两翼,要把科学普及放在与科技创新同等重要的位置。没有全民科学素质普遍提高,就难以建立起宏大的高素质创新大军,难以实现科技成果快速转化"的重要论述精神。)

8. 中国科协 2021 年科普工作要点:普及科学知识、弘扬科学精神、传播科学思想、倡导科学方法、涵养青少年科学素养

科技进校园科普小课堂、科学家风采、"中华优秀科普图书榜""一带一路"青少年创客营、"共襄战疫 共享未来"抗疫主题展览巡展;

科创百年——建党100周年科技成就科普展;

实施科学辟谣平台"升舱行动";

开展科技活动周、防灾减灾日、食品安全宣传周、全国低碳日、世界环境日和全国营养科普大会、世界无烟日、新冠肺炎疫情防控常态化下应急科普工作等主题科普活动,积极营造崇尚创新的社会氛围;

青少年科技创新大赛、"明天小小科学家"奖励活动、青少年科学调查

体验；

"科创筑梦"全国青少年科技创新服务云平台；

积极组织青少年参加各类科技竞赛活动，打造"科普大擂台"，涵养"善于动手、敢于质疑、钻研求真"的科学素养，培养他们的创新能力和团队合作精神。

"科普一日游""科普小课堂""科普社区乐"等形式多样的活动，抓住"培养青少年良好的科学习惯"这个关键，培养精细、严格的科学精神，在科学的探索中，引导他们"精"字当先，"严"字当头，精密地推理论证，精细地测量计算，精确地搞好试验，锻炼精益求精的科学态度，涵养他们严肃、严格、严密的科学素养，健康成长，将来成为祖国科学的栋梁之材。

9. 人民时评：让科学素质跟上科技发展步伐

背景信息：在新一轮科技革命孕育兴起的当下，生命科学、人工智能、星际探索、新能源新材料等科技浪潮，正不断刷新着原有知识体系和认知维度。

评价信息：科学强，则国强；科学盛，则国盛；因而，只有重视科技创新、普及科学知识，才能让科学成为我国经济社会文化全面启动的引擎，为实现"两个一百年"奋斗目标、实现中华民族伟大复兴的中国梦作出更大贡献。

概念信息：科学课程标准修订稿指出，科学素质一般包括：对自然现象的好奇心和求知欲，运用基本的科学知识和技能认识自己和周围世界的能力，具备进行科学探究所必需的科学思维和方法，与自然界和谐相处的生活态度等。

10. 毛泽东《水调歌头·重上井冈山》

久有凌云志，重上井冈山。千里来寻故地，旧貌变新颜。到处莺歌燕舞，更有潺潺流水，高路入云端。过了黄洋界，险处不须看。

风雷动，旌旗奋，是人寰。三十八年过去，弹指一挥间。可上九天揽月，可下五洋捉鳖，谈笑凯歌还。世上无难事，只要肯登攀。

11. 港珠澳大桥林鸣：崇尚探索创新潜心钻研拼搏奉献的科学精神，涵养科学素质

背景信息：港珠澳大桥于2021年3月24日上午9时正式通车。这座历经5年规划、9年建设，前后历时14年，总长约55千米的港珠澳大桥，跨越伶仃洋，东接香港，西接广东珠海和澳门，是迄今为止世界最长的跨海大桥，也是中国建设史上里程最长、投资最多、施工难度最大的跨海桥梁！

身份信息：林鸣是港珠澳大桥岛隧工程总工程师，他在这次工程中承担的是外海沉管隧道任务，这个任务是整个工程最核心、也是难度最大的部分！

过程信息：在当时的环境下，中国外海环境的沉管隧道没有现成的经验，一切都是0！而港珠澳大桥需要做6.7千米的海底沉管隧道，是世界上最长的沉管隧道！

要想掌握外海沉管隧道施工的核心技术，当时只能向为数不多的几家外国公司学习。

林鸣找到了当时世界上沉管技术最好的一家荷兰公司，希望引进他们的技术和经验。但，对方只提供技术咨询，不卖技术！而且还要求支付1.5亿欧元（当时约合15亿人民币）的技术咨询费！谈判过程异常艰难，最后时刻，林鸣提出能否以3亿元人民币换取最重要、风险最大部分的技术支持。然而，对方拒绝并轻蔑地说："只能给你们唱首歌，唱首祈祷歌。"

这是真心为我们祈祷吗？不是！这是嘲讽！这是羞辱！他们不相信中国人能自主完成外海沉管，更何况是世界第一长度的外海沉管隧道！他们肯定，最后中国人还得掏一大笔钱，找他们作"技术咨询"！但，天价咨询费买不到核心技术。

面对羞辱，林鸣彻底醒悟：核心技术买不来也求不来，只能靠自己！

从这一刻开始，林鸣和他的团队坚定了"要自我研发，掌握核心技术"的信念！2013年5月2日，距离被外国公司"羞辱式祈祷"已经过了6年时间！在这6年时间里，林鸣和他的团队呕心沥血殚精竭虑，他们从概念到方案到具体施工，从研究到设计到实施，一次次的论证、一次次的否定、一次次的优化。终于，中国人的第一节海底沉管出坞，并且顺利安装就位！

当我们外海沉管隧道技术突破后，当时开出天价咨询费的荷兰公司，反过来邀请林鸣去进行技术经验交流，并且主动升起中国国旗、奏响中国国歌以示敬重与欢迎！要知道，这家自1881年成立以来的荷兰公司，到访的外国专家与客人不计其数，但也只是第二次举办外国国旗的升旗仪式！是林鸣他们用自己的努力和智慧架起了港珠澳大桥，更挺起了中国的脊梁！

12. 科学精神与科学素质相关言论

（1）公民具备科学素质是指崇尚科学精神，树立科学思想，掌握基本科学方法，了解必要科技知识，并具有应用它们解决实际问题的能力。

（2）科技创新、科学普及是实现创新发展的两翼，要把科学普及放在与科技创新同等重要的位置，普及科学知识、弘扬科学精神、传播科学思想、倡导科学方法，在全社会推动形成讲科学、爱科学、学科学、用科学的良好氛围，使蕴藏在亿万人民中间的创新智慧充分释放、创新力量充分涌流。——2016年

5月30日在全国科技创新大会、两院院士大会、中国科协第九次全国代表大会上的讲话

13. 2021年5月15日，天问一号探测器在火星乌托邦平原南部预选着陆区成功着陆：崇尚探索创新、潜心钻研、拼搏奉献的科学精神，涵养科学素质

总述：5月15日，我国首次火星探测任务天问一号探测器在火星乌托邦平原南部预选着陆区着陆，国家航天局消息，祝融号火星车已经顺利发回遥测信号，科研团队根据祝融号火星车发回遥测信号确认，我国首次火星探测任务着陆火星取得圆满成功。

细节：从进入火星大气到着陆火星表面是整个火星着陆过程中最为惊险的时刻。我国天问一号任务火星着陆分为气动减速、伞系减速、动力减速、悬停避障与缓速下降四个阶段，历时"惊魂九分钟"。

数据：探测器2020年7月23日成功发射以来，在地火转移阶段完成了一次深空机动和4次中途修正，于2月10日成功实现火星捕获，进入大椭圆火轨道。成为我国第一颗人造火星卫星。目前为止，探测器已在太空运行295天，距离地球约3.2亿千米。

意义：外太空技术是一个国家科技能力的上限。中国人有能力探索火星说明中国进入了科技一线大国的行列，探索浩瀚宇宙的空间技术已跻身世界前列。

14. 5月7日世卫宣布将中国国药集团的一款新冠疫苗列入"紧急使用清单"：崇尚探索创新、潜心钻研、拼搏奉献的科学精神，涵养科学素质

2021年5月7日，世界卫生组织宣布，将中国国药集团的一款新冠疫苗列入"紧急使用清单"，这也是首款正式获得世卫组织安全性、有效性和质量验证的非西方新冠疫苗。

行胜于言。在一些国家为疫苗分配争吵不休之时，中国始终致力于构筑共抗疫情的全球防线，践行着构建人类卫生健康共同体的铮铮誓言，用实际行动扛起了大国道义和大国担当。

15. 2020年度"科学"流言求真：崇尚严谨求实的科学精神，涵养科学素质

总述：2020年度的"科学"流言求真榜重点提炼总结"科学"流言背后的科学规律，梳理出错误联想、量变质变、成见效应、断章取义、借"技"卖货、夸大其词等六大谣言套路，引导公众理性质疑。

这些"反智"观点有一些共同特点，比如论证过程看似借用了科学方法，但其实逻辑推导、实验论证都存在很多缺陷；比如观点结论往往语不惊人死不休，与经过时间检验的科学原理和生活常识形成巨大反差，由此博得关注。

科普一：面对新生事物时，人们如果不顾常识进行错误或者过度联想，就可能中了流言的圈套。例如，"吸烟能预防新冠病毒感染"这条流言声称：烟草颗粒是纳米级的，可均匀覆盖在肺细胞表面，形成一道"屏障"隔绝病毒，就是一种过度联想。事实上，烟草颗粒是微米级别，指望它们阻挡病毒，大约相当于用渔网去过滤水源，并不现实。与之类似，"吃大蒜能预防新冠病毒""喝高度酒可抵抗新冠病毒"这些流言，也都是错误联想导致的。

科普二：一些流言脱离剂量大谈"毒性"或者影响，在科学上不具备实际意义。"吃芹菜可以降血压"在长辈们口中似乎是"生活常识"，然而事实是芹菜素的确可以起到舒张血管的作用，但芹菜素在芹菜中的含量并不高。基于科学研究的估算，体重60公斤的人一次要吃3斤左右的芹菜叶，才可能有降压的效果，并不实际。

科普三：一些流言选取了完整科学结论中的一部分进行单独加工传播，但可能与原意大相径庭。"九章"量子计算原型机是针对"玻色取样问题"做的一个专用量子计算机，这一成果并不意味着经典计算机被取代。与之相似的流言"量子计算机能让时间倒流""外星人发来了太空无线电波"也是对完整科学结论中的一部分进行单独加工传播，它们有的不够严谨，有的则完全是错误的解读。

## 三、读写融合

聚焦"思"的主题，关联命题7自拟题《崇尚科学精神，涵养科学素质》倡议书写作。

### 第1版

### 崇尚科学精神，涵养科学素质

亲爱的老师、同学们：

（1）今天，振华中学第十届校园科技节开幕了！作为学生代表，我将向全体同学发出"崇尚科学精神，涵养科学素质"的一系列倡议。请允许我首先陈述倡议的背景和理由。

（2）"风雷动，旌旗奋，是人寰。三十八年过去，弹指一挥间。可上九天揽月，可下五洋捉鳖，谈笑凯歌还。"这是1965年的毛泽东重上井冈山时，回忆着峥嵘岁月，见证着革命成功后发生翻天覆地变化的中国而涌起的满腔自豪！

又是半个世纪弹指一挥间，我们的祖国于谈笑凯歌间，高奏一曲曲华彩乐章：北斗全球组网，九章横空出世，嫦娥五号飞天揽月，天问一号火星着陆，"奋斗者"号勇闯深海，我们可上九天揽月，我们可下五洋捉鳖，大国重器一次次刷亮世界眼球！风雷动，旌旗奋，神州大地正在奏响"世界科技强国"的最新乐章！

（3）"世界科技强国"正是我们身处的大背景！习近平总书记曾在全国科技创新大会发表讲话说：普及科学知识、弘扬科学精神、传播科学思想、倡导科学方法，在全社会推动形成讲科学、爱科学、学科学、用科学的良好氛围，使蕴藏在亿万人民中间的创新智慧充分释放、创新力量充分涌流。这句话告诉我们，以崇尚科学精神为途径，涵养科学素质；以提高科学素质为推动力，弘扬科学精神，这正是时代赋予我们的使命。当代中学生身逢盛世，当不负盛世；心怀强国梦，当铸强国能，为此，我们以"崇尚科学精神，涵养科学素质"为主题，向全体同学发出以下倡议：

（4）倡议一：崇尚勇于担当不惧挑战拼搏奉献的科学精神，涵养忠诚热爱的科学情怀。

（5）同学们，我们应该懂得，科学的伟大成就离不开强大的精神支撑，这份精神的力量就是"忠诚与热爱"。面对危机挑战、艰苦探索、繁重任务，心怀对祖国忠诚与对科学的热爱，才能唤起"力拔山兮气盖世"的壮志，才能唤起"气吞万里如虎"的果敢，才能唤起"吾将上下而求索"的拼搏与担当，唤起磅礴之力奔赴科学的星辰大海。

（6）崇尚勇于担当不惧挑战拼搏奉献的科学精神，首先要深刻领悟一代代科技工作者驰而不息的动力源泉与精神源泉。当我们走近"两弹一星元勋"邓稼先，我们去读懂他1950年在美国普渡大学获得博士学位后立即乘船回国是因为他听到了祖国百废待兴的召唤，读懂他此后的28年间始终站在中国原子武器设计制造和研究的第一线，把中华民族国防自卫武器引导到世界先进水平，是因为他听从内心"碎首黄尘燕然勒功"报国强国的热血召唤！当我们走近港珠澳大桥岛隧工程总工程师林鸣，我们去读懂他为求外海沉管隧道施工的核心技术被荷兰公司羞辱"只能给你们唱首祈祷歌"后，带领团队鏖战六年"自我研发核心技术"，是因为他听到了祖国自立自强的召唤，读懂他在技术突破后反受邀经验交流面对荷兰公司主动升起中国国旗奏响中国国歌时，为中国挺起脊梁的热血豪情！

（7）在深刻领悟之后，我们还要去推崇与弘扬这样的科学精神，这样的中国精神！我们要一遍遍地告诉自己告诉身边人，<u>一个民族的崛起、一个国家的强大，是一代代邓稼先们和林鸣们的勇于担当不惧挑战拼搏奉献；我们还可以尝试将这样的科学精神移植到我们的心里，来涵养起忠诚热爱的科学情怀！</u>

（8）倡议二：<u>崇尚探索创新潜心钻研的科学精神，涵养开拓创造和精益求精的科学态度。</u>

（9）同学们，我们都学习过丁肇中的《应有格物致知精神》，他说，寻求真理的唯一途径是对事物客观的探索；探索的过程不是消极的袖手旁观，而是有想象力的有计划的探索。这句话告诉我们，<u>科学的道路上，一要会仰望星空，勇于探索创新；二要脚踏实地，勤于潜心钻研。二者组合成由开拓创新和精益求精相融合的科学态度。</u>

（10）在这届科技节的系列活动里，倡议同学们可以走进"科创百年——建党100周年科技成就展""科学家风采""共襄战疫　共享未来"抗疫主题展览巡展的系列主题平台，<u>去感受导弹及制导雷达技术专家、中国科学院院士陈定昌同志那句"搞科技，必须敢搞最尖端的，必须要有勇气搏击科技'浪尖'"的创造豪情；去感受华为人提前研发核心技术备胎应对美国打压制裁，终以15%的占比领跑5G专利的那份锐意开拓的创造豪情；去感受疫情暴发后科技工作者在病患治疗、疫情防控、疫苗研发等多个领域潜心钻研科研攻关在抗疫战斗中力挽狂澜的科学精神！</u>

（11）在这届科技节的系列活动里，我们更倡议同学们主动地积极地投入地参与到"少年创客营""科创筑梦"云平台、"科技创新大赛"等系列主题实践中，<u>去体验科学家们曾经做过的那些实验场景，去体验大胆构想与实验求证之间的距离，去体验精密地推理论证、精细地测量计算、精确地操作试验的过程，</u>从中涵养起时代少年所需要的那种开拓创新和精益求精相融合的科学态度！

（12）倡议三：<u>崇尚严谨求实去伪存真的科学精神，涵养辩证分析和理性批判的科学思维。</u>

（13）同学们，在传播渠道多元化的时代，我们常会困在各种打着"科学"旗号的"科普"谣言的迷阵里而难辨真假。面对铺天盖地的伪科普信息，我们一方面要学习足够的科学知识，而更重要的，是要涵养辨伪识非的科学思维，为自己构筑一道抵御伪科学的防火墙。因此，我们强烈倡议同学们关注和参与这届科技节的系列科普活动。

（14）首先，请关注科技节"科普小课堂""科普一日游"等平台，里面有防灾减灾日、食品安全宣传周、全国低碳日、世界环境日和全国营养科普大会、世界无烟日、新冠肺炎疫情防控常态化下应急科普工作等主题科普活动，倡议我们同学在系列主题科普活动中成为积极的参与者、学习者与传播者。

（15）接着，请关注科技节科学辟谣平台"升舱行动""科普大擂台"等活动，同学们可以尝试分析河南郑州春霖职业培训学校校长郭萍发表的关于熟鸡蛋返生、煮熟绿豆芽返生发芽、物体隐形传输的论文，如何以"科学"之名、行"反智"之实；尝试分析关于"吃大蒜能预防新冠病毒，喝高度酒可抵抗新冠病毒"的流言是如何不顾常识进行错误的和过度的联想；尝试分析"关于我国研制出的九章量子计算机实现了量子霸权可以完全取代经典计算机"的流言是如何选取了完整科学结论中的一部分进行单独加工传播而与原意大相径庭的……

（16）习近平总书记曾反复强调：科技创新、科学普及是实现创新发展的两翼，要把科学普及放在与科技创新同等重要的位置。据此，我们强烈倡议同学们当一个"科普志愿者"，宣传科学知识，传播科学理念，倡导科学方法，让我们秉持严谨求实去伪存真的科学精神，涵养起辩证分析和理性批判的科学思维。

（17）同学们，科学强，则国强；科学盛，则国盛。在新一轮科技革命孕育兴起的当下，生命科学、人工智能、星际探索、新能源新材料等科技浪潮，正不断刷新着我们原有的知识体系和认知维度。让我们站在第二个一百年的起点上，推崇与弘扬科学精神，涵养科学情怀、科学态度、科学思维，让我们的科学素质跟上"科技强国"时代发展的步伐！

倡议人：振华中学学生代表<br>2021 年 5 月

**策略说明：**

第一部分：阐述倡议的背景和理由。

（1）段。呈现命题材料任务清单。身份：振华中学学生代表；主题：弘扬科学精神，增强综合素质；体裁：倡议书；指令：在学校科技节开幕式上发言。

融合造句

（2）段。

提取素材毛泽东《重上井冈山》诗词的关键词，由"可上九天揽月，可下五洋捉鳖"联想我国航天与深海的成就，以此为连接点，与当代中国建设"世界科技强国"的成绩和现实融合思考并造句，以此来表达倡议的背景。

（3）段。将素材习近平总书记在全国科技创新大会上的讲话内容，与题目

"崇尚科学精神涵养科学素质"融合思考造句，阐明崇尚科学精神与涵养科学素质的关系，并表达倡议的理由。

第二部分：从三个角度提出倡议内容并阐述理由

内涵对接。

以下三个角度，涵盖命题材料所呈现的"科学精神"的全部要素；综合素质其中之一是科学素质，而科学素质以科学精神为核心，又包涵科学情怀、科学态度、科学思维、科学方法等。将科学精神的内涵与科学素质的内涵一一对应，形成全文的三个倡议角度。

（4）段。第一角度：崇尚勇于担当不惧挑战拼搏奉献的科学精神，对应"忠诚热爱的科学情怀"，作为段首句，总领（5）—（7）段。

（8）段。第二角度：崇尚探索创新潜心钻研的科学精神，对应"开拓创造精益求精的科学态度"，作为段首句，总领（9）—（11）段。

（12）段。第三角度：崇尚严谨求实去伪存真的科学精神，对应"辩证分析理性批判的科学思维"，作为段首句，总领（13）—（16）段。

（5）—（7）段。

融合造句

（5）段。将人民论坛《在独创独有上下功夫》的素材，与"忠诚热爱"融合思考并造句，阐述"忠诚与热爱"的内涵。

（6）段。提取课文《邓稼先》素材中体现人物忠诚热爱、拼搏奉献精神的内容，放在"当我们走进……我们去读懂……去读懂……"的句式中融合造句，构成排比句；再提取港珠澳大桥岛隧工程总工程师林鸣的素材中体现人物忠诚与热爱拼搏奉献精神的内容，放在"当我们走进……我们去读懂……去读懂……"的句式中融合造句，构成排比句。两个素材综合阐述倡议一的具体内容、理由和意义。

（7）段。将邓稼先和林鸣的素材，与倡议一"崇尚勇于担当不惧挑战拼搏奉献的精神涵养忠诚热爱的情怀"融合思考并造句，阐述倡议的内涵和意义。

（9）—（11）段。

（9）段。将丁肇中《应有格物致知精神》的素材，与"探索创新潜心钻研"融合思考并造句，阐述"开拓创新和精益求精"的内涵。

（10）段。将"中国科协2021年科普工作要点"素材中提及的项目设计为科技节的活动项目，与"中国科学院院士陈定昌"的素材，与"华为研发核心技术应对美国打压制裁"的素材，与人民论坛《在独创独有上下功夫》关于

"抗疫者"的素材，四者融合思考，放在"走进……去感受……去感受……去感受……"的句式中造成排比句，阐述倡议二的具体内容、理由和意义。

（11）段。将"中国科协2021年科普工作要点"素材与"开拓创新精益求精"的内涵融合思考造句，阐述倡议二的内涵和意义。

（13）—（16）段。

融合造句

（13）（14）段。将"中国科协2021年科普工作要点"素材中提及的项目设计为科技节的活动项目，阐述"关注与参与科技节系列科普活动"的倡议内容。

（15）段。将"辩证分析和理性批判的科学思维"的内涵，与"河南郑州熟鸡蛋返生"的素材，与"2020年度科学流言求真"的素材融合思考，放在"同学们可以尝试分析……尝试分析……尝试分析……"的句式中造成排比句，阐述表现"关注与参与科普活动"倡议三的内涵。

（16）段。将习近平总书记关于"科普工作的重要性"的素材与"崇尚严谨求实去伪存真的科学精神涵养辩证分析理性批判的科学思维"的倡议内容融合思考造句，阐述倡议三的内涵和意义。

第三部分

将人民时评《让科学素质跟上科技发展步伐》中关于当代科技革命的内容，与科学精神的内涵，与科学素质的内涵融合思考造句，阐述三个倡议的目的和意义。

**第2版**

**替代第1版第（3）段**

（3）"世界科技强国"正是我们身处的大背景！2020年6月3日，中国科协通过官网公布，未来15年是中国发展的关键时期，《全民科学素质行动计划纲要（2021—2025—2035年）》编制工作已正式启动，要助力世界科技强国建设，要贯彻落实习近平总书记关于"普及科学知识、弘扬科学精神、传播科学思想、倡导科学方法，在全社会推动形成讲科学、爱科学、学科学、用科学的良好氛围"的论述精神！这个信息告诉我们，以崇尚科学精神为途径，涵养科学素质；以提高科学素质为推动力，弘扬科学精神，这正是时代赋予我们的使命。当代中学生身逢盛世，当不负盛世；心怀强国梦，当铸强国能，为此，我们以"崇尚科学精神，涵养科学素质"为主题，向全体同学发出以下倡议：

**策略说明：**

将素材《全民科学素质行动计划纲要》的制定，与素材中关于习总书记的谈话精神，与题目"崇尚科学精神涵养科学素质"融合思考造句，阐明崇尚科学精神与涵养科学素质的关系，并表达倡议的背景与理由。

请关注本段加线句在第1版与第2版的不同表达。

### 替代第1版（6）（7）段

倡议一：崇尚勇于担当不惧挑战拼搏奉献的科学精神，涵养忠诚热爱的科学情怀……

（6）崇尚勇于担当不惧挑战拼搏奉献的科学精神，首先要深刻领悟一代代科技工作者驰而不息的动力源泉与精神源泉。<u>当我们走近2012年"辽宁舰歼-15舰载机研发团队"，我们去读懂他们面对技术封锁殚精竭虑从青丝变白发，是因为听从了中华民族等了近百年的让"航母舰载战斗机上舰"梦想的召唤；去读懂他们顽强攻关累倒在试验场、生死考验在刀尖上舞蹈最终"一着惊海天"是因为听从内心强军强国的热血召唤！当我们走近"天问一号"航天人团队，我们去读懂航天人自探测器2020年7月23日成功发射到2021年5月15日于火星乌托邦平原成功着陆，那300多个日夜的魂牵梦萦，是因为他们始终听见了探索浩瀚宇宙的中国梦的召唤；去读懂航天人于5月15日这一天历经了天问一号任务火星着陆"惊魂九分钟"的惊心动魄，是因为他们听见了把中国的外太空技术带进科技一线大国行列的热血召唤！</u>

（7）在深刻领悟之后，我们还要去推崇与弘扬这样的科学精神，这样的中国精神！我们要一遍遍地告诉自己告诉身边人，一个民族的崛起、一个国家的强大，是<u>一代代科技工作者们</u>的勇于担当不惧挑战拼搏奉献；我们还可以尝试将这样的科学精神移植到我们的心里，来涵养起忠诚热爱的科学情怀！

**策略说明：**

（6）段。提取课文《一着惊海天》素材中体现团队忠诚热爱、拼搏奉献精神的内容，放在"当我们走进……我们去读懂……去读懂……"的句式中融合造句，构成排比句；再提取天问一号火星着陆的素材中体现团队忠诚与热爱拼搏奉献精神的内容，放在"当我们走进……我们去读懂……去读懂……"的句式中融合造句，构成排比句。两个素材综合阐述倡议一的具体内容、理由和意义。

（7）段。将以上素材的团队人物概括为"一代代科技工作者们"，替换第1

版中的表达。

请关注本段加线句在第1版与第2版的不同表达。

### 替代第1版第（10）段

倡议二：崇尚探索创新潜心钻研的科学精神，涵养开拓创造和精益求精的科学态度……

（10）在这届科技节的系列活动里，倡议同学们可以走进"科创百年——建党100周年科技成就展""科学家风采""共襄战疫　共享未来"抗疫主题展览巡展的系列主题平台，去感受居里夫人先大胆假设"镭"的存在后潜心求证，无数次从铀矿残渣中实验离析百分之一的"镭"的创造豪情；去感受港珠澳大桥岛隧工程总工程师林鸣带领团队6年时间里在一次次论证一次次否定一次次优化中潜心研发外海沉管隧道施工核心技术的探索勇气与创造豪情；去感受中国国药集团潜心研发安全性有效性和质量验证过硬的新冠疫苗，使疫苗于2021年5月7日被世界卫生组织宣布列入"紧急使用清单"，从而助力全球抗疫的那种探索创造和精益求精的科学精神！

**策略说明：**

（10）段。将"中国科协2021年科普工作要点"素材中提及的项目设计为科技节的活动项目，与课文《美丽的颜色》居里夫人提取镭实验的素材，与港珠澳大桥岛隧工程总工程师林鸣的素材中体现人物探索和创造精神的内容，与中国国药集团研发新冠疫苗的素材，四者融合思考，放在"走进……去感受……去感受……去感受……"的句式中造成排比句，阐述倡议二的具体内容、理由和意义。

请关注本段加线句在第1版与第2版的不同表达。

### 替代第1版第（15）段

倡议三：崇尚严谨求实去伪存真的科学精神，涵养辩证分析和理性批判的科学思维……

（15）接着，请关注科技节科学辟谣平台"升舱行动""科普大擂台"等活动，同学们可以尝试分析关于"吃芹菜可以降血压"的流言是如何脱离剂量大谈"毒性"或者影响形成没有实际意义的结论；可以尝试分析关于"手机信号增强贴能增强信号"的流言是如何借科技之名而行营销之事的；可以尝试分析关于"秋凉换季输液可以扩张血管有效预防脑中风"的流言是如何不顾限定条件将科学结论夸大以偏概全以迷惑世人的……

285

**策略说明：**

（15）段。将"辩证分析和理性批判的科学思维"的内涵与"2020年度科学流言求真"的素材融合思考，放在"同学们可以尝试分析……尝试分析……尝试分析……"的句式中造成排比句，阐述表现"关注与参与科普活动"倡议三的内涵。

请关注本段加线句在第1版与第2版的不同表达。

**第3版**

### 替代第1版（6）（7）段

倡议一：崇尚勇于担当不惧挑战拼搏奉献的科学精神，涵养忠诚热爱的科学情怀……

（6）崇尚勇于担当不惧挑战拼搏奉献的科学精神，首先要深刻领悟一代代科技工作者驰而不息的动力源泉与精神源泉。<u>当我们走近那一群在央视春晚上合唱《少年》的清华老人，当我们了解他们当中有矢志"造飞机"一干就是一辈子的设计者，有毕业后赶赴核试验基地"干惊天动地事，做隐姓埋名人"的伉俪，我们要去读懂他们把青春融进祖国的江河的一怀忠诚，读懂他们默默奉献心中有爱热烈生长的一腔热血；当我们走近1996年出生的文昌空中发射场最年轻的女指挥员周承钰，我们要去读懂她发奋求学就读国防科技大学矢志报国的一怀忠诚，读懂她毕业两年就参加5次测发任务，作为航天"花木兰"指挥整个连接器系统30多个操作手团队的热血担当！</u>

（7）在深刻领悟之后，我们还要去推崇与弘扬这样的科学精神，这样的中国精神！我们要一遍遍地告诉自己告诉身边人，一个民族的崛起、一个国家的强大，是<u>一代代的科技工作者们</u>勇于担当不惧挑战拼搏奉献；我们还可以尝试将这样的科学精神移植到我们的心里，来涵养起忠诚热爱的科学情怀！

**策略说明：**

（6）段。提取《把青春融入祖国的江河》素材中体现清华老人忠诚热爱、拼搏奉献精神的内容，放在"当我们走进……我们去读懂……去读懂……"的句式中融合造句，构成排比句；再提取文昌空中发射场最年轻的女指挥员周承钰的素材中体现人物忠诚与热爱拼搏奉献精神的内容，放在"当我们走进……我们去读懂……去读懂……"的句式中融合造句，构成排比句。两个素材综合阐述倡议一的具体内容、理由和意义。

（7）段。将以上素材的人物概括为"一代代科技工作者们"，替换第1版中的表达。

请关注本段加线句在第1版与第2版、第3版的不同表达。

### 替代第1版第（9）（10）段

倡议二：崇尚探索创新潜心钻研的科学精神，涵养开拓创造和精益求精的科学态度……

（9）同学们，我们都学习过《谈创造性思维》，文章说，任何人都拥有创造力，关键是要经常保持好奇心，不断积累知识；不满足于一个答案，而去探求新思路，去运用所得的知识；一旦产生小的灵感，相信它的价值，并锲而不舍地把它发展下去。这句话告诉我们，科学的道路上，一要会仰望星空，勇于探索创新；二要脚踏实地，勤于潜心钻研。二者组合成由开拓创新和精益求精相融合的科学态度。

（10）在这届科技节的系列活动里，倡议同学们可以走进"科创百年——建党100周年科技成就展""科学家风采""共襄战疫 共享未来"抗疫主题展览巡展的系列主题平台，去感受航天人在完成"天地往返、空间出舱、交会对接、太空加油"等关键技术一次次突破后才将天和核心舱成功送入太空建成空间站的那份潜心钻研不断开拓的创造豪情；去感受"两弹元勋"邓稼先深入西北戈壁滩试验场掌握第一手试验资料的那种精益求精的科学态度；去感受长征五号火箭总设计师李东十年磨一"箭"，率领技术团队解决复杂力热环境、大质量多干扰分离等世界性难题，探索出大推力火箭研制之路的科学精神！

**策略说明：**

（9）段。将素材《谈创造性思维》中关于创造力的表现即探求创造和锲而不舍的论述，与"探索创新潜心钻研"融合思考并造句，阐述"开拓创新和精益求精"的内涵。

（10）段。将"中国科协2021年科普工作要点"素材中提及的项目设计为科技节的活动项目，与"天和核心舱成功送入太空建成空间站"的素材，与素材人民论坛《在独创独有上下功夫》中关于邓稼先和李东体现探索和创造精神的内容三者融合思考，放在"走进……去感受……去感受……去感受……"的句式中造成排比句，阐述倡议二的具体内容、理由和意义。

请关注本段加线句在第1版与第2版、第3版的不同表达。

### 替代第1版第（15）段

倡议三：崇尚严谨求实去伪存真的科学精神，涵养辩证分析和理性批判的科学思维……

（15）接着，请关注科技节科学辟谣平台"升舱行动""科普大擂台"等活动，同学们可以尝试分析《写真地理》期刊发表的《熟鸡蛋变成生鸡蛋（鸡蛋返生）——孵化雏鸡的实验报告》的科学谎言，是如何堂而皇之出现在标榜准确严谨的学术期刊上；尝试分析关于"新冠疫苗只能保护半年，半年后还得打"的流言是如何断章取义选取了部分科学结论作为最终结论而与原意大相径庭的；尝试分析"发现结节要立即切除，否则会癌变"的流言是如何过分依赖思维定式和刻板印象令人失去理性客观的判断的……

**策略说明：**

（15）段。将"辩证分析和理性批判的科学思维"的内涵，与素材"河南郑州熟鸡蛋返生"的素材（从期刊的角度），与素材"2020年度科学流言求真"的素材融合思考，放在"同学们可以尝试分析……尝试分析……尝试分析……"的句式中造成排比句，阐述表现"关注与参与科普活动"倡议三的内涵。

请关注本段加线句在第1版与第2版、第3版的不同表达。

**6号文本：《故乡》《祖国啊我亲爱的祖国》《美丽的颜色》+11个素材**
关联命题8《在裂缝中寻找光亮》


**一、择读文段**
说明：择读课能表现于裂缝（不完美、阴云）中寻找光亮的人物故事或语言素材。

1.《美丽的颜色》：在科学的裂缝中发现镭的蓝色荧光。

2.《故乡》：在故乡的条条裂缝中看见一轮金黄的圆月，一条希望的路。

非常难。第六个孩子也会帮忙了，却总是吃不够……又不太平……什么地方都要钱，没有规定……收成又坏。种出东西来，挑去卖，总要捐几回钱，折了本；不去卖，又只能烂掉……

母亲和我都叹息他的景况：多子，饥荒，苛税，兵，匪，官，绅，都苦得他像一个木偶人了。

我在朦胧中，眼前展开一片海边碧绿的沙地来，上面深蓝的天空中挂着一轮金黄的圆月。我想：希望是本无所谓有、无所谓无的。这正如地上的路；其实地上本没有路，走的人多了，也便成了路。

（《呐喊自序》：但或者也还未能忘怀于当日自己的寂寞的悲哀罢，所以有时候仍不免呐喊几声，聊以慰藉那在寂寞里奔驰的猛士，使他不惮于前驱。）

3.《祖国啊我亲爱的祖国》：在 1979 年百废待举的现实的裂缝中寻找和追逐着绯红的黎明之光喷薄的那一刻

我是你河边上破旧的老水车/数百年来纺着疲惫的歌/我是你额上熏黑的矿灯/照你在历史的隧洞里蜗行摸索/我是干瘪的稻穗/是失修的路基/是淤滩上的驳船/把纤绳深深勒进你的肩膊/——祖国啊！

我是你簇新的理想/刚从神话的蛛网里挣脱/我是你雪被下古莲的胚芽/我是你挂着眼泪的笑涡/我是新刷出的雪白的起跑线/是绯红的黎明/正在喷薄/——祖国啊！

## 二、选择素材

1.《红星照耀中国》：在革命征途的裂缝中看见中国的希望和未来

美国记者埃德加·斯诺所著的纪实文学作品。

（1）一次，我碰到一个 15 岁的瘦少年。他是甘肃附近一所医院里的少年先锋队和共青团的团员。我不知道，向西北的长途跋涉，在他年轻的脑海里留下什么印象？但是我没有能够清楚，对这个一本正经的少年来说，这整个事情是一件小事，只是徒步走过两倍于美国宽度的距离的小事情。"很苦吧？"我试着问道，"<u>不苦不苦，有同志和你们一起行军是不苦的，我们革命青年不能想到事情是不是困难或辛苦，我们只能想到我们面前的任务，如果要走一万里，我们就走一万里；如果要走二万里，我们就走二万里！</u>""你喜欢甘肃吗？它比江西好还是江西好，南方的生活是不是好一些？""<u>江西好甘肃也好，有革命的地方就是好地方。我们吃什么睡在哪里都不重要，重要的是革命！</u>"

（2）有一节专门记录红军中的少年先锋队员：

在西北苏区一共有少年先锋队员约四万名。少年先锋队员在红军里当通讯员、勤务员、号手、侦察员、无线电报务员、挑水员、宣传员、演员、马夫、护士、秘书甚至教员。

在西安府污秽的监狱里，关着二百多名这样的少年，他们是在做侦察或宣传工作时被捕的，或者是行军时赶不上队伍而被抓的。但是他们的刚毅坚忍精神令人叹服。

<u>他们总是愉快而乐观</u>，不管整天行军的疲乏，一碰到人问他们好不好就回答"好！"他们耐心、勤劳、聪明、努力学习，因此看到他们，就会使你感到中

国不是没有希望的。<u>在少年先锋队员身上寄托着中国的将来</u>。

2. 黄国平《致谢》：在贫苦生活的裂缝中追着光，靠近光，成为光

3. 人民日报《把青春融进祖国的江河》：在时光的裂缝中依然心中有爱热烈生长

一群银发老人合唱《少年》的视频在网络热传："在征服宇宙的大军里，那默默奉献的就是我；在辉煌事业的长河里，那永远奔腾的就是我。不需要你认识我，不渴望你知道我，我把青春融进祖国的江河"。

"少年气"无关年龄、无关境遇，只要心中有爱、热烈生长，平凡的岗位上也能做出不平凡的业绩，平淡的生活中也能活出不平淡的滋味。

4. 一封"火箭发射失利后初中生写给科研人员"的信：在航天技术的一个裂缝中再度扬帆起航续梦九天

（1）2020年3月16日，我国长征七号甲运载火箭发射任务失利；4月15日，北京八中张亦琛一封"火箭发射失利后初中生写给科研人员的信"刷屏网络！

他说，2020年伊始，新冠病毒席卷中国，医护人员在一线与死神搏斗，而您们依然也在一线——文昌卫星发射中心的一线。但就在3月16号，咱们的长征七号甲运载火箭发射失利，让我倍感心痛。

他用自己的知识<u>详细分析了四个可能的原因并归结了两个观点供科研人员参考</u>。

信的最后写道：加油，中国航天人，让我们共同期待，长城七号甲型遥二火箭一飞冲天。我们的征途是星辰大海！

（2）长征七号总设计师范瑞祥和长征七号总指挥孟刚及科研人员给初中生回信：你分析推理很有逻辑，见解也很独特，相信长大后一定可以为祖国的航天事业贡献力量。

然后回顾了发射失利后的情况：<u>强忍悲痛，连续作战，查清了问题的原因；边隔离边工作，通宵达旦鏖战，憋着不服输的劲，一定要尽快找到问题的根源；说得最多的是要把所有的问题和薄弱点找出来，要从失败中查找真正的技术原因和管理原因，对症下药，采取措施改进，尽快完成新火箭生产，组织新的发射，用成功证明自己，证明中国新一代运载火箭的实力，证明中国年轻一代航天人可以干成事</u>！

（3）2020年11月，嫦娥五号发射成功，挑战月球采样返回，12月，嫦娥五号成功返回。

2020 年 10 月，天问一号探测器火星探测任务顺利完成深空机动；2021 年 2 月，天问一号探测器成为我国第一颗人造火星卫星，环绕火星获得成功。

2021 年 3 月，长征四号丙运载火箭在酒泉卫星发射中心点火升空，成功将高分十二号 02 星送入预定轨道，发射任务取得圆满成功。

5. 张桂梅：在生命的裂缝中点燃他人的生命之光

6. 疫情中的高中生朱如归：在春天的阴云中传递微光

7. 《人民日报》"丧文化"：在生活的裂缝中拒绝看见光

8. 《经典咏流传》第四季：在家国的危难中成为明月与星辰

英雄的本色是什么？是"雨打灯难灭，风吹色更明"的坚韧顽强；是"一年三百六十日，多是横戈马上行"的不辞艰辛；是"高情已逐晓云空，不与梨花同梦"的超越平庸；是"男儿何不带吴钩，收取关山五十州"的满腔壮志；是"一腔热血勤珍重，洒去犹能化碧涛"的不惧牺牲；是"回看射雕处，千里暮云平"的襟怀坦荡，是"富贵非所愿，与人驻颜光"的无私奉献。英雄自古常如此，愿逐月华流照君。

9. 几米：屋顶破了一个洞，刚好白云飘过；墙壁破了一个洞，刚好清风吹来；地板破了一个洞，刚好茉莉花开。

10. 人民日报《激发不怕苦能吃苦的牛劲牛力》：苦与"韧"相连、与"进"相伴、与"成"相随

苦总是与"韧"相连（后文省略）。

苦总是与"进"相伴。有人说："困难越大，荣耀也越大。"新长征路上，每一项事业的开拓，都离不开攻坚克难的勇毅，都要葆有一往无前的奋斗姿态。这样的奋斗，是"朝耕及露下，暮耕连月出"的奉献，须有为民服务孺子牛精神；是"敢教荒原成沃野"的开创，须有创新发展拓荒牛精神；是"不用扬鞭自奋蹄"的砥砺，须有艰苦奋斗老黄牛精神。

苦总是与"成"相随。艰难困苦，玉汝于成。艰苦奋斗，积蓄着奋进的力量，孕育着成功的硕果。答好每一道考题，都离不开苦干实干。"人间万事出艰辛"。志从苦中砺，才从苦中长，功从苦中建。不畏劳苦，迎难而上，当有"胸中怀有大目标，泰山压顶不弯腰"的气概；当有"千淘万漉虽辛苦，吹尽狂沙始到金"的意志；当有"长风破浪会有时，直挂云帆济沧海"的信念。


**三、读写融合**

聚焦"思"的主题，关联命题 8《在裂缝中寻找光亮》发言稿写作。

写作思路：

从"丧表达"现象入笔提出要在裂缝中寻找光亮——第一层，艰苦的裂缝里孕育着成功与梦想之光，举例并点题——第二层，现实的裂缝里孕育着创造与希望之光，举例并点题——第三层，不以身为平凡为心的裂缝，将小我融入大我，闪亮起自己璀璨世界，举例并点题——归结在裂缝中寻找光亮的意义在于闪耀自己的天空，闪耀希望与未来。

**第 1 版**

## 在裂缝中寻找光亮

亲爱的同学们：

你们好！

（1）在学校五四青年节系列评选活动中，我被评为"十佳校园之星"之一。今天作为校园之星代表在国旗下讲话，我演讲的题目是《在裂缝中寻找光亮》。

（2）我和大家一样，在校园里经常听到这样的"丧表达"：累得像条狗！颓废到忧伤！我太难了！人间不值得！是啊，学习和成长的路有时太过迷茫太过曲折，当我们被疲惫与孤独、渺小与无力等种种不美好的感觉困住的时候，难免会"丧"一下来求心疼和求关注。

（3）但是，在"丧表达"之后，我们依然要记得在生活的裂缝中努力地寻找光亮。正如几米所言：屋顶破了一个洞，刚好白云飘过；墙壁破了一个洞，刚好清风吹来；地板破了一个洞，刚好茉莉花开。在裂缝中寻找光亮，让自己透过斑驳的裂缝，能够时时看得见白云飘过，触得到清风吹来，闻得到茉莉花开！

**策略说明：融合造句**

1.（2）段将"裂缝"与当下中学生的现状融合思考，链接起"丧表达"的素材，用来引出"寻找光亮"。

2. 以"在裂缝中寻找光亮"为主句式，与"丧表达"的素材，与几米的素材句，融合思考造排比句，成为点题句。

（4）你觉得学习很苦吗？那些不如意的成绩曾像一道道裂缝，让自己的心一次次受伤！但你是否知道，"苦"与"成"相伴，每一道叫作艰苦的裂缝里，都积蓄着奋进的力量，孕育着成功的硕果，更闪耀着梦想的光亮！

（5）要说艰苦，我们苦得过居里夫人吗？她那艰苦的裂缝中，<u>有一道是</u>"没有钱没有实验室和几乎没有人帮助"的苦，<u>有一道</u>是"从沥青铀矿残渣里离析百分之一的镭的希望几乎不可能"的苦，<u>还有一道</u>是"工作日变成工作月，工作月变成工作年"的苦！但是，居里夫人一直在艰苦的裂缝中寻找着追逐着那一丝微光！那一丝微光是有着美丽颜色的始终可爱的镭光，是略带蓝色的闪耀着的荧光，是悬在夜的黑暗中自动发亮的梦想之光！于是，苦一点有什么？当梦想之光照进艰苦的裂缝，志从苦中砺，才从苦中长，功从苦中建，人类科学的进步之光就从苦中脱胎而出，光耀万丈！

**策略说明：融合造句**

（4）段。以"裂缝与光亮"为核心词，对应起"艰苦与成功"，再与中学生认为"学习苦"的现实融合思考造句，成为段首句和点题句。

（5）段。

扣"裂缝"造排比句。先提取居里夫人的素材中体现"艰苦"的信息，分成三层，分别与"裂缝"二字融合造句，用"在艰苦的裂缝中，有一道……有一道……有一道……"的句式组成排比句；

扣"光亮"造排比句。再以"在裂缝中寻找光亮"为核心句，提取居里夫人素材中体现"光亮"的信息，分解为三个分句，融合进核心句的句式"那是……的光"组成排比句；

再从"裂缝与光亮"的关系的角度揭示意义，再组排比句（即"进步之光就从苦中脱胎而出，光耀万丈"句）。

（6）你觉得现实不够美好吗？那些不够完美的现实曾像一道道裂缝，让自己的心一次次蒙上阴云？但你是否知道，<u>不完美又何妨，每一道来自现实的裂缝里，都积蓄着爆发的力量，孕育着创造的硕果，更闪耀着希望的光亮！</u>

（7）要说现实的不完美，曾经战火纷飞的中国如何？身在战争年代的少年们又如何？美国记者埃德加·斯诺在《红星照耀中国》里记述了与一个15岁的少年先锋队和共青团"头头"的对话。斯诺设身处地地想象着少年身处现实的种种不美好：长征路的遥远，每日行军的艰辛，远离家乡与亲人的孤独，然后一一地问。少年一一地答：这只是徒步走过两倍于美国宽度的距离的小事情！不苦不苦，有同志一起行军是不苦的！江西好甘肃也好，有革命的地方就是好地方！我们吃什么睡在哪里都不重要，重要的是革命！

（8）于是，我们和斯诺记者所看见的那一道道来自现实的深深的裂缝，却

293

成就了少年们"雨打灯难灭，风吹色更明"的坚韧顽强，成就了少年们"一年三百六十日，多是横戈马上行"的不辞艰辛，成就了少年们"男儿何不带吴钩，收取关山五十州"的革命豪情！难怪埃德加·斯诺看到了希望的光芒在闪耀：看到他们，就会使你感到中国不是没有希望的。在少年先锋队员身上寄托着中国的将来！

**策略说明：融合造句**

（6）段。以"裂缝与光亮"为核心词，对应起"不完美与创造、希望"，再与中学生认为"现实不够美好"的现实融合思考造句，成为段首句和点题句。

（7）段。扣"裂缝"造排比句。先提取《红星照耀中国》的素材中体现"小红军艰苦"的信息，从"裂缝"的角度分成三层，用"长征路的遥远，每日行军的艰辛，远离家乡与亲人的孤独"组成排比句。

扣"光亮"造排比句。提取《红星照耀中国》的素材中体现"光亮"的信息，将小红军回答记者的话分成三层体现"光亮"。

（8）段。再提取《经典咏流传》中的内涵相对应的诗句，分解为三个分句，以"在裂缝中寻找光亮"为核心句，用"那一道道深深的裂缝，成就了……成就了……成就了……"的句式组成排比句，表达"在裂缝中寻找光亮"的意义。

（9）你觉得自己很平凡吗？想跃入时代的潮流却害怕不足以成为奔涌的后浪？想着既然微光如萤烛那就漫无目的地颓废因为自有别人的炬火会去照亮世界？于是心如老墙一道道裂开缝隙一次次陷入灰暗？但你是否知道，"小我"与"大我"相生相伴，当你把"小我"的奋斗融进远方的梦想，当你把"小我"之青春融入祖国的江河，你就闪亮起自己的人生，同时璀璨了祖国的山河！

（10）要说一个人的渺小与平凡，疫情初发时一个陕西眉县职业教育中心高二年级的学生能做什么？可是当学生朱如归看见"84岁高龄的钟南山院士在奔赴武汉的高铁上闭目休息"的一张照片后他偏偏想：我一个18岁的青年，在这个时候应该为湖北做点什么！"于是他大年初一瞒着家人步行100多千米逆行湖北孝感市的一个定点医院当志愿者；"钱出不了，技术出不了，我可以出力"，于是他为病人送餐、清理餐余，帮病人翻身、如厕，观察危重症病人的生命体征；"我还可以带给他们快乐和力量"，于是他学方言、讲笑话，想方设法地给病房带去生机与活力，提振战"疫"的信心！

（11）疫情之中高中生朱如归，不以身为平凡为心的裂缝，反是挺身而出成为一道微光，又在春天的阴云中传递微光，用"小我"之微光，作为无数微光的万分之一，融入一片灿烂的世界，成就"我们"的胜利，成就世界的璀璨！

**策略说明：融合造句**

（9）段。以"裂缝与光亮"为核心词，对应起"小我与大我"，再与中学生认为"个人太过平凡"的现实融合思考造句，成为段首句和点题句。

（10）段。以"寻找光亮"为核心，将疫情中的高中生朱如归的素材信息，分解为三层，融进"于是他……于是他……于是他……"的"语言+行动"的句式里，从正面表现人物并不沉陷在自己身为平凡的心缝里，而是努力以"小我"融入"大我"的过程。

（11）段。以"在裂缝中寻找光亮"为核心句，与朱如归的素材融合思考造句，表达"在裂缝中寻找光亮"的意义。

（12）亲爱的同学们，人生不够完美又何妨？加拿大歌手莱昂纳德·科恩在《颂歌》里唱道：万物皆有裂缝，那是光得以进入的地方！让我们在斑驳的裂缝中寻找点点光亮，看见白云飘过，触到清风吹来，闻到茉莉花开！让我们尝试着让自己变成那点点光亮，闪耀自己的天空，闪耀希望与未来！

（13）我的国旗下演讲到此结束，谢谢大家！

**策略说明：融合造句**

（12）段。以"在裂缝中寻找光亮"为核心句，将命题材料中《颂歌》的句子作为素材，与几米的句子三者融合思考造句，从中学生的角度表达思考，在演讲稿的结尾激情宣告，深化点题。

**第2版**

### 替代第1版（5）段

要说艰苦，我们苦得过那个以一封附在中科院博士论文后的《致谢》泪哭全网的黄国平吗？他那艰苦的裂缝中，有一道是"12岁失去母亲17岁失去父亲失去婆婆恩师"的痛失所有至亲的苦，有一道是"每天煤油灯下读书、靠自己周末抓鱼出租水牛赚学费"的独立支撑的苦，还有一道是"冬天穿破衣服众目睽睽之下走过教室长廊"的尊严脆弱的苦。但是，黄国平一直在艰苦的裂缝中寻找着追逐着那一道光！那一道光是"把书念下去，然后走出去，不枉活一世"的坚定信念，是"不辜负这一生吃过的苦"的美丽愿景，是"做出点让别人生活更美好的事"的远大抱负！当这一道光照进艰苦的裂缝，志从苦中砺，才从苦中长，功从苦中建，一道青春的励志之光就从苦中脱胎而出，光耀万丈！

**策略说明：融合造句**

扣"裂缝"造排比句。先提取黄国平的素材中体现"艰苦"的信息，分成三层，分别与"裂缝"二字融合造句，用"在艰苦的裂缝中，有一道……有一道……有一道……"的句式组成排比句。

扣"光亮"造排比句。再以"在裂缝中寻找光亮"为核心句，提取黄国平素材中体现"光亮"的信息，分解为三个分句，融合进核心句的句式"那一道光是……"组成排比句。

再从"裂缝与光亮"的关系的角度揭示意义，再组排比句（即"青春励志之光就从苦中脱胎而出光耀万丈"句）。

### 替代第 1 版（6）（7）段

要说现实的不完美，1979 年百废待举的中国如何？身在其间心忧家国的青年们又如何？在诗人舒婷的眼中，祖国何止不完美，简直千疮百孔令人心痛：如数百年纺着疲惫的歌的破旧的老水车；如在历史的隧洞里蜗行摸索的额上熏黑的矿灯；如干瘪的稻穗、失修的路基和淤滩上的驳船！但是，那一道道来自时代与现实的深深的裂缝，更激发了诗人更加热烈而深沉的爱，更驱使着诗人去寻找簇新的理想，雪被下古莲的胚芽；更驱使着诗人去追逐那新刷出的雪白的起跑线，那正在喷薄的绯红的黎明之光！

**策略说明：融合造句**

扣"裂缝"造排比句。先提取《祖国啊我亲爱的祖国》的素材中体现"现实不美"的信息，从"裂缝"的角度分成三层，用"如……如……如……"组成排比句。

扣"光亮"造排比句。提取《祖国啊我亲爱的祖国》的素材中体现"光亮"的信息，分成三层用"更激发了……更驱使着……更驱使着……"的排比句体现"光亮"。

### 替代第 1 版（10）（11）段

说起平凡，我不由想起 2021 年央视网络春晚上，来自清华大学上海校友会平均年龄 74.5 岁的一群银发老人，系着领结、挽起袖子，在舞台上欢快地合唱《少年》的样子！我们甚至叫不出他们当中任何一个人的名字！你可知道，他们当中，有矢志"造飞机"的设计者，一干就是一辈子；有毕业后赶赴核试验基地的夫妇，干惊天动地事，却做隐姓埋名人！而当时光剥蚀了他们的青春，年轮刻上了一道道裂缝，他们却依然心中有爱热烈生长，且听他们正高唱一曲《少年》：我还是从前那个少年没有一丝丝改变，时光只不过是考验种在心中信念丝毫未变！且听他们正向祖国深情告白："不需要你认识我，不渴望你知道我，我把青春融进祖国的江河！"

（11）这一群清华老人中的每一个个体，在时光的裂缝中永葆那颗少年初心，用"小我"之平凡微光，作为无数微光的万分之一，融入一片灿烂的世界，成就祖国的一个个高光时刻，成就祖国的盛世华年！

**策略说明：融合造句**

1. 以"小我"为核心，提取清华大学上海校友会一群老人合唱《少年》素材中体现"平凡"的信息造句；再以"大我"为核心，提取素材中体现"青春融入祖国江河"的信息造句；再提取素材中体现"在时光的裂缝中寻找光亮"的信息造句。

2. 以"光亮"为核心，与清华老人在时光的裂缝中葆有少年初心融合思考造句，表达他们以"小我"融入"大我"的意义。

## 第3版

### 替代第1版（5）段

（5）要说艰苦，我们苦得过2020年3月16号长征七号改中型运载火箭发射失利带给航天人的那种艰难与痛苦吗？那道裂缝中有来自疫情的苦，一边采取一切隔离措施一边查找失利原因；有来自技术的难，通宵达旦鏖战追溯所有的问题和薄弱点；更有来自内心的痛，强忍摧心的悲痛硬扛巨大的压力去寻求改进措施组织新的发射！可是，苦一点算什么？！再启征程，续梦九天！航天人在裂缝中寻找光亮的步伐从未止步！于是我们看到了，2020年11月嫦娥五号发射成功挑战月球的那一道光！2021年2月天问一号探测器成功环绕火星的那一道光，2021年3月长征四号丙运载火箭点火升空成功发射的那一道光！当航天人探问九天的梦想之光照进艰苦的裂缝，志从苦中砺，才从苦中长，功从苦中建，国家重器的进阶之光就从苦中脱胎而出，光耀万丈！

**策略说明：融合造句**

扣"在裂缝中寻找光亮"造排比句。提取长征七号改中型运载火箭发射失利素材中体现"艰苦"的信息，以及体现"寻找光亮"的信息，分成三层造句，用"那道裂缝中有来自疫情的苦，查找原因……有来自技术的难，追溯问题……更有来自内心的痛，寻求改进……"的句式组成排比句。

扣"光亮"造排比句。提取航天人素材中体现"光亮"续梦九天的信息，分解为三个分句，用"于是我们看到了……那一道光"的句式组成排比句。

再从"裂缝与光亮"的关系的角度揭示意义，再组排比句（即"国家重器的进阶之光从苦中脱胎而出光耀万丈"句）。

### 替代第 1 版（7）（8）段

要说现实的不完美，1919 年的积贫积弱的中国如何？身在其中心忧天下的青年又如何？那一年鲁迅回到故乡绍兴，他眼前的农村现实何止是裂缝斑斑，已然是疮痍累累！鲁迅怀着一腔的悲凉沉郁，写着荒凉萧索的故乡，写着被多子饥荒苛税兵匪官绅压榨得像个木偶人的闰土，写着变得辛苦恣睢生活的杨二嫂，在几近窒息的空气中，却又在小说的结尾给了我们一丝光亮：在朦胧中，眼前展开一片海边碧绿的沙地来，上面深蓝的天空中挂着一轮金黄的圆月。

是的，现实不美且丑陋，心中阴霾重重，满溢寂寞的悲哀，但为了在现实的裂缝中寻找一丝光亮，鲁迅依然愿意呐喊几声，用"希望如地上的路；其实地上本没有路，走的人多了，也便成了路"去慰藉那些在寂寞里奔驰的猛士，使他们不惮于前驱！

**策略说明：融合造句**

扣"裂缝"造排比句。先提取《故乡》的素材中体现"现实不美"的信息，从"裂缝"的角度分成三层，用"鲁迅写着……写着……写着……"组成排比句。

扣"光亮"提取《故乡》小说结尾"海边碧绿沙地"一段体现"光亮"的信息，再以"在裂缝中寻找光亮"为核心句，与鲁迅《呐喊》自序中的素材句、《故乡》的素材句融合思考造句，表达在裂缝中寻找光亮的意义。

### 替代第 1 版（10）（11）段

要说平凡，1996 年 30 多岁的没有亲人没有孩子没有家、在云南华坪小县城当普通教师的张桂梅有多平凡？常年一条洗得褪色的牛仔裤，一件老气的衬衫，一双贴满膏药的手，一副厚厚的近视眼镜的张桂梅有多平凡？当她决定办一所免费女子高中时力量有多微弱？多方筹款，被人放狗咬过，脚上鲜血直流；街头募捐，别人怀疑是骗子，朝脸上吐口水；挨户家访，行程十万多千米摔断过肋骨发过高烧迷过路虚弱晕倒在路上！但是，12年的时光里她让1800多名大山里的女孩考上大学！在自己生命的裂缝里，她却拼尽全力为大山的女子们造大学之梦，拼尽全力去点燃她们的生命之光！

小我如何成就大我呢？你听，张桂梅说：如果我是小溪，就流向沙漠，去造就一片生命的绿洲！微光如何汇聚璀璨呢？我想对你们说，在生命的裂缝中寻找光，成为光！即使是萤火微光，仍不啻微芒造炬成阳，就可以去闪亮他人的人生，去回馈世界以璀璨！

**策略说明：融合造句**

1. 以"小我"为核心，提取张桂梅素材中体现"平凡"的信息造句。

2. 再以"在时光的裂缝中寻找光亮"为核心句，与张桂梅"点燃他人生命之光"的素材信息融合思考造句，表现"小我成就大我，微光汇聚璀璨"的意义。

### 7号文本：《愚公移山》《植树的牧羊人》+17个素材

关联命题9"每个人都可以成为英雄"。

#### 一、择读文段

说明：择读与"英雄"相关的人物或语言文本

1. 愚公移山：率众移山，战天斗地，勇于挺身而出的凡人

北山愚公者，年且九十，面山而居。惩山北之塞，出入之迂也。聚室而谋曰："吾与汝毕力平险，指通豫南，达于汉阴，可乎？

遂率子孙荷担者三夫，叩石垦壤，箕畚运于渤海之尾。

虽我之死，有子存焉；子又生孙，孙又生子；子又有子，子又有孙；子子孙孙无穷匮也，而山不加增，何苦而不平？"

2. 植树的牧羊人：改造荒园种植希望，勇于挺身而出的凡人

#### 二、选择素材

1. 电影《八佰》老铁：由瓜怂到英雄的转变之路

没两把刷子却爱吹牛的"小人物"，真到了战场上却是个"贪生怕死的瓜怂"。明明是个大块头却吓得像个小姑娘抱头痛哭。打仗时躲进麻袋里，拿着枪蹲在墙角瑟瑟发抖。到后来为了救战友脸上中枪，影片的最后老铁英雄觉醒，

激发出血性，在战友撤离时选择了掩护后方的"敢死小队"，为保家卫国主动申请留守仓库，独自一人登上楼顶，吸引敌方火力，在最后的剧情中，老铁在雪中孤身砍大刀唱《定军山》迎接死亡的画面成为这一角色最高光的时刻，开局的懦弱变成了勇敢，开局的怂人选择了出击，老铁终于完成了英雄抱负。这番"黄忠年虽老，然心雄万夫"的热血难凉，成为电影中最动人的篇章之一，彰显了卑微如尘之人，在绝境中也能焕发"人"的尊严。

2.《理想照耀中国》之《雪国的篝火》：炊事班的无名英雄

长征路上红三军团第六师十七团一连的炊事班用生命为战士点燃希望。

老钱：灶台边也是战场，烧火做饭也是冲锋陷阵。在后勤这场"战役"中，自己是总指挥，生火做饭就是排兵布阵，保障温暖就是保障战斗力。

炊事班的火，就是一个连队活着的希望，可整天面对着呼啸的寒风夹杂着冰冷的雪霜，火又岂止是那么容易点燃的？炊事班班长老钱为了尽快给连队弄口热乎的水喝，把自己薄薄的棉衣里的棉花揪了出来，用来做火引子。

可一件棉衣又有多少棉花呢？终究在越来越无法抵挡寒风的薄衣下，老钱倒下了。在被"雪葬"的镜头中，篝火燃起。

糖豆：年仅16岁，他把属于自己的野菜汤让给战友喝。当对方拒绝接受这份好意时，糖豆仿佛看穿了对方心思，拍了拍饭盒，告诉对方自己有糖，说罢便把一颗放到嘴里，美滋滋的。糖豆喜欢吃糖，他把革命胜利后的世界想象成全是糖的世界。他被饿死了，濒临死亡也没能吃到那口甜。那块用来安抚战友的"糖"，其实是裹着糖纸的石头。

3.《理想照耀中国》之《希望的田野》：回村带村民造幸福家园的大学生英雄

总述：雷金玉，1986年生，福建福安人，2015年，从厦门回到老家福建福安坂中畲族乡后门坪村。在她的带动下，村民走上特色脱贫和乡村振兴之路。

背景：畲族新年村里冷清，城里不放假，外出打工的年轻人没有回来，村里都是留守的老人，和没书读的成天想着去城里打工的留守儿童。

语言：在厦门多年才熬上总监，她告诉主任辞职不是为了往哪跳槽："现在的工作我能看到十年后的样子，可是如果回来，我可以做得更多，我回来可以让孩子们读上书，也许他们将来就能成为现在的我，我再种上甘蔗、茶树，也许他们的爸妈也会回来。

行动：阿玉拿自己的6000元钱买的甘蔗苗带领村民种苗，修路教课，甘蔗大丰收但堆积如山运不出去卖不出去；与爷爷连夜把甘蔗削皮熬糖，做成红糖糌粑，这样就可以运出去了；后来各种尝试，改变方向领大家种珍贵药材、茶叶，继续建村修路。

成果：2019年3月，在全国人大会议上总书记报告，在打赢脱贫攻坚战中，闽东畲族没有掉队，有的还当上了领头羊。

评价：没有理想何必远方/当初的梦怎能遗忘/勇敢是唯一的希望/即使已满身创伤/没有理想何必远方/现实虽变迁了模样/确定那幸福的方向/燃烧吧心中的太阳！雷金玉没有遗忘当初的梦想，带领村民修建出美丽富足的家园！

4. 戍边英雄：我们不是生而英勇，只是选择无畏

5. 鸿蒙手机来了！华为人：为中国挺起脊梁的英雄

今天，这个至暗的日子，是每一位海思的平凡儿女成为时代英雄的日子！前路更为艰辛，我们将以勇气、智慧和毅力，在极限施压下挺直脊梁，奋力前行！滔天巨浪方显英雄本色，艰难困苦铸造诺亚方舟。

2020年6月2日，华为公司举办鸿蒙OS 2.0操作系统及华为全场景新品发布会。

6. 《看了追赶袁隆平灵车的20岁女孩，我顿悟什么是中国年轻人最好的样子》：每个年轻人都是英雄

细节一：从噩耗传出，到四点，只有短短三个小时，却汇集起数千人。站在最前面的，全是年轻人。大家高喊："袁爷爷""一路走好"追着灵车跑了很远很远。有主播，边追着灵车边哭；有20多岁的女孩，追着灵车，喊得声嘶力竭。

细节二：昨天加班归来的朋友，看到了今生都不会忘记的一幕。地铁上，很多二十岁左右的男孩和女孩，都捧着白色的花束。他们衣着各异，却都异常沉默。有些人身上，已经被雨淋湿。但没有人在意。他们是过去送袁老的。

细节三：吃晚饭的时候，刷抖音，看到一条消息：这是一个娱乐至死的年代。我们似乎也不会哭了。但我没想到。昨天，我们整个宿舍的同学因为一个91岁的老人抱头痛哭。

细节四：一个1992年出生，毕业于郑州大学的女孩子，深夜发了一条微博：我正好在长沙办事。买了3000元的花，可以帮送，悼念袁爷爷，但不收钱。不要给我转账、发红包。

评价：那个追着袁隆平灵车跑的女孩；那群在宿舍里抱头痛哭的大学生；那个只是经过长沙，1992年生的微博博主。他们才是中国年轻人最该有的样子。

100多年前，詹天佑远渡重洋，慷慨陈词：各出所学，各尽所知，就能使国

家富强不受外侮，足以自立于地球之上。

60多年前，抗美援朝正在进行中。无数年轻人跨过鸭绿江：青山埋忠骨，马革裹尸还。公辞七十载，今夕且当归！

22年前，中国驻南联盟大使馆被美军轰炸，三名中国记者当场死亡。北京的大学生，咆哮着上街，站在美国驻华大使馆外面抗议。美国驻华大使被围了四天四夜才敢出门。

三年前，华为被美国一次次恶意打压，所有技术人挺起了脊梁。

今天，同样年轻的面孔，站到了为袁隆平送行的队列中。吾辈一直在自强。少年强必将中国强，少年独立必将中国独立，少年进步必将中国进步。

因为这束光，是你，是我，是我们每一个人，生生不息，上下奔腾。

7. 疫情中的平凡英雄

如果你是一滴水，你是否滋润了一寸土地？

一束光或许很微弱，但当所有微光都照向同一方向，也能发出耀眼光芒。"疫情不走，我不走"，这是"雨衣妹妹"贴在私家车上的宣言；"只要战疫需要，我就会继续拼"，这是浙江省支援武汉医疗队队员陶丽圆的誓言；"你们守护世界，我们以微末之光守护你们"，这是厦门大学学生张榕杰在组建共克时艰志愿者团队时的愿望。

8. 疫情中挺身而出的高中生朱如归

9. 汶川地震十三周年祭：挺身而出的凡人

（1）好兄弟，我一直在你身边：2008年5月13日，北川中学学生李阳在武警官兵的帮助下救助自己的同学。这个男孩从教室跑出来后，没有离开，而是一直在废墟寻找同学。找到一位同学后，他在医生的指导下，一起救助同学，不离不弃。同学情，在这一瞬间得到最好的体现，兄弟，有我在，你不要怕。而今，李阳已成为军人。大三时李阳选择参军入伍，他说要当个好兵，为家乡人民争气。

（2）疫情期间，来自四川汶川县三江镇龙竹村的村民，驾驶6辆卡车日夜兼程奔赴武汉。卡车上100吨新鲜蔬菜，是当地村民的自发支援。"作为汶川人，最应该感恩。"6辆卡车上都贴着同一句话：汶川感恩您，武汉要雄起。

10. "天问一号"着陆火星后90后女调度淡定下口令：严谨精细尽职尽责航天女英雄

背景：5月15日，7时18分，国家航天局科研团队根据"祝融号"火星车发回的遥测信号确认，"天问一号"着陆巡视器成功着陆于火星乌托邦平原南部预选着陆区。这是我国首次火星探测任务着陆火星取得圆满成功，同时也意味着我国成为史上第二个成功着陆火星的国家。

时代大背景：世界科技强国之路——北斗全球组网，九章横空出世（<u>量子科技"梦之队"，平均年龄仅36岁</u>），嫦娥五号飞天揽月，"奋斗者"号勇闯深海（<u>研发团队，"85后"占75%</u>），天问一号火星着陆（<u>总指挥张荣桥：整个研发队伍平均年龄35岁上下</u>，都是硕士、博士，都是仰望星空、脚踏实地的年轻人）

细节："根据遥测判断，着陆巡视器转入无控模式。"预选着陆区成功的那一刻，周边同事们都在鼓掌庆祝，而作为"天问一号"北京总调度，北京理工大学2014届本科校友鲍硕依旧保持稳定的语速，准确地发出一条条指令。在确认成功后，这位调度才终于放心下来，对着镜头扬起了轻松的笑容。这位女调度叫鲍硕，1992年生，是首次火星探测任务北京总调度。

评价："巾帼不让须眉""向中国航天人致敬""笑起来真好看"……众多网友纷纷向鲍硕和中国每一位航天人点赞。

语言：2010年，鲍硕以优异成绩考入北京理工大学，成为信息对抗技术专业的一名本科生。在学校学习生活的4年时间里，鲍硕刻苦努力，很早就明确自己感兴趣的研究方向。"印象最深刻的就是王越院士的课。在课堂上，老先生深入浅出、幽默风趣的讲授，让我对专业知识和研究领域有了更加深入的了解，与此同时，<u>先生的爱国之情和报国之志也深深影响着我，指引着我为热爱的研究方向而不懈努力</u>。

鲍硕是北京航天飞行控制中心组建40年来的第一位女调度。她透露，在"嫦娥五号"任务期间，曾连续20多个小时没吃饭、没喝水，没休息片刻。她当时说："就是你不会困，就是想去干这件事。"

11. 黄国平《致谢》：选择勇敢与坚持，成为自己和时代的英雄

12. 《经典咏流传》第四季

（1）"亦余心之所善兮，虽九死其犹未悔"，是屈原的灸热情怀；"旄尽风霜节，心悬日月光"，是苏武的不灭气节；"镜里朱颜都变尽，只有丹心难灭"，是文天祥的至死不渝。英雄探寻着生命的真谛，若有人知春去处，唤取归来同住。

（2）英雄的本色是什么？是"雨打灯难灭，风吹色更明"的坚韧顽强；是"一年三百六十日，多是横戈马上行"的不辞艰辛；是"高情已逐晓云空，不与梨花同梦"的超越平庸；是"男儿何不带吴钩，收取关山五十州"的满腔壮志；

是"一腔热血勤珍重，洒去犹能化碧涛"的不惧牺牲。

13. 鲁迅《热风》：不必等候炬火

14.《人民日报》"丧文化"警惕，你所要的平凡也许是平庸。

15. 星辰大海：每个人都能奔赴星辰大海

16. 毛泽东《忆秦娥·娄山关》

西风烈，长空雁叫霜晨月。霜晨月，马蹄声碎，喇叭声咽。雄关漫道真如铁，而今迈步从头越。从头越，苍山如海，残阳如血。

17. 黄文秀扶贫路"不获全胜不收兵"；草原最美额吉都贵玛抚育 28 个孤儿

**三、读写融合**

聚焦"思"的主题，关联命题 9 自拟题《奔赴星辰大海，你我皆为英雄》发言稿写作。

**第 1 版**

### 奔赴星辰大海，你我皆为英雄

亲爱的老师、同学们：

（1）下午好！我发言的题目是《奔赴星辰大海，你我皆为英雄》。在听完小明同学关于"每个人都可以成为英雄"的看法之后，我不由得想起了一段歌词：我愿变成一颗恒星/守护海底的蜂鸣/会不会我们的爱/像星辰守护大海/不曾离开/我向你奔赴而来/你就是星辰大海/我眼中炽热的恒星/长夜里照我前行……我想我可以用这段歌词来回复小明同学：如果你我心中的星辰大海，写着坚强与勇敢、奋斗与执着、大爱与担当、信念与正义，如果你我正向着这样的星辰大海奔赴而去，如果你我的眼中常亮着炽热如恒星的光，那么，无论你我来自哪里，起点于何时，你我都了不起，你我皆可称英雄！

**策略说明：融合造句**

1. 选择素材《星辰大海》歌词，将歌词与命题材料融合思考，得出自拟题目《奔赴星辰大海，你我皆为英雄》。

2. 将《星辰大海》歌词，与命题材料关键词"坚强、勇敢、正义、仁慈"等，与小明的话题"每个人都可以成为英雄"，与自拟题目，全部融合思考，放在"如果……如果……如果……"的排比句式中，成为开篇的点题句，并形成一定的感染力。

（2）也许有的同学会说：我本学生一枚，且学业当前，中考在即，"英雄"二字太远，与我何关？

（3）"英雄"真的离我们遥远吗？且看：5月15日，"天问一号"探测器成功着陆火星乌托邦平原南部预选着陆区。视频中淡定地发布指令的女子，一位叫作鲍硕的90后北京总调度成为人们心目中的航天女英雄！

（4）为什么说英雄其实离我们并不遥远？同学们，我们眼前的这位90后女英雄，也曾经是中学生一枚，跟我们一样面对过"学业当前，中考在即"的日子；也曾经是大学生一枚，在北京理工大学对抗技术专业度过艰辛苦读的日子；而我们只需要确认，现在的我们是否愿意如学生时代的她，知道自己喜欢的方向，一路向着远方刻苦努力，且心中怀有爱国之情报国之志！如果我们愿意追逐这样的脚步，选择奋斗与执着，选择热血和梦想，向着心中的星辰大海奔赴而去，那么，无论你我来自哪里，起点于何时，你我都了不起，你我皆可称英雄！

**策略说明：融合造句**

（2）段。以"英雄"为核心词，与中学生认为"英雄太远"的现实融合思考造句，成为段首句和点题句。

（3）段。扣"成为英雄"造句：提取素材16"天问一号总调度鲍硕"体现"成为英雄"的信息造句。

（4）段。先扣"并不遥远"思考造句，阐述英雄与我们的共同点；再以"奔赴星辰大海，你我皆为英雄"为核心句，提炼航天女英雄的"星辰大海"里选择的是奋斗与执着、热血和梦想，二者融合思考造句，成为段中点题句。

（5）也许有的同学会说，我本如萤烛，即使有光，也只是微弱之光，哪里比得上炬火？哪敢称得上英雄？

（6）萤烛之光又如何？鲁迅先生说：有一分热，但发一分光，不必等候炬火。此话大有深意！不必等候炬火，你自己就可以成为一道微光，持久闪耀而成璀璨：当愚公率子孙叩下第一块石挑起第一箕土的时候，于太行王屋二山那么巨大的工程来说，是不是萤烛之光？当牧羊人在荒山废墟上种下第一颗、第一百颗橡子的时候，于那几十千米的田园沃土来说，是不是萤烛之光？只因他们选择勇敢与执着、大爱与担当奔赴心中的星辰大海，即成英雄！不必等候炬火，你自己就可以成为一道微光，传递而汇聚璀璨："疫情不走，我不走"，这一道光来自带着志愿者团队为武汉医务人员免费送餐的成都女孩刘仙；"只要战疫需要，我就会继续拼"，这一道光来自浙江省支援武汉医疗队队员陶丽圆；"你们守护世界，我们以微末之光守护你们"，这一道光来自组建共克时艰志愿者团队的厦门大学学生张榕杰。

（7）一道道萤烛之光或许很微弱，但当所有微光都照向同一方向，就汇聚成璀璨！如果我们愿意成为这样的微光，选择勇敢与执着，选择大爱和担当，向着心中的星辰大海奔赴而去，那么，无论你我来自哪里，起点于何时，你我都了不起，你我皆可称英雄！

**策略说明：融合造句**

（5）段。以"英雄"为核心词，与中学生认为"微光太弱"的现实融合思考造句，成为段首句和点题句。

（6）段。

1. 引入素材13鲁迅关于"不必等候炬火"的内容。

2. 提取这句话的关键词分为两部分思考：

第一，从"成为一道微光，持久闪耀而成璀璨"的角度，引入素材1《愚公移山》素材2《植树的牧羊人》，从"是不是微光"的角度组成排比句，再与"奔赴心中的星辰大海即成英雄"三者融合造句，成为段中点题句；

第二，从"成为一道微光，传递而汇聚璀璨"的角度，引入素材7"疫情中的平凡人"一组人物素材，放进"这一道光来自……这一道光来自……这一道光来自……"的排比句中。

（7）段。以"奔赴星辰大海，你我皆为英雄"为核心句，提炼四个"微光"素材中的"星辰大海"里选择的是勇敢与执着、大爱和担当，二者融合思考造句，成为段中点题句。

（8）也许有的同学还会说，我本凡人一个，平淡是真，平凡是福，何必逞强去当英雄？

（9）我常听到说着"我本平凡"的人还经常说："我都已经认怂，你还要说我怂吗；比你优秀的人还在努力，你努力还有什么用；人间不值得；佛系"等等。一开始说着这样的话，可能只是求心疼求关注，后来呢说着说着也可能一次次给自己找各种理由，一路"丧"下去了！所以，让我们一起警惕，我们能否分清，我们口中的"平凡"到底是"脚踏实地"还是"甘于平庸"？！

（10）我们可以选择的是哪一种平凡？就在五月，我观看电视剧《理想照耀中国》第八集《雪国的篝火》。这些战士有多平凡？他们是长征路上红三军团第六师十七团一连炊事班后勤战士；他们是历史上姓名生平均已不详在电视剧里被称为炊事员冲天炮、糖豆、班长老钱、副班长不烂账的无名战士！这些战士如何选择担当与无畏？为在雪地里能够燃起篝火给连队生热火烧水喝，老钱把自己薄棉衣里的棉花揪出来做火引子而在寒风中倒下被"雪葬"；为让全连作战将士全部活着走出雪山，炊事班九名战士全部牺牲！

（11）在这样的平凡面前，我们口中的平凡是哪一种平凡？在这样的英雄面前，我们口中的"人间不值得"是值得还是不值得？在这个选择用无畏与牺牲、信念和正义守护生命守护革命的真实故事面前，我们是选择甘于平庸地认怂到底还是选择坚定无畏地奔赴心中的星辰大海？愿你们做出选择，向着心中的星辰大海奔赴而去，那么，无论你我来自哪里，起点于何时，你我都了不起，你我皆可称英雄！

**策略说明：融合造句**

（8）段。以"英雄"为核心词，与中学生认为"我本平凡何必英雄"的现实融合思考造句，成为段首句和点题句。

（9）段。引入素材14"丧表达"的内容，引出"平凡到底是脚踏实地还是甘于平庸"的思考。

（10）段。引入素材2《雪国的篝火》先扣"平凡"从"真实的历史"里提取信息；再扣"无畏与牺牲、信念与正义"从"电视剧"里提取镜头，形成素材的综述。

（11）段。将《雪国的篝火》素材与中学生的"丧表达"融合思考造句，表达做出选择的意义，成为段中点题句。

（12）亲爱的同学们，我们可以为学习忙碌，可以渺小，可以平凡，与此同时，我们也可以让自己心中的星辰大海里，有"雨打灯难灭，风吹色更明"的坚强与执着，有"旎尽风霜节，心悬日月光"的奋斗与担当，有"高情已逐晓云空，不与梨花同梦"的超越平庸，更有"一腔热血勤珍重，洒去犹能化碧涛"的无畏与大爱！我们还可以向着这样的星辰大海奔赴而去，愿你我眼中常亮着炽热如恒星的光，那么，无论你我来自哪里，起点于何时，你我都了不起，你我皆可称英雄！

我的发言到此结束，谢谢大家！

**策略说明：融合造句**

（12）段。以"奔赴星辰大海，你我皆为英雄"为核心句，将上文阐述的当前中学生"学习忙碌，可以渺小，可以平凡"的三种认识现状，将素材12《经典咏流传》关于英雄情怀的赞美，将命题材料中关于英雄的选择，全部融合思考造句，在发言稿的结尾激情宣告，深化点题。

**第2版**

## 替代第1版（2）（3）（4）段

（2）也许有的同学会说：我本学生一枚，且学业当前，中考在即，"英雄"二字太高大上，与我何关？

（3）"英雄"真的高大上到只能远观吗？且看：2021年4月，中国科学院自动化所黄国平一封附在博士论文后的《致谢》泪哭全网，那一天，他成为无数网友心中的"寒门英雄"。他说：我走了很远的路，吃了很多的苦，才将这份博士学位论文送到你的面前。"于是我们读到他"12岁失去母亲17岁失去父亲失去婆婆恩师"落到一无所有的时候，在逝去的至爱亲朋的一座座坟茔前，他选择了"珍惜生命每一分钟"的那份坚强与勇敢；读到他"每天煤油灯下读书、靠自己周末抓鱼出租水牛赚学费、冬天穿破衣服众目睽睽之下走过教室长廊"穷到学业无以为继自尊脆弱一地的时候，他选择了"把书念下去，然后走出去，不枉活一世"的那份奋斗与执着；读到他终于成为中国科学院博士成就梦想的时候，他又选择了"做出点让别人生活更美好的事让这辈子赚了"的信念与大爱。

（4）同学们，与这位"寒门英雄"相比，我们的起点是不是更高？我们是不是不用像他那样要走那么远的路，要吃那么多的苦？这样的英雄是不是并非那样的"可望而不可即"？如果我们愿意追逐这样的脚步，当学业当前，大考在即，风来雨来时，像他那样选择坚强与勇敢，选择奋斗与执着，选择信念与大爱，向着心中的星辰大海奔赴而去，那么，无论你我来自哪里，起点于何时，你我都了不起，你我皆可称英雄！

**策略说明：融合造句**

（2）段。以"英雄"为核心词，与中学生认为"英雄太高大上"的现实融合思考造句，成为段首句和点题句。

（3）段。扣"英雄的选择"造句。从素材11"黄国平致谢文"中首先定义"寒门英雄"。提取体现"走了很长的路，吃了很多的苦"的信息，分成三层；

再提取体现"英雄的选择"的信息，也分成三层。将这两类信息两两对应，放在"我们读到他……的时候，他选择了……"的句式中组成排比句。

（4）段。先扣"并不高大上"思考造句，将我们与英雄的处境进行对比，阐述这样的英雄并不是"可望而不可即"；再以"奔赴星辰大海，你我皆为英雄"为核心句，提炼寒门英雄的"星辰大海"里选择的是坚强与勇敢、奋斗与执着、信念与大爱，二者融合思考造句，成为段中点题句。

### 替代第1版（6）（7）段

（6）……不必等候炬火，你自己就可以成为一道微光，传递而汇聚璀璨：2021年5月12日，汶川地震十三周年。"好兄弟，我一直在你身边！"有一道光来自十三年前，北川中学学生李阳从教室跑出来后没有离开，而是选择在武警官兵的帮助下在废墟中一遍遍寻找和求助同学；"当个好兵，为家乡人民争气"有一道光来自十三年后，李阳选择参军入伍，向着当年敬慕的那一群抢险救灾的英雄靠近！"作为汶川人，最应该感恩"，还有一道光来自疫情间，汶川三江镇龙竹村村民驾驶6辆载着100吨新鲜蔬菜的卡车日夜兼程奔赴武汉，6辆卡车上都贴着同一句话：汶川感恩您，武汉要雄起！

（7）一道道萤烛之光或许很微弱，但当一道道光穿越时空传递着传承着，星火就成燎原，萤火就汇聚成璀璨！如果我们愿意成为这样的微光，选择勇敢与执着，选择大爱和担当，向着心中的星辰大海奔赴而去，那么，无论你我来自哪里，起点于何时，你我都了不起，你我皆可称英雄！

**策略说明：融合造句**

（6）段。（第一个角度同第1版）

从"成为一道微光，传递而汇聚璀璨"的角度，引入"汶川地震十三周年"人物素材，放进"有一道光来自……有一道光来自……有一道光来自……"的排比句中，表达"救助、感恩、回报、奉献"的"微光传递"过程。

（7）段。以"奔赴星辰大海，你我皆为英雄"为核心句，提炼四个"微光"素材中的"星辰大海"里选择的是勇敢与执着、大爱和担当，二者融合思考造句，成为段中点题句。

### 替代第1版（10）（11）段

（10）你是否知道，电影《八佰》中的"老铁"是怎样的一种"凡人"？老铁是没两把刷子却爱吹牛的"小人物"，老铁是枪声响起时吓得像个小姑娘抱头痛哭的"大块头"，老铁是打仗时躲进麻袋里，拿着枪蹲在墙角瑟瑟发抖的贪生怕死的"瓜怂"！你能想象就是这样一个平凡到卑微的人后来成为抗日英雄吗？当四行仓库被日军逼入绝境，当身边战士激战中前赴后继，英雄觉醒，血性激发，在最后的镜头中，老铁挺身而出掩护后方"敢死小队"，老铁独自一人登上楼顶吸引敌方火力，老铁雪中挥刀高唱一曲《定军山》"黄忠年虽老，然心雄万夫"迎接死亡！开局的懦弱变成了勇敢，开局的怂人选择了出击，老铁完成了英雄抱负！

（11）在这样的平凡面前，我们口中的平凡是哪一种平凡？在这样的英雄面前，我们口中的"人间不值得"是值得还是不值得？在这个选择用勇敢和牺牲、战斗与正义彰显大写的"人"字的英雄面前，我们是选择甘于平庸地一直认怂到底还是选择坚定无畏地奔赴心中的星辰大海？

### 策略说明：融合造句

（10）段。引入素材1电影《八佰》先扣"平凡到怂"提取三个镜头，放进"老铁是……老铁是……老铁是……"的句式里，表现他的"怂"。

再扣"勇敢和牺牲、战斗与正义"从"电视剧"里提取三个镜头，放进"老铁……老铁……老铁……"的句式里，与上文的三个"怂"的镜头形成对比，表现"英雄的觉醒和英雄的选择"。

（11）段。将《八佰》素材与中学生的"丧表达"融合思考造句，表达做出选择的意义，成为段中点题句。

### 替代第1版（12）段

亲爱的同学们，而今，我们走在新时代的征程上，让我们来尝试定义英雄的内涵是什么。也许，英雄就是敢医敢言钟南山的那一份国士担当；就是扶贫路上黄文秀同志"不获全胜不收兵"的负重前行；就是草原最美额吉（蒙古语"母亲"）都贵玛抚育28个孤儿的大爱无疆；就是《理想照耀中国》里80后大学生雷金玉带动福建畲族村民耕耘"希望的田野"的开拓进取！亲爱的同学们，我们可以为学习忙碌，可以渺小，可以平凡，与此同时，我们还可以向着这样的星辰大海奔赴而去，愿你我眼中常亮着炽热如恒星的光，那么，无论你我来自哪里，起点于何时，你我都了不起，你我皆可称英雄！

### 策略说明：

英雄的内涵就是星辰大海的内涵。用四个人物素材来诠释英雄的内涵，放在"英雄就是……就是……就是……"的排比句式中，再与全文中心点题句融合造句，深化点题。

**第3版**

### 替代（3）（4）段

（3）英雄真的离我们遥远吗？且看，这一个个时代里的青年英雄：<u>100 多年前</u>，作为学生的詹天佑慷慨陈词：各出所学，各尽所知，就能使国家富强不受外侮自立于地球之上；<u>60 多年前</u>，无数年轻人跨过鸭绿江参加抗美援朝：青山埋忠骨，马革裹尸还；<u>22 年前</u>，中国驻南联盟大使馆被美军轰炸，北京的大学生咆哮着上街站在美国驻华大使馆外面抗议；<u>3 年前</u>，华为被美国一次次恶意打压，华为的海思儿女在艰难困苦中铸造诺亚方舟，6 月 2 日迎来鸿蒙操作系统及华为全场景新品发布的日子，又一次挺起了中国脊梁！而今天，那追着袁隆平灵车喊着"袁爷爷，一路走好"的数千人队伍中最前面的全是年轻人！

（4）<u>自强者、勇敢者、奋斗者、追光者一直就是吾辈，就是我们年轻一代！</u>如果我们愿意追逐这样的脚步，选择奋斗与执着，选择热血和梦想，向着心中的星辰大海奔赴而去，那么，无论你我来自哪里，起点于何时，你我都了不起，你我皆可称英雄！

**策略说明：融合造句**

造句一：引入素材《我看到中国年轻人应该有的样子》。先以"且看，这一个个时代里的青年英雄"作为总概括句提头，再用"100 多年前……60 多年前……22 年前……3 年前……今天……"的时间排比句串起素材内容。

造句二：在（4）段提炼上述素材人物精神为"自强者、勇敢者、奋斗者、追光者"，再与全文的中心点题句融合造句，成为段中点题句。

### 替代第 1 版（6）（7）段

（6）不必等候炬火，你自己就可以成为一道微光，传递而汇聚璀璨：当学生朱如归看见"84 岁高龄的钟南山院士在奔赴武汉的高铁上闭目休息"的一张照片后他偏偏想：我一个 18 岁的青年，在这个时候应该为湖北做点什么！"于是他大年初一瞒着家人步行 100 多千米逆行湖北孝感市的一个定点医院当志愿者；"钱出不了，技术出不了，我可以出力"，于是他为病人送餐、清理餐余，帮病人翻身、如厕，观察危重症病人的生命体征；"我还可以带给他们快乐和力量"，于是他学方言、讲笑话，想方设法地给病房带去生机与活力，提振战"疫"的信心！

（7）挺身而出，让自己成为一道微光，又在春天的阴云中传递微光，用"小我"之微光，作为无数微光的万分之一，汇聚成一个璀璨的世界！如果我们愿意成为这样的微光，选择勇敢与执着，选择大爱和担当，向着心中的星辰大海奔赴而去，那么，无论你我来自哪里，起点于何时，你我都了不起，你我皆可称英雄！

**策略说明：融合造句**

（6）段。择取朱如归人物素材中体现"微光传递"的信息，按"语言+行动"的组合分为三层，造成排比句。

（7）段。提炼素材人物的精神特点为"成为微光、传递微光，汇聚璀璨"，再与全文的中心点题句融合造句，成为段中点题句。

### 替代第 1 版（10）（11）段

（10）大家是否和我一样，是因为一场边境冲突，才认识了喀喇昆仑高原的"钢铁团"，才知道了祁发宝、王焯冉、陈祥榕等几位"戍边英雄"的名字？在这之前，他们本是平凡的戍边将士，是在那一天，中印边境那场冲突骤起时，我们才看见了团长祁发宝身先士卒立于队阵前张开双臂与印军对峙，把坚强的后背留给战友和身后祖国的样子；才看见了那个执行任务前刚写完"爹妈，儿子不孝，可能没法给你们养老送终了"家书的王焯冉救助冲散的战友脱险，自己淹没在加勒万河谷冰冷雪水中的样子；才看见了那个照片里吃橘子的笑着的19岁的陈祥榕瞬间以年轻的身躯化作盾牌在最前沿战斗到牺牲的样子。

（11）"清澈的爱/只为祖国/妈妈的嘱托/记在了心上/清澈的爱/只为祖国/战士的赤诚/压进了枪膛"，在这样的平凡面前，我们口中的平凡是哪一种平凡？……

**策略说明：融合造句**

（10）段。择取戍边英雄素材中体现"平凡人挺身而出"的信息，分为三层，放在"才看见了……才看见了……才看见了……"的句式中，造成排比句。

（11）段。引入素材的语言信息，即歌词，再与全文的中心点题句融合造句，成为段中点题句。

**8 号文本：《孤独之旅》《红星照耀中国》+24 个素材**

聚焦"思"，关联命题《正青春》（关键词：青春有痛苦和美好；痛苦和无奈砥砺前行）、命题《我们在》（关键词：扬五四精神，展青年风采）。依据命题关键词择读文本选择素材。

### 一、择读文段

1.《孤独之旅》：在命运的剧变、青春的孤独迷茫中成长

杜小康已不可能再去想他的油麻地。占据他心灵的全部是前方：还要走多远？前方是什么样子？前方是未知的。

日子一天一天地过去了，父子俩也一天一天地感觉到，他们最大的敌人，也正在一步一步地向他们逼近：它就是孤独。

那天，是他们离家以来所遇到的一个最恶劣的天气。一早上，天就阴沉下来。天黑，河水也黑，芦苇荡成了一片黑海。杜小康甚至觉得风也是黑的。临近中午时，雷声已如万辆战车从天边滚动过来，不一会，暴风雨就歇斯底里地开始了，顿时，天昏地暗，仿佛世界已到了末日。

杜小康顺手抠了几根白嫩的芦苇根，在嘴里嚼着，望着异乡的天空，心中不免又想起母亲，想起许多油麻地的孩子。但他没有哭。他觉得自己突然长大了，坚强了。

曹文轩《草房子》：杜小康后来在自己曾经读书的"油麻地小学"门口摆摊卖货时，"这个当初在油麻地整日沉浸在一种优越感中的杜小康，竟无一丝卑微的神色。"

2.《红星照耀中国》：革命征途里，有红军少年在

美国记者埃德加·斯诺所著的纪实文学作品，有一节专门记录红军中的少年先锋队员：

据说在江西，红军主力撤离以后，许许多多少年先锋队员和共产主义青年团员同成年游击队员并肩作战，甚至跟敌人拼刺刀——因此白军士兵说，他们能够抓住他们（红小鬼）的刺刀，把他们拖下壕沟，他们实在太小太轻了。

### 二、选择素材

1. 衡水中学张锡峰演讲《小小的世界大大的你》：褪去青春的恐惧、自卑和阴霾，用自信、坦荡和砥砺彰显正青春

（1）青春里的痛苦和无奈

生而普通的无奈：村上春树说：普通人啊，生在普通家庭，长在普通家庭，一张普通的脸，普通的成绩，想着普通的事情，我就是这样一个普通的人。

自尊脆地的阴霾：新学期报到的那一天，我用家乡话做出的自我介绍惹得

全班同学哄堂大笑；体育课上，我因分不清自家球门和对手球门，而被所有队友指责；晚上放学，一些同学陆续被家长用轿车接走，而我只能背着沉重的书包一步一步走路回家。别人光鲜亮丽、生而不凡，我就像乡下的土猪。

**差距巨大的痛苦：**从小开始，他们的眼界、格局、素养、知识储备、家庭背景都要比你好上千万倍。你每天挤公交，半个小时去辅导班，上课手都不敢举，而人家已经把一对一的家教请到了家里；每次周末，你面对的是喜羊羊、灰太狼，是集卡片和弹珠游戏，而人家是钢琴辅导班、音乐辅导班、英语辅导班；从小学到高中，你一直在自己的小圈子里徘徊，连火车票都不会自己买，而人家已经跟父母坐上了出国的航班，考过了雅思、托福，甚至可以和外国人自由地交谈，你拿什么跟人家比！

（2）在青春的痛苦中砥砺前行

**用打开的眼界召唤青春的力量：**北中国的雪，南中国的风，姑苏城外的寒山寺和月满神州的廿四桥，这些前所未有的经历，这些极致的空中体验，那一下午我几乎看完了整季的《航拍中国》。青春的魅力是什么？未知的魔力是什么？你让少年看到了不一样的风景，你让他见到了他未曾见过的太阳，他的眼里就再也容不下黑暗。他不甘平淡，他的世界观在悄悄变化，他心里最柔软的那部分被触及，他的眼里，就出现了光。

**用忘我的努力展示青春正能量：**我们在努力活成曾被寄予厚望的样子。这群志同道合的人常在一起，谈理想，谈未来，谈着自己和他们的世界；我们拼了命地学，没日没夜地和时间竞赛。我们早上醒来的第一件事就是大声喊出自己的理想。有人说我的理想是斯坦福，有人说我要考清华大学金融专业，有人说我的目标是北京大学中文系。我们为此沉迷，为此消瘦，这种感觉让我们疯狂。我们和全中国所有为了梦想而不顾嘲笑、努力奔跑的人一样，我们越安静、越平和、越淡定、越忍耐、越无所畏，我们眼里深藏的汹涌就越沸腾。

**用大写的超越彰显青春的灿烂盛大：**在小小的世界有一个大大的你，可以选择去做一个平凡的人，但请你千万不要去做一个平庸的人，我还是愿意幻想高考结束的那个下午，最后一科收卷铃声响起，我放下笔，侧过身，倚在墙上，转头看向窗外明媚的阳光和操场，那浮动着的金色告诉我，一切都结束了。有人走过来拍拍我的肩，对我笑着说：世界灿烂盛大，欢迎回家！

2. 《人民日报》"丧文化"：青春不该有这样的你

3. 为明星打投倾倒牛奶事件：青春不该有这样的你

4. 人民日报《谱写新时代的青春之歌》：青春正能量"担当与奉献"

5. 《理想照耀中国》之《希望的田野》雷金玉：（青春正能量：担当与奉献，开拓与创造）

6. 《理想照耀中国》之《雪国的篝火》炊事班少年的血色青春

7. 华为人的青春正能量：爱国、担当、开拓、创造

8. 疫情中的"雨衣妹妹"等平凡人：青春正能量：担当与奉献

9. "天问一号"科研团队：青春正能量：卓越与担当

10. 《经典咏流传》第四季：青春正能量

11. 《觉醒年代》：背黑暗而向光明的青春正方向

陈延年：29 岁牺牲，宁死不跪被反动派乱刀砍死，"革命者只能站着死"；赵世炎：26 岁牺牲，把敌人的监狱和法庭当成讲坛，"共产党是战斗的党"；李大钊：28 岁时预言"试看将来的环球，必是赤旗的世界"。

12. 人民日报《把青春融进祖国的江河》：正青春"心中有爱热烈生长"

13. 郭敬明：青春是一道明媚的忧伤

14. 鲁迅：不必等候炬火、中国脊梁之青春正能量

我们从古以来，就有埋头苦干的人，有拼命硬干的人，有为民请命的人，有舍身求法的人，……这就是中国的脊梁。

15. 邓紫棋《孤独》歌词

蓝天下的枯树/站在高处/伤口得自己捂住/自己哭诉

16. 杜甫：飘飘何所似，天地一沙鸥

17. 刘瑜：一个人就像一支队伍，对着自己的头脑和心灵招兵买马

18. 人民日报：激发不怕苦能吃苦的牛劲牛力

志从苦中砺，才从苦中长，功从苦中建。

19. 毛泽东：恰同学少年，风华正茂

20. 《少年》歌词

21. 星辰大海：每个人都能奔赴星辰大海

22. 《夜空中最亮的星》（邓紫棋演唱）：在黑夜的迷失中靠近星光

我祈祷拥有一颗透明的心灵/和会流泪的眼睛/给我再去相信的勇气/越过谎言去拥抱你/每当我找不到存在的意义/每当我迷失在黑夜里/夜空中最亮的星/请指引我靠近你

23. 毛泽东《忆秦娥·娄山关》

西风烈，长空雁叫霜晨月。霜晨月，<u>马蹄声碎，喇叭声咽</u>。雄关漫道真如铁，而今迈步从头越。从头越，<u>苍山如海，残阳如血</u>。

24. 崔卫平：你所站立的地方，就是你的中国

### 三、读写融合

## 正青春

亲爱的老师、同学们：

你们好！

（1）在学校五四青年节系列评选活动中，我被评为"十佳校园之星"之一。今天作为校园之星代表在国旗下讲话，我演讲的题目是《正青春》。

（2）我和大家一样，在校园里经常听到这样的"丧表达"：累得像条狗！颓废到忧伤！我太难了！人间不值得！是啊，青春本是明媚和忧伤并存。当我们被迷茫与曲折、疲惫与孤独、渺小与无力甚至痛苦与无奈困住的时候，难免会"丧"一下来求心疼和求关注。但是，在"丧表达"之后，我们依然要记得带着忧伤寻找那一道明媚的光，寻找青春正方向，唤起青春正能量！正如《觉醒年代》中进步学生登长城而齐呐喊："吾愿吾亲爱之青年，进前而勿顾后，背黑暗而向光明，以青春之我，创建青春之家庭，青春之国家，青春之民族，青春之人类，青春之地球，青春之宇宙！

**策略说明：融合造句**

开篇用三个素材。一、"丧表达"；二、青春是一道明媚的忧伤；三、《觉醒年代》青春宣言。依据《正青春》命题中"痛苦和无奈更砥砺我们前行"，先引入"丧表达"素材，呈现青春的"迷茫与曲折、疲惫与孤独、渺小与无力、痛苦与无奈"；再引入素材句关键词"明媚与忧伤"，与题目《正青春》融合造句，推出全文中心句"带着忧伤寻找那一道明媚的光，寻找青春正方向，唤起青春正能量"；引入"青春宣言"，其中，"进前而勿顾后，背黑暗而向光明"回扣前两个素材的"丧"和"忧伤"，宣言内容则强化"正青春"的内涵。

（3）你觉得青春原本孤独吗？一次争执、一场误会、一顿责备、一句嘲弄就可以把你的自尊伤得体无完肤，让你在瞬间欲哭无泪？但你是否知道，青春终将是一场单人的旅行，孤独与成长相伴，我们可以在每一道孤独的伤痛里，撕去幼稚的外壳，寻找青春的正方向，唤起青春的正能量，彰显青春少年之风华正茂！

（4）要说孤独，有比家境败落被迫与父亲离家钻进芦苇荡以放鸭为生的杜小康孤独吗？从富足到困顿，从优越到卑微，从熟悉油麻地到进入陌生的草滩和洼地，<u>杜小康的青春写着怎样的孤独</u>？"飘飘何所似，天地一沙鸥！"那是茫然与恐惧夹杂的孤独！十多天遇不到一个人，剩下父子二人相对无言的眼神交流，剩下梦中听见自己"我要回家"的哭喊，<u>杜小康的青春写着怎样的孤独</u>？"蓝天下的枯树/站在高处/伤口得自己捂住/自己哭诉！"那是与世隔绝令人窒息的孤独！暴风雨疯狂发作，只身闯入黑暗寻找冲散的鸭群，割破脸、戳破脚，迷路在芦荡里，一个人战雷斗电、战风斗雨、战天斗地，<u>杜小康的青春写着怎样的孤独</u>？一个人一支队伍，对着自己的头脑和心灵招兵买马，那是挣扎与绝望夹杂的孤独！直面这样的孤独，经过这样的孤独，杜小康的眼神里从此写满了平静的、坚定的、勇毅的、超越同龄人的成熟！同学们，<u>正是每一道孤独的伤痛，让我们撕去幼稚的外壳，铸就坚强的意志，雕刻明媚的灵魂，彰显青春少年之风华正茂</u>！

**策略说明：融合造句**

（3）段聚焦青春中的"痛苦无奈"，先从"青春的孤独"角度入笔，将这个角度与全文中心句融合造句，推出"在孤独的伤痛里寻找正青春"的段首点题句。

（4）段引入课文《孤独之旅》。第一步，造一个问句排比句，以"杜小康的青春写着怎样的孤独？"领起素材内容；第二步，将杜小康经历的孤独分为三层，放进这三个问句排比句里；第三步，设计一个结构，串起"思考"，呈现思路："杜小康的经历→问句排比句→诗词歌词语言类素材→提炼孤独的特征"，如排比句的第一层：从富足到困顿，从优越到卑微，从熟悉油麻地到进入陌生的草滩和洼地→杜小康的青春写着怎样的孤独？→"飘飘何所似，天地一沙鸥！"→那是茫然与恐惧夹杂的孤独。依此类推，写出第二、第三层。

这样，课文的内容在新的情境里得到新的意义建构。这就是读解。

（5）你觉得学习很苦吗？那些不如意的成绩如刀一般划过明媚的阳光，让脆弱的心一次次地痛？但你是否知道，"苦"与"成"相伴，<u>我们可以在每一道艰苦的伤痛里，追逐成功的脚步，寻找青春的正方向，唤起青春的正能量，彰显青春少年之风华正茂</u>！

（6）要说艰苦，我们苦得过那个从河北省东部的一个小小乡村转到衡水中学上学以一个《小小的世界大大的你》的演讲扎心全网的张锡峰吗？生在普通家庭，长在普通家庭，一张普通的脸，普通的成绩，想着普通的事情，<u>他的青春里曾经填满生而普通的无奈</u>；说家乡话、分不清球门、背沉重的书包经过一群光鲜亮丽的同学，<u>他的青春里曾经布满自尊脆弱一地的阴霾</u>；仰望一对一请着家教、上着钢琴音乐英语辅导班、考着雅思托福的豪门同学，他的青春里曾经充满差距巨大的痛苦！但是，自从他看见"北中国的雪，南中国的风，姑苏城外的寒山寺和月满神州的廿四桥"，青春的世界里就再也容不下黑暗！于是，志从苦中砺，学从苦中长，才从苦中建！"我得走出去"，他用打开的眼界召唤青春的力量；"我得拼了命地学"，用忘我的拼搏展示青春正能量！"我得不辜负曾经受过的苦难"，他用大写的超越彰显青春的灿烂盛大！

**策略说明：**

内涵对接与融合造句

（5）段。聚焦青春中的"痛苦无奈"，先从"青春的艰苦"角度入笔，将这个角度与全文中心句融合造句，推出"在艰苦的伤痛里寻找正青春"的段首点题句。

（6）段。引入衡水中学张锡峰演讲《小小的世界大大的你》。将人物演讲内容从"痛苦无奈"角度分为三层"生而普通的无奈、自尊脆弱一地的阴霾、差距巨大的痛苦"，演讲信息拆成三层与这三层内容一一对接；再与"青春"二字融合造句，造出排比句式"他的青春里曾经填满……他的青春里曾经布满……他的青春里曾经充满……"，这样，素材就融入新情境成为有机组成部分。

再从"如何砥砺前行"的角度进入第二层写作。第一步，将人物砥砺前行的内容分为三层，与"青春"融合造句：用打开的眼界召唤青春的力量、用忘我的拼搏展示青春正能量、用大写的超越彰显青春的灿烂盛大；第二步，从素材信息中提取三个典型的"语言信息"与这三层的内涵进行对接：我得走出去、我得拼了命地学、我得不辜负曾经受过的苦难，从而组成"砥砺前行"的排比句；第三步，将这个排比句与引发人物思想转变的细节"北中国的雪，南中国的风，姑苏城外的寒山寺和月满神州的廿四桥"，与素材句"志从苦中砺，学从苦中长，才从苦中建"，融合造句，组成一段完整的表达。

这样，所有素材的内容在新的情境里得到新的意义建构。这也是读解。

（7）你觉得自己生而平凡吗？平凡的智商，平凡的才学，加上日复一日平淡的生活而深感渺小无力的痛苦吗？我常听到说着"我本平凡"的人经常说："我都已经认怂，你还要说我怂吗；比你优秀的人还在努力，你努力还有什么用；生活不止眼前的苟且，还有远方的苟且。"一开始说着这样的话，可能只是表达无力和无助，后来说着说着就一次次给自己找各种理由，"躺尸到死亡"了！

（8）同学们，我想说，青春可以是痛苦的你、无奈的你，但不应该是一路"丧"下去的你。青春应该是这样的你，如《理想照耀中国》里带动福建畲族村民开辟乡村振兴之路耕耘"希望的田野"的大学生，"80后"雷金玉那一副"没有理想何必远方"的样子；如连续工作20多小时没吃饭喝水休息的"天问一号"北京总调度，"90后"鲍硕那一副"就是不觉得困，就是想去干这件事"的样子；如运用专业知识随父参与雷神山医院建设的长安大学建筑工程学院学生，"00后"徐卓立那一副"一咬牙，一跺脚，也便坚持下来了"的样子！

（9）青春应该是这样的你，时时警惕让"平凡的我"变成"平庸的我"，时时勇于将"小我"的奋斗融进远方的梦想，把"小我"之青春融入祖国的江河，这样的你就找到了青春的正方向，召唤了青春的正能量，更昭示了青春少年之风华正茂！

**策略说明：融合造句**

（7）段。聚焦青春中的"痛苦无奈"，先从"平凡渺小无力的痛苦"角度入笔，从这个角度选择三句典型的语言信息进入行文，呈现"生而平凡的无力感"为下一段的论述蓄势。

（8）段。第一步，以"青春不该是这样的你"造一个句子作为过渡句；第二步，以"青春应该是这样的你"引出第二个排比句，将"雷金玉"等三个素材引进来，以"80后、90后、00后"的时间排序呈现"青春"的样子。

（9）段。从"小我"如何化为"大我"的角度，解决"生而平凡"的无力感，并与全文中心句融合造句，形成段末点题句。

（10）鲁迅先生说：愿中国青年都摆脱冷气，只是向上走，不必听自暴自弃者流的话。有一分热，发一分光，不必等候炬火。同学们，愿我们摆脱青春中的冷气，只是向上走；愿我们进前而勿顾后，背黑暗而向光明；愿我们在青春的伤与痛中砥砺前行！恰同学少年，风华正茂！愿我们用"雨打灯难灭，风吹色更明"的坚韧顽强描绘我们的正青春；用"一年三百六十日，多是横戈马上行"的不辞艰辛描绘我们的正青春；用"高情已逐晓云空，不与梨花同梦"的超越平庸描绘我们的正青春；更用"一腔热血勤珍重，洒去犹能化碧涛"的壮志豪情描绘我们的正青春！

（11）我的国旗下发言到此结束，谢谢大家！

**策略说明：融合造句**

第一步，聚焦"青春的痛苦无奈"，引入鲁迅"摆脱冷气发光发热"的名言；第二步，将鲁迅名言关键词"摆脱冷气"、与开篇引用"青春宣言"的关键词"进前而勿顾后，背黑暗而向光明"，与命题关键词"青春的伤与痛中砥砺前行"三者融合造句；第三步，引入《经典咏流传》中的素材句，造一个句式"愿我们用……描绘我们的正青春"，将素材句的内容一一放进这个句式中，有感染力地收束全文。

## 第1版

我们在

亲爱的老师、同学们：

（1）你们好！在今天的"扬五四精神　展青年风采"主题活动中，我演讲的题目是《我们在》。我们这一代青年何其有幸，<u>当我们立于第二个一百年的潮头，可以见证北斗全球组网，九章横空出世，嫦娥五号飞天揽月，"奋斗者"号勇闯深海，天问一号火星着陆！</u>当神州大地奏响"世界强国"的最新乐章，我们想说：<u>在征服宇宙的大军里，那默默奉献的，有我们在；在辉煌事业的长河里，那永远奔腾的，有我们在；在奔赴星辰大海的征途里，那砥砺前行的，有我们在！我们一直都在，我们正在把青春融进祖国的江河！</u>

**策略说明：融合造句**

"时代大背景"素材＋"青春融入祖国江河"语言素材＋"我们在"命题关键词＝全文中心句。

（2）<u>扬五四精神，那是一种爱国精神、革命精神和牺牲精神！在革命征途的长路里，一直有无数的"我们"在</u>：不需要你认识我，不渴望你知道我，我们把青春的热血融进祖国的江河！

（3）就在五月。当观看电视《理想照耀中国》第八集《雪国的篝火》时，我见证了这样的五四精神，青年风采！在过雪山的艰辛征途里，<u>有一位红军少年在</u>，他是长征路上红三军团第六师十七团一连炊事班战士"糖豆"；在全连将士忍饥挨饿的艰难时刻，<u>有一位红军少年在</u>，他总是把自己的野菜汤让给战友喝，自己假装美美地嚼着一颗裹着糖纸的石头糖；在全连作战将士全部活着走出雪山的胜利之时，<u>有一位红军少年在</u>，他与炊事班全体战友因为饥饿和寒冷全部长眠在那皑皑雪山之中！

（4）英雄青年一直都在！虽为无名，风采卓然！一个16岁的少年战士，早已化身为千万分之一融入一部艰苦卓绝的战斗史！你听，马蹄声碎，喇叭声咽，那里有无数个如糖豆一样的无名战士在诉说一腔的忠诚！你看，苍山如海，残阳如血，那里有无数个如糖豆一样的无名战士在燃烧青春的豪情！

**策略说明：融合造句**

（2）段。五四精神第一层内涵+全文中心句=段首点题句

（3）段。《雪国的篝火》少年糖豆素材分为三层+"有一位红军少年在"排比句式=扬五四精神展青年风采；

（4）段。"英雄青年在"+"风采卓然"+一个人融入一部战斗史+毛泽东词+全文中心句=段末点题句。

（5）<u>扬五四精神，那是一种强国精神、科学精神和奋斗精神！在科技强国的长路里，一直有无数的"我们"在</u>：不需要你认识我，不渴望你知道我，我们把青春的热血融进祖国的江河！

（6）就在五月。当"天问一号"探测器成功着陆火星乌托邦平原南部预选着陆区的信息传来，我在视频中欢呼雀跃的人群里看见一位90后女调度淡定地保持稳定的语速、淡定地发出"根据遥测判断，着陆巡视器转入无控模式"的指令，在确定全部完成后才扬起轻松一笑。<u>这一笑，我看到了一个航天女英雄严谨精细的科学精神</u>；当我走近这位叫作鲍硕的巾帼英雄，听见她说："就读北京理工大学时，王越院士的爱国之情和报国之志深深影响着我，指引着我为热爱的研究方向而不懈努力"，<u>这一说，我听到了一个大学青年仰望星空与脚踏实地的奋斗精神</u>；当我得知作为北京航天飞行控制中心组建40年来的第一位女调度的她，在执行任务期间曾连续20多个小时没吃饭没喝水没休息片刻时，<u>这一刻，我更震撼于一个时代青年的责任担当和强国情怀</u>！

（7）时代青年一直都在！后浪奔涌，风采卓然！一个90后的航天女战士，早已化身为千万分之一融入一部科技强国的奋斗史！时代青年所站立的地方，就是我们的中国！我们正用青春的高度成就祖国的高度，我们正用青春的速度成就祖国的速度！

**策略说明：融合造句**

（5）段。五四精神第二层内涵+全文中心句=段首点题句

（6）段。天问一号鲍硕素材分为三层+"这一笑、一说、一刻，我看到……的精神"排比句式=扬五四精神展青年风采；

（7）段。"时代青年在"+"风采卓然"+一个人融入一部强国史+崔卫平名言=段末点题句。

（8）<u>扬五四精神，那是一种爱国精神、奉献精神和民族精神！在共克时艰的日子里，一直有无数的"我们"在</u>：不需要你认识我，不渴望你知道我，我们把青春的热血融进祖国的江河！

（9）同学们，回首那段疫情肆虐的日子，这样的声音是否不绝于耳？你听，"疫情不走，我不走"，这是带着志愿者团队为武汉医护人员免费送餐的成都女孩刘仙在说：我在，我们在；"只要战疫需要，我就会继续拼"，这是浙江省支援武汉医疗队队员陶丽圆在说；我在，我们在；"你们守护世界，我们以微末之光守护你们"，这是组建共克时艰志愿者团队的厦门大学学生张榕杰在说：我在，我们在！

（10）是的，那逆行出征的豪迈里，有我们在；那顽强不屈的坚守里，有我们在；那患难与共的担当里，有我们在；那英勇无畏的牺牲里，有我们在！爱国青年一直都在！同衣同袍，风采卓然！每一个义无反顾的青年战士，早已化身为千万分之一，融入一部荡气回肠的民族抗疫史诗！

**策略说明：融合造句**

（8）段。五四精神第三层内涵＋全文中心句＝段首点题句

（9）段。疫情中的平凡人素材分为三层＋"我在，我们在"排比句式＝扬五四精神展青年风采；

（10）段。总书记新年贺词＋"有我们在"＋"风采卓然"＋一个人融入一部民族抗疫史＝段末点题句。

（11）同学们，百多年前的五四，一群爱国青年曾立于长城之上，对着苍翠静默的高山呐喊：以青春之我，创建青春之家庭，青春之国家，青春之民族，青春之人类，青春之地球，青春之宇宙！百多年后的五四，我们这一代青年，更立于第二个一百年的潮头，对着奔腾不息的大海高唱："我还是从前那个少年，没有一丝丝改变；时间只不过是考验，种在心中信念，丝毫未减；眼前这个少年，还是最初那张脸，面前再多艰险不退却……"是的，五四精神代代相传，在奔赴星辰大海的新征程里，五四青年一直都在，心中有火，眼里有光，肩上有责，脚下有路，风采卓然！我们正在把青春融进祖国的江河！

我的演讲到此结束，谢谢大家！

**策略说明：**

1. 调整素材的组合思路

本文与《奔赴星辰大海，你我皆为英雄》用了同样的三组素材。在《奔赴星辰大海，你我皆为英雄》中，素材的推出是按"中学生对英雄的不同认识"的逻辑顺序排列的：

大多数人认为，英雄太远，列举航天女英雄——一部分人认为，个人力量太弱，列举疫情中的微光英雄——需要辨别的错误认为，我本平凡何必英雄，

列举长征中的无名英雄。

根据《我们在》的命题特点，素材的推出按"五四精神内涵的时代变化"的时间顺序和逻辑顺序进行思路调整。

革命年代的五四精神是爱国精神革命精神和牺牲精神，列举长征中的无名英雄——科技强国背景下的五四精神是强国精神科学精神和奋斗精神，列举航天女英雄——共克时艰背景下的五四精神是爱国精神奉献精神和民族精神，列举疫情中的微光英雄。

2. 融合造句

（11）段。《觉醒年代》青春宣言+《少年》歌词+命题关键词"我们在"+全文中心句=文末深化点题句。

### 第2版

#### 替代第1版（3）（4）段

（3）2021年5月，我观看电视剧《觉醒年代》，看见一个个青年从历史中走来：那代表了一代人真正觉醒的青年里，有29岁的陈延年在，他说着"革命者只能站着死"，宁死不跪被反动派乱刀砍死；有26岁的赵世炎在，他说着"共产党是战斗的党"，把敌人的监狱和法庭当成讲坛慷慨赴难；有28岁的李大钊在，他说着"试看将来的环球，必是赤旗的世界"，奔走呐喊一生践行直至被反动军阀三次绞杀从容就义！

（4）那时候他们都正年轻！血气方刚，风采卓然！<u>一个个五四年代的寻求救国道路的青年</u>，早已化身为千万分之一，融入一部艰苦卓绝的战斗史！你听，马蹄声碎，喇叭声咽，那里有<u>无数个觉醒青年</u>在诉说一腔的忠诚！你看，苍山如海，残阳如血，那里有<u>无数个觉醒青年</u>在燃烧青春的豪情！

**策略说明：融合造句**

（3）段。《觉醒年代》人物素材分为三层+"有29、26、28岁的……在"排比句式=扬五四精神展青年风采；

（4）段。"英雄青年在"+"风采卓然"+一个个青年融入一部战斗史+毛泽东词+全文中心句=段末点题句。

#### 替代第1版（6）（7）段

（6）那创造奇迹的科研队伍里，有时代青年在！2020年10月，奋斗者号在马里亚纳海沟勇闯深海创造中国载人深潜的新纪录！那"奋斗者"号研发团队，"85后"占75%；2020年12月，"九章"中国光量子计算机横空出世！那研究量子点的陆朝阳，研究冷原子物理的陈帅，研究单光子探测器的张强，研究光量子通信和量子计算的陈凯——这支量子科技"梦之队"，平均年龄仅36岁；2021年5月，天问一号成功登陆火星！总设计师张荣桥说：整个研发队伍平均年龄35岁上下，都是硕士、博士，都是仰望星空、脚踏实地的年轻人！

（7）时代青年一直都在！后浪奔涌，风采卓然！<u>每一位科技攻坚团队的时代青年</u>，早已化身为千万分之一，融入一部科技强国的奋斗史！时代青年所站立的地方，就是我们的中国！我们正用青春的高度成就祖国的高度，我们正用青春的速度成就祖国的速度！

**策略说明：融合造句**

（5）段。五四精神第二层内涵+全文中心句=段首点题句

（6）段。科研团队素材分为三层+"成就+数据"的排比句式=扬五四精神展青年风采；

（7）段。"时代青年在"+"风采卓然"+一位时代青年融入一部强国史+崔卫平名言=段末点题句。

### 替代第1版（8）（9）（10）段

（8）扬五四精神，那是一种爱国精神、奉献精神和民族精神！在砥砺前行的日子里，一直有无数的"我们"在：不需要你认识我，不渴望你知道我，我们把青春的热血融进祖国的江河！

（9）我们知道，<u>青春不该有这样的你</u>，为给偶像助力"打投"疯狂购买品牌饮料，喝不完又转卖不了就雇人倒进下水道；我们也知道，青春不该有这样的你，说着说着"颓废到忧伤""人间不值得""感觉身体被掏空"的"丧表达"就真的"躺尸到死亡"；我们知道，<u>青春应该是这样的你</u>，如扎根农村的青年扶贫干部把"办公室"搬到田间地头，用坚定脚步丈量脱贫攻坚之路；如青春昂扬的医生护士穿上白色战甲，逆行驰援疫情防控前线；如在故宫博物院深耕的年轻人，让古老的紫禁城焕发新的活力；如焚膏继晷的年轻科技工作者以实验室为家，用一项项扎实的成果突破层层科技封锁；如开山岛上的年轻人接过守岛接力棒，用青春奋斗续写奉献的崭新篇章……

（10）青春就有这样的你！<u>那埋头苦干的人里，有青年在；那拼命硬干的人里，有青年在；那为民请命的人里，有青年在</u>……这就是中国的脊梁！<u>新时代的中国脊梁里，有我们新时代的中国青年在</u>！各展风华，神采卓然！每一个砥砺前行的中国青年，早已化身为千万分之一，融入一部荡气回肠的<u>民族振兴史诗</u>！

**策略说明：融合造句**

（8）段。五四精神第三层内涵+全文中心句=段首点题句。

（9）段。"青春不该有这样的你"+"打投牛奶"反面素材——"青春不该有这样的你"+"丧表达"反面素材——"青春应该是这样的你"+各行业奋斗青年素材组合，融合造排比句；

（10）段。鲁迅"中国脊梁"名言+"有青年在"+"神采卓然"+一个人融入一部民族振兴史=段末点题句。

## 第3版

### 替代第1版（3）（4）段

（3）且看，美国记者埃德加·斯诺在《红星照耀中国》里专门记录了这样的"红军少年"。在艰苦卓绝的长征途中，<u>有一群"红小鬼"在</u>，他们总是愉快而乐观，不管整天行军的疲乏，一碰到人问他们好不好就回答"好!"；在西北苏区的红军队伍里，<u>有四万名少年先锋队员在</u>，他们活跃在各战线，当通讯员、勤务员、号手、侦察员、挑水员、宣传员、演员、马夫、护士、秘书甚至教员；在红军主力撤离后的江西，<u>有许许多多少年先锋队员和共产主义青年团员在</u>，他们同成年游击队员并肩作战，甚至跟敌人拼刺刀!

（4）英雄青年一直都在!虽为无名，风采卓然!<u>一个个稚气未脱的少年战士</u>，早已化身为千万分之一，融入一部艰苦卓绝的战斗史!你听，马蹄声碎，喇叭声咽，那里有无数个红军少年在诉说一腔的忠诚!你看，苍山如海，残阳如血，那里有无数个红军战士在燃烧青春的豪情!

**策略说明：融合造句**

（3）段。在艰苦卓绝的长征途中+《红星照耀中国》少年红军素材分为三层+"有……在"排比句式=扬五四精神展青年风采；

（4）段。"英雄青年在"+"风采卓然"+一个个少年融入一部战斗史+毛泽东词+全文中心句=段末点题句。

### 替代第1版（6）（7）段

（6）在云淡风轻的季节里，那居安思危未雨绸缪做出"所有美国的先进芯片和技术将不可获得"生存预案的，<u>有华为的海思儿女在</u>；在科技史上最为悲壮的长征中，那攻克数以千计的科技难题为公司的生存打造技术"备胎"的，<u>有华为的海思儿女在</u>；而当美国商务部工业和安全局宣布把华为列入管制"实体名单"的至暗之日真正到来，那在极限施压下挺直脊梁于艰难困苦铸造诺亚方舟的，<u>有华为的海思儿女在</u>!

（7）2021年6月2日，华为鸿蒙OS 2.0操作系统及华为全场景新品正式发布了！滔天巨浪方显英雄本色！时代青年一直都在！后浪奔涌，风采卓然！每一位海思的平凡儿女，早已化身为千万分之一融入一部科技强国的奋斗史！时代青年所站立的地方，就是我们的中国！我们正用青春的高度成就祖国的高度，我们正用青春的速度成就祖国的速度！

**策略说明：融合造句**

（6）段。华为海思儿女素材分为三层＋"有华为的海思儿女在"的排比句式＝扬五四精神展青年风采；

（7）段。华为的新成就＋"时代青年在"＋"风采卓然"＋每一位平凡儿女融入一部强国史＋崔卫平名言＝段末点题句。

# 第五章　学情分析　多版升格

## 第一讲　《诫子书》+2个素材

### 第一节　例文分析

#### 一、聚焦命题

在这个特殊时期，全国人民正在进行一场特别的考试——疫情防控。而作为初中生的你，也经历了一场特别的考试——线上上课。是的，这场考试有着很特别的地方：居家、线上，没有老师在面前，家长无暇时时顾及，网络在线，手机或电脑在手……

因为特别，你会有特别的应对、崭新的思考、深刻的启发。

今后的人生中，还会有许多特别的考试，而你，就是那答卷人。

请以"20年后的你"的身份，给参加这场特别考试的你写一封信。

（深圳2020年高三线上检测作文题改编）

说明：为什么命题要设计以"20年后的你"的身份给"参加这场特别考试的你"写信？20年后的你已然成人进入社会并从事着某种工作，以这个身份来对20年前的自己说话，这个情境使得写作的人要去思考、定义、评价当时"答卷人"的"答卷"对于自己今后人生产生的意义和影响。"跳出来看看另一个自我"，反省意识、自我剖析意识应该是本文的一个重要内容。

## 二、例文评析

### 致 20 年前的我的一封信

——南安市柳城中学 王坤铠

亲爱的 20 年前的我：

（1）你好！时间飞速，如白驹过隙一般，我已成为一名探险家，去游遍祖国的大好河山，了解它们不为人知的秘密，也锻炼自己的胆量和勇气。当我翻开那尘封已久的小时候的相册时，我的脑海里又浮现出你那阳光灿烂的笑容。在这儿，我有些心里话想对你说。

（2）20 年前 2020 年，庚子鼠年，是中华民族经历一次大考的年份。新冠肺炎疫情发生，武汉全城封锁，八方支援湖北……全国人民都在答同一份试卷。这场考试没有监考，只有答卷时的努力。在这场考试中，已有许多人被淘汰，但是，还有十几亿人，在中国这个特殊的考场，努力地向祖国母亲交上自己令人满意的答卷。而作为初中生的你，也在另一个考场，填答着另一份试卷——听课。这场考试的敌人更凶猛，更难对付，那就是你自己。

（3）早上，你懒懒散散地打开电脑，开始了一天枯燥的课程。你半睁着眼，睡衣都还没换，头发像个鸡窝一样，睨着眼瞅着电脑页面。"我去同事家坐坐，你好好听课啊！"妈妈"嘭"的一声，随手关上了门。"嗖"的一声，你从椅子上一跃而起，冲到茶几旁，动作敏捷地抓起手机，又一屁股坐在椅子上，装作若无其事的样子。转头一看，英语老师已开始直播了，嗯，刚好。你随手打开《王者荣耀》开始了快乐而又刺激的对决。

（4）"来看这个单词，这个单词是个特殊动词，后面要加 V 原。""敌军还有五秒到达战场，请做好准备……" "talk about，谈论，讨论……" "Double Kill！" "How do you usually go to school？" "集合，准备团战……"，我在电脑前玩得不亦乐乎、津津有味，老师也在电脑前讲得滔滔不绝、口若悬河。"胜利！"耶！赢了！你高兴地欢呼起来（因为你昨天连跪 11 把）。"好，同学们 Good bye！"老师刚讲完，你也刚玩完，时间掐得真准，你不禁暗暗得意。而桌上，还写着一句名人名言：你需要学会独立自律，才能成功……

（5）过了两天，你看到了一篇抗疫文章，读完之后，你已泪流满面，心中无限感慨，你开始懂得自律的重要性。你不禁在心中反问自己：你为什么不自律呢？中国有千千万万名学生，如果人人都不自律，那国家怎么办？国家的前途由谁负责？少年强，则国强。少年的独立，关系着中国前途的得与失。想到这儿，你又拿起课文，大声诵读了起来。

（6）好了，就写到这儿了。此致，向奋斗着的你致敬！

20 年后的我

5 月 11 日

**评析要点：**

1. 书信体格式规范，行文中与"自己"有对话交流意识。

2.（3）（4）段。"不自律"部分描写生动，"蒙太奇"镜头切换，画面感即视感强，生活气息扑面而来，语言表达流畅灵动。

3. 文末第（6）段写道：向"奋斗的你"致敬。反观全文，"懒散的你"就显得用笔过多；"奋斗的你"明显匆匆带过。受考场字数限制，行文前放后收时显得前松后紧。

4.（5）段。从懒散向自律缺少过程，转变太快，失了真切感。

5. 命题关键词是"你就是那答卷人"，文章（1）（2）段开篇已点题，但到后面写着写着就淡忘了。这是众多学生写作时常出现的问题。文末如果就"特别的答卷"来一番与自我的对话以深化主题会更佳。

**三、升格方案**

1. 紧扣"答卷"关键词，将文章分为"懒散的答卷"和"奋斗的答卷"两部分。

2. 以排比句引入三个"逆行者"素材，呈现"转变的过程"。

3. 择读有联系的课内外素材进入"与 20 年前的我"对话中，体现对"特别的答卷"的特别的思考以深化主题。

4. 调整思路

（1）成为探险家的我，有些心里话想对 20 年前的你说。

（2）疫情之下 20 年前的你填答着另一份试卷——在线听课。

（3）一开始，在那场特殊的考试中，你交上的是一份"懒散"的答卷。

（4）（5）老师上英语课你打王者荣耀。

（6）后来啊，在那场特殊的考试中，你交上了一份写满"自律和奋斗"的答卷。

（7）你看到了一组"同学，你认真学习的样子真好看"的照片开始不安与反思。

（8）你告诉自己点开奋斗篇的播放键。

（9）（10）成为探险家的你用《诫子书》里的话感谢 20 年前的奋斗的你当年高分完成了特别的答卷。

## 四、择读文段

### 《诫子书》

夫君子之行，静以修身，俭以养德。非淡泊无以明志，非宁静无以致远。夫学须静也，才须学也，非学无以广才，非志无以成学。慆慢则不能励精，险躁则不能治性。年与时驰，意与日去，遂成枯落，多不接世，悲守穷庐，将复何及！

## 五、提取联系

1. 提取含"宁静、淡泊"的句子，与奋斗、自律、信念等正面相关；提取"明""致"，体现在读书或生活中学习淡泊与宁静对性格产生的作用。

2. 提取含"慆慢、险躁"的句子，与奋斗、自律、信念、良好品性的养成等反面相关。

3. 提取"年与时驰，意与日去，遂成枯落"，可链接学习经历表达对不自律的反思，或从反面表现学习与性格的关系。

4. 提取"接世""穷庐"，如果要表达中学生在线学习不自律带来的结果，此二词程度过重，且不合学生生活实际。若调整为"多不接学，悲守屏幕，将复何及"，则可转为备用素材。

## 六、选择素材

1. 疫情中一组标题为"同学，你认真学习的样子真好看"的照片

2. 哔哩哔哩 2020 年五四青年节《后浪》短视频：一个国家最好看的风景，就是这个国家的年轻人

## 第二节　多版升格

### 第 1 版

#### 致 20 年前的我的一封信

亲爱的 20 年前的我：

（1）你好！时间飞速，如白驹过隙一般，我已成为一名探险家，去游遍祖

国的大好河山，了解它们不为人知的秘密，也锻炼自己的胆量和勇气。当我翻开那尘封已久的小时候的相册时，我的脑海里又浮现出你那阳光灿烂的笑容。在这儿，我有些心里话想对你说。

（2）20 年前 2020 年，庚子鼠年，是中华民族经历一次大考的年份。新冠肺炎疫情发生，武汉全城封锁，八方支援湖北……全国人民都在答同一份试卷。这场考试没有监考，只有答卷时的努力。在这场考试中，已有许多人被淘汰，但是，还有十几亿人，在中国这个特殊的考场，努力地向祖国母亲交上自己令人满意的答卷。而作为初中生的你，也在另一个考场，填答着另一份试卷——听课。这场考试的敌人更凶猛，更难对付，那就是你自己。

（3）一开始，在那场特殊的考试中，你交上的是一份"懒散"的答卷。

（4）早上，你懒懒散散地打开电脑，开始了一天枯燥的课程。你半睁着眼，睡衣都还没换，头发像个鸡窝一样，眍着眼瞅着电脑页面。"我去同事家坐坐，你好好听课啊！"妈妈"嘭"的一声，随手关上了门。"噌"的一声，你从椅子上一跃而起，冲到茶几旁，动作敏捷地抓起手机，又一屁股坐在椅子上，装作若无其事的样子。转头一看，英语老师已开始直播了，嗯，刚好。你随手打开《王者荣耀》开始了快乐而又刺激的对决。

（5）"来看这个单词，这个单词是个特殊动词，后面要加 V 原。""敌军还有五秒到达战场，请做好准备……""talk about，谈论，讨论……""Double Kill！""How do you usually go to school？""集合，准备团战……"，我在电脑前玩得不亦乐乎、津津有味，老师也在电脑前讲得滔滔不绝、口若悬河。"胜利！"耶！赢了！你高兴地欢呼起来（因为你昨天连跪 11 把）。"好，同学们 Good bye！"老师刚讲完，你也刚玩完，时间掐得真准，你不禁暗暗得意。而桌上，还写着一句名人名言：你需要学会独立自律，才能成功……

（6）后来啊，在那场特殊的考试中，你交上了一份写满"自律和奋斗"的答卷。

（7）我还记得，有一天，在你心浮气躁又隐隐不安地刷微博的时候，一组标题为"同学，你认真学习的样子真好看"的照片与文字闪到了你，你看到了在平房屋顶蹭邻居家网络的河南高三生小通；武汉方舱医院 C 区埋头苦读的感染者高三生杨一帆；在塑料薄膜和竹条搭成的简易帐篷里上网课的小学生……那一瞬间，你是如此的不安：你问自己，如果把你自己这一段在线学习日子里的尊容也画出来，又是一副什么样子呢？是凌乱的？迷失的？空虚的？几近失控的？是"真好看"还是"真猥琐"呢？

（8）于是你尝试改变自己，你启动"在线学习奋斗篇"的播放键，和自己的"懒散疫毒"作战，一次一次、一点一点把自己从放纵的边缘拽回。

（9）于是有了20年后的我。现在的我，更深切体会到"非宁静无以致远"的真谛：如果始终无法让自己"静"下来，那么，<u>20年后的我，将是年与时驰，意与日去，遂成枯落，多不接学。只能悲守屏幕，又将复何及</u>！

（10）一个国家最好看的风景，就是这个国家的年轻人。感谢20年前的奋斗的你当年高分完成了特别的答卷，让20年后的我融入了这个时代最好看的风景。

（11）此致，向曾经奋斗着和正在奋斗着的你致敬！

20年后的我<br>5月11日

**第2版**

用同一组素材，关联另一个命题《先手》，呈现"一文多题"的灵活运用。

（一）命题呈现

"先手"是指下棋时主动有利的局势。习近平总书记指出，我们必须下好先手棋，打好主动仗，做好应对任何形式的矛盾风险挑战的准备。

以上文字给你什么联想或感悟，请以《先手》为题，写一篇记叙文或议论文。（2020年5月泉州质检题）

说明：第一，"任何形式的矛盾风险挑战"，是个人的、社会的，还是国家的？都可以写，如果驾驭不了大题材而选择写个人，可从"小我"下好先手棋对于成就"大我"有怎样的意义的角度去立意；第二，作文命题的特定语境是"下棋"，这是一个比喻，所以行文中尽量就着"下棋"的语境展开配套的成套的表达。

（二）升格方案

1. 提炼命题关键词：下好先手棋，打好主动仗，应对矛盾风险挑战。

2. 以"在线学习"为背景、"下棋"为语境，将关键词的内涵用"正面联想与反面联想"方式尽可能延伸——正面的，未雨绸缪、忧患意识、稳住优势、化被动为主动、环环相扣、步步为营、出奇制胜等；反面的，束手无策、停滞不前、瞻前顾后、抱怨逃避等。

3. 文章分为"失了先手"和"占据先手"两部分。

4. 以排比句引入三个"逆行者"素材，呈现"转变的过程"。

5. 择读有联系的课内外素材进入"与20年前的我"的对话中，体现对"先手"的思考以深化主题。

6. 文中与第1版"答卷"有关的表达调整为与"先手"有关的表达。本文可以保留书信体格式展开写作。

7. 思路升格

（1）成为探险家的我，有些心里话想对20年前的你说。

（2）疫情之下的在线学习，犹如在下一盘暗战之棋。

（3）一开始，在那盘棋局的开局中，你曾失了先手。

（4）（5）老师上英语课你打王者荣耀。

（6）后来啊，在那盘棋局的中局，你用"自律和奋斗"打了场主动仗，抢得先机。

（7）你看到了一组"同学，你认真学习的样子真好看"的照片开始不安与反思。

（8）你告诉自己不能再放纵逃避，要收复失地、抢占先机。你点开奋斗篇的播放键。

（9）（10）成为探险家的你用《诫子书》里的话感谢20年前的奋斗的你下好了一盘先手棋。

## 先 手

亲爱的20年前的我：

（1）你好！时间飞速，如白驹过隙一般，我已成为一名探险家，去游遍祖国的大好河山，了解它们不为人知的秘密，也锻炼自己的胆量和勇气。当我翻开那尘封已久的小时候的相册时，我的脑海里又浮现出你那阳光灿烂的笑容。在这儿，我有些心里话想对你说。

（2）20年前2020年，庚子鼠年，是中华民族经历一次大考的年份。新冠肺炎疫情发生，武汉全城封锁，八方支援湖北……而作为初中生的你，正在进行疫情之下的在线学习，这次的学习，犹如在下一盘暗战之棋，对手，就是你自己。

（3）一开始，在那盘棋局的开局中，你曾失了先手。

（4）早上，你懒懒散散地打开电脑，开始了一天枯燥的课程。你半睁着眼，睡衣都还没换，头发像个鸡窝一样，眍着眼瞅着电脑页面。"我去同事家坐坐，你好好听课啊！"妈妈"嘭"的一声，随手关上了门。"噌"的一声，你从椅子上一跃而起，冲到茶几旁，动作敏捷地抓起手机，又一屁股坐在椅子上，装作若无其事的样子。转头一看，英语老师已开始直播了，嗯，刚好。你随手打开

《王者荣耀》开始了快乐而又刺激的对决。

（5）"来看这个单词，这个单词是个特殊动词，后面要加 V 原。""敌军还有五秒到达战场，请做好准备……""talk about，谈论，讨论……""Double Kill！""How do you usually go to school？""集合，准备团战……"，我在电脑前玩得不亦乐乎、津津有味，老师也在电脑前讲得滔滔不绝、口若悬河。"胜利！"耶！赢了！你高兴地欢呼起来（因为你昨天连跪 11 把）。"好，同学们 Good bye！"老师刚讲完，你也刚玩完，时间掐得真准，你不禁暗暗得意。而桌上，还写着一句名人名言：你需要学会独立自律，才能成功……

（6）后来啊，在那盘棋局的中局，你用"自律和奋斗"打了一场主动仗，抢占先机。

（7）我还记得，有一天，在你心浮气躁又隐隐不安地刷微博的时候，一组标题为"同学，你认真学习的样子真好看"的照片与文字闪到了你，你看到了在平房屋顶蹭邻居家网络的河南高三生小通；武汉方舱医院 C 区埋头苦读的感染者高三生杨一帆；在塑料薄膜和竹条搭成的简易帐篷里上网课的小学生……那一瞬间，你是如此的不安：你问自己，如果把你自己这一段在线学习日子里的尊容也画出来，又是一副什么样子呢？是凌乱的？迷失的？空虚的？几近失控的？是"真好看"还是"真猥琐"呢？

（8）那一天，你告诉自己，那些有着"认真学习的样子"的同学，正在攻城略地，只等着复学的日子一到，就能抢占先机、出奇制胜；你告诉自己，不能再放纵逃避，不能再停滞不前了！于是你尝试改变自己，你启动"在线学习奋斗篇"的播放键，和自己的"懒散疫毒"作战，一点一点把自己从放纵的边缘拽回，一寸一寸地收复失地。

（9）于是有了 20 年后的我。现在的我，更深切体会到"生于忧患死于安乐"的真谛。如果当年没有忧患意识，没有及时收复失地，抢占学习先机，那么，20 年后的我，将是年与时驰，意与日去，遂成枯落，多不接学。只能悲守屏幕，又将复何及！

（10）一个国家最好看的风景，就是这个国家的年轻人。感谢 20 年前的奋斗的你当年未雨绸缪，下好了一盘"先手棋"，让 20 年后的我融入了这个时代最好看的风景。

此致，向曾经奋斗着和正在奋斗着的你致敬！

20 年后的我

5 月 11 日

**第 3 版**

用同一组素材，关联另一个命题《学习与性格》，呈现"一文多题"的灵活运用。

（一）命题呈现

读书学习，塑造着我们的性格。哲学家培根说：读史使人明智，读诗使人灵秀，数学使人周密，科学使人深刻……凡有所学，皆成性格。"

生活充满酸甜苦辣，蕴藏着学问与智慧，就像一本无字的书。从生活中学到的，也能影响、改变我们的性格。

对此，你有怎样的经历、体验和思考？请以"学习与性格"为标题，写一篇不少于600字的文章，在主题班会上与同学交流分享。（2020年福建中考题）

说明：体裁是"发言稿"。从材料内容表述上看，第一，"学习"分两种，一种是读有字之书，一种是读生活的无字之书；第二，尽量立足于"学习对性格产生的影响"角度去展开思考。避免将过多的笔墨花费在"学习什么"和"怎么学习"两方面。

（二）升格方案

1. 提炼命题关键词：读书、生活、塑造、改变、性格，自拟命题《学无字书，习有字书，养浩然气》。

2. 从"在线学习生活如何塑造与改变性格"切入，进行"正面联想与反面联想"。正面：在线学习，让自己形成更有目标、有计划、有条理、自制自律、独立思考、自我挑战且积极乐观的"果断型"性格；反面：在线学习，让自己变成随波逐流、任性放纵、自满自怜、妒忌攻击、失望沮丧、纠结焦虑的"逃避型"性格。

3. 文章分为"走向逃避型性格"和"养成果断型性格"两部分。

4. 以排比句引入生活照片素材，呈现"从生活中学习思考获得转变的过程"。

5. 择读有联系的素材进入班会交流分享的对话情境中，体现对"学习改变性格"的思考以深化主题。

6. 文中与"答卷""先手"有关的用词表达调整为与"学习和性格"有关的用词表达。

7. 思路升格

（1）成为"英语学霸"的我，有些心里话想在班会上对老师和同学们说。

（2）要从生活和书本中学习智慧，培养自律自强、刚毅果断的"浩然正气"。

（3）分享第一个故事：疫情之下的在线学习，我走向心浮气躁，放纵逃避。

（4）—（7）分享老师上英语课我打王者荣耀的心理历程。

（8）分享第二个故事：我从生活中学习到"自律和奋斗"，我的性格变得自律果断。

（9）我看到了一组"同学，你认真学习的样子真好看"的照片开始不安与反思。

（10）我告诉自己不能再放纵逃避，要规划人生、自律自强，塑造自己刚毅果断的性格。

（11）—（14）用《诫子书》里的话与同学分享"学以养气，成就大我"的成长感悟以共勉。

## 学无字书，习有字书，养浩然气
### ——在"学习与性格"主题班会上的交流分享

尊敬的班主任、亲爱的同学们：

（1）下午好！恢复线下学习后的第一次质检考试，我得了英语学科第一名。老师和同学们推荐我上来分享学习心得，作为英语学科"NO.1"，我确实有很多心里话想对大家说。

（2）我分享的题目是《学无字书，习有字书，养浩然气》。这题目的意思是，无论是生活还是书本，无字之书还是有字之书，我们都可以通过发现和学习其中蕴藏的学问智慧，来培养自己作为学生的"正气"，也就是自律自强、刚毅果断的"浩然正气"。

（3）也许大家会觉得我今天讲什么"浩然之气"，是不是太"矫情"了？同学们，你们知道吗？其实你们眼中今天成为自律自强的榜样的我，曾经却是一个不折不扣的放纵任性、纠结焦虑的我。那么，我是怎么完成从"曾经"到"今天"的改变的呢？现在请允许我分享第一个故事：疫情之下在线学习的经历，曾让我变得心浮气躁，放纵逃避。

（4）还记得长达两个多月在线学习的那段日子吗？"反正老师看不见，反正大家都一样"，我当时也是这样的心理，所以，在第一个月里，我的英语课是这样上的：

（5）早上，我懒懒散散地打开电脑，开始一天枯燥的课程。半睁着眼，睡衣都还没换，头发像个鸡窝一样，睒着眼瞅着电脑页面。"我去同事家坐坐，你好好听课啊！"妈妈"嘭"的一声，随手关上了门。"嚕"的一声，我从椅子上一跃而起，冲到茶几旁，动作敏捷地抓起手机，又一屁股坐在椅子上，装作若无其事的样子。转头一看，陈老师已开始直播了，嗯，刚好。我随手打开《王者荣耀》开始了快乐而又刺激的对决。

（6）"来看这个单词，这个单词是个特殊动词，后面要加V原。""敌军还有五秒到达战场，请做好准备……""talk about，谈论，讨论……""Double Kill！""How do you usually go to school?""集合，准备团战……"，我在电脑前玩得不亦乐乎、津津有味，老师也在电脑前讲得滔滔不绝、口若悬河。"胜利！"耶！赢了！我高兴地欢呼起来（因为我昨天连跪11把）。"好，同学们 Good bye！"老师刚讲完，我也刚玩完，时间掐得真准，我不禁暗暗得意。而桌上，还写着一句名人名言：你需要学会独立自律，才能成功……

（7）我想，这段经历我们在座的都曾经有过吧？只是程度不同罢了。是的，这就是我那一个月学习生活的真实写照：漫不经心的、放纵惬意的，同时又是惶惶不安的、纠结焦虑的，我沦陷在这样的生活里，逐渐变得患得患失、心浮气躁。

（8）幸运的是，曾经沦陷的我，在第二个月的某一天终于觉醒。现在，请允许我分享第二个故事：从生活的一组照片里读到自己，告别心虚与纠结，从此走向"自律和奋斗"。

（9）三月上旬的一天，在我心浮气躁又隐隐不安地刷微博的时候，突然被一组标题为"同学，你认真学习的样子真好看"的照片与文字闪到了。我看到了在平房屋顶蹭邻居家网络的河南高三生小通；武汉方舱医院C区埋头苦读的感染者高三生杨一帆；在塑料薄膜和竹条搭成的简易帐篷里上网课的小学生……

（10）同学们，你们看过那组照片吗？我只记得我当时看完就不忍再次直视了！因为在那一瞬间，我心中阵阵不安：我问自己，如果把我自己这一段在线学习日子里的尊容也画出来，又是一副什么样子呢？是凌乱的？迷失的？空虚的？几近失控的？是"真好看"还是"真猥琐"呢？

（11）同学们，就是在那一天，我告诉自己，照片上、学校里，那些有着"认真学习的样子"的同学，正坚毅果断地斩除诱惑，规划人生，自强自律，自我挑战；我告诉自己，不能再放纵逃避，不能再纠结焦虑了！于是我尝试改变自己，我启动"在线学习奋斗篇"的播放键，和自己的"懒散疫毒"作战，一点一点把自己从放纵的边缘拽回，也就是从那时开始，我发现自己的心开始走向安宁，我的性情里正一点点写上刚毅果断。

（12）于是有了现在的我。现在的我，在经历了学习与生活、性格与思想的变化之后，想将《诫子书》里的一句话分享给大家，尤其是分享给一时还管不住自己的同学：慆慢则不能励精，险躁则不能治性。非淡泊无以明志，非宁静无以致远。如果始终无法斩断诱惑，挑战自我，自律自强，让自己"明志和致远"，那么多年以后，我们将会年与时驰，意与日去，遂成枯落，多不接学。到时候，我们只能悲守屏幕，又将复何及！

（13）此去人生，让我们"学无字书，习有字书，养浩然气"，学以养气，成就大我——让我们一起融入这个时代最好看的风景，让我们以此共勉！

（14）我的交流分享到此结束。谢谢大家！

# 第二讲　《背影》《秋天的怀念》《散步》《荷叶母亲》+4个素材

## 第一节　例文分析

### 一、聚焦命题

八年级同学学习朱自清的《背影》，对文章中写父亲攀月台穿铁道买橘子的行为，有的同学认为这是饱含真挚情感的举动，有的同学认为这违反了交通规则，有的同学认为"我们不是缺少爱，而是缺少感受爱的神经"，有的同学认为这是时代不同而造成的认知差异……

作为九年级的学长学姐，请以"致学弟学妹"为标题，写一篇不少于600字的文章，与八年级同学交流分享自己的经历、体验和思考。（2020年初三上期末泉州质检题）

说明：情境任务是以学长学姐身份与八年级同学，即学弟学妹们分享自己的经历体验和思考，体裁是发言稿，核心内容是"讨论关于《背影》的四个认为"。大多数作者，可能会选当中一种"认为"作为话题的"由头"，但是内容的表达可能会与话题若即若离，虽然不算离题，却有所跑偏。如何基于一种"认为"，又兼顾其他"认为"的合理性，是学生训练辩证思考和表达的重要环节。

### 二、例文评析

#### 致学弟学妹

亲爱的学弟学妹：

你们好！

（1）作为一个初三的学姐，今天我想和你们谈一谈。

（2）随着时代进步，生活节奏加速，我们或许时常难以与自己的父母有真心相对、沟通感情的时候。

（3）我的父母是一家窗帘店的经营者，平时的工作日里只会偶尔上楼煮个饭，交流几乎只限于饭桌上寥寥数语的交谈。即使到了节假日也一如往常，为了看店，他们没什么时间带我出门游玩。于是楼上楼下的距离便成了我们"心"的距离。

（4）初二那年，我也不理解《背影》中所表达的感情，不知道你们是怎么看待这篇文章所包含的父子情深呢？但如今再回过头去细细品味时，我却有了新的感受和体验。

（5）对于父子间那样细腻的情感传达，我产生了共鸣。每晚，母亲都会轻轻敲开我的房门，问一问："饿了吧，想吃点什么，妈给你做。"虽常是煮完后她就下楼忙碌公事，但碗中热腾腾的米粉堆满我喜欢的佐料，滚烫的汁水泛着点细光，每当筋道的米粉带着浓郁的咸香喝入喉中，青葱的味道刺激着味蕾，我就感受到母爱的温度从胃中升进心里，满是踏实与幸福。

（6）父亲同样是不善言辞的那类。"钱还够吗？""想买书就买吧，多少钱我给你。""喜欢去看海？下次有时间就带你去。"虽说父亲的关怀不如母亲那般细腻，我却也能从这样点滴的对话中收集起爱的碎片，因为我知道这就是父亲爱我的方式。

（7）或许平时是我们太过苛刻，在日复一日的平常中才会淡忘忽略了这样的细节。如果可以，请用心去观察和感受，我想你们会很快明白自己身边其实从不缺少爱，我们只是缺少爱的神经。

（8）很高兴能以一个这样的身份与你们交谈，希望我的故事能让你们有所启发。留心去关注爱吧，然后以此为动力乘风破浪、披荆斩棘——这就是我想对你们说的话。

　　祝
身体健康　学业顺利

　　　　　　　　　　　　　　　　　　　　　　　　×年×月×日

　　　　　　　　　　　　　　　　　　　　　　　你们的学姐：×××

**评析：**

1. 书信体规范（除署名与时间有误），行文中有一定的对话交流意识。第（5）（6）段细节选取典型、描写生动。

2. 从第（7）段来看，本文是选择"四个认为"中的第三个认为来写。但是这一点在开篇未能及时明确，并将"我认为我们身边其实从不缺少爱，我们只是缺少爱的神经"观点贯穿全文。

3. 段与段之间缺少一些过渡句来呈现行文的思路，并层层推进地阐明观点。

4. （7）（8）段"感悟"部分的语言表达有些苍白，缺少"走心"的效果。

### 三、择读文段

择读标准：从《背影》中父亲"攀月台穿铁道买橘子"的细节出发，择读那些表现亲情的场景、动作和细节；那些当时不懂后来才懂的爱的细节；那些体现感知爱和表达爱的细节。

1. 七上第二单元《秋天的怀念》

2. 《散步》

3. 《荷叶母亲》

那朵红莲，被那繁密的雨点，打得左右攲（qī）斜。在无遮蔽的天空之下，我不敢下阶去，也无法可想。

对屋里母亲唤着，我连忙走过去，坐在母亲旁边——一回头忽然看见红莲旁边的一个大荷叶，慢慢地倾侧了下来，正覆盖在红莲上面……我不宁的心绪散尽了！

母亲啊！你是荷叶，我是红莲，心中的雨点来了，除了你，谁是我在无遮拦天空下的荫蔽？

### 四、选择素材

1. 《你好，李焕英》

镜头一：李焕英看见长得胖胖的女儿灰头土脸跑回家，裤子摔破了她就在破洞上缝只可爱的小熊

镜头二：贾晓玲看着牛仔裤破洞上被李焕英缝上了小熊图案，突然想起李焕英是当上妈妈后才会缝补的。情节反转，穿越后见到的"李焕英"就是同样穿越过来的母亲。

2. 《送你一朵小红花》

（1）丧到不行的封闭少年韦一航。一次家庭聚餐中意外听到亲人们的对话。80岁的奶奶，都愿意把房卖了给他治病，自己去住养老院。弟弟妹妹一家也愿意卖自己的房子救人。这番对话感动了韦一航，他推开门给在场的所有人深深鞠躬。

（2）为了5块钱的停车费，和保安争执好几分钟。我妈：真的没现金了。

保安：可以扫码。我妈（听话地拿手机扫，手来回刷屏）：你们这没网啊。保安：没网？我们有网啊。我妈：没有，扫不到。保安：行了行了，你走吧。

3. 弗罗姆《爱的艺术》

天真的、孩童式的爱遵循下列原则：我爱，因为我被别人爱。而成熟的爱的原则是：我被人爱，因为我爱人。

4. 李商隐《锦瑟》

此情可待成追忆，只是当时已惘然。


# 第二节　多版升格

## 第1版

### 背影+秋天的怀念

亲爱的学弟学妹：

你们好！

（1）闻知你们学习《背影》时对父亲"攀月台穿铁道买橘子"的举动看法不一。仁者见仁，智者见智，这其实是一个好现象。作为九年级的学姐，此刻，我想对你们说：<u>父母的爱以何种方式呈现、是否违反规则，也许并不是最重要的。对当下的我们来说，更重要的是，从《背影》一课里，我们如何去学会"感知爱和表达爱"。</u>

**升格策略：**

造"点题句"，设"关键词"

1. 开篇呈现"发言稿"规范格式。

2. 依据"写作核心"之"四个认为"，挑选第三个"认为"造一个集中的鲜明的中心句。

3. 为了让第三个"认为"兼容其他三个"认为"，让表达更为严密，采用这样的句式"A 认为+B 认为+D 认为也许不是最重要的，最重要的是 C 认为"。

4. 精心设置中心句的关键词，即"感知爱与表达爱"，并即将以此贯穿全文。

（2）学弟学妹们，不知你们是否和我一样，曾经有过在上学放学的行色匆匆里，在自我膨胀的青春期里与父母"渐行渐远"的感觉？

（3）我的父母是一家窗帘店的经营者，平时的工作日里只会偶尔上楼煮个饭，与我的交流几乎只限于饭桌上寥寥数语的交谈。即使我的节假日到了也一如往常，为了看店，他们没什么时间带我出门游玩。于是楼上楼下的距离仿佛成了我们"心"的距离。

（4）在与父母极少的交集里，我记得比较清晰的是我夜读时母亲都会来敲敲我房门，问问："饿了吧，想吃点什么，妈给你做。"虽然有时她煮完端进来就下楼忙事了，但那碗中热腾腾的米粉或面线里常堆满了我喜欢的佐料；而父亲在饭桌上常有"三问"：钱还够吗？想买什么？想去哪儿？看海，还是桃园？"

（5）我也清晰地记得我当时总是习惯地接过粉面，习惯地吃下去，习惯地觉得挺好吃；或习惯地回复"嗯嗯，够用，想买装备你们会给吗？想去世界城你们有时间吗，还是我自己去"之类。

（6）<u>此情可待成追忆，只是当时已惘然。学弟学妹们，你们是否也有同感？与父母相处的那些时光里，我们身在其中时，对他们的付出常是习惯成自然的、漫不经心的，偶尔还是不耐烦的，而在那些时光"失去"或被我们"追忆"起的时候，才能感知到那份细水长流的深情？</u>

升格策略一：

对话情境+反面铺垫+浓缩细节

1. 行文中时时记得与"学弟学妹"对话；

2. 要写"感知爱和表达爱"，先从反面进行情节铺垫，即习惯性地或不耐烦地接受爱，缺乏感知和表达爱的能力；

3. 将原文描写母爱和父爱的细节选取当中典型的部分进行浓缩，腾出空间，增加"习惯性地或不耐烦地接受"的内容，为下文埋下伏笔。

升格策略二：

链接素材和融合造句

1. 先链接诗句：此情可待成追忆，只是当时已惘然。

2. 将诗句与我们的故事融合思考。扣"惘然"，想到对父母的付出常是习惯成自然的、漫不经心的，偶尔还是不耐烦的；扣"追忆"和"此情"，想到我们在追忆中才感知到深情。

3. 融合思考后造句，将诗句的关键词"惘然、追忆、此情"、主题的关键词"感知爱"，和我们的故事特征词"对父母的付出习惯成自然的、漫不经心的，偶尔还是不耐烦的"，三者融合造句，成为"行文中的点题句"（加线句）。

（7）正如史铁生。当他双腿瘫痪后暴怒无常地把玻璃砸碎把东西摔向四周的墙壁时，他的母亲总是"躲出去"，在看不见的地方"偷偷地听动静"，又"悄悄进来"，说：北海的花开了，我推你去看看吧？正身陷自己命运泥淖中的史铁生，当时顾不上去体察母亲强忍她自己的病痛而对自己小心翼翼的守护，直到母亲突然病逝，在"追忆"这一幕时才深感痛悔。

（8）人大抵都是如此吧？朱自清在泪眼模糊的回忆中看见父亲"攀月台穿铁道买橘子"的背影而感知到了爱，史铁生在北海公园的菊花面前追忆母亲艰辛酸痛的守护时而感知到了爱。而我在一年多后转头回去收集那一遍遍重演的至今还未谢幕的那些与父母有交集的碎片时，才感知到了爱的深度。

（9）于是现在的我，会感受着粉面滚烫的汁水泛着的细光，感受着筋道的米粉带着浓郁的咸香喝入喉中，感受着那青葱的味道刺激着味蕾，感受着母爱的温度从胃中升进心里，而在第二天的饭桌上，一边笑着回应父亲笨拙的问话，一边假装随意地对母亲说，还是昨晚的粉面好吃啊！

**升格策略：**

链接素材、选点体会、融合造句

1. 由《背影》链接课文《秋天的怀念》，由"攀月台穿铁道买橘子"的细节，去选取课文中母亲"出去又进来"的细节，再从"感知爱"的角度，去体会出史铁生当时的"顾不上感知爱"和在追忆里才"痛悔"的心理。

2. 紧扣"在追忆中才感知到爱"，将朱自清、史铁生、"我"三个素材融合思考，并造成一组排比句，成为"行文中的点题句"。

3. 将"感知爱、表达爱"的关键词，与"我"发生改变的细节，融合造句，描写一段表现"我开始懂得感知爱和表达爱"的细节。

（10）学弟学妹们，在分享完我的故事后，我还有一句话送给你们——弗罗姆在《爱的艺术》中说：天真的、孩童式的爱遵循下列原则：我爱，因为我被别人爱。而成熟的爱的原则是：我被人爱，因为我爱人。这句话也许可以理解为，从理所当然地接受爱到学会感知爱和表达爱，是我们需要经历的成长的过程。

（11）亲爱的学弟学妹们，愿你们读着《背影》的时候，比我更早一点儿拥有"感知爱和表达爱"的能力，让自己前行的路上更加坚定而有爱。

　　祝

身体健康　学业顺利

你们的学姐×××

×年×月×日

**升格策略：**

链接感悟、融合造句

1. 由"感知爱和表达爱"的能力，链接起弗罗姆《爱的艺术》中的名句，表达当下的我们提高爱的能力对成长的意义。

2. 将本文故事的特征词"从理所当然地接受爱到学会感知爱和表达爱"，与弗罗姆的名句，与本文主题的关键词"感知爱和表达爱"，与题目材料中的《背影》，四者融合思考并造句，在篇末深化点题。

**第 2 版**

### 《背影》+《散步》

#### 替代第 1 版（7）（8）段

（7）说到这里，学弟学妹们，我突然想起七年级时学习的《散步》。你们还记得吗？莫怀戚为了母亲决定选择走大路，而母亲为了孙子选择走小路，又为了打消儿子的顾虑，说："走过不去的地方，你就背着我"，于是诞生了这篇文章最美好的一幕：阳光下我背着母亲，妻子背着儿子向着菜花、桑树和鱼塘走去。好像我背上的同她背上的加起来，就是整个世界。

（8）学弟学妹们，当我们从《背影》想起《散步》，对爱的呈现是否更懂得去感知？你们看，朱自清在泪眼模糊的回忆中看见父亲"攀月台穿铁道买橘子"的背影而感知到了爱；而莫怀戚和母亲和妻儿，互相之间都付出了爱，感知了爱，接收了爱，然后"背"起了这份爱；而我呢，则在一年多后转头回去收集那一遍遍重演的至今还未谢幕的那些与父母有交集的碎片时，才感知到了爱的深度。

**升格策略：同中求异**

《散步》与《背影》《秋天的怀念》同是体现"亲情"，但从"感知爱和表达爱"的角度去对比，会发现有所不同。后二者都有"在追忆中才感知到爱"的特点，而前者是直接表现一家人之间互相感知和表达爱的过程。根据这个不同再"融合造句"，素材的运用就能既合情合理又深化主题。

**第 3 版**

### 《背影》+《荷叶·母亲》

#### 替代第 1 版（7）（8）段

（7）说到这里，学弟学妹们，我突然想起七年级时学习的《荷叶·母亲》。你们还记得吗？冰心先是看见在无遮蔽的天空之下一朵红莲被繁密的雨点打得左右欹斜，再看见红莲旁边的一个大荷叶慢慢地倾侧了下来覆盖在红莲上面，于是她眼中荷叶顿时幻化成母亲：母亲啊！你是荷叶，我是红莲，心中的雨点来了，除了你，谁是我在无遮拦天空下的荫蔽？

（8）学弟学妹们，当我们从《背影》想起《荷叶·母亲》，对爱的呈现是否更懂得去感知？你们看，朱自清在泪眼模糊的回忆中看见父亲"攀月台穿铁道买橘子"的背影而感知到了爱；而又是怎样的善于感知爱的神经才能如冰心一般如此敏锐地捕捉到大自然中"荷叶为红莲遮风挡雨"的情景，并联想起母亲那勇敢慈怜的荫蔽？而我呢，则在一年多后转头回去收集那一遍遍重演的至今还未谢幕的那些与父母有交集的碎片，才感知到了爱的深度。

**升格策略：同中求异**

《荷叶·母亲》与《散步》《背影》《秋天的怀念》四篇，同是体现"亲情"，但从"感知爱和表达爱"的角度去对比，会发现有所不同。《荷叶·母亲》表现的是冰心感知爱的敏锐程度，根据这个不同再"融合造句"，素材的运用就能既合情合理又深化主题。

**第4版**

### 《背影》+《你好，李焕英》

#### 替代第1版（7）（8）段

（7）说到这里，学弟学妹们，我突然想起今年热映的电影《你好，李焕英》中那个"破洞上缝小熊"的细节。影片中先是李焕英看见六七岁的长得胖胖的女儿灰头土脸跑回家，裤子摔破了她就在破洞上缝只可爱的小熊，这当然表达的是母亲的爱；但是后来影片最催泪的却是贾晓玲"感知爱"的瞬间：穿越回20世纪80年代的贾晓玲看到自己牛仔裤上的破洞也缝上了小熊图案后才恍然大悟，李焕英是在当母亲后才会缝补的，而此时的尚未出嫁的李焕英还不会啊，那么，眼前年轻美丽的李焕英原来也同样是穿越回来的！

（8）这个情节的反转，让几十亿观众集体感知了母爱的伟大：我想穿越到过去拯救你的人生，结果却是你在生命的最后，抚平了我心底的伤口，陪我做了一场好梦。

（9）学弟学妹们，我想告诉你们，当我从读《背影》到看电影《你好，李焕英》，我更懂得了"爱的感知和表达"是多么可贵的能力！朱自清在泪眼模糊的回忆中看见父亲"攀月台穿铁道买橘子"的背影而感知到了爱并用文字《背影》表达了爱；而贾玲在痛苦的追忆中回放了母亲呵护守护任性的不懂事的没出息的自己的那一个个镜头，从中感知到母亲每一份爱的付出，可是母亲不在了，感知到的爱怎么表达呢？于是拍了一部用真情编织的电影，通过穿越向梦中去求，去弥补和表达心中的爱；而我呢，在一年多后转头回去收集那一遍遍重演的至今还未谢幕的那些与父母有交集的碎片，才感知到了爱的深度。

**升格策略：同中求异**

电影《你好，李焕英》与《荷叶·母亲》《散步》《背影》《秋天的怀念》五篇，同是体现"亲情"，但从"感知爱和表达爱"的角度去对比，会发现《你好，李焕英》和《背影》《秋天的怀念》较为相似，都是表现"在追忆中才感知到爱"。而相似之中，又有新的不同：《背影》是朱自清用笔来"表达爱"，《你好，李焕英》是贾玲用拍电影用穿越情节来"表达爱"，还有本文中的"我"后来是用饭桌上的"有说有笑"来表达爱。

根据这些不同再"融合造句"，素材的运用就能既合情合理又深化主题。

**第5版**

### 《背影》+《送你一朵小红花》

#### 替代第1版（7）（8）段

（7）说到这里，学弟学妹们，我突然好想分享今年观看电影《送你一朵小红花》的体验。做过脑癌手术的韦一航对家人的爱一直感到窒息，直到在为奶奶庆生的聚会上，他在门外听到奶奶对父亲说：你们放心地给儿子治病，就把我那房子卖了，我住养老院；听到父亲的弟弟说：哥的房子是单位的，不能卖，那就卖我的，卖完不够的话，小妹，你们家顶上；听到父亲哭泣，大家劝：咱们是一家人，砸锅卖铁也要把孩子的病治好！就在那一瞬间，韦一航的心防崩塌，他拉开门进去向所有亲人深深地鞠躬。

（8）学弟学妹们，我想告诉你们，当我从读《背影》到看电影《送你一朵小红花》，我更懂得了"爱的感知和表达"是多么可贵的能力！朱自清在泪眼模糊的回忆中看见父亲"攀月台穿铁道买橘子"的背影而感知到了爱并用文字《背影》表达了爱；电影中那个丧到不行的封闭少年韦一航也是在感知到了家人和朋友的爱之后，开始尝试去接收爱和表达爱，去过好人生的"每一分钟"，去赢得他人生的"小红花"；而我呢，在一年多后转头回去收集那一遍遍重演的至今还未谢幕的那些与父母有交集的碎片，才感知到了爱的深度。

**升格策略：同中求异**

电影《送你一朵小红花》和电影《你好，李焕英》《荷叶·母亲》《散步》《背影》《秋天的怀念》六篇，同有体现"亲情"的内容，但从"感知爱和表达爱"的角度去对比，会发现《送你一朵小红花》有自己鲜明的特点，那就是

"从拒绝接受爱的封闭少年到努力表达爱的小红花少年"的转变。根据这个特点再"融合造句",素材的运用就能既合情合理又深化主题。

# 第三讲　《走一步,再走一步》《再塑生命的人》《植树的牧羊人》《诫子书》+5 个素材

## 第一节　例文评析

### 一、聚焦命题

《走一步,再走一步》中说道:"注意相对轻松、容易的第一小步,迈出一小步、再一小步,就这样体会每一步带来的成就感,直到达成了自己的目标。"

简单的一小步是极大的跨越。人生总有无数的坎要跨越,跨过去了是成功,你会为此惊讶、骄傲;跨不过去也并不是失败,因为你会因此获得勇气。

对此,你有怎样的经历、体验和思考?请以"跨越"为标题,写一篇不少于 600 字的文章,在主题班会上与同学交流分享。

说明:综合提示语与写作任务要求,写作时可以从两个角度有所突破。一、兼顾跨越过去的意义与跨不过去的价值;二、要跨越的是什么?"一小步"如何产生"极大"的意义?揭示每一种跨越的具体内涵产生的具体意义,才更有可能避免写空话、浅话、泛话。

### 二、例文评析

#### 跨　越

我将挣脱藏身的黑暗,跨过光与影的界限,向你的光里坠落——题记

距离会考倒计时 7 天。

已经是深夜了,四周安静得几乎没有一点点声音。有的是笔尖划过纸张的沙沙声。室友们也已经沉沉睡去了,我却还没把地理几份试卷的错题整理好。

睡意张牙舞爪,一直妄想爬到脑子里,而我手无寸铁,只得咬牙坚持。毕竟,真正的魔王还没有到来,我怎么能先被小怪打倒呢。

距离会考倒计时 1 天。

剩下的时间已经不多了,我先将错题一题一题地弄明白了,然后才去回顾

一下自己较为薄弱的知识点，最后就是再次回顾各地质检卷了。当初，它们也是为害一方的恶霸，我与它们斗智斗勇，大战了整整三百回合，在受到沉痛伤害的情况下才好不容易将它们打败。如今，应回顾与它们的战斗中我有哪些致命性错误。至于晚上，放学洗漱完，就早早地睡觉，养足精神，才有精神对抗魔王。

距离会考结束 7 天后。

我到现在还没能缓过神来，我很想问问哪个系统是否出错了？我的地理稳定发挥，取得了一个自己较为满意的成绩；我的生物却考砸了，仅以一分之差与 A 线擦肩而过。我很不知所措，不是伤心，也不是愤怒，而是无力，那种对于自己努力却没有成效的无力。不过情况开始逐渐好转，历史就是历史，是我无力改变的事。倒不如把它看淡，在以后继续努力。

人生总是有无数道坎是要跨过去的，跨过去了是成功，拥有鲜花和掌声；跨不过去也并不是失败，照旧可重新拥有阳光和芳草。

**评析：**

1. 以"会考"为题材，按时间顺序表达"会考复习中的走一步再走一步"；表现"跨越过去与没跨越过去"。文章层次清晰。

2. 缺少发言稿应有的"对话"格式；行文中对话意识缺失；中心明确但不够集中和突出；语言表达缺少感染力，不走心。

3. 升格方案：突出镜头感；紧扣主题创造点题金句并反复强化，使主题更集中突出；选择多个素材进入作文，提升语言的品位。

### 三、择读文段

择读标准：能体现一步一步去跨越困难、跨越自己、跨越目标的人或事，以及能体现跨越精神的文本。

1.《走一步，再走一步》：跨越迷茫与畏惧，获得惊喜和骄傲

2.《再塑生命的人》：跨越无望无助的黑暗，迎来光明、希望、快乐和自由

3.《植树的牧羊人》：从一棵树到一片森林。跨越时光，一点一点创造奇迹

4.《诫子书》：跨越放纵懒散心浮气躁，成就才学

### 四、选择素材

1. 白岩松演讲"我熬"：跨越挫折与伤痛的煎熬，重燃生活的热情

当你现在遇到的这件挫折、这件打击你认为足够巨大的时候，你要给自己

一个信念："我熬"。一天，两天，三天，你会发现慢慢在淡化，伤口在痊愈。然后很多天之后你突然重新听到了鸟叫，重新看到了叶的绿，重新看到熙熙攘攘的生活的气息。哦，原来一切都过去了。

2. 国家领导人讲话：用奋斗跨越万水千山；志之所趋，无远弗届，穷山距海，不能限也

3.《经典咏流传》第三季第二期开场白：一路跋涉，跨越高峰，猛志常在

人生如一场修行，得意时，一日看尽长安花；艰难时，潦倒新停浊酒杯。但生命的跋涉不能回头，哪怕如逆旅，我亦是行人；哪怕畏途巉岩（又高又险）不可攀，也要会当凌绝顶；哪怕无人会、登临意，也要猛志固常在。（刚毅的斗志）

4.《蜗牛》歌词：一步一步，跨越沉重与渺小，找到属于自己的天空

我要一步一步往上爬/等待阳光静静看着它的脸/小小的天有大大的梦想/重重的壳裹着轻轻的仰望/我要一步一步往上爬/在最高点乘着叶片往前飞/任风吹干/流过的泪和汗/总有一天我有属于我的天/

5.《行路难》李白：跨越重重阻碍和内心的彷徨迷惘，到达远方

停杯投箸不能食/拔剑四顾心茫然/欲渡黄河冰塞川/将登太行雪满山
行路难！行路难！/多歧路/今安在/长风破浪会有时/直挂云帆济沧海

# 第二节 多版升格

### 第1版

尊敬的班主任、亲爱的同学们：

（1）下午好！我分享的题目是《跨越》。在这次的会考大战中，你们都知道，我战胜了最害怕的地理，成绩远超 A 了！老师推荐我上来分享一下学习心得，作为一条"翻身的咸鱼"，我是怎么跨越障碍完成逆袭的呢？我确实有很多心里话想对大家说。

**升格策略：融合造句**

根据清单各要素：主题班会、分享发言、主题关键词"跨越"、我的人设"通过地理会考的学困生"，将以上要素融合思考造句。点题句以问句出现"我是怎么跨越障碍完成逆袭的呢"，引出下文发言内容。

（2）我要分享的第一句话是：跨越心中的沉重感和渺小感，从确定一个小目标开始，是我们学困生要走出的第一步。

（3）你们也知道，自从上了初二，几轮月考下来，我的学习成绩排名已经在中下游兜底了，语数英全面战败！而会考大战又来袭！那一段日子，心中常常感到"凉凉"无比！一时之间欠下这么多的学习之"债"，我何年何月才还得清呢？可是还不清也得还啊，否则本金加上利息，到会考、到期末考就更"还不起"更"伤不起"了！

（4）你们能理解这种感受吗？那种想要努力却不知从何开始的沉重感和无力感？那一段日子里，我就像那只蜗牛，想要一步一步往上爬，想要阳光静静照着我的脸，重重的壳裹着轻轻的仰望，只盼望有一天能找到属于我的天。

（5）是的，心中有个念头不断告诉自己：我要挣脱藏身的黑暗，我要跨过光与影的界限，我要靠近太阳的光！所以，这一身的"债"怎么还呢？我不能假装很努力，因为结果不会陪你演戏。我只能跨越心中的魔障，去寻找挣脱的出口。

（6）"伤其十指不如断其一指"。痛定思痛之后，我决定，从败得最惨欠账最多最为迫切的地理科开始补债。于是，我跨出了艰难的第一步，明确了目标：在保证其他科目正常运行的基础上，会考地理成绩要保证超A！

**升格策略：**

1. 分层写事。将一件事的过程进行层层分解。将"逆袭过程"分解为"确定目标"的过程和"付诸行动"的过程。付诸行动的过程再分解为三个"一小步"。这样发言的内容就详细具体，由于展开分解都是紧扣"走一步、再走一步"和"跨越"这两个关键词，这部分详写，就能突出主题。

2. 融合造句。先根据这个故事主人公的人设，去选取与故事特征对应的素材。可以初步选定《蜗牛》歌词，由这个歌词倒推向前，在第（2）段与"跨越"和"走一步"融合思考，造句，用"跨越心中的沉重感和渺小感，从确定一个小目标开始，是我们学困生要走出的第一步"总领起以下四段。（3）段，写"困"，突出沉重感和无力感；（4）—（6）段写跨越的过程。

3. 作者本人运用的素材有些晦涩，太书面化，不适合"发言稿"的场合，改为一组排比句"我要挣脱藏身的黑暗，我要跨过光与影的界限，我要靠近太阳的光！"，将意思表达得更明白，也更有感染力。

（7）同学们，我要分享的第二句话是：跨越心中的迷茫感和畏惧感，从计划付诸行动开始，是我们学困生要走出的第二步。

（8）你想挣脱，你想超越，可是生活并不会因此就按下暂停键，专门等待你的脚步。每天，数学英语作业依然那么多，各学科小测依然那么多，旧账未还，新账又添，一个不小心，你就会被卷进黑洞迷失方向再也出不来。

（9）所以，我精心地捡取一个个碎片时间，专攻地理：

（10）走一步，完成一个小目标，拿下错题！于是我捡拾提前起床的早晨半小时，天刚亮的时候，我已在家中整理错题，新的旧的，重温几遍，和着夏日的清凉，日复一日；

（11）再走一步，完成第二个小目标，拿下读图！于是我捡拾课间十分钟，同学们打闹的时候，我正对着读图分析专题卷和借来的笔记一点点核对和补漏，新的旧的，修修补补，和着一片喧哗和嘈杂声，日复一日；

（12）再走一步，完成第三个小目标，拿下各地质检卷！于是我捡拾睡前二十分钟，疲倦袭来的时候，撑着熬着刷题，就着几张试卷努力消化反复出现的知识点，新的旧的，边抄边记，和着入窗的月色与床前的灯光，日复一日。

**升格策略：**

分层递进，对接素材。将我一步步提高地理成绩的过程细化为三层，一层从触觉角度、二层从听觉角度、三层从视觉角度进行情境描写。每层情境不同、角度不同，难度递进；每层都聚焦同一个点：利用碎片时间，克服迷茫畏惧。然后根据每层的内涵和进度，分别与"走一步、再走一步"对接，将"跨越"化为具体可感的过程。

（13）就这样，我先跨出相对轻松、容易的第一小步、跨出一小步、再一小步，我的地理会考成绩终于远超 A 了！今天在这里与大家分享，我对自己走过的这段漫漫长路依然感到惊讶和骄傲！也许在座的学霸们会暗自发笑：至于嘛，地理有那么难吗？可是我想代表我们这一帮学困生说：对你们来说，通过会考也许就如"一日看尽长安花"的轻松；而对我们来说，却每每是"潦倒新停浊酒杯"的沉重无力和迷茫畏惧。但是，生命的跋涉不能回头，哪怕畏途嶙岏不可攀，我们也要跨越阻碍，会当凌绝顶！

（14）尊敬的班主任，亲爱的同学们，征途漫漫，惟有奋斗。通过奋斗，我们披荆斩棘，跨越了万水千山；我们还要继续奋斗，勇往直前，创造属于我们每一个人的更加灿烂的辉煌！愿以此与大家共勉！

（15）我的发言到此结束，谢谢大家！

**升格策略：**

内涵对接。三个素材，第一，是命题材料中引用的"走一步、再走一步，体会每一步带来的成就感"的句子，将这句的内涵与"我一步步努力地理过 A"对接；第二，是《经典咏流传》开场白中关于"跨越高峰"的句子，将这句的内涵与"学困生要不断战胜自己"的内涵对接；第三，是总书记关于"奋斗"

的讲话，将这句话放在文章结尾，与同学们共勉的情境对接。

嫁接情境。将《经典咏流传》中"得意时，一日看尽长安花；艰难时，潦倒新停浊酒杯"从原来的语境中剥离出来，嫁接到本文的情境中，"一日看尽长安花"用来表现学霸们学习的轻松；"潦倒新停浊酒杯"用来表现学困生们学习的艰难。

融合造句。将国家领导人的讲话，与"跨越"的主题，与本文"学困生逆袭"的故事融合思考造句，在篇末深化点题。

## 第2版

### 替代第1版（13）段

（13）就这样，我先跨出相对轻松、容易的第一小步，跨出一小步、再一小步，我的地理会考成绩终于远超 A 了！今天我站在这里与大家分享这段经历，我对自己走过的这段漫漫长路依然感到惊讶和骄傲！同学们，今天你们见证了我的一段跨越之旅，就像海伦·凯勒曾经如在茫茫大雾中航行，既没有指南针也没有探测仪，无从知道海港已经临近，而当一股清凉的水从她手上流过，瞬间唤醒了她的灵魂，并给予她光明和希望、快乐和自由一样——你们是否能体会到当一个人跨越迷茫、无助和黑暗，遇见光明找到一片天地之后，那份从心底里萌发的惊讶和骄傲、勇气和快乐？

#### 升格策略

1. 异中求同

如果要用素材2，那么就要找到与本文故事的连接点。连接点有三：第一，都呈现了一段跨越的历程；第二，都跨越了一段迷茫黑暗；第三，都迎来了丰富的成长体验。本文（也就是素材1）表达的是迎来了跨越之后的惊讶与骄傲，素材2表达的是迎来了跨越之后的光明和希望、快乐与自由。

2. 融合造句

将这些连接点一一串起来融合思考并造句，以"见证跨越之旅"为起点，拓展联想到素材2跨越的内涵和意义，在此基础上表达自己这一段跨越之旅的内涵意义。

## 第3版

### 替代第1版（13）段

（13）就这样，我先跨出相对轻松、容易的第一小步，跨出一小步、再一小步，我的地理会考成绩终于远超 A 了！今天我站在这里与大家分享这段经历，我对自己走过的这段漫漫长路依然感到惊讶和骄傲！我想起那个植树的牧羊人，从荒园上种下第一颗橡子开始，一个人一条路一直走，跨越风雨，跨越战争，跨越孤独，跨越时光，直到把废墟变成了家园。同学们，你们看见了吗？原来跨越产生的力量和能量可以如此的强大！那么，是不是我们所努力奋斗的目标再渺小再微不足道，也应该找到起点并开启跨越之路呢？

**升格策略**

1. 同中求异，异中求同

素材3《植树的牧羊人》"跨越"的角度是"跨越风雨、战争、孤独、时光，把废墟变成家园"。

如果要用素材3，那么就要找到与本文故事的区别点与连接点。区别点是，素材3跨越的内涵不一样，跨越的意义更是为大众谋幸福；连接点是，都呈现了一段跨越的历程，且都能体现跨越之后产生的力量和能量。

2. 融合造句

将这些连接点一一串起来融合思考并造句，以"跨越产生的力量"为连接点，拓展联想素材3跨越的内涵和意义，在此基础上表达开启跨越之旅的意义。

**第4版**

### 替代第1版（13）段

（13）就这样，我先跨出相对轻松、容易的第一小步，跨出一小步、再一小步，我的地理会考成绩终于远超 A 了！今天我站在这里与大家分享这段经历，我对自己走过的这段漫漫长路依然感到惊讶和骄傲！《诫子书》有言："非志无以成学，慆慢则不能励精，险躁则不能治性。"我骄傲，是因为那一段日子里我立下了一个小小的目标，我克服了放纵懒散而振奋起精神，我避免了急躁冒险而步步为营，我以淡泊来明志，我以宁静而致远，于是我跨越阻碍，超越了自我，达成了目标，燃起了一路向前的勇气。

**升格策略：融合造句**

以"我骄傲"为思考的起点，将素材4《诫子书》的关键词"慆慢、励精、险躁、淡泊、明志、宁静、致远"，与我的"跨越的历程"，与"一步一步实现目标"的特点融合思考造句，表达跨越产生的意义。

**第5版**

### 替代第1版（13）（14）段

（13）就这样，我先跨出相对轻松、容易的第一小步，跨出一小步、再一小步，我的地理会考成绩终于远超 A 了！今天在这里与大家分享，我对自己走过的这段漫漫长路依然感到惊讶和骄傲！

（14）我的跨越故事分享到这里，同学们，我还想对你们说：当你确定目标前，发现自己陷入"停杯投箸不能食，拔剑四顾心茫然"的迷茫时，当你开启行动，发现自己面临"欲渡黄河冰塞川，将登太行雪满山"的重重阻碍时，也许你可以给自己一个信念："我熬"。一天，两天，三天，你会发现目标慢慢在清晰，障碍一个个在跨越。然后很多天之后你突然重新听到了鸟叫，重新看到了叶的绿，重新找到了一片属于自己的高天，重新燃起了前行的勇气——哦，原来一切都跨越过去了。

（15）尊敬的班主任，亲爱的同学们，也许前方一直会有"行路难！行路难！多歧路，今安在？"的困惑，但我们依然可以常葆跨越一切阻碍的勇气，相信"长风破浪会有时，直挂云帆济沧海！"愿以此与大家共勉！

**升格策略**

1. 嫁接情境

素材 8 白岩松演讲"我熬"的内涵是：跨越挫折与伤痛的煎熬，重燃生活信心。本文写跨越，并非遇到生活的挫折与伤痛，所以将素材 8 的内容从原句的语境中剥离出来，嫁接到本文表现跨越迷茫和阻碍的情境中来。将"慢慢在淡化，伤口在痊愈"改造为"目标慢慢在清晰，障碍一个个在跨越"；将"重新看到熙熙攘攘的生活的气息"改造为"新找到了一片属于自己的高天，重新燃起了前行的勇气"。

2. 融合造句

将素材 5《行路难》中"停杯投箸不能食/拔剑四顾心茫然"的内涵与确定目标前的迷茫对接，将"欲渡黄河冰塞川/将登太行雪满山"的内涵与开启行动后的阻碍对接，再融合造句。

将素材 5 末句中的关键词"行路难，多歧路，今安在"，与本文的题目和主题"跨越"，与本文分享发言的情境三者融合思考造句，在篇末点题。

# 第四讲　《邓稼先》《一着惊海天》
## 《鱼我所欲也》+14 个素材

## 第一节　例文评析

### 一、聚焦命题

2020 年 11 月，钟南山、袁隆平、李兰娟走进高校校园，师生夹道迎接，高喊欢迎口号，现场秒变"追星"现场，引发热议。

　　追什么样的星，关乎个人选择，也关乎社会的价值取向。学校将以"追星"为话题开展演讲活动，请以"我追这样的星"为题，写一篇不少于600字的演讲稿，与同学交流分享自己的经历体验和思考。

　　说明：情境是"学校以追星为话题开展演讲活动"，任务是分享经历体验和思考，体裁是演讲稿，核心内容是"我追这样的星"，"这样"二字，提示思考与表达的重点是表达要追什么样的星，以及追这样的星意义与价值是什么。除了演讲稿的一般格式，行文过程中，还要有交流对话意识；演讲思路上，要注重清晰和层次感；语言表达上，要注意形成一定的感染力。

## 二、例文评析

### 我追这样的星

　　清澈的爱，只为中国——题记

　　前段时间，在我方与印度的边境处，发生了这样一起军事冲突：印度官兵在我国的边境线上搭建帐篷，企图越过我国境内，如此挑衅我国的举动又怎能置之不理。于是我国的祁发宝团长准备向印方协商，告知他们触犯了条约，应立即退回。为了表示我方的诚意，祁发宝只身一人，并且没有戴服装与头盔，越过那寒冰刺骨的江水出发协商，可印方目中无人，并且是早有蓄谋，竟向我方发起进攻，挑起事端。我看看手机屏幕，内心触动，久久不能释怀，视频中的英雄祁发宝，他张开双臂，用他那雄伟宽厚的血肉之躯保卫着他身后的每一寸土地，守护着每一位人民！这样的英雄，难道不值得我们尊敬，不能做我们的偶像？

　　后来，印方官兵还是试图一步步走向我们的领土，他们殴打我们的战士，向我们的战士扔石头，祁发宝团长在作战中不幸被扔中头颅，好在后来救助及时。但我们的战士又怎么会惧怕小小的印度，最后，我们的战士以少敌众将他们打败，他们在见识到我们的实力后，只能夹着尾巴灰头土脸地撤兵。

　　冲突结束后，我方损失了三名可爱的英雄，祁发宝团长身负重伤，那三名英雄中有一名英雄竟才十八岁，也就比我们大不了几岁，但他却在边境高原那种荒无人烟的地方守护着我们，保卫着祖国，我为你而骄傲！祁发宝团长病愈后，又全身心地回到了军事训练中，这样的英雄，值得我们尊敬，就是我的偶像！

　　每年有多少边关将士，牺牲自我，奉献于国家，保护着人民，捍卫着祖国的每一寸山河！你们值得我为你们歌颂，你们是我最敬佩的人！你们就是我要追的"星"，这样可爱的人，最需要捧！

　　谢谢大家，我的演讲到此结束！

**评析：**

1. 对"戍边英雄"的素材掌握较为具体。

2. 演讲稿格式有误；行文中对话意识缺失；转述故事篇幅过长，且从"事件"角度叙述而非从"人物"角度叙述，未能突出并提炼"这样的星"的特点；"我"的体验和思考不足；作为演讲，语言感染力不够强，不够走心。

3. 升格方案：正格式，有对话，聚焦"这样的"，从人物角度诠释"这样的"内涵；将"戍边英雄"作为其中一个角度，增加"抗疫英雄"和"航天英雄"等多个角度；创造排比句，增强文章感染力。


### 三、择读文段

1.《邓稼先》

2.《一着惊海天》

3.《鱼我所欲也》

鱼，我所欲也；熊掌，亦我所欲也。二者不可得兼，舍鱼而取熊掌者也。生，亦我所欲也；义，亦我所欲也。二者不可得兼，舍生而取义者也。


### 四、选择素材（上文已有的素材，不再详陈内容）

1. 戍边英雄

2. 崔艺晗

一位25岁的航天人，她是西昌卫星发射中心文昌发射站助理工程师，嫦娥五号发射当天她穿上汉服扮作"嫦娥"，为"探月工程"助力。

3. 周承钰

4. 张桂梅：感动中国2020年度人物、全国优秀共产党员、时代楷模

5.《星辰大海》歌词

6.《夜空中最亮的星》歌词

7.《经典咏流传》第四季

8. 明星刘雨昕、易烊千玺、王一博等

9. 钟南山、张定宇等6例

10. 毛泽东：为有牺牲多壮志，敢教日月换新天

11. 杜甫：安得广厦千万间，大庇天下寒士俱欢颜

12. 清代山阴金《格言联璧》：志之所趋，无远弗届，穷山距海，不能限也

13. 张载《横渠四句》

14. 袁隆平：超级英雄的"禾下乘凉"梦

背景：2021 年 5 月 22 日 13 时 07 分，袁隆平院士于长沙逝世，享年 91 岁。

细节：两个梦，一个是杂交水稻覆盖全球梦。"禾下乘凉"梦：我的工作让我常晒太阳，呼吸新鲜的空气，这使我有个好身体。我梦见我种的水稻长得像高粱那么高，穗子像扫把那么长，颗粒像花生那么大，我和我的朋友，就坐在稻穗下乘凉。

语言：2010 年，80 华诞。给母亲的信《妈妈，稻子熟了》：稻子熟了，妈妈，我来看您了。我要告诉您，稻芒划过手掌，稻草在场上堆积成垛，谷子在阳光中毕剥作响，水田在西晒下泛出橙黄的颜色；我的身价 1008 亿，我的衬衫 15 块，穿着很精神。我的表 260 元，鞋子 100 多块，已经很满足了。

他说，90 岁又怎样？我还要继续追梦。在长沙举办的中非农业合作发展研讨会上，90 岁的袁隆平献上一段英文致辞，表示自己正致力于研究超级杂交水稻，非常愿意帮助其他发展中国家解决粮食短缺的问题。

先生的身上有着一种强大的信念在支撑，这种信念是孜孜追求人类文明、科技进步的伟大精神，是对国家前途、民族命运的深深忧虑和无疆大爱，是反哺社会和人民的生动写照，是中华民族传统美德"淡泊名利、艰苦奋斗"的最好诠释。

## 第二节 多版升格

### 第1版

#### 我追这样的星

亲爱的同学们：

（1）早上好！我演讲的题目是《我追这样的星》。

（2）同学们，你是否听过这首歌《星辰大海》：会不会我们的爱/像星辰守护大海/不曾离开/我向你奔赴而来/你就是星辰大海/我眼中炽热的恒星/长夜里照我前行……

（3）同学们，你眼中炽热的星辰都有谁呢？是《青春有你》第二季以第一

名成绩中心位出道的刘雨昕？是从《少年的你》到《送你一朵小红花》演技、流量兼备的易烊千玺？还是牛年春晚踩着无敌的卡点跳着《牛起来》炸裂热舞的王一博？

（4）是的，仰望天空，总有这样的一颗颗星，闪耀在我们的青葱岁月里；而今天，我想告诉大家的是，我还要奋力去追一颗叫作"英雄"的星，那是夜空中最亮的一颗星，那是我眼中最炽热的星，那是值得我一生追逐的照我在生命里前行的恒星！

**升格策略：融合造句**

链接歌词——提取歌词关键词（我眼中炽热的恒星，长夜里照我前行）——将关键词与生活链接，引出生活中的追星——将歌词关键词、生活追星的特征词（总有这样的一颗颗星，闪耀在我们的青葱岁月里），与题目关键词（我追这样的星）融合思考，用排比句式创造点题金句，点出追"英雄之星"的意义。

（5）我追这样的星，这颗叫作"英雄"的星，就是戍边英雄祁发宝的样子！

当我用目光追逐着这个钢铁团长，我看见他正气凛然立于喀喇昆仑高原界碑前，对着越线挑衅的印度军队厉声呵斥"你们破坏共识，要承担一切后果"的样子；我看见他身先士卒立于加勒万河谷冰冷的雪水中张开双臂与外敌对峙，把坚强的后背留给战友和身后祖国的样子；我更看见他被印军钢管棍棒石块重点攻击，头破血流之后扯掉头上的绷带还要往前冲时宛如战神的样子。

（6）清澈的爱/只为祖国/妈妈的嘱托/记在了心上/清澈的爱/只为祖国/战士的赤诚/压进了枪膛。同学们，让我们一起追这样的星，因为这颗叫作"戍边英雄"的星，闪耀着"一寸丹心图报国，两行清泪为思亲"的挚爱光芒，闪耀着"男儿何不带吴钩，收取关山五十州"的壮志光芒，还闪耀着"舍鱼而取熊掌、舍生而取义"的无畏光芒！追这样的星，让这样的光，照亮我们前行的路

**升格策略：**

1. 提取信息与融合造句

将复述和转述故事改为聚焦一个词、提取一组镜头、造一个排比句：聚焦题目核心词"这样的"，选取一个典型人物"祁发宝"，从人物事迹中提取三个镜头，放进"我看见……的样子"句式中。这样，素材就为我所用，为突出文章的主题所用。

2. 概括特点与内涵对接

扣"戍边英雄"的特点，概括英雄的特质：家国挚爱、报国壮志和无畏牺

牲。链接素材 10，将素材中的诗句与这三种特质一一对接，再造排比句，揭示"这样"的内涵。

其中，"还闪耀着'舍鱼而取熊掌、舍生而取义'的无畏光芒"也可以表达成："还闪耀着'一腔热血勤珍重，洒去犹能化碧涛'的无畏光芒"。

3. 段中点题。扣题目"我追这样的星"扩展造句，用"追这样的星，让这样的光，照亮我们前行的路"表达追星的意义。

（7）我追这样的星，这颗叫作"英雄"的星，就是抗疫英雄钟南山的样子！

（8）当我用目光追逐着这个"无双国士"，我看见他从 18 年前的非典走来，年近七旬，一声"把最危重的病人送我这儿来！"时不畏不惧的样子；我看见他在非典消失后"消失"，深藏身与名，事了拂衣去的样子；而当时光流转至 2020 年，我又看见他从肆虐的疫情中走来，一声"没什么事，别去武汉！"之后自己"逆行"武汉的样子；我还看见耄耋之年的他走向"共和国勋章"颁奖台时那轻跃下台阶的样子。

（9）同学们，让我们一起追这样的星，因为这颗叫作"抗疫英雄"的星，闪耀着"生民百遗，念之断人肠"的悲悯之光，闪耀着"为有牺牲多壮志，敢教日月换新天"的奉献之光，还闪耀着"安得广厦千万间，大庇天下寒士俱欢颜"的担当之光！追这样的星，让这样的光，照亮我们前行的路！

**升格策略：**

提炼特点，提取信息，镜头呈现。将抗疫英雄的精神特质提炼为：悲悯、奉献与担当。从这个特质出发，去提取人物事迹的相关内容，转为镜头式的描写，与三个特质一一对应，形成一组排比句。

（10）我还要追这样的星，这颗叫作"英雄"的星，就是航天英雄邓稼先的样子！

（11）当我用目光追逐着这个"两弹一星元勋"，我看见他从西南联大到美国普渡大学一路苦读追求卓越的样子；我看见他听从积贫积弱百废待兴的祖国召唤一获得博士学位就立即乘船回国的样子；我还看见他为把国防自卫武器引导到世界先进水平 28 年间始终站在中国原子武器设计制造和研究第一线的样子。

（12）同学们，让我们一起追这样的星，因为这颗叫作"航天英雄"的星，闪耀着"雨打灯难灭，风吹色更明"的坚韧之光，闪耀着"一年三百六十日，多是横戈马上行"的奋进之光，还闪耀着"志之所趋，无远弗届，穷山距海，不能限也"的热爱之光！追这样的星，让这样的光，照亮我们前行的路！

**升格策略：**

将航天英雄的精神特质提炼为：坚韧、进取与热爱。从这个特质出发，去提取人物事迹的相关内容，转为镜头式的描写，与三个特质一一对应，形成一组排比句。

（13）一路追逐着这样的星光，当你学得累了，想想多少戍边将士正在昆仑高原上用热血青春染绿边疆的样子，也许你会心生愧疚；当你沉溺刷屏不能自拔了，耳际挣扎着响起钟南山在共和国勋章颁奖典礼上眼噙热泪一句"欣逢盛世当不负盛世"的殷殷嘱咐，也许你将不再放纵；当你想要放弃了，听听那首"中国男儿／中国男儿／要将只手撑天空／长江大河／亚洲之东／峨峨昆仑／翼翼长城／古今多少奇大夫／碎首黄尘／燕然勒功／至今鲜血犹殷红"的歌，也许你就不敢停下，重拾脚步，一路向北。

（14）天地英雄气，千秋尚凛然！同学们，当我们仰望星空，一定要看见一颗星，一颗叫作"时代英雄"的星，一颗"为天地立心，为生民立命，为万世开太平，为往圣继绝学"的星；让我们一起去追这样的星，因为那是夜空中最亮的一颗星，那是我们眼中最炽热的星，那是值得我们一生追逐的照着我们在生命里前行的恒星！

（15）我的演讲到此结束，谢谢大家！

**升格策略：**

1. 由点到面和反思生活

由三个英雄到三类英雄，并与现实生活状态融合反思。为什么要写这一段呢？追什么样的星写完了之后，就要进一步思考追这样的星的意义和价值在哪里，用一组排比句表达反思的过程，体现如何"让这样的星来照亮前行的路"。

2. 凝练精神与排比反复

将三类英雄合称为"时代英雄"，凝练共同的精神特质："为天地立心，为生民立命，为万世开太平，为往圣继绝学"；再通过排比反复，由"我"追这样的星进一步提升为"我们"追这样的星。

**第2版**

**替代第1版（7）（8）段**

我追这样的星，这颗叫作"英雄"的星，就是抗疫英雄"90后、00后"的样子！

当我用目光追逐着这波"奔涌的后浪"，我看见24岁参警一年的王李承在武汉封城前返回方舱医院执岗的样子；我看见23岁的甘如意医生4天3夜辗转300多千米逆行抗疫前线的样子；我还看见17岁的高二学生张安欣课余加入社区志愿者时忙碌的样子。

……

**百变策略：**分析素材，同中求异，异中求同。

此处用一组人物来表现"90后、00后"这一特定的英雄群像。

### 替代第1版（10）（11）段

我追这样的星，这颗叫作"英雄"的星，就是国防英雄"辽宁舰歼-15舰载机研发团队"的样子！

当我用目光追逐着这个"舰载机人民海军团队"，我看见他们面对技术封锁，殚精竭虑从青丝变白发的样子，我看见他们顽强攻关，累倒在试验场的样子，我还看见他们在刀尖上舞蹈，而最终一着惊海天后科研团队紧紧拥抱的样子。

**升格策略：**分析素材，同中求异，异中求同。

如果要用素材2，相同点是"时代英雄"，不同点是，这个素材里没有具体的人，而是一个团队；这个素材要用来替换"戍边英雄"一段还是"航天英雄"一段呢？分析素材内容，可以发现，这一部分和"航天英雄"是同类，都是通过科技创新来保家卫国。

**第3版**
### 替代第1版（7）（8）段

我追这样的星，这颗叫作"英雄"的星，就是抗疫英雄们构筑防疫长城的样子！

当我用目光追逐着这群"最美逆行者"，我看见顾不上亲人已经沦陷的张定宇为患者多赢一秒而步履蹒跚与时间赛跑的样子；我看见23岁的甘如意医生4天3夜辗转300多千米逆行抗疫前线的样子；我还看见快递小哥汪勇在朋友圈组局接送医护人员往返金银潭医院为守护英雄将温暖聚拢的样子。

**升格策略：**分析素材，同中求异，异中求同。

此处用一组人物来表现"构筑防疫长城"的伟人与凡人这一特定的英雄群像。

### 替代第1版（10）（11）段

我追这样的星，这颗叫作"英雄"的星，就是95后航天女英雄崔艺晗的样子！

当我用目光追逐着这个"航天技术小专家"，我看见她为航天梦苦学纷繁复杂晦涩难懂的测发指挥监控系统技术的样子，我看见她在"长征八号"运载火箭发射前汇集、解析、分类和处理数据时一丝不苟的样子；我还看见她在嫦娥五号发射当天穿上汉服扮作嫦娥时那美丽的样子。

**升格策略：** 分析素材，同中求异，异中求同。

**第4版**

### 替代第1版（10）（11）段

我追这样的星，这颗叫作"英雄"的星，就是95后航天女英雄周承钰的样子！

当我用目光追逐着这个"当代花木兰"，我看见她心怀强国梦为考入国防科大仰望星空而又脚踏实地求学的样子，我看见一米五八的她作为文昌发射场最年轻的女指挥员身穿深蓝工作服一脸稚嫩恍如中学生的样子；我还看见她调度30多个男同志开展发射场两大系统——动力系统和加注系统的各项工作时指挥若定运筹帷幄的样子。

**第5版**

### 替代第1版（10）（11）段

我追这样的星，这颗叫作"英雄"的星，就是育人英雄张桂梅老师的样子！

当我用目光追逐着这个执粉笔立教坛的"燃灯者"，我看见她托起华坪一代代女生的成才梦时双手贴满大片小片膏药的样子；我看见她为帮助1800多名贫困山区女孩考上大学拼了40余年的样子；我还看见她将"我生来就是高山而非溪流，我欲于群峰之巅俯视平庸的沟壑。我生来就是人杰而非草芥，我站在伟人之肩藐视卑微的懦夫"的信念种在华坪女高学生们的心中坚定无悔的样子。

同学们，让我们一起追这样的星，这颗叫作"育人英雄"的星……

**升格策略**

分析素材，同中求异，异中求同。

如果要用素材4，相同点是"时代英雄"，不同点是，张桂梅是"时代楷模"，是"教育者"；这个素材要用来替换"戍边英雄"一段还是"航天英雄"一段呢？

分析素材内容，从精神内涵的角度看，可以发现，这一部分和"航天英雄"一部分更相近，都具有坚韧、奉献和对事业的热爱精神。为了照应"航天英雄"四个字，从职业特点出发，概括为"育人英雄"。

**第 6 版**

### 替代第 1 版 （10）（11）段

我追这样的星，这颗叫作"英雄"的星，就是世界英雄袁隆平的样子！

当我用目光追逐着这位"水稻之父"，我看见他满怀热忱地做着"禾下乘凉"梦的样子；我看见他满怀深情地写着"稻子熟了，妈妈，我来看您了"家书的样子；我还看见身价 1008 亿的他穿着 15 块的衬衫 100 多块的鞋子却一幅"很满足"的样子；我更看见 90 岁的他在中非农业合作发展研讨会上用英文表达继续追梦帮助发展中国家的样子！

同学们，让我们一起追这样的星，这颗叫作"世界英雄"的星……

**升格策略**

融合造句。提取袁隆平事迹中能体现四个角度的精神特质的四个细节，放进"我看见……的样子"的排比句中，诠释"这样"的内涵。

总述：以上对（10）（11）段的四个版本的素材运用，可以说是呈现了读写融合的最基础的"套路"，呈现了"融合造句"这个最常用最实用的策略。如果能够在熟练掌握这个策略的基础上，再变式地灵活地运用多种策略，那么，无论课内文本，还是课外素材，都可以为题所用、为写所用、为我所用，并借以持久地提升语文能力和素养。